Donne del socialismo

di Ferdinando Leonzio

ZeroBook
2020

Titolo originario: *Donne del Socialismo* / di Ferdinando Leonzio

Questo libro è stato edito da **ZeroBook**: www.zerobook.it.
Prima edizione book per ZeroBook: giugno 2020
ISBN 978-88-6711-118-3

Controllo qualità ZeroBook: **se trovi un errore, segnalacelo!**
Email: zerobook@girodivite.it

Indice generale

Introduzione

Per capire gli altri non c'è sistema migliore che quello di fingere di essere, anche solo per un momento, al loro posto. Al posto di uno dei miei improbabili lettori, io mi chiederei: „Ma costui cosa intende per socialismo? A quale socialismo si riferisce?" E ancora: „Con quale criterio ha scelto le 21 donne di questo libro? Ce ne sono tante altre che meritavano ampiamente di starci e invece non ci sono".

Il socialismo a cui mi riferisco è un movimento mondiale di liberazione dell'uomo da ogni tipo di oppressione. I partiti che ne sono espressione organizzativa hanno assunto nomi diversi secondo le epoche e le circostanze storiche in cui hanno operato ed hanno anche adottato tattiche diverse. Ma l'obiettivo è rimasto lo stesso: lavorare per una società più giusta, libertaria ed egualitaria, in cui tutti abbiano le stesse opportunità, in cui si possa realizzare il celebre assunto *a ciascuno secondo il suo lavoro*, per poi puntare verso l'altro, *a ciascuno secondo i suoi bisogni*. Non si tratta di utopia, ma di un'aspirazione, di una linea di tendenza, di un percorso storico in continuo movimento.

Le donne di cui si parla in questo libro, siano appartenenti ormai alla storia od ancora operanti nell'attualità, appartengono a mondi che possono apparire lontani fra di loro, ma il lettore non mancherà di notare che in tutte c'è la stessa propensione per la libertà e la giustizia, per il riscatto delle donne e dell'intera umanità. Rivoluzionarie o riformiste, anche se di epoche, latitudini e correnti diverse, il loro obiettivo è lo stesso, la loro lotta, la loro passione, la loro tenacia sono le stesse.

Con che criterio sono state scelte? Arbitrariamente, secondo l'estro dell'autore. Il quale sa benissimo che tante altre donne sarebbero state altrettanto degne di figurare in questo volume. Si pensi, ad esempio, all'attrice greca Melina Mercouri, esponente di spicco del PASOK (Movimento Socialista Panellenico); all'ex Presidente della Costa Rica Laura Chinchilla Miranda, del PLN (Partito Liberazione Nazionale), aderente all'Internazionale Socialista; alla deputata europea del Partito Socialista Ungherese Zita Gurmai, Presidente del Partito Socialista Europeo - Donne; alla marocchina Ouafa Hajji, prestigiosa dirigente dell'USFP (Unione Socialista delle Forze Popolari) ed attuale Presidente dell'Internazionale Socialista Donne. E l'elenco potrebbe continuare. Ma lo spazio impone delle scelte, che sono sempre soggettive.

Ciò che conta, del resto, non sono tanto le singole biografie, ma lo spirito combattivo ed eroico che le pervade, l'imponente impulso liberatore che emana da quelle eroine, tutte protese all'emancipazione femminile da un condizione di sottomissione che aveva radici antiche, risalenti alla preistoria umana e quindi assai dure da estirpare.

In questo accidentato cammino verso la libertà, un ruolo determinante hanno avuto le donne socialiste, che hanno saputo collegare la lotta per la liberazione della donna a quella per la liberazione dell'intera umanità, respingendo ogni forma di rivalità col genere maschile, alleandosi anzi a quegli uomini che hanno voluto dare il loro contributo, teorico e pratico, alla lotta delle donne.

Il problema di base che si pose ai socialisti fin dal loro esordio sulla scena politica fu quello di stabilire se l'oppressione della donna era un problema culturale e sociale che riguardava le donne come genere o era, invece, una questione economica, causata dalla divisione tra produttori e possessori di ricchezza, che quindi avrebbe dovuto coinvolgere la classe lavoratrice nel suo complesso. Le conseguenze pratiche derivanti dalla risposta a questo quesito erano rilevanti: nel primo caso bisognava perseguire l'unità di tutte le donne, indipendentemente dalla classe di appartenenza, per una loro comune lotta per l'emancipazione di genere; nel secondo bisognava invece inserire la lotta delle donne all'interno della più generale lotta per il socialismo, per una società in cui non ci fosse più nessun tipo di *sfruttamento dell'uomo sull'uomo*.

I socialisti cosiddetti „utopisti", come il gallese Robert Owen e il francese Charles Fourier, il quale sosteneva che il grado di emancipazione della donna misura il progresso generale della società, erano convinti fautori del riscatto femminile, ma il loro pensiero, ricco di ideali illuministici e umanitari e di principi morali, era carente sul piano dell'analisi storica del fenomeno e peccava di astrattezza su quello operativo.

La scuola marxista, specialmente con gli scritti di due fra i suoi più illustri esponenti, Friedrich Engels, uno dei fondatori del marxismo (*Origine della famiglia, della proprietà privata e dello Stato*) e August Bebel, studioso e leader del socialismo tedesco (*La Donna e il socialismo*) sottolineò il fatto che la donna, nella società capitalistica, è soggetta ad una duplice oppressione: quella salariale, che tuttavia la spinge, grazie al lavoro, all'indipendenza economica ed alla partecipazione alla vita politica, e quella domestica, caratterizzata dal predominio del maschio e dalla costrizione ai lavori domestici. Secondo questa scuola di pensiero l'emancipazione della donna da quella duplice oppressione non poteva avvenire che all'interno della lotta avente di mira la conquista del potere politico per costruire una società nuova, una società socialista, in cui si sarebbe realizzata l'emancipazione dell'intero genere umano e quindi anche l'emancipazione delle donne.

Anche il movimento anarchico, contrario al principio di autorità, sosteneva che solo un profondo rivolgimento sociale avrebbe potuto liberare le donne dall'oppressione patriarcale.

Le donne socialiste più vicine a tali posizioni incentravano il loro impegno nella lotta contro lo sfruttamento del lavoro di donne e minori, nella richiesta di orari di lavoro meno estenuanti, di parità nelle retribuzioni, di tutele per la maternità e di garanzie per gli infortuni.

Ma c'erano donne, fra cui anche altre socialiste, che ritenevano di combattere l'oppressione di cui erano vittime non soltanto con rivendicazioni di carattere economico, ma cercando di modificare l'architettura della famiglia, il rapporto fra i sessi, la mentalità diffusa che confinava la donna nel ruolo di „angelo della casa". Esse chiedevano il diritto all'istruzione, alle professioni, i diritti civili e politici, fra cui soprattutto il diritto di voto.

E se qualche volta i dirigenti socialisti si mostravano un pò tiepidi riguardo alle istanze femminili, trovavano sempre pronte a pungolarli con fermezza le *donne del socialismo*.

Nell'agosto 1907, in appendice al Congresso di Stoccarda della II Internazionale, che impegnò tutti i partiti socialisti a *lottare energicamente per l'introduzione del suffragio universale delle donne*, fu la socialista tedesca Zetkin a promuovere la prima Conferenza internazionale delle donne socialiste. La cui seconda assise, tenuta a Copenaghen un anno dopo, adottò, su proposta delle socialiste americane, una risoluzione per istituire una *giornata internazionale della donna*, dedicata alla rivendicazione dei suoi diritti:

> *In accordo con le organizzazioni di classe e sindacali del Proletariato, le donne socialiste di ogni nazione organizzano nei loro paesi ogni anno una giornata delle donne, che in primo luogo serva come agitazione per il diritto di voto femminile. La richiesta deve essere considerata alla luce del suo rapporto con l'intera questione femminile espressa dalla concezione socialista. La giornata della donna deve avere un carattere internazionale e deve essere preparata con ogni cura.*

A partire da allora le socialiste salderanno i diritti delle lavoratrici al tema dei diritti politici delle donne, in particolare del diritto di voto.

La ricorrenza della *giornata internazionale*, dopo vari passaggi, si stabilizzò in seguito definitivamente all'8 marzo, coinvolgendo le donne di ogni credo politico e di ogni paese. Ogni anno, dunque, l' 8 marzo si ricordano le conquiste economiche, sociali e politiche delle donne e le discriminazioni e le violenze di cui esse sono ancora vittime in varie parti del mondo.

La battaglia contro queste violenze e discriminazioni vede ancor oggi impegnate le *donne del socialismo* e la loro organizzazione, l'Internazionale Socialista Donne, erede diretta della Conferenza di Stoccarda.

In Italia, nel 1911, fu la socialista di origine russa Kuliscioff a guidare il *Comitato socialista per il suffragio femminile*.

Il primo Paese ad accordare il voto alle donne fu la Nuova Zelanda (1893), cui seguirono la Russia (1918), gli USA (1920) e via via tanti altri. In Italia esso si ottenne nel 1946, anche se nell'Assemblea Costituente le donne erano appena il 3,77 %, cioè 21 su 556, di cui solo due socialiste (Bianca Bianchi e Lina Merlin).

Oggi in molti paesi del mondo le donne hanno raggiunto l'eguaglianza giuridica con gli uomini in tutti i campi. È stata una battaglia né facile né breve, alla quale le donne socialiste hanno dato un apporto decisivo. Ma la lotta non è conclusa, perché in molte altre zone del pianeta ci sono ancora molti nodi irrisolti che riguardano la sottomissione all'uomo, il diritto al lavoro e alla parità salariale, il diritto di elettorato attivo e passivo, l'accesso all'istruzione e alle professioni, il diritto all'integrità fisica e psichica, il diritto di decidere della propria vita.

Ma le donne di queste parti del mondo non saranno sole: accanto a loro ci saranno le altre donne libere e democratiche, con alla testa tutte le *donne del socialismo*, affiancate da tutti gli uomini che si battono per la giustizia e per la libertà di tutte le persone, per il diritto di tutti gli esseri umani alla felicità.

F. L.

Un suggerimento: si consiglia di leggere le note, in quanto costituiscono un supporto utile e talvolta indispensabile al testo vero e proprio.

Un'avvertenza: non sono state inserite note per i personaggi molto famosi, che si presumono noti a tutti i lettori; per quelli a cui è stato dedicato un intero capitolo; per quelli cui è stata dedicata una nota in altra parte del libro.

Donne del socialismo

Argentina Altobelli

*Armonia di pensiero, di fede, di cuori, di fraternità
umana, ecco che cosa era il socialismo quando io lo
abbracciai come una nuova religione...*
Argentina Altobelli

Quando si parla di lavoratori della terra – braccianti, contadini, mezzadri, affittuari – e delle loro lotte, il pensiero corre automaticamente ad Argentina Altobelli che, sostenuta da un'incrollabile fede socialista, in tutta la sua vita, seppe tenacemente incarnare l'ansia di riscatto di quei lavoratori ed estrenuamente lottare per soddisfarla. Nell'ambito di quelle masse oppresse ed umiliate, si impegnò particolarmente per quella parte di lavoratori che era la più debole e la più sfruttata, cioè per le donne lavoratrici agricole, sottopagate, prive di ogni tutela assistenziale e previdenziale, alla mercé di un padronato ancora abbarbicato a vecchi metodi di sfruttamento feudale, ma già influenzato dalle istanze fameliche del capitalismo rampante.

Argentina Bonetti – questo il suo cognome da nubile - nacque ad Imola il 2 luglio 1866, da una famiglia di sentimenti patriottici e liberali, permeata dal clima mazziniano, ma già aperto alle nuove idee socialistiche, che aleggiava nella Romagna di allora. Il padre Nicola[1] che, come scrisse lei stessa, al momento della sua nascita era a combattere per l'Unità d'Italia, e la madre Geltrude Galassi[2], la educarono in un clima di libertà e di tensione morale, il terreno ideale su cui sarebbe fiorita la sua vocazione a battersi per il riscatto sociale dei lavoratori e degli umili.

Dopo la nascita della sorellina Enrica, la piccola Argentina venne affidata ad uno zio paterno, Domenico Bonetti, analfabeta, e a sua moglie, che erano una coppia senza figli e che la circondarono di ogni attenzione. Domenico, commerciante di formaggi e di pellame, nel 1873 si trasferì a Bologna, dove Argentina completò le scuole elementari e iniziò quelle secondarie. Successivamente passò a Piacenza e quindi a Parma, per poi far ritorno a Bologna.

Argentina, fin dalla più tenera età, alle bambole preferì i libri, che si procurava anche rinunciando ad altre soddisfazioni e che leggeva avidamente, instancabilmente. Ciò causò anche qualche scontro con gli amorevoli ma incolti zii, orgogliosi, da un lato, della cultura della nipote, ma dall'altro timorosi per la sua salute, ma anche influenzati da una tale amica Annetta, imbevuta di oscurantismo cle-

---

1   *Nicola Bonetti -* scrive *La Squilla* del 19-11-1910 – *... fu prode soldato e si batté con valore nel 1859, nel '66 e nel '67.*

2   Un suo fratello, Pietro Galassi, era stato volontario garibaldino.

ricale, la quale non mancava occasione di metterli in guardia contro le presunte conseguenze deleterie e forse anche corruttrici che tutte quelle letture avrebbero potuto avere sull'animo della ragazzina. Fu probabilmente lei a convincere gli zii, approfittando del fatto che Argentina era stata mandata a trascorrere un periodo di vacanza in campagna, a distruggere i libri che la nipotina aveva con tanta fatica accumulato. Questo non fermò Argentina, che reagì a quella ottusa decisione immergendosi ancor di più negli studi, acquistando così una solida formazione culturale, destinata ad arricchirsi sempre più. Quella ottusa decisione, che derivava dall'aver degradato la religione a credenza e superstizione, ebbe, nel tempo, due conseguenze: l'avversione di Argentina per una fede religiosa, che fosse basata sull'ignoranza e sulla rassegnazione ed, inoltre, il suo particolare impegno nel perseguire l'alfabetizzazione dei lavoratori, la loro istruzione, il loro elevamento culturale.

Fu forse durante quel soggiorno in campagna che Argentina ebbe modo di conoscere direttamente, e non più attraverso il filtro bucolico della rappresentazione letteraria, le condizioni di abbrutimento in cui vivevano le masse agricole, costrette ad una vita di stenti, con durissimi ritmi di lavoro, con abitazioni prive di ogni minima comodità, con una dignità ogni giorno degradata e calpestata. Tutto ciò ebbe un'eco profonda nell'animo della ragazza, sempre più indignata e istintivamente pervasa da un sentimento di ribellione contro l'ingiustizia sociale e contro i pregiudizi che incatenavano soprattutto i cuori e le menti delle donne.

Durante il suo soggiorno a Parma, dove frequentò la Facoltà di giurisprudenza, entrò in contatto con un gruppo di giovani repub-

blicani che collaboravano con Guido Albertelli, un fervente mazziniano poi passato al socialismo[3].

Sia a Parma che a Piacenza comunque il socialismo aveva già messo radici per opera di Luigi Musini[4] e per la propaganda di Camillo
Prampolini[5].

In questo periodo tuttavia la Bonetti non maturò un preciso orientamento politico, rimanendo ancorata al mito di Mazzini e di Garibaldi, ma tuttavia sempre più attratta dalla figura di Andrea Costa,
primo deputato socialista in Parlamento, di cui cominciò a leggere
gli scritti.

---

3   Albertelli (1867-1938), ingegnere, fu tra i fondatori a Genova nel 1892
    del partito socialista e, nel 1893, della Camera del Lavoro di Parma.
    Fu anche deputato e consigliere comunale e provinciale di Parma.
    Partecipò a tutti i congressi del PSI, fino all'avvento del fascismo. Fu
    riformista, neutralista e antifascista.

4   Luigi Musini (1843-1903), medico, garibaldino e giornalista, fu il
    secondo deputato socialista, dopo Andrea Costa. Combatté con
    Garibaldi nel 1866, durante la terza guerra d'indipendenza del 1867
    nell'episodio di Villa Glori e nella battaglia di Mentana, nel 1870 in
    Francia, come capitano medico. Scrisse dapprima sul giornale
    democratico-repubblicano L'Amico del Popolo e fece poi parte della
    redazione de Il Popolo. Nel 1882 passò decisamente al socialismo e
    nel 1884 fu eletto deputato. Aderì quindi al Partito Socialista
    Rivoluzionario Italiano, fondato da Costa. Nel 1885 si recò a Napoli e
    a Palermo, per aiutare quelle popolazioni colpite dal colera.

5   Prampolini (1859-1930) , nato da una famiglia medio-borghese, esordì
    in politica nel 1882, scrivendo sulla rivista reggiana Lo Scamiciato, per
    poi dedicarsi a La Giustizia. Nel 1890 fu eletto alla Camera e nel 1892
    partecipò alla fondazione del Partito dei Lavoratori Italiani, divenuto poi
    PSI. Come deputato fu protagonista del famoso episodio del
    rovesciamento delle urne per impedire l'approvazione dei decreti
    liberticidi del governo Pelloux. Riformista e antifascista da sempre, nel
    1922 aderì al Partito Socialista Unitario di Turati e Matteotti.

Nel 1885, su sollecitazione dei giovani repubblicani, appena diciottenne, tenne una conferenza intitolata L'emancipazione della donna nella sala della Società dei lavoratori. In essa espose le ragioni in favore dei diritti e dell'emancipazione della donna, da realizzare nel quadro della risoluzione della questione sociale. La conferenza, prima tenuta davanti a pochi interessati, ebbe poca risonanza; ma, 15 giorni dopo, quando parlò davanti ad un folto pubblico di lavoratori e di lavoratrici, riscosse un lusinghiero successo.

Fu da allora, anche per la collaborazione poi intrattenuta con un gruppo di giovani socialisti raccolti intorno ad Agostino Berenini[6], che si andò rapidamente orientando verso il socialismo, che gli appariva sempre più come lo strumento più adatto per fare qualcosa di concreto per una classe diseredata di cui le donne erano la parte più sfruttata ed avvilita[7].

Il 2 giugno 1885, in occasione dell'inaugurazione di un monumento a Garibaldi, fu acclamata e sollecitata a parlare, raccogliendo, anche grazie alle sue doti tribunizie, caldi consensi fra il pubblico di lavoratori socialisti. Da allora, e per sempre, sarà militante ed attivista socialista e la sua precoce azione politico-sindacale sarà volta

---

6   Berenini (1858-1939), fu docente di Diritto e procedura civile. Nel 1892 fu eletto deputato per il PSI, che lasciò nel 1912, al seguito di Bissolati, per aderire al Partito Socialista Riformista Italiano, costituito dall'ala destra dei socialisti riformisti. Dal 1917 al 1921 fu ministro della P. I. e dal 1919 al 1925 rettore dell'Università di Parma, carica che dovette lasciare perché antifascista. Nel 1921 fu nominato senatore. Durante il regime si dedicò alla professione di avvocato e all'insegnamento.

7   In questa scelta fu influenzata anche dalla lettura del settimanale *Il Moto*, diretto da Andrea Costa.

in direzione dell'emancipazione economica e culturale dei lavoratori dei campi e in particolare delle lavoratrici agricole.

Iniziava così per lei un biennio di maturazione politica, alimentata da un'intensa attività di proselitismo nelle campagne parmensi, svolta a stretto contatto dei principali leader socialisti della zona, come Albertelli, Musini e Prampolini.

Questa sua appassionata battaglia in favore dei lavoratori dei campi fu troncata dalla partenza della sua famiglia per Bologna, dove però Argentina riprese la sua attività di propagandista e di organizzatrice. Ormai conosciuta per l'attività svolta nel parmense fu chiamata, nel 1886, a far parte del Consiglio Direttivo della Società Operaia Femminile, di cui divenne presidente nel 1890, sempre più coinvolta in quella che diventerà per lei una vera e propria missione.

Soprattutto sentivo – scriverà – che il socialismo voleva dire elevazione della donna e per prima della donna dei campi.

A Bologna Argentina conobbe Andrea Costa, la cui opera rafforzò e raffinò quel suo istinto a porsi con energia sempre a fianco dei più deboli, in piena assonanza con il ribellismo della sua terra, mentre diventava sempre più cosciente della funzione liberatrice del socialismo.

Ma a Bologna si verificò anche una svolta decisiva nella sua vita privata. La giovane attivista, che aveva l'incarico di distribuire un giornale socialista romagnolo, un giorno del 1887 si recò a casa di uno degli abbonati, il professor Altobelli, da cui rimase particolarmente colpita per la sua serietà, la sua cultura, la sua affabilità: *Lo trovai diverso dagli altri, tanto diverso che mi penetrò nel cuore profonda-mente, ostinatamente.*

Abdon Altobelli (1849-1909) era un uomo di vasta cultura, che era stato allievo di Giosuè Carducci ed era amico di Andrea Costa e di Giovanni Pascoli. Egli aveva aderito al socialismo soprattutto per la sua profonda fede nel progresso umano ed aveva fatto le sue prime esperienze scrivendo su giornali di sinistra[8]. Era anche scrittore per hobby[9]. Alieno dalla ribalta, la sua vera passione era l'insegnamento. In questo quadro collaborava con la *Lega per l'istruzione del popolo*, presieduta dal Carducci, che organizzava lezioni gratuite e pubbliche ed altre iniziative culturali, con lo scopo di innalzare il livello di istruzione delle classi popolari, contribuendo così al loro riscatto. Anche Argentina trovò in lui una guida sicura nella sua formazione culturale, fino ad allora basata su vaste, ma disordinate letture.

La differenza di età – Abdon era più anziano di 17 anni – e la condivisione degli stessi ideali fecero di Abdon un punto di riferimento decisivo nella vita di Argentina, che forse inconsciamente aveva trovato in lui la figura paterna che le era mancata nella vita.

Dopo due anni, il 18 aprile 1889, Argentina ed Abdon si sposarono e furono felici.

---

8   Il *Don Chisciotte*, di orientamento anarchico, e *Pagine sparse*, da lui fondato.

9   Di lui ricordiamo il romanzo *Emigrante* e i racconti *Quadretti di genere*, *Il Cuculo*, *Torneando: novelle*, *Gara di cuori: racconti per la gioventù*, *I decaduti: novelle*.

Argentina, che da allora adotterà il cognome del marito, ne apprezzava la viva intelligenza, la profonda cultura, le idee progressiste e la naturale modestia. Erano state quelle doti a spingerla, a parte il suo amore, ad un passo che in passato aveva considerato come un ostacolo alla sua missione politica: *Io mi consideravo una donna da non poter amare.*

In realtà, il marito non rappresentò mai un ostacolo per la sua intensa attività; piuttosto egli la esortava e sosteneva nel suo impegno politico e sindacale, avendo capito che la vocazione di lei a battersi per il suo ideale di libertà e di giustizia era componente essenziale della sua personalità. Né le fece mai pesare il tempo che quell'attività sottraeva ai suoi doveri verso la famiglia, cui comunque rimarrà sempre fortemente legata.

Nel 1890 nacque Demos[10], il loro primo figlio e, due anni dopo, una bambina, di nome Trieste[11], amatissimi dalla madre e destinati ambedue a divenire militanti ed attivisti socialisti.

---

10 Demos Altobelli (1890-1941), laureato in giurisprudenza, socialista della frazione intransigente, fu collaboratore di *Critica sociale* e corrispondente dell'*Avanti!* da Bologna. Nel 1914 fu eletto consigliere comunale di Bologna ed entrò a far parte della prima Giunta Comunale socialista (1914- 1920) presieduta dal sindaco Francesco Zanardi. Morirà prematuramente il 6-5-1941.

11 Anche Trieste, detta affettuosamente Triestina, seguì le orme dei genitori e divenne attivista socialista. Ebbe due figlie: Tiziana e Ariella Farulli. Nel secondo dopoguerra aderì al PSDI, per il quale fu eletta nelle elezioni amministrative del Comune di Roma (1948) e fu candidata nelle elezioni politiche (1953). Per il PSDI si occupò anche di attività assistenziali.

Argentina riuscì a conciliare gli impegni incalzanti della sua attività politico-sindacale con le esigenze della vita familiare. Rimane comunque la singolarità della sua vita familiare, caratterizzata da un rovesciamento dei tradizionali ruoli tra lei e il marito, il quale, durante le sue frequenti assenze dalle mura domestiche, attendeva alle mansioni familiari e aveva cura dei figli. Del resto, se la maternità aveva inizialmente attutito la passione politica di Argentina, era stato proprio lui a spingerla a continuare nel suo impegno politico, per esempio convincendola ad accettare la nomina a componente della Commissione Esecutiva della Camera del Lavoro di Bologna, fondata nel 1893, e nello stesso tempo a dare il suo apporto al movimento socialista, che aveva cominciato a darsi una struttura organizzativa su tutto il territorio nazionale.

Il congresso socialista di Genova del 1892 aveva segnato, in proposito, una data importante nella storia italiana, non solo perché si era data vita al primo partito moderno, ma anche perché si cominciava a predisporre una differenza di ruoli tra partito e sindacato, col partito impegnato nella conquista dei pubblici poteri e il sindacato nell'attività rivendicativa.

L'attività pratica della Camera del Lavoro ebbe inizialmente come obiettivi principali da perseguire il servizio di collocamento, gratuito e gestito dagli stessi operai, e la funzione di arbitro nei contrasti di lavoro, non trascurando altre attività assistenziali, previdenziali, ricreative, culturali e di indagine statistica. E, più ancora, il sindacato si concentrò nell'attività di „resistenza", cioè nella possibilità di trattare, in rappresentanza dei lavoratori, con la controparte padronale e con le istituzioni ed eventualmente di indire scioperi.

Nel mentre si delineava il tipo di organizzazione che il sindacato, che emergeva dal vecchio mutualismo, cominciava a darsi: una „orizzontale" che raggruppava tutte le categorie di lavoratori nel territorio, ed una verticale, costituita dalle federazioni o leghe di mestiere. L'intreccio dei due moduli organizzativi porterà il sindacato ad avere una visione chiara dei processi economici generali, acquisendo così la possibilità di porsi precisi obiettivi; il che renderà i lavoratori sempre più consapevoli dei loro diritti.

In questo quadro Argentina, la cui attività propagandistica intanto si allarga a tutta l'Emilia-Romagna e alle Marche, ha molte occasioni di contatto diretto con le masse contadine, verso le quali la spinge una solidarietà istintiva, mentre si precisano le finalità ormai costanti della sua azione: l'emancipazione della donna e il riscatto dei lavoratori della terra.

Nel processo di sindacalizzazione e di politicizzazione, rilevante fu l'influenza della propaganda socialista, di cui la Altobelli[12] si rivelò attivista appassionata ed instancabile, partecipando a scioperi, a inaugurazioni di leghe, di sedi sindacali, di bandiere; ma anche mettendo in campo atti di concreta solidarietà con i proletari in lotta,come quando si adoperò per la raccolta di fondi a sostegno dei lavoratori di Molinella.

---

12 Argentina era una donna vivace ed intelligente, alta m.1,65, con capelli castani ed occhi neri, elegante e consapevole del fascino che esercitava, specialmente come ottima oratrice capace di suscitare applausi irrefrenabili da parte degli estasiati ascoltatori.

Memorabile e ricca di successi fu la sua attività di conferenziera a favore della proposta di legge elaborata da Anna Kuliscioff, cui era legata da un rapporto di stima ed affetto, sul lavoro delle donne e dei minori, che fu in seguito approvata, in una forma molto affievolita, come legge Carcano, nome del ministro proponente.

Intanto si diffondevano Camere del Lavoro e leghe di mestiere in grado di fronteggiare con forza gli attacchi del padronato, assai restio a concedere miglioramenti ai dipendenti.

Alla forte ondata di scioperi di fine Ottocento, i governi, allora espressione delle classi dominanti grazie al suffragio ristretto, reagirono con una violenta repressione reazionaria, che toccò il culmine nel 1894, quando furono soffocati i Fasci Siciliani e nel 1898, per i fatti di Milano detti *la protesta dello stomaco*, in seguito ai quali reparti del Regio Esercito, comandati dal generale Bava Beccaris, spararono sulla folla, lasciando sul terreno centinaia di morti e feriti, e in seguito ai quali vi furono molti arresti di dirigenti socialisti, come Costa, Turati e la Kuliscioff[13], ma anche di esponenti di altro orientamento democratico.

Le lotte sostenute dai lavoratori agricoli rafforzarono però la loro coscienza di classe, da cui scaturì , in concomitanza col nuovo clima inaugurato dalla svolta liberale giolittiana di fine secolo, la necessità di un'organizzazione sindacale nazionale e stabile, che fosse interlocutrice riconosciuta dalla controparte padronale e dalle istituzioni.

---

13 Argentina partecipò attivamente alle attività in sostegno degli arrestati e del loro familiari. Fece parte di un comitato di soccorso, costituitosi a Bologna, per aiutare i reclusi, mediante la raccolta di offerte.

Dopo la svolta del '900, la Altobelli venne chiamata ad assumere ruoli di sempre maggiore responsabilità, prima locali e poi nazionali. Nel 1900 rappresentò il mutualismo bolognese al Congresso Nazionale della Previdenza, nel cui Ufficio di presidenza venne eletta.

Le auspicate nuove forme organizzative più stabili si concrettizzarono, il 25 novembre 1901, con la costituzione della Federterra (Federazione Nazionale dei Lavoratori della Terra), alla quale Argentina partecipò come delegata della Lega contadina di Malalbergo: nel nuovo sindacato confluirono cooperative di braccianti salariati, leghe di miglioramento e di resistenza, mezzadri, piccoli affittuari, piccoli proprietari. Il congresso costitutivo, a cui parteciparono 704 leghe dell'Italia settentrionale, ma anche del Lazio, della Puglia e della Sicilia, in rappresentanza di 152.000 soci, fu aperto da Andrea Costa e concluso da Filippo Turati, cioè dai due più autorevoli socialisti d'Italia. Il congresso stabilì che l'organizzazione che ne scaturiva aveva natura classista, con una propria piattaforma politico-rivendicativa e che riteneva specifico dell'azione sindacale il ricorso allo sciopero ed anche il boicottaggio. *Esso* – scrisse la Altobelli - *sbalordì la classe borghese inconscia del risveglio e del movimento di organizzazione dei lavoratori sfruttati delle campagna, ignari, fino allora, del diritto dei cittadini.*

Segretario fu eletto Carlo Vezzani (1852-1936), un socialista che aveva diretto le lotte del braccianti del mantovano. E a Mantova si stabilì la sede centrale dell'organizzazione.

Nel 1902 l'Altobelli fu eletta segretaria della federazione di Bologna della Federterra, cui aderivano 37 leghe che rappresentavano 9000 lavoratori. Anche in questa nuova posizione di responsabilità Argentina, giovane, piacente e disinvolta parlatrice, si rivelò propagandista instancabile, piena di fede ed entusiasmo, abile organizzatrice, oratrice affascinante e persuasiva.

In questo periodo operò anche a sostegno della proposta di introduzione del divorzio[14], presentata, il 6-12-1901, dai deputati socialisti Alberto Borciani[15] e Agostino Berenini, con firmatari anche Turati e Prampolini. Importante fu in proposito la conferenza da lei tenuta a Pesaro nel febbraio 1902, in cui seppe presentare le sue argomentazioni con logica stringente:

> Così come non si è delinquenti sol perché esiste il
> codice penale, non si chiede il divorzio sol perché
> esiste una legge che lo consente.

Nello stesso anno partecipò al congresso di Imola del PSI (6-9 settembre 1902), durante il quale prese la parola più volte e in cui si schierò con la corrente riformista. Al congresso partecipò anche il marito Abdon, come corrispondente de *La Squilla*, organo del partito socialista e della Federterra di Bologna.

Nel giugno successivo fece la sua prima esperienza internazionale, come delegata al Congresso internazionale delle donne, a Berlino[16],

---

14 La proposta fu insabbiata dalla caduta del governo Zanardelli nel 1903.

15 Giurista, sindaco di Reggio Emilia dal 1899. Fu eletto deputato nel 1900.

che pose la questione del diritto di voto al centro del dibattito e si concluse con la fondazione dell'*Alleanza femminile per il suffragio*.

In seguito alle dimissioni (aprile 1905) di Carlo Vezzani da segretario della Federterra, l'Altobelli, nel 1906, fu eletta al suo posto e la sede del sindacato fu trasferita da Mantova a Bologna.

In breve volger di tempo Argentina si trovò a ricoprire contemporaneamente importanti cariche politiche e sindacali: segretaria della Federterra, membro del Consiglio Direttivo della CGdL (Confederazione Generale del Lavoro) sin dal congresso costitutivo[17], membro della Direzione del PSI, eletta nel congresso di Roma del 1906[18], riconfermata in quello di Firenze del 1908[19] e in quello di Milano del 1910[20].

---

16 Vi conobbe Karl Kautsky e la moglie Luise, Rosa Luxembourg e Clara Zetkin, che le fece da interprete nei suoi interventi. Nella sua relazione, che suscitò molto interesse, parlò della vita e delle lotte delle lavoratrici dei campi.

17 Il congresso costitutivo della CGdL si tenne a Milano dal 21 settembre al I ottobre 1906. Suo primo segretario fu Rinaldo Rigola (1906-1918).

18 Argentina aderiva allora alla corrente integralista di Oddino Morgari, che faceva da ponte tra i riformisti e i sindacalisti rivoluzionari. Esigenze fondamentali erano per lei l'unità del movimento di classe e la diffidenza verso un parlamentarismo che non fosse strettamente collegato con le masse. In concomitanza col congresso, ebbe luogo un convegno di donne socialiste, da cui scaturì l'impegno a promuovere la costituzione di comitati femminili, aventi lo scopo di diffondere gli ideali socialisti. Da tali comitati, in particolare da quello di Milano fondato dalla Kuliscioff, prese poi corpo il Movimento Femminile Socialista.

19 Argentina fu eletta nella lista di *Concentrazione socialista*, nata dalla confluenza di una parte degli integralisti, compresa la stessa Altobelli, con i riformisti.

20 Fu eletta per la lista riformista.

Come sindacalista rivelò ottime qualità di mediatrice[21] e notevoli capacità organizzative. E dell'organizzazione capì la grande importanza, sia in quanto strumento di potenziamento della forza della classe lavoratrice, che come palestra di autodisciplina dei lavoratori, sempre nel rispetto delle libertà individuali. Una delle istanze su cui maggiormente insisté fu la necessità di estendere la legislazione relativa al lavoro delle donne e dei fanciulli ai lavoratori della terra.

Fra i più grandi successi che la FNLT, del cui sviluppo segnale importante fu anche l'aumento numerico dei suoi iscritti, conseguiti sotto la sua guida, occorre ricordare la definizione a ore e non più a giornate dei salari, conquista quest'ultima in grado di frenare lo sfruttamento del lavoro, prima basato sul criterio feudale „da sole a sole", che dovette lasciare il posto alla giornata di otto ore; a queste conquiste si aggiunse anche l'abolizione del lavoro a cottimo, altro meccanismo di sfruttamento dei lavoratori. Furono ottenuti anche il riconoscimento degli uffici di collocamento – il che, in buona misura eliminava la figura del „caporale"[22] – e l'impegno dei proprietari di assumere la manodopera in proporzione ai fondi coltivati, al fine di combattere la disoccupazione.

Un'attenzione particolare fu quella dedicata dalla instancabile segretaria alle lotte dei lavoratori delle risaie, in prevalenza donne. Scriverà più tardi:

---

21 Rilevante la sua mediazione, in Romagna, tra braccianti. in prevalenza socialisti, e mezzadri, in maggioranza repubblicani.

22 Intermediari che agivano per conto dei proprietari e assumevano chi, come e quando volevano, secondo il loro esclusivo arbitrio.

*La povera massa di fanciulli, di donne, di vecchi, curvi
sotto il solleone, immersi fino alle ginocchia per 12-14
ore nelle distese di acqua stagnante delle risaie,
punzecchiati dagli insetti, erano la più grande
ingiustizia e la più grande vergogna della umanità che
permetteva tale infinito martirio.*

Intervenne spesso anche sulla spinosa questione del crumiraggio, che causava „guerre fra poveri", cercando di diffondere fra i lavoratori lo spirito di solidarietà che deve ispirarli, se vogliono vincere le loro battaglie. In proposito escogitava iniziative concrete, come l'accoglimento dei figli degli scioperanti presso famiglie lontane dal luogo dello scontro di classe, per tutto il periodo dell'astensione dal lavoro[23]. Non tralasciò mai neanche la lotta per la parità salariale tra maschi e femmine ed ebbe un'attenzione particolare per la situazione del Mezzogiorno e per l'emigrazione interna ed estera.

Nel maggio 1909 un duro colpo si abbatté su Argentina: la morte del marito, il compagno della sua vita con cui aveva condiviso tutte le sue lotte, le sue amarezze, i suoi successi, l'uomo che sempre l'aveva incoraggiata a proseguire nella sua strada, a battersi per il riscatto dei lavoratori. In quell'occasione le giunsero le condoglianze di Andrea Costa, del ministro della P.I., del prefetto di Bologna, di Giovanni Pascoli, caro amico di Abdon, di numerose sezioni socialiste e di leghe sindacali. L'*Avanti!* in onore dello scomparso pubblicherà due sue novelle: *L'eredità* e *Purificazione* e, a puntate, il suo romanzo *Emigranti*.

---

23 Una scena di uno di questi episodi è magistralmente descritta, in uno dei suoi racconti italiani, dallo scrittore russo Massimo Gorkij, che si trovava a Genova.

Dopo la morte del marito, al cui capezzale aveva passato intere settimane, l'attività di Argentina si intensificò ancora di più, tenendo una serie infinita di comizi e conferenze, scrivendo articoli, partecipando a congressi politici e sindacali con inalterata passione.

La realtà la pose di fronte alla crisi della corrente riformista del PSI, divisa tra un'ala sinistra facente capo a Turati ed un'ala destra che si riconosceva in Bissolati. Quest'ultimo aveva cominciato a nutrire un dissenso di fondo col partito, che si manifestò col farsi consultare dal re in occasione della crisi di governo che porterà, nel marzo 1911, alla formazione di un nuovo governo Giolitti. Il fatto inusitato di un deputato socialista che aveva accettato di essere ricevuto dal re suscitò forti polemiche nel PSI, che portarono il partito ad un congresso straordinario, che si tenne a Modena[24] nello stesso anno, e che fu agitato ancor più dall'atteggiamento acquiescente dei riformisti di destra nei confronti della guerra di Libia, iniziata nello stesso anno. Argentina, levando ancora una volta il grido di Costa *Né un uomo, né un soldo per la guerra*, si schierò subito contro la guerra, non solo per ragioni ideali, ma anche per l'assurdità di uno Stato propenso ad accollarsi le ingenti spese di una

---

24 Nel congresso, che si svolse nell'ottobre 1911, prevalsero , per l'ultima volta i riformisti, divisi sull'atteggiamento da tenere in Parlamento rispetto al governo. I „sinistri" erano, a causa della guerra intrapresa, per il ritiro dell'appoggio che i socialisti gli avevano concesso all'inizio; i „destri" contrari. Il congresso si concluse con un compromesso: sull'atteggiamento da tenere: avrebbero dovuto valutare l'opportunità di votare a favore, di volta in volta, il gruppo parlamentare e la Direzione del partito. Quest'ultima venne riconfermata e l'Altobelli con essa.

spedizione militare, mentre in Italia la malaria spadroneggiava su vastissimi terreni paludosi, molte opere erano rimaste incompiute e sulla popolazione pesavano l'analfabetismo e la superstizione.

Nel suo intervento al congresso Argentina sollevò, ancora una volta, il problema del voto alle donne, un problema che il partito intero – a suo dire - doveva far suo. A tal proposito, presentò un documento che ricalcava la relazione svolta da Anna Kuliscioff – assente dall'assise del PSI per ragioni di salute – al II congresso internazionale delle donne socialiste, che si era tenuto a Copenaghen nell'ottobre 1910. Il congresso di Modena approvò il documento all'unanimità e la battaglia per il suffragio alle donne divenne una battaglia non più delle sole donne socialiste, ma di tutto il partito socialista.

Tuttavia, nel giugno 1912, il governo fece approvare il suo progetto di legge, presentato nel 1911, sulla riforma elettorale, che istituiva il suffragio universale maschile, escludendo quindi, ancora una volta, le donne dal diritto di voto.

La reazione delle donne socialiste al progetto governativo non si fece attendere: il 7 gennaio 1912 uscì il primo numero di un quindicinale, tutto fatto da donne socialiste, *La Difesa delle lavoratrici*, diretto da Anna Kuliscioff, sostenuto concretamente dal PSI, dalla Confederazione del Lavoro, dall'*Avanti!* e da *Critica Sociale*. Col nuovo giornale, cui collaboravano anche Maria Giudice e Linda Malnati[25]. si fuse il periodico *Su compagne*, fondato in Svizzera nel 1906 da

---

25 Linda Malnati (1855-1921), maestra elementare comunale di Milano, si adoperò per organizzare i maestri e si batté per la parità retributiva fra uomini e donne. Contribuì alla nascita della „Lega per gli interessi

Angelica Balabanoff. Il giornale, che nel suo secondo numero riportò il saluto augurale di Clara Zetkin, segretaria dell'Unione Internazionale delle donne socialiste, si collocava in una visione classista dei problemi, secondo cui l'emancipazione femminile avrebbe potuto realizzarsi solo nel quadro dell'emancipazione dell'intero proletariato. Al giornale collaborava anche Argentina Altobelli che non mancava di denunciare, nei suoi articoli, la doppia fatica che gravava sulle donne lavoratrici che lavoravano fuori casa e che, nello stesso tempo, dovevano occuparsi della famiglia.

Intanto il ruolo dell'Altobelli cresceva sempre più: nel febbraio 1912 fu nominata[26], in rappresentanza della FNLT, componente del Consiglio Superiore del Lavoro[27]. Argentina non mancò di farvi sentire la sua voce in più occasioni: ad esempio chiedendo l'estensione ai lavoratori agricoli dell'assicurazione contro gli infortuni e l'attribuzione alle lavoratrici agricole della possibilità di poter accedere ai sussidi erogati dalla Cassa nazionale di maternità, come già avveniva per le operaie dell'industria. Sollecitò anche l'estensione

---

femminili", di cui nel 1896 divenne presidente. Nel 1898 aderì al PSI. Pacifista e neutralista, fu molto attiva nel „Movimento per il suffragio femminile".

26 Simultaneamente venne nominata anche un'altra donna socialista, collaboratrice anch'essa della *Difesa delle lavoratrici*, Carlotta Clerici, in rappresentanza della Federazione italiana delle società di mutuo soccorso.

27 Il CSL era stato istituito dal governo Zanardelli il 29-6-1902, come organo consultivo in materia di legislazione del lavoro. Era composto da rappresentanti dei lavoratori e dei datori, designati dalle loro organizzazioni e nominati dal governo. Diventerà un importante strumento per preparare e interpretare le leggi sul lavoro e controllarne l'applicazione. Sarà sciolto dal governo fascista il 25-3-1923.

delle funzioni dell'Ispettorato del lavoro ai lavori in risaia. Ma, mentre la sua attività proseguiva instancabile fra partito, CGdL, Federterra, CSL, interventi in convegni, articoli, importanti novità si affacciavano all'orizzonte.

Le proteste del mondo del lavoro, la dilagante disoccupazione, il diffuso pacifismo della tradizione socialista fortemente ostile alla guerra coloniale, avevano creato un forte malumore nel proletariato, che cominciava a spostarsi verso posizioni politiche più radicali rispetto alla tattica gradualista.

Al congresso socialista di Reggio Emilia (luglio 1912), i „rivoluzionari intransigenti" sono ormai in maggioranza. La posizione assunta da Bissolati e da altri alla Camera sulla guerra di Libia, pone oggettivamente l'ex direttore dell'*Avanti!* fuori del partito. La loro espulsione[28] è voluta dagli intransigenti, vincitori del congresso, mentre i riformisti di sinistra[29], facenti capo a Turati[30] e a Modigliani, sottolineano l'incompatibilità dei destri con la tradizione

---

28 Poco dopo la loro espulsione, Bissolati, Bonomi e Cabrini e i loro seguaci decisero di costituire il Partito Socialista Riformista Italiano, destinato a dissolversi del dopoguerra.

29 Nel febbraio 1912 il gruppo socialista era passato all'opposizione. Nel maggio successivo i destri Bissolati, Bonomi e Cabrini, differenziandosi dal resto del gruppo parlamentare socialista e unendosi in ciò agli altri deputati, si erano recati al Quirinale, per felicitarsi con i sovrani scampati ad un attentato.

30 Per Turati i socialisti rifiutano ogni guerra di conquista. Bissolati, pur dichiarandosi contrario al decreto di annessione, ammetteva però il diritto dell'Italia ad occupare la Libia, prima che altre potenze se ne potessero impadronire.

pacifista del PSI, sostenendo che essi, con il loro comportamento, si sono posti fuori dal partito.

Argentina, schierata con i riformisti di sinistra, chiede anch'essa l'espulsione dei tre. Rimane però fuori della nuova Direzione, ora composta unicamente da „intransigenti", con segretario Costantino Lazzari, uno dei fondatori del partito, e Mussolini direttore dell'*Avanti!*.

A margine del congresso del PSI, si svolse, su iniziativa di Anna Kuliscioff, un convegno di donne socialiste, che decise la costituzione dell'Unione Femminile Socialista, con il proposito di svolgere attività di propaganda fra il proletariato femminile. Del Comitato Nazionale che ne scaturì fu chiamata a far parte anche Argentina Altobelli, che ebbe quindi modo di portare avanti la sua antica battaglia per l'emancipazione femminile.

Nel 1914 si svolse, parallelamente al congresso di Ancona, ancora vinto dai rivoluzionari, il Secondo convegno dell'Unione femminile, che riconfermò l'Atobelli nel Comitato nazionale, con segretaria Carlotta Clerici[31]. In tale veste continuò a battersi per l'emancipazione delle donne, che non mancava di mettere in guardia contro

---

31 Carlotta Clerici (1851-1924), maestra elementare, aderì al partito socialista fin dalla sua costituzione, nel 1892.

Dedicò la sua attività prevalentemente all'emancipazione femminile e all'assistenza, battendosi per il diritto all'istruzione delle donne, per il miglioramento delle condizioni delle lavoratrici, per la valorizzazione della maternità, per il diritto dei disagiati all'assistenza, per i diritti dell'infanzia. Fu anche animatrice della Lega per gli interessi femminili. Dal 1913 segretaria dell'Unione Femminile Socialista, fu una pacifista convinta e si oppose strenuamente all'interventismo. Collaborò con l'*Avanti!*.

i soprusi e i pregiudizi che potevano incontrare nelle loro lotte; non si stancava mai, inoltre, di raccomandare alle lavoratrici di aderire alle organizzazioni di categoria.

Purtroppo i colpi sparati a Sarajevo nell'agosto 1914 fecero divampare l'incendio della guerra in tutta Europa. Da allora e fino al maggio 1915 in Italia si aprì un aspro confronto fra i neutralisti, che volevano mantenere l'iniziale neutralità dell'Italia, e gli interventisti che auspicavano l'intervento nel conflitto a fianco dell'Intesa anglo-francese.

Per l'intervento si schierarono i nazionalisti, che aspiravano ad un ruolo imperialista dell'Italia; gruppi rivoluzionari di cui facevano parte elementi provenienti dalle file socialiste[32], anarchiche e sindacaliste rivoluzionarie, che speravano così di provocare una rivoluzione sociale; i liberali conservatori che ruotavano attorno al premier Salandra; gli interventisti democratici, cioè, repubblicani e radicali, fra i quali era vivo l'irredentismo antiaustriaco, mirante a liberare Trento e Trieste; i socialriformisti di Bissolati, simpatizzanti dell'Intesa, che ai loro occhi rappresentava la democrazia in Europa contro l'oscurantismo reazionario degli imperi centrali.

Dall'altro lato stavano i liberali giolittiani, convinti di poter ottenere molto senza bisogno di scendere in guerra; i cattolici, contrari

---

32 Questi gruppi numericamente limitati, avevano il loro capofila in Benito Mussolini, direttore dell'*Avanti!*, il quale dopo il suo voltafaccia rispetto alle posizioni precedentemente sostenute venne rimosso dalla Direzione del giornale e sostituito prima con Giovanni Bacci, per un breve periodo, e poi con Giacinto Menotti Serrati. Quando Mussolini diede vita ad un suo giornale, *Il popolo d'Italia*, apertamente interventista, fu espulso dal PSI.

alla guerra per motivi umanitari, e restii a schierarsi contro uno Stato cattolico come l'Austria. Ed infine i socialisti.

Il PSI, la CGdL e la Federterra, in una riunione tenuta congiuntamente a Milano, si schierano compattamente per la neutralità assoluta: *Lavoratori, la parola d'ordine del partito socialista è: neutralità assoluta.* In un nuovo incontro del 20-10-1914 tra la Direzione del PSI e il Comitato Esecutivo della CGdL viene riconfermata l'ostilità dei socialisti all'intervento in guerra. Ma all'interno dello schieramento emergono alcuni „distinguo", derivanti dalle simpatie di alcuni per l'Intesa democratica, per la Serbia aggredita, per il neutrale Belgio aggredito, per le ascendenze risorgimentali di taluni dirigenti, per il socialista irredentista trentino Cesare Battisti... Inoltre all'interno della CGdL convivono neutralisti e interventisti. Sembra che l'adesione dell'Altobelli, come già per la Kuliscioff, alla neutralità assoluta non sia troppo convinta. E mentre le donne socialiste, fra cui emerge Angelica Balabanoff, sono decisamente impegnate sul fronte pacifista, seguendo l'appello[33] della loro leader internazionale Clara Zetkin, Argentina incentra la sua attività nella predisposizione di iniziative a favore dei lavoratori, poiché *la guerra scellerata* avrebbe fatto aumentare la disoccupazione. Occorre non guerra, ma lavoro. Ma la guerra arriva anche per l'Italia, nel maggio 1915. I deputati socialisti votano compatti contro i pieni poteri al Governo, e Turati denuncia le modalità con cui si è arrivati alla guerra, mediante, cioè, una vera e propria espropriazione dei poteri del Parlamento.

---

33 *Guerra alle guerre!*

Durante il periodo del conflitto Argentina si spende in tutti i modi sul fronte delle lotte sindacali per alleviare le sofferenze causate dalla guerra, di cui anche personalmente subisce le conseguenze con la partenza per il fronte del figlio Demos. E, in effetti, le atrocità della guerra – sottolinea con forza – ricadono particolarmente sulle donne. È durante la guerra che essa rilancia la parola d'ordine della socializzazione della terra, affrontando di petto il problema delle terre incolte dei latifondi per inerzia dei padroni: esse devono essere requisite e distribuite ai contadini affamati di terra. E intanto la Federterra estende la sua organizzazione verso il Centro e il Sud d'Italia.

Il 1917 è un anno di svolta: le rivoluzioni russe di febbraio e di ottobre suscitano grandi speranze fra i lavoratori; l'intervento in guerra degli USA a fianco dell'Intesa si rivela decisivo per la sconfitta degli Imperi Centrali; la disfatta italiana di Caporetto porta alla sostituzione, al comando supremo dell'esercito italiano, di Cadorna con Diaz e alla crisi di governo che si conclude con un nuovo ministero presieduto da Vittorio Emanuele Orlando.

Il cedimento del fronte provoca anche una divaricazione fra i socialisti, fino ad allora compatti dietro il motto di Costantino Lazzari *Né aderire, né sabotare*, da tutti prima accettato.

In un articolo sulla *Critica Sociale* Turati e Treves si dichiarano per la difesa della patria di fronte all'invasione austriaca, Turati alla Camera conferma tale posizione, dalla Direzione del partito ritenuta in totale contrasto con le posizioni assunte dal PSI, sia in Italia che in sede internazionale. Si allarga così di nuovo il fossato tra i riformisti, in maggioranza nel sindacato e i rivoluzionari, in maggioranza nel partito. Il dissenso coinvolge anche la CGdL, quando il governo decide di istituire una commissione per studiare i provvedimenti di carattere sociale ed economico, idonei a facilitare il passaggio dallo stato di guerra all'imminente pace. Il governo vi nomina, fra gli altri, alcuni noti riformisti quali Altobelli, Rigola[34], Turati e Treves. La Direzione del partito si oppone a tali nomine, invece ratificate dal Comitato direttivo del sindacato, perché le ritiene una forma di collaborazionismo con le forze che avevano scaraventato il Paese nell'inferno della guerra, e decide di portare la questione al congresso del partito, che però viene proibito dal governo. Tale divieto provoca una spaccatura ulteriore tra PSI e CGdL, ma anche all'interno del sindacato. Al Consiglio Nazionale della CGdL si fronteggiano le posizioni incarnate da Rigola, che vorrebbe fare a meno dell'approvazione del partito e quella della Altobelli, solidale col partito, prevaricato[35] nella sua libertà, il cui ordine del giorno finisce col prevalere:

Dichiaro poi, che inasprendosi l'attuale dissidio fino a rendere incompatibile la posizione di organizzatore con la qualità di socialista, io non esiterei a lasciare l'organizzazione, che non ho mai considerata come un impiego, ma bensì come un campo di graduale

---

34 Rinaldo Rigola (1868-1954), cieco per un incidente sul lavoro, fu il primo segretario della CGdL, in carica dal 1906 al 1918 e deputato dal 1900. Nel 1926, durante il fascismo, fondò l'*Associazione Nazionale Studi- Problemi del Lavoro*, che finirà col fiancheggiare il corporativismo fascista.

35 Erano in carcere, fra gli altri, Costantino Lazzari, segretario del PSI, e Giacinto Menotti Serrati, direttore dell'*Avanti!*, per attività pacifista.

attuazione del socialismo, al quale ho dedicato tutta la modesta opera mia.

L'11 settembre, al posto di Rigola dimissionario, venne eletto segretario della CGdL Ludovico D'Aragona[36]. I socialisti designati nella commissione governativa rinunciarono all'incarico.

Il congresso, poi tenuto a Roma a porte chiuse, per volontà governativa, assegnò la vittoria a una nuova corrente emersa da quella rivoluzionaria: la corrente"Massimalista", che si proponeva appunto di realizzare il programma massimo del partito, cioè il socialismo.

Ma le classi dominanti non erano affatto disposte a consentire un simile sbocco del periodo bellico e non erano neanche interessate a venire a patti col mondo del lavoro: preferiranno sopprimere tutte le libertà.

In questo quadro appare piuttosto idealistica la posizione della Altobelli che, mentre non trascura le lotte quotidiane e concrete per soddisfare i bisogni e le aspettativa più immediate dei lavoratori, che partecipano in massa alle occupazioni delle terre incolte, dice con chiarezza che la sua aspirazione più alta è la socializzazione della terra a beneficio della collettività.

---

36 Ludovico D'Aragona (1876-1961) fu segretario della CGdL dal 1918 al 1925. Fu consigliere comunale e provinciale di Milano, deputato dal 1919 al 1924 e, nel 1946, alla Costituente, e poi senatore della Repubblica. Nel 1947 aderì alla scissione socialdemocratica di Saragat e fu tre volte ministro nei governi centristi.

Ma il movimento dei lavoratori della terra si troverà davanti un ne-mico affatto disposto a consentire alcunché: lo squadrismo agrario infierisce con colpi mortali sulla Federterra.

La Altobelli dirigerà la FNLT fino al 1922, dedicandosi, nell'ultimo periodo, anche ad altri compiti, come quello di rappresentante, dal 1919, della Federterra nel Consiglio Superiore della Previdenza e delle assicurazioni[37], come quello di componente del Comitato Na-zionale femminile socialista e di delegata al congresso internazio-nale dei lavoratori della terra[38] tenuto ad Amsterdam nel 1920.

Il 5 ottobre 1919 inizia il congresso di Bologna del PSI, a grande maggioranza massimalista. I riformisti non presentano un proprio ordine del giorno e si aggregano agli intransigenti di Lazzari. Ar-gentina, eletta alla presidenza del congresso, svolge un intervento di grande spessore, in prevalenza contro la guerra, mettendo in ri-lievo i valori del pacifismo socialista e i dolori delle madri, e l'azio-ne internazionale contro le guerre: ...*guerre non ne vogliamo più*...

Le elezioni politiche del mese successivo, tenute col sistema pro-porzionale, segnano un trionfo per il PSI che, con i suoi 156 deputa-ti diventa il primo partito d'Italia. I deputati socialisti, nella seduta

---

37 Il Consiglio aveva compiti di studio, di consulenza e di proposta in materia previdenziale. Era composto di 30 membri , tra cui i rappresentanti delle varie categorie sociali. Argentina ne fece parte fino al 1921.

La Altobelli ebbe parte importante anche nella fondazione della Cassa Nazionale Assicurazioni Sociali, poi divenuta INPS.

38 In quel momento la Federterra contava 850.000 iscritti. Argentina illustrò al congresso la storia e le conquiste ottenute dal sindacato: la legge delle risaie, le otto ore, gli uffici di collocamento.

di inaugurazione della legislatura, abbandonano l'aula prima del discorso della Corona, al grido di *Viva la repubblica*; ma molti di loro, all'uscita, sono aggrediti da un gruppo di nazionalisti. Un periodo di violenze si apre.

Il PSI, colpito, come altre forze democratiche dalle squadre fasciste, spesso sostenute dalla connivenza dello Stato, non sa reagire all'attacco reazionario; anzi finirà per spaccarsi in tre tronconi. I primi ad uscire, nel gennaio 1921, durante il congresso di Livorno del PSI, saranno i comunisti[39].

L'ondata di violenze investe ovviamente anche i sindacati. Al congresso di Livorno della CGdL del febbraio 1921 l'Altobelli lascia il ruolo di rappresentante della Federterra nel Comitato Esecutivo della CGdL a Nino Mazzoni[40]. Non cessa però di denunciare che è la volontà degli agrari, determinata a cancellare tutte le conquiste dei lavoratori della terra, a foraggiare le squadre fasciste.

Agli inizi del 1922 la troviamo ancora in prima fila nella difesa delle organizzazioni sindacali soggette alle aggressioni e alle intimidazioni fasciste. In un articolo del maggio 1922, con eccezionale coraggio, si scaglia contro il futuro dittatore:

---

39 Essi costituirono il Partito Comunista d'Italia, con segretario Amadeo Bordiga. Ne facevano parte Antonio Gramsci, Palmiro Togliatti, Angelo Tasca, Egidio Gennari, Nicola Bombacci e Umberto Terracini.

40 Nino Mazzoni (1874-1954), giornalista e sindacalista, fu deputato socialista per le quattro legislature precedenti il fascismo. Fu anche deputato alla Costituente e senatore nella legislatura repubblicana. Nel 1947 aderì al partito socialdemocratico di Saragat. Era membro del Consiglio generate della FNLT ed anche del Consiglio della CGdl.

Io ti conosco, fascista dal berretto nero e con l'insegna della morte...

Vorrebbe, come altri socialisti riformisti, una politica di collaborazione con le altre forze democratiche per arginare l'avanzata squadristica, ma tutto è vano, perché la maggioranza massimalista predica la rivoluzione, ma non la fa, e nello stesso tempo non vuole e non sa utilizzare la grande forza parlamentare che gli elettori hanno dato al PSI[41], per sostenere un governo capace di ripristinare la legalità. Anzi nel congresso che inizia il I ottobre 1922, i riformisti sono messi fuori del partito[42].

Argentina vorrebbe salvare l'unità almeno fra le donne socialiste, ma ormai la dittatura è alle porte: il 28 dello stesso mese ha luogo la „Marcia su Roma" e il Re, dopo essersi rifiutato di firmare lo stato d'assedio, nomina Mussolini Capo del governo. La Federterra, la creatura prediletta da Argentina, è sciolta dal regime fascista

Nel 1924 Argentina ha già lasciato Bologna per andare a vivere a Roma con la figlia Triestina, ormai separatasi dal marito Giuseppe Farulli, e con le nipoti Tiziana e Ariella. Sono anni, quelli che seguono, di miseria, ma anche di dignità: rifiuta, infatti, lei che aveva tanto combattuto contro il fascismo, l'offerta di Mussolini di colla-

---

41 Nelle elezioni anticipate del 1921, volute da Giolitti, il PSI era sceso da 156 deputati a 121, ma erano stati eletti anche 16 comunisti.

42 Essi formarono il Partito Socialista Unitario, con segretario Giacomo Matteotti. Vi aderirono Filippo Turati, Claudio Treves, Giuseppe Emanuele Modigliani, Camillo Prampolini, Adelchi Baratono. Anche Argentina Altobelli scelse di militarvi. Nel PSI rimasero Giacinto Menotti Serrati, Costantino Lazzari, Arturo Vella, Giovanni Bacci, Pietro Nenni.

borare col regime come dirigente dei contadini, nell'ambito delle istituzioni corporative. È costretta dunque, per vivere, a lavori umili: dà lezioni private di francese, prepara confezioni di fiori, ed infine ottiene un posto da impiegata nella biblioteca dell'INPS, rimanendo lontana dalla lotta politica e sindacale a cui aveva dedicato tutta se stessa.

Gli ultimi anni della sua vita sono vissuti interamente nella famiglia e per la famiglia. Nel 1941 deve affrontare il più grande dolore della sua vita: la morte del figlio Demos.

Muore il 26 settembre 1942: tra le corone una è composta di rose rosse.

Nel suo testamento chiede, lei che aveva avuto accenti anticlericali, che i suoi funerali siano celebrati col rito cattolico, per non mettere in imbarazzo le nipoti con un funerale civile.

Cosa rimane di duraturo dell'opera di questa donna, la cui vita fu interamente dedicata ai lavoratori della terra, al socialismo, alla battaglia per l'emancipazione femminile?

Il frutto più visibile del suo lavoro è l'aver validamente contribuito a rendere i braccianti, prima abbrutiti e sfruttati, cittadini coscienti dei loro diritti, non più curvi e con la coppola in mano davanti al proprietario, ma uomini con la schiena diritta.

Martine Aubry

Il nostro progetto poggia su dei valori: il progresso e l'ecologia, la giustizia sociale e la solidarietà, la fraternità e la laicità...Questi i valori che uniscono e non lasciano fuori nessuno, questi i valori che danno un senso al futuro.

Martine Aubry

[Martine Aubry] è la donna politica più brillante di oggi. La frase è di Lionel Jospin[43], un *elefante* del Partito Socialista francese, intenden-

43 Lionel Jospin (n. 1937), ha frequentato l' *Istituto di Studi Politici* di Parigi e la *Scuola Nazionale d'Amministrazione*, entrando poi nel Corpo Diplomatico. Nel 1971 aderì al PS, appena rifondato da Mitterrand. Nel 1981 fu eletto deputato e per altre tre volte riconfermato (1986, 1988, 1997). È stato segretario del PS dal 1981 al 1987, quando divenne ministro nel governo Rocard e poi nel governo Cresson (1988-1992). È stato candidato alle presidenziali del 1995, battuto però da Chirac. Dopo la vittoria socialista alle legislative del 1997 divenne Primo Ministro del presidente Chirac in un governo di *coabitazione* (1997-2002). Sotto il suo governo furono approvati le 35 ore, la „copertura medica universale" e i PACS. Nel 2002 si candidò di

dosi per *elefante* da alcuni un pezzo grosso del partito e da altri uno dei più grandi leader socialisti francesi. Comunque sia, il giudizio sulla Aubry è calzante. Lo dimostra la sua corposa biografia.

Martine Louise Marie Delors nacque a Parigi l'8 agosto del 1950. I suoi genitori, sposatisi il 20 aprile 1948, erano il celebre economista socialista Jacques Delors[44] e Marie Lephaille, la cui famiglia è originaria dei Paesi Baschi. I due ebbero anche un altro figlio,

Jean-Paul Delors (1953-1982), giornalista prima de *La Provence* e poi del quotidiano di sinistra *Lìberation*, morto a 29 anni per leucemia.

I suoi rapporti coll'illustre padre, ministro delle Finanze dal 1981 al 1985 e presidente della Commissione Europea dal 1985 al 1995, sembra siano stati piuttosto freddini, anche nei momenti in cui un complimento per la figlia ci sarebbe proprio stato a puntino, ad esempio per il successo dei suoi studi all'ENA (Scuola Nazionale

---

nuovo alle presidenziali, ma non giunse al ballottaggio con Chirac perché superato dal nazionalista Le Pen. Di conseguenza si ritirò dall'attività politica. Nel 2012 è stato chiamato dal presidente Hollande a presiedere una commissione avente il compito di avanzare proposte per la moralizzazione e il rinnovamento della vita pubblica.

44 Jacques Delors (n. 1925), laureato in Scienze economiche alla *Sorbona*, fu dapprima alto funzionario alla *Banca di Francia*, si occupò poi di politica della pianificazione e degli investimenti. Fu consigliere economico del primo ministro gollista Chaban-Delmas. Ha inoltre insegnato all'ENA e all'università di Parigi IX.

Dopo aver militato in gruppi della sinistra cristiana e nel PSU, nel 1974 aderì al PS. Nel 1979 fu eletto deputato europeo, dal 1983 al 1985 fu sindaco di Clichy e dal 1981 al 1985 ministro dell'economia. Dal 1985 al 1995 fu infine presidente della Commissione europea, legando il suo nome principalmente al trattato di Maastricht, che ha istituito l'Unione Europea.

d'Amministrazione), la prestigiosa scuola per super-burocrati, o per l'elezione a segretaria del PS. Martine non è credente come il padre e non ha fatto gli stessi studi, ma la unisce a lui una forte vocazione sociale, come dimostra il fatto che ambedue aderirono al Partito Socialista più o meno nello stesso periodo, anche se Martine precedette il padre di qualche mese. L'ingresso di Martine in politica ha però avuto altri ispiratori, come Jean Auroux[45] e Edith Cresson (n. 1934), unica donna ad essere stata Primo ministro di Francia; ciononpertanto padre e figlia sono molto vicini, si consultano spesso e stanno molto attenti a non intralciarsi reciprocamente. Si può dire che il padre le ha dato affetto, consuetudine, vicinanza, ma non incoraggiamento. Insomma, il cognome Delors non l'ha mai avvantaggiata.

Molto più forte è il suo legame con la madre, una donna dal carattere aperto, piena di brio e di

generosità, prodiga di consigli e di aiuti materiali verso gli abitanti del XVII *arrondissement*, dove la famiglia viveva. Da lei Martine ha preso la franchezza, la capacità di vicinanza con le persone comuni, il gusto dell'umorismo e perfino la voglia di far festa in compagnia.

---

45 Jean Auroux (n. 1942), sindaco socialista di Roanne dal 1977 al 2001, fu più volte deputato e anche presidente del Gruppo Socialista all'Assemblea Nazionale. Fu ministro del *Lavoro*, subito dopo l'elezione di Mitterrand, nel governo di Pierre Mauroy. In questo ruolo modificò profondamente il diritto del lavoro, emanando una serie di testi che furono detti *Leggi Auroux* , alle quali collaborò in maniera determinante Martine Aubry, allora alta funzionaria del suo ministero. Dopo aver ricoperto altri incarichi ministeriali Airoux nel 2008 si ritirò dalla politica attiva.

Dopo aver frequentato scuole cattoliche, come il liceo *Notre-Dame-des-Oiseaux* ed aver completato gli studi medi presso il liceo pubblico *Paul-Valery* di Parigi, Martine si laureò presso l'*Istituto di Scienze Sociali del Lavoro* ed anche presso l'*Istituto di Studi politici* di Parigi (1972). Entrata poi al prestigioso ENA (1973-1975), ne uscì alta funzionaria destinata al ministero del *Lavoro e degli Affari sociali*. In questo periodo la giovane militò nella CFDT (Confederazione Francese Democratica del Lavoro), vicina ai socialisti.

Nel 1974, infatti, aderì al Partito Socialista, rifondato da François Mitterrand nel giugno 1971.

Meno di un anno prima, precisamente il 6 ottobre 1973, Martine aveva sposato Xavier Aubry, conosciuto all'università, dal quale nel 1978 avrà una figlia, Clémentine[46]. Del marito Martine assunse il cognome Aubry, che non lascerà mai più, neppure dopo il divorzio, né dopo il secondo matrimonio. Ha voluto forse essere questo un segno per sottolineare che nella famiglia Delors vita pubblica e privata devono rimanere rigidamente separate.

Nel 1978 la troviamo insegnante all'ENA e fra il 1980 e il 1981 distaccata al Consiglio di Stato.

Dopo la vittoria di Mitterrand alle presidenziali del maggio 1981 fu chiamata, come alta funzionaria, al ministero del *Lavoro*, diventan-

---

46 Clémentine Aubry, donna assai graziosa, che ha frequentato la HEC (Scuola di Alti Studi Commerciali) e studiato Storia all'università della *Sorbona*, è attualmente amministratrice dell'auditorium del museo del *Louvre*.

Nell'ottobre 2012 ha dato alla luce una bambina, che ha reso felice la nonna Martine.

do infine direttrice aggiunta del gabinetto del ministro Jean Ai-roux[47]. In questo periodo ebbe un ruolo determinante nella preparazione delle cosiddette *Leggi Auroux*, che modificarono profondamente il diritto del lavoro francese[48]. Venne poi chiamata ad altri altissimi incarichi al ministero del *Lavoro, dell'Impiego e della Formazione professionale* e a quello degli *Affari sociali e Solidarietà*, per tornare successivamente al Consiglio di Stato.

Fra il 1981 eil 1991 lavorò presso il gruppo industriale *Pechiney*, società produttrice di alluminio e di prodotti chimici, presente anche nel settore nucleare, legandosi d'amicizia con l'industriale Jean Gandois (n.1930), grande capitano d'industria e futuro presidente del CNPF (Consiglio Nazionale del Patronato Francese), poi diventato "Medef" (Movimento delle imprese di Francia).

Il 15 maggio 1991 – Mitterrand era già al suo secondo mandato – dimessosi il governo Rocard, venne nominata Primo Ministro la già menzionata Edith Cresson, la quale chiamò a guidare il ministero del *Lavoro, dell'Impiego e della formazione professionale* la nostra Martine Aubry, ancora sconosciuta al grande pubblico, ma tuttavia assai considerata nelle alte sfere per la sua assoluta competenza. L'incarico le venne confermato anche nel successivo governo[49], nominato

---

47 In questo periodo era Primo Ministro Pierre Mauroy.

48 Le *leggi Airoux* erano un insieme di quattro leggi. Esse riguardavano: la libertà dei lavoratori sul posto di lavoro; lo sviluppo delle istituzioni rappresentative del personale dell'impresa; la contrattazione collettiva e il regolamento dei conflitti di lavoro; i comitati d'igiene, sicurezza e condizioni di lavoro.

49 Il nuovo governo, in carica dal 2-4-1992, era presieduto da Pierre Bérégovoy. Il precedente 9 gennaio Laurent Fabius era stato eletto

dal presidente Mitterrand dopo l'insuccesso socialista alle regionali del 22-3-1992. Ma la Aubry non riuscì a fermare l'aumento della disoccupazione.

Martine non si candidò alle elezioni legislative[50] del marzo 1993, che segnarono una dura sconfitta per il PS, tanto da determinare la caduta del governo socialista e da aprire la porta ad un governo di *coabitazione*[51]. Martine non volle presentarsi neppure alle europee del 1994.

Fu proprio in quell'anno che il prestigioso sindaco di Lilla, Pierre Mauroy[52], la invitò a partecipare accanto a lui alla battaglia per il rinnovo dell'amministrazione comunale della sua città, assicurandole, in caso di vittoria, il ruolo di vicesindaco, nonché quello di

---

segretario del PS, al posto di Pierre Mauroy.

50 In seguito alla sconfitta alle legislative il segretario del PS Laurent Fabius si dimise e, nell'ottobre 1993, al suo posto venne eletto Michel Rocard, che, in seguito all'insuccesso alle europee (14,49 %), nel novembre 1994 dovrà lasciare il posto a Henri Emmanuelli.

51 Primo Ministro divenne Edouard Balladur (n. 1929), esponente di spicco dell'UMP (Unione per un Movimento Popolare), movimento politico di centro-destra, fondato da Chirac.

52 Pierre Mauroy (1928-2013), sindacalista, a 16 anni aderì alla SFIO (Sezione Francese dell'Internazionale Operaia), divenendo poi segretario nazionale dei giovani socialisti. Nel 1966 divenne vicesegretario della SFIO, nel 1969 divenuta PS (Partito Socialista). È stato sindaco di Lilla dal 1973 al 2001; deputato all'Assemblea Nazionale dal 1973 al 1992; presidente della regione *Nord-Pas-de-Calais* (di cui Lille è capoluogo) dal 1974 al 1981. Il 10-5-1981 Mitterrand lo nominò Primo Ministro, carica che ricoprì fino al 17-7-1984. Divenne poi segretario del PS dal 1988 al 1992 (gli successe Laurent Fabius), e dal 1992 al 1999 presidente dell'Internazionale Socialista.

suo successore nel 2001. I due si conoscevano fin dai tempi dei governi presieduti da Mauroy, che aveva imparato già allora ad apprezzare la giovane e preparatissima funzionaria socialista, divenendo nel tempo per lei un sicuro punto di riferimento: si instaurò allora fra i due una solidarietà politica ed umana che non venne mai meno. Commemorando, un anno dopo la sua morte (7-6-2013), il prestigioso leader, Martine Aubry dirà di lui: *Di Pierre Mauroy non si dimenticherà nulla: né le idee, né le battaglie, né l'uomo.*

In vista della campagna elettorale per le presidenziali della primavera 1995 i socialisti scelsero, come candidato da contrapporre alla destra, Lionel Jospin, il quale chiamò per l'elaborazione del suo programma, Claude Allègre[53] e Martine Aubry, poi nominata anche portavoce di Jospin. Fu allora che il nome di quest'ultima cominciò a diffondersi anche tra le masse. Quella donna, alta 162 centimetri e di bell'aspetto, che sprizzava energia e volontà, che si dimostrava capace di lavorare senza stancarsi, ma anche di entusiasmarsi per degli ideali, che poteva avere la grinta di un uomo deciso, ma anche dimostrarsi sensibile e fragile, come quando pianse al funerale di Mauroy, o di ridere come una giovinetta, dimostrò di avere una carica di umanità e una capacità politica non comuni di cui tutti avrebbero dovuto tener conto. Per primo Jospin, il quale, sconfitto da Jacques Chirac, ripiegò sul ruolo di segretario del PS e, in quella veste, cominciò a tessere la tela di una nuova larga alleanza a sini-

---

53 Claude Allégre (n. 1937), eminente geochimico, membro dell' *Accademia delle scienze* francese, aderì al PS nel 1973 e fu assai vicino a Lionel Jospin. Nel 1997 fu nominato da quest'ultimo ministro dell'*Educazione Nazionale*, della *Ricerca* e della *Tecnologia*. Dal 2008 non rinnovò l'iscrizione al PS ed in seguito si avvicinò a Sarkozy.

stra, che alla fine diede vita alla cosiddetta *Sinistra plurale*, un cartello elettorale formato da socialisti comunisti e radicali di sinistra, che vinse le elezioni legislative del giugno 1997.

A tale vittoria un contributo importante diede la ormai nota Martine Aubry che risultò eletta deputato (1-6-1997) nella circoscrizione del *Nord*. Ma essa rimase in carica solo per pochi giorni. Infatti, in seguito alla vittoria della *sinistra plurale*, forte di 319 deputati (di cui 250 socialisti) il presidente Chirac dovette adattarsi ad un governo di *coabitazione*, nominando Primo Ministro il socialista Jospin[54]. Il quale, a sua volta, nominò la Aubry numero due del suo Governo e ministro dell'*Impiego* e della *Solidarietà*[55].

A lei spettò dunque il compito di attuare il punto centrale del programma di Jospin: la lotta alla disoccupazione.

Il principale strumento per il quale la Aubry si batté strenuamente ed al quale il suo nome sarà indissolubilmente legato per il futuro fu un provvedimento veramente innovativo e rivoluzionario: una misura che stabiliva in 35 ore la durata settimanale dell'orario di lavoro, la quale, proprio per la sua carica innovativa (lavorare meno, lavorare tutti), fu assai osteggiata dall'opposizione e dalla maggior parte del padronato, con il quale i rapporti divennero assai tesi, nonostante le varie amicizie che Martine contava nel settore in cui aveva lavorato ai tempi della *Pechiney*. Una prima legge, approvata

---

54 Alla guida del PS fu chiamato François Hollande, allora compagno di Ségolène Royal.

55 La Costituzione della V repubblica francese impone una rigida incompatibilità tra la carica di parlamentare e quella di ministro. All'Assemblea Nazionale il seggio della Aubry fu preso dal socialista Bernard Davoine (n.1941), sindaco di Wavrin dal 1983 al 2012.

nel 1998, ne fissò i principi generali e un'altra, del giugno 2000, ne stabilì le regole applicative[56].

Le misure realizzate dalla Aubry si inquadravano pienamente nei principi fondamentali del socialismo, e di quello francese in particolare, secondo cui scopo ultimo della lotta sociale deve essere la liberazione dell'uomo dal bisogno e la conquista della disponibilità di maggior tempo libero, da poter dedicare al pieno sviluppo della sua personalità.

Viene da pensare, a proposito della funzione del tempo libero, a Paul Lafargue (1842-1911), genero di Marx e fondatore del Partito Operaio Francese, il quale nel suo ironico *pamphlet*, tradotto in molte lingue, *Il diritto all'ozio*, muove un'aspra critica a quella che lui definisce una *strana follia*, rappresentata dal moderno amore per il lavoro, che in ultima analisi, a suo avviso, non è che una forma di alienazione.

Martine Aubry promosse inoltre la lotta contro le esclusioni, in sostegno cioè dei giovani che hanno difficoltà ad inserirsi nel mondo del lavoro; realizzò la CMU (Copertura Malattia Universale); gettò le basi per l'assistenza autonoma personalizzata per le persone anziane non autosufficienti[57]; riuscì a colmare il deficit della "Sicurezza sociale"[58].

---

56 Martine Aubry si guadagnò allora il soprannome di *signora delle 35 ore*. In seguito la destra, ritornata al potere, ridimensionerà il provvedimento.

57 La legge che ne scaturì entrerà in vigore il 1° gennaio 2002, quando segretaria di Stato per le persone anziane sarà la socialista Paulette Guinchard e Primo Ministro Lionel Jospin.

Tuttavia, il 18 ottobre 2000, Martine lasciò le sue funzioni ministe-riali[59] per dedicarsi alle imminenti elezioni municipali a Lilla. Dopo un'appassionante campagna elettorale[60], il 25-3-2001 dal Consiglio Municipale di Lilla fu eletta sindaco, succedendo così a Pierre Mau-roy.

Sempre nel 2001 Martine divenne presidente dell'*Istituto Pasteur* e del CHRU (Centro Ospedaliero Regionale Universitario) di Lilla.

Intanto la fama di questa donna così dinamica cresceva sempre più, tanto che molti sondaggi cominciarono a indicarla come pos-sibile candidata in grado di battere Chirac alle imminenti elezioni presidenziali. E anche quando fu ufficializzata, per i socialisti, la candidatura di Lionel Jospin, i sondaggi la indicarono in testa fra i possibili aspiranti socialisti alla carica di Primo Ministro. Ma la dura sconfitta di Jospin[61] mise fine a quell'ipotesi.

---

58 Fra i successi del governo Jospin è da annoverare anche l'introduzione (1999) del PACS (Patto civile di solidarietà), un contratto stipulato fra due persone dello stesso sesso o di sesso diverso, al fine di organizzare la loro vita in comune.

59 A succederle, al governo, fu chiamata Elisabeth Guigou (n. 1946), già collaboratrice di Jacques Delors e di François Mitterrand, la quale in quel momento era ministro della *Giustizia*.

60 Suoi avversari furono Christian Decoq (centrodestra) e Philippe Bernard (Fronte Nazionale).

61 Jospin fu escluso al primo turno, in quanto superato dal neogollista Chirac, Presidente uscente, e dal nazionalista Le Pen, leader del Fronte Nazionale. Al secondo turno i socialisti diedero ai loro elettori, al fine di evitare il trionfo della destra estrema, la direttiva di votare per la „destra repubblicana" rappresentata da Chirac, che fu dunque rieletto con l' 82 % dei voti. I gruppi di centro-destra che lo avevano sostenuto dall'inizio daranno vita all'UMP (Unione per un Movimento Popolare).

Nel 2002 il primo matrimonio di Martine Aubry si concluse con il divorzio.

Nello stesso periodo la Aubry decise di presentarsi alle elezioni legislative del giugno 2002, che saranno vinte dall'UMP. Anche il seggio della V circoscrizione del *Nord*, considerato imprendibile per la destra, fu perduto[62] e la sera del secondo turno, conosciuti i risultati, i telespettatori poterono vedere quella donna all'apparenza corazzata, quella donna che qualche volta era stata chiamata *la signora di ferro francese*, scoppiare in lagrime. La tecnocrate pragmatica e perfezionista, la socialista tradizionalista poco incline al compromesso, con tanta passione politica e tanta voglia di battersi, mostrò in quell'occasione tutta la sua calda umanità. Ma ebbe il coraggio, con severa autocritica, forse eccessiva, di non dare la colpa dell'insuccesso agli elettori che non avevano capito o alle televisioni che non le avevano dato spazio, ma a se stessa: *Non ho fatto abbastanza per le persone a basso salario.*

Come sindaco di Lilla diede un forte impulso per il rilancio dell'immagine della città, con iniziative di notevole spessore, come l'operazione *Lille 2004, capitale europea della cultura*, che propose circa 2500 avvenimenti culturali, comprese feste ed esposizioni, come quella dedicata a Rubens (1577-1640), il grande pittore fiammingo, nel "Palazzo delle belle arti" di Lilla.

---

62 Il seggio fu conquistato, per 1044 voti, dal candidato dell'UMP Sébastien Huyghe.

Il 20 marzo 2004 Martine si risposò [63] con l'avv. Jean Louis Bro-chen[64], con il quale condivide la passione per l'Africa, per l'arte e la cultura, per la buona cucina e per...la discrezione, seguendo in ciò il costume di casa Delors di netta separazione fra pubblico e priva-to.

Nel 2007, dopo la vittoria, alle presidenziali, del conservatore Sar-kozy, che prevalse sulla candidata socialista Ségolène Royal, furono indette le nuove elezioni legislative. Ma in quell'occasione la Aubry rinunciò a candidarsi[65], preferendo invece cominciare a prepararsi per le nuove elezioni municipali, fissate per l'anno seguente.

---

63 Il matrimonio fra il sindaco di Lilla e il brillante „principe del foro" fu celebrato dal vicesindaco di allora,

Pierre de Saintignon. I due optarono per un matrimonio in famiglia e fra amici, non volendo trasformare la cerimonia in uno spettacolo popolare

64 Jean Louis Brochen, avvocato del foro di Lilla, divorziato con due figli e tre nipoti, è nato il 7-6-1944 a Roubaix, nella regione del *Nord.* Dopo aver conseguito la maturità e passato, grazie a una borsa di studio, un anno in Oklahoma (USA), si iscrisse alla facoltà di legge, seguendo così le orme del padre avvocato Yves, e si specializzò in diritto penale e in diritto sociale. Nel 1971, dopo due anni passati in Camerun, in seguito all'improvvisa morte del padre, ne rilevò lo studio legale. Nel corso della sua carriera è stato difensore di organizzazioni sindacali e di singoli lavoratori, nonché propugnatore della libertà di espressione e del diritto di tutti alla difesa. Simpatizzante di sinistra, agli inizi degli anni '90 è stato a lungo consigliere comunale di Roubaix e collaboratore di Pierre Mauroy a Lilla, dove nel 2001 ha conosciuto Martine. Ritiratosi dall'attività professionale, ha lasciato il suo studio al suo figlio minore Gildas, avvocato anche lui.

65 Le elezioni politiche del 17-6-2007 registrarono una consistente avanzata della sinistra, passata da 178 seggi a 241. Il PS passò da 141 a 186.

Esse segnarono una grande successo per la sinistra, caratterizzato soprattutto dalla trionfale rielezione a sindaco di Parigi di Bertrand Delanoe[66], così proiettato verso ulteriori prestigiosi traguardi.

Anche Martine Aubry, esigente nel lavoro, con se stessa prima ancora che con i suoi collaboratori, austera nel vestire, ma capace di ridere e di commuoversi, ebbe la sua fetta di trionfo alle elezioni municipali di Lilla, quando vinse il secondo turno[67] con una percentuale del 66,56 %, anche grazie ad un'alleanza con la lista dei Verdi e con quella del MoDem.[68]

Con l'incoraggiante risultato, ci fu anche la ripresa delle iniziative dell'Amministrazione municipale: ad esempio, nel 2009 ebbe luogo la nuova stagione culturale di *Lille 3000* intitolata *Europa XXL*, avente come tema centrale l'Europa orientale e Istanbul.

Dopo la sua rielezione a sindaco di Lilla, Martine fu sollecitata da più parti a concorrere per la successione a François Holland, segretario dimissionario del PS, in vista dell'imminente congresso socialista di Reims, previsto per il novembre 2008.

---

66 Bertrand Delanoe (n. 1950), iscritto al PS dal 1971, è stato sindaco di Parigi dal 2001 al 2014, quando lasciò il posto alla compagna di partito Anne Hidalgo (n. 1959), eletta il 30-3-2014. Delanoe fu eletto deputato nel 1981 e nel 1986 e senatore nel 1995. È stato grande amico ed estimatore della cantante Dalida.

67 Si contrapponeva, alla coalizione di centro-sinistra, la lista dell'UMP, capitanata da Sébastien Huyghe.

68 Il MoDem (Movimento Democratico) è un partito politico francese di centro, fondato nel 2007 da François Bayrou.

La sua prima mossa fu di presentare, come prima firmataria[69], un documento programmatico intitolato *Una visione per sperare, una volontà per trasformare*.

Nel corso, poi, del Consiglio Nazionale del PS del 23-9–2008 presentò, ancora in qualità di prima firmataria, la mozione congressuale *Cambiare a sinistra per cambiare la Francia*[70].

Il 6 novembre 2008 gli aderenti al PS votarono per le diverse mozioni presentate per il congresso di Reims. I risultati registrarono una profonda divisione fra gli iscritti al PS: la mozione della Aubry, considerata di centro- sinistra nella geografia interna del PS, riportò il 24,3 % dei voti espressi, classificandosi terza; quella di Delanoe, affine a quella della Aubry, raggiunse il 25,2 %, con profonda delusione del suo promotore, che era stato considerato il favorito da tutti i sondaggi; il primo posto, col 29,1 %, fu conquistato dalla mozione Royal, considerata della destra interna, in quando favorevole ad un'alleanza strategica con i centristi; a sinistra dello schieramento socialista stava la mozione del giovane Benoit Hamon, che si classificò ultima col 18,5 % dei consensi.

---

69 Il documento portava anche la firma di illustri personalità del socialismo francese, come Pierre Mauroy, Jack Lang (il famoso ministro della *Cultura* negli anni 1981/86 e 1988/93) e Adeline Hazan, sindaco di Reims. Esso era sostenuto dalle federazioni socialiste del *Nord* e del *Pas-de-Calais*.

70 In quel testo si riconoscevano, oltre gli esponenti socialisti vicini alla Aubry, una parte degli amici di Dominique Strauss-Kahn, di Laurent Fabius e di Arnaud Montebourg; a questi si aggiungevano anche alcuni seguaci dell'eurodeputato Benoit Hamon, fra cui due ex presidenti del Movimento dei Giovani Socialisti, David Lebon e Gwenegan Bui.

Al congresso (14-16 novembre) i delegati delle varie mozioni non riuscirono a trovare un compromesso per formare una maggioranza e per eleggere un segretario del partito, sicché alla fine l'assise socialista si chiuse rinviando l'elezione del segretario ad una nuova votazione fra gli iscritti. La votazione sarebbe stata a due turni. Delanoe, molto deluso, decise di non candidarsi e diede indicazione ai suoi amici di votare per la Aubry.

Al primo turno, fissato per il 20-11-2088, parteciparono quindi tre candidati: la Royal, che si classificò prima (42,9 %), ma non poté essere eletta non avendo raggiunto la metà più uno dei consensi; la Aubry che si piazzò al secondo posto, conseguendo un risultato buono, ma non sufficiente (34,5 %); Hamon, cui toccò l'ultimo posto (22,6 %) e che venne dunque eliminato. Anche lui diede ai suoi sostenitori l'indicazione di votare Aubry al secondo turno, che si sarebbe tenuto il giorno successivo.

Rimasero dunque a fronteggiarsi le due donne più famose del PS, ambedue ex allieve dell'ENA: da un lato Martine Aubry, ritenuta socialista tradizionale, conosciuta soprattutto come la madrina delle 35 ore, osteggiata dalla destra, radicata nella sinistra, fautrice del lavoro di squadra, sostenuta dai vecchi *elefanti*[71] del partito, convinta che *il rinnovamento non significa né l'età, né l'immagine*; dall'altro Ségolène Royal, fautrice del rinnovamento dei vertici e dei quadri del partito, propugnatrice della *democrazia partecipativa*, caratterizzata da un continuo ricorso alla base, per sentire il polso del partito e del Paese.

---

71 Lionel Jospin, Bertrand Delanoe, Laurent Fabius, Henri Emmanuelli.

Prevalse Martine Aubry, ma per soli 42 voti in più della Royal, che dagli osservatori politici era stata considerata la più probabile vincitrice, essendosi sempre classificata al primo posto nei vari passaggi. L'esiguità della vittoria favorì certe contestazioni riguardanti presunte irregolarità e ci fu chi chiese la ripetizione della votazione.

Il Consiglio Nazionale decise un nuovo conteggio delle schede, ed alla fine fu ufficialmente proclamata segretaria del partito[72] Martine Aubry, la prima donna a ricoprire tale carica, che aveva ottenuto 102 voti in più della Royal: 67.451 voti (50,04 %) contro 67.349 (49,96 %) della Royal, che riconobbe la vittoria della rivale e lanciò un appello all'unità del partito, facendo così eco alla Aubry, che aveva avuto per lei il suo primo pensiero, dopo la sua vittoria: *Vinceremo insieme*. Le due signore del socialismo francese erano pronte a marciare insieme per sconfiggere la destra nelle future battaglie.

---

72 Il segretario è il principale dirigente del Partito Socialista francese: egli presiede la segreteria nazionale di cui propone la composizione al Consiglio Nazionale (il „parlamentino" del partito); può inoltre proporre referendum fra gli iscritti. Inizialmente il segretario era eletto dal Comitato Direttivo del PS; nel 1995 fu introdotta l'elezione con suffragio uninominale a due turni. Dal 2010 l'elezione del segretario è abbinata al voto sulle mozioni. Se nessuna mozione raggiunge la maggioranza assoluta al primo turno, i primi firmatari delle due mozioni classificatesi al primo e al secondo posto sono automaticamente finalisti nel secondo turno.

I segretari del PS finora sono stati: Alain Savary (1969-1971), François Mitterrand (1971-1981), Lionel Jospin (1981-1988), Pierre Mauroy (1988-1992), Laurent Fabius (1992-1993), Michel Rocard (1993-1994), Henri Emmanuelli (1994-1995), Lionel Jospin (1995-1997), François Hollande (1997-2008), Martine Aubry (2008-2012), Harlem Desir (2012- 2014), Jean-Christophe Cambadélis (2014-...).

Benché l'indice di popolarità di Martine, dopo la sua elezione a segretario, fosse di molto salito, il partito socialista, alle elezioni europee del 2009 subì un autentico tracollo, passando da 31 a 14 deputati. Ma ormai Martine era considerata „presidenziabile" e comunque neanche lei escludeva la possibilità di candidarsi alle primarie socialiste per la scelta del candidato alla presidenza della Repubblica.

Nel marzo dello stesso anno 2010 *la signora delle 35 ore*, ben radicata nel mondo sindacale e nella base popolare, si impegnò in prima persona nelle elezioni regionali. Concluse un'alleanza elettorale col movimento ecologista *Europa Ecologia* e col *Fronte di sinistra*[73] , e la coalizione progressista così costituita conquistò 23 regioni su 26. Aveva detto durante la campagna elettorale: *La cerimonia d'addio a Sarkozy si prepara con le regionali.*

L'8 giugno 2010 la nuova segretaria fece approvare dal Consiglio Nazionale un piano di ristrutturazione del partito che prevedeva lo svolgimento delle primarie per la scelta del candidato socialista alle prossime presidenziali dell'autunno 2011, la fine del cumulo degli incarichi[74] per gli eletti socialisti a partire dal 2012 e la parità di genere integrale nelle istanze del partito.

---

73 Il *Front de gauche* è una federazione di partiti politici di sinistra, fra cui il Partito di Sinistra e il Partito Comunista Francese, costituita il 18-11-2008. Al primo turno delle regionali 2010 raggiunse il 5,9 % dei voti. Al secondo turno si alleò con le altre forze di sinistra. Alle presidenziali 2012 il suo candidato Jean-Luc Mélenchon al primo turno ottenne l'11,1 % e al secondo turno diede l'indicazione di votare per il socialista Hollande, poi risultato vincitore. Alle legislative 2012 ottenne il 6,9 % al primo turno e, alla fine, riuscì ad eleggere 10 rappresentanti all'Assemblea Nazionale.

Il 28 gennaio 2011 Martine lanciò la sua campagna per le primarie e il 28 giugno successivo annunciò ufficialmente la sua candidatura alle presidenziali[75]. Di conseguenza si autosospese dalla funzione di segretaria del partito, senza tuttavia rassegnare le dimissioni. L'eurodeputato Harlem Désir[76], numero 2 del partito, fu incaricato di assumere le sue funzioni *ad interim* fino alla conclusione delle primarie (in concreto dal 30-6-2011 al 16-10-2011).

La sera del primo turno delle primarie socialiste, il 9-10-2011, il candidato più forte si rivelò François Hollande (39,17 %), seguito da Martine Aubry (30,42 %)[77]. La decisione finale fu dunque rinviata al secondo turno, fissato per il 16-10-2011.

Nelle giornate che separavano i due turni di votazioni Martine non mancò di sostenere la necessità di una sinistra forte di fronte ad una destra dura e mise in campo, di fronte agli iscritti, la sua capacità di unire la sinistra, in vista delle presidenziali, come era già accaduto per le regionali.

---

74 Nel PS francese era assai diffusa, ad esempio, la tendenza a cumulare un mandato di deputato con uno di sindaco.

75 Pare che a farle prendere tale decisione sia stata la rinuncia di Dominique Strauss-Kahn, ex presidente del Fondo Monetario Internazionale, in precedenza indicato da tutti i sondaggi come il socialista meglio in grado di battere l'uscente presidente Sarkozy (UMP). In caso di conquista dell'Eliseo, sue priorità - sosteneva la Aubry nella sua campagna elettorale - sarebbero state l'occupazione, l'istruzione e la sicurezza.

76 Il programma del PS per le presidenziali, cui la Aubry aveva dato un importante contributo, fu approvato dal 95,14 % degli iscritti.

77 Gli altri candidati erano, nell'ordine di arrivo: Arnaud Montebourg, Ségolène Royal, Manuel Valls e Jean-Michel Baylet.

Ma non c'era nulla da fare: i candidati esclusi si schierarono tutti per Hollande e le urne diedero ragione a quest'ultimo; la Aubry raggiunge solo il 43,43% dei voti.

La sera stessa Martine Aubry salutò la vittoria di François Holland, ormai candidato di tutto il partito, attorno a cui chiamò i socialisti a stringersi, e annunciò anche di riprendere le sue funzioni di segretaria del partito.

Iniziava così la campagna elettorale per la corsa all'Eliseo, da cui i socialisti erano fuori da 18 anni, cioè dalla fine del secondo mandato del presidente Mitterrand.

Martine Aubry da subito si gettò a capofitto nella campagna elettorale di Hollande, che il 6-5-2012 vinse le elezioni e divenne Presidente della Repubblica francese[78]. Visto l'impegno profuso dalla segretaria del partito, si diffuse negli ambienti politici un'attesa generalizzata che dava per scontata la sua nomina a Primo Ministro. Ma il Presidente neoeletto chiamò a tale incarico il sindaco di Nantes, Jean-Marc Ayrault (n. 1950) e Martine Aubry rifiutò di entrare nel governo[79], preferendo anche impegnarsi nelle imminenti elezioni legislative del giugno 2012, vinte anch'esse dallo schieramento di sinistra[80].

---

78 Al primo turno (22-4-2012) François Hollande si era classificato al primo posto col 28,6 %, seguito dal Presidente uscente Nicolas Sarkozy. che raccolse il 27,1 %. Al secondo turno (6-5-2012) prevalse Hollande col 51,6 % dei voti.

79 Poco dopo l'elezione di Hollande, Martine Aubry fu nominata dal ministro degli *Affari Esteri*, rappresentante speciale per la Cina.

80 Il PS e i suoi alleati , nel loro insieme, conquistarono 343 seggi (di cui 280 socialisti); il MoDem 2; il centro-destra 229 (di cui 194 UMP), il

Intanto cominciarono a circolare sulla stampa illazioni circa la reale intenzione della Aubry di proseguire nella sua attività di segretaria del partito, fino a quando fu lei stessa a sciogliere ogni dubbio in merito, dichiarando espressamente che avrebbe lasciato la guida del PS, per meglio dedicarsi alla città di Lilla, e indicando a succederle Harlem Désir[81], come primo firmatario della mozione unitaria che ella intanto aveva firmato, assieme al Premier Ayroult, al congresso di Tolosa: *Il partito è in buone mani. I militanti lo voteranno ed io passo il testimone.* Questo tipo di designazione suscitò ovviamente delle critiche, ma in ogni caso consentì alla Aubry di lasciare la carica ancora prima del congresso, il 17-9-2012.

In questo periodo di sua assenza dalla scena politica nazionale, la Aubry si dedicò prevalentemente ai problemi della città di cui era

---

Fronte Nazionale 2, l'estrema destra 1 (totale seggi all'Assemblea Nazionale 577) . La Aubry non si candidò in coerenza con la norma interna del divieto del cumulo delle cariche, da lei stessa in precedenza fatto approvare, in quanto era sindaco di Lilla.

81 Harlem Désir (n. 1959), laureato in Filosofia alla *Sorbona*, già presidente di *SOS Razzismo*, un'organizzazione antirazzista, è stato deputato europeo dal 1999 al 2014. Il 27-5-2012 annunciò la sua candidatura a segretario. Il 12-9-2012 fu primo firmatario della mozione detta „Aubry-Ayroult", dal nome dei suoi più importanti sostenitori, diventando così automaticamente candidato alla segreteria :Venne eletto il 18-12-2012 col 72,5 % dei voti dei militanti. Venne poi investito ufficialmente della carica il 28-11-2012, al congresso di Tolosa del PS.

Il 9-4-2014 è stato nominato segretario di Stato incaricato degli affari europei in seno al governo Valls ed ha quindi lasciato la guida del PS. Il 15 aprile 2014 il Consiglio Nazionale del PS ha eletto, col 67 % dei voti, nuovo segretario Jean Christophe Campadélis (n. 1951), più volte deputato, vicino alle posizioni di Strauss-Kahn e di Jospin.

sindaco, astenendosi in genere dal commentare gli avvenimenti politici, anche se ogni tanto amava lanciare qualche „messaggio" alle alte sfere del suo partito.

Questo periodo di relativo isolamento fu rotto domenica 1° dicembre 2013, quando nel corso di una riunione tenutasi a Parigi, venne costituita l'associazione *Renaissance* (Rinascita), una *cooperativa di idee e di azioni*, che raggruppa i suoi sostenitori, allo scopo di *inventare un altro mondo.*

L'iniziativa, almeno oggettivamente, contribuì a rilanciare l'immagine della Aubry, anche in vista delle nuove elezioni per il rinnovo dell'amministrazione comunale di Lilla.

Il primo turno delle municipali ebbe luogo il 23-3-2014 e la lista capeggiata dalla Aubry si classificò al primo posto, col 34,85 % dei voti; una settimana dopo, al ballottaggio, conseguì il 52,05 % ottenendo così la sua terza vittoria consecutiva[82]. Il 4 aprile successivo il Consiglio Municipale la rielesse sindaco di Lilla, conferendole il suo terzo mandato.

La Aubry, visibilmente emozionata, non mancò di ringraziare i cittadini di Lilla per la magnifica vittoria. Assai toccante fu la conclusione del suo discorso:

Io ho un pensiero, in questo giorno in cui la nostra vittoria mi permette di restare sindaco di Lilla, per Pierre Mauroy che ci ha lasciati nel giugno scorso e che sarebbe stato fiero di vedere la sua città

---

82 Le liste avversarie erano quella di centro-destra dell' UMP (29,71 %) e quella di destra del Fronte Nazionale (18,22 %).

proseguire la sua battaglia. Io gliene avevo fatto la promessa: si continua!

E anche noi, cari lettori, aspettiamo di conoscere il seguito della storia appassionante di questa gran donna e delle sue battaglie socialiste!

Essere socialista significa non essere soddisfatti del mondo così com'è, significa voler cambiare la società. L'idea socialista deriva, a sua volta, da una rivolta contro le ingiustizie e dalla lotta per una vita migliore. Lo scopo dell'azione socialista è l'emancipazione completa della persona umana.
(Art. 1 della Dichiarazione dei principi del Partito Socialista francese)

Michelle Bachelet

Sono donna, socialista, divorziata e agnostica.
Michelle Bachelet

La vicenda umana di Michelle Bachelet merita di essere raccontata per una serie di motivi: per i continui colpi di scena che l'hanno punteggiata; per la fermezza e serenità d'animo con cui è stata fin qui vissuta; per la drammaticità di certi avvenimenti che l'hanno segnata; per la coraggiosa coerenza della protagonista; per la forza da lei dimostrata nel reprimere ogni pur legittimo rancore nei confronti dei suoi implacabili persecutori:

> *La politica entrò nella mia vita massacrando ciò che più amavo. Poiché fui vittima dell'odio, ho consacrato la mia vita a tagliare il suo artiglio e mutarlo in comprensione, tolleranza e, perché non dirlo?, in amore.*

Merita di essere raccontata anche per dei primati che non appartengono solo alla Bachelet, ma a tutte le donne del mondo nella loro avanzata verso la parità di genere: Michelle è stata la prima socialista a ricoprire un incarico governativo in Cile dopo la morte di Allende; è stata la prima donna in America Latina ad assumere l'incarico di Ministro della Difesa[83]; è stata la prima in Cile ed una delle prime donne nel mondo ad essere eletta Presidente della Repubblica[84].

Occorre, inoltre, qui ricordare che Michelle Bachelet è una dei pochi socialisti[85] che, dopo aver superato le persecuzioni fasciste, sono arrivati ai vertici di uno Stato.

Nata a Santiago del Cile il 29 settembre 1951,Veronica Michelle[86] Bachelet Jeria fu la seconda figlia[87] nata dal matrimonio celebrato

---

83 La più recente ministra della Difesa nel mondo e la prima in Italia (dal 22-2-2014) è stata Roberta Pinotti (n.1961). Attualmente in Europa ricoprono questo ruolo anche Ine Marie Eriksen Soreide (Norvegia), Mimi Kodheli (Albania), Ursula von der Leven (Germania), Jeanine Hennuis-Plasshaert (Olanda).

84 Fra le donne che attualmente (2014) ricoprono questa carica ricordiamo: Cristina Kirchner (Argentina), Dilma Roussef (Brasile), Ellen-Sirleaf (Liberia), Dalia Grybauskaite (Lituania). In America Latina sono o sono state Presidenti, oltre la Kirchner e la Roussef, Janet Jagan (Guyana), Evita Peron (Argentina), Lidia Gueiler (Bolivia), Rosalì a Arteaga (Ecuador),Violeta Chamorro (Nicaragua), Mireya Moscoso (Panama), Laura Chinchilla (Costa Rica).

85 Ad esempio Sandro Pertini, Presidente della Repubblica Italiana (9-7-1978/29-6-1985), e Willy Brandt, Cancelliere della Repubblica Federale Tedesca (21-10-1969/7-5-1974).

86 Pare che il nome Michelle le sia stato imposto come un omaggio all'attrice francese Michéle Morgan.

87 Michelle ha avuto un fratello maggiore, Albert, nato il 13-10-1946, informatico. Nel 1969 Alberto, la moglie e il figlioletto emigrarono in Australia, dove egli pensava di farsi strada con la professione di

nel   1945 fra il generale di brigata aerea Alberto Bachelet[88] e la archeologa e antropologa Angela Jeria[89].

A causa del lavoro del padre, soggetto a vari spostamenti, Michelle studiò nelle località in cui egli era distaccato, come le basi aeree di Quintero, Cerro Moreno, Antofagasta e San Bernardo. Nel 1962 suo

---

informatico. Morì improvvisamente in USA, il 26-5-2001, per un attacco di cuore, lasciando la moglie e due figli.

88 Alberto Arturo Miguel Bachelet nacque il 27-4-1923 a Santiago, dove morì il 12-3-1973 per arresto cardiaco, in seguito alle torture inflittegli dal regime fascista di Pinochet, che lo accusò di tradimento per essersi mantenuto fedele al governo legittimo di Salvador Alliende. Militare di carriera, Bachelet discendeva da immigrati francesi, in quanto un suo avo, il vinicultore Joseph Bachelet, era arrivato in Cile, proveniente dal suo paese in Borgogna, Chassagne Montrachet, famoso fino ad oggi per la eccellenza dei suoi vini, per iniziarvi una nuova vita, assieme alla sua moglie parigina, essendo stato assunto dalla famiglia Subercaseaux, come esperto enologo per la sua azienda vitivinicola.

Il generale, marito e padre molto affettuoso, pur provenendo da una famiglia conservatrice era di idee liberali, laiche e progressiste ed era molto legato sia alla famiglia che all'esercito. Era massone, membro della *Gran Loggia del Cile*, alla quale si era iscritto sotto l'influenza del nonno materno, pacifista e massone.

89 Angela Jeria Margarita Gomez, professionista emancipata, è nata il 22-8-1926 a Talca. Quando conobbe il Bachelet, aveva diciott'anni e lui ventuno. È nipote di Max Chacon Jeria, il primo agronomo laureatosi in Cile in tale disciplina, il quale introdusse in Cile le più moderne tecniche agricole e fondò diverse scuole di agronomia. In seguito al colpo di stato, Angela fu arrestata, portata a *Villa Grimaldi* e a *Cuatro Alamos*, torturata e quindi espulsa dal Paese. Dopo essere stata in esilio in Australia, si recò in Messico, Cuba e URSS, e quindi nella DDR (Germania Orientale), dove studiava la figlia Michelle. Nel 1977 si recò in USA e nel 1979 rientrò in Cile, dove fu arrestata più volte per aver partecipato a manifestazioni contro il regime militare. Il

padre fu nominato dal presidente Jorge Alessandri[90] addetto militare all'ambasciata cilena di Washington, e di conseguenza tutta la famiglia si trasferì in USA. Per circa due anni vissero a Bethesda, una località del Maryland, dove Michelle frequentò la scuola locale e apprese abbastanza bene la lingua inglese.

Quando la famiglia tornò in Cile (1964), Michelle entrò nel liceo pubblico femminile n. 1 *Javera Carrera*[91] di Santiago. Si dimostrò fin da subito un'alunna modello, intelligente e studiosa, ma non una „secchiona". Prese infatti parte a diverse attività sportive ed artistiche, partecipando al coro della scuola, alla sua squadra di pallavolo, all'accademia di teatro dell'Istituto Nazionale. Insieme ad altre ragazze formò anche un gruppo musicale conosciuto come *Le Clap Clap*, che partecipò a diversi festival studenteschi di musica. Con tutto ciò , nel 1969, anno in cui conseguì il diploma, fu proclamata migliore alunna della scuola.

Nel 1970, ancora indecisa se studiare Sociologia o Economia, avendo accompagnato una persona all'Ospedale *Posta Central*, fu colpita dalle condizioni di quell'ambiente e decise di intraprendere la strada degli studi di medicina, onde poter dare un contributo concreto

---

21-11-2007 le è stato assegnata la *Medaglia Accademica del Senato* per il suo lavoro nell'università.

90 Jorge Alessandri Rodriguez (1896-1986), ingegnere, era figlio dell'ex presidente Arturo Alessandri Palma. Già deputato, senatore e ministro indipendente di centro-destra, fu presidente del Cile dal 1958 al1964. Sostenne il regime di Pinochet, che nel 1976 lo nominò presidente del Consiglio di Stato, organo incaricato di redigere la nuova Costituzione voluta dai militari golpisti.

91 Javiera Carrera (1781-1862), donna forte, decisa ed istruita, fu una patriota cilena che si distinse nella lotta per l'indipendenza del Cile.

per alleviare la sofferenza umana e per migliorare il sistema sanitario in Cile.

Nello stesso anno 1970 Salvador Alliende[92], leader del PSC (Partito Socialista del Cile)[93], sostenuto dalla coalizione di sinistra *Unidad Popular* (Unità Popolare)[94], fu eletto Presidente del Cile[95].

---

92 Salvador Allende (1908-1973), medico, socialista marxista, si insediò alla Presidenza del Cile il 3-11-1970. Era stato uno dei fondatori, nel 1933, del PSC. Fu deputato, senatore (1945), Presidente del Senato (1966). Da Presidente cercò di perseguire la cosiddetta *via cilena al socialismo*, cioè la realizzazione di una società socialista con mezzi democratici. Ammirato per questo nel mondo intero, fu però osteggiato dagli USA e strenuamente combattuto dalla destra cilena. Morì durante l'attacco dei militari traditori golpisti di Pinochet alla *Moneda*, il palazzo presidenziale di Santiago, l'11-9-1973. Nel suo ultimo discorso alla radio dello stesso giorno, dunque poco prima di morire, disse: *È possibile che ci annientino, ma il domani apparterrà al popolo, apparterrà ai lavoratori. L'umanità avanza verso la conquista di una vita migliore.*

93 Il PSC fu fondato il 19-4-1933, in seguito alla fusione di diversi raggruppamenti politici di sinistra, e divenne ben presto il maggior partito della sinistra cilena. Nel 1967 si dichiarò ufficialmente marxista-leninista, anticapitalista e antimperialista. Nel 1970 portò alla presidenza del Cile il suo più illustre esponente, Salvador Allende, candidato di *Unidad Popular*. Nel 1971 fu eletto segretario Carlos Altamirano. Dopo il colpo di Stato militare dell'11-9-1973 fu dichiarato illegale e i suoi esponenti furono decimati dalle torture o dall'esilio. Nel 1987 l'ala detta dei *socialistas renovados* (socialisti rinnovati) fondò il PPD (Partito per la Democrazia).

Restaurata la democrazia in Cile, il PSC partecipò all'alleanza di centro-sinistra *Concertation*, oggi trasformatasi in un'alleanza più ampia chiamata *Nuova maggioranza*. Il PSC fa parte dell'Internazionale socialista e attualmente conta 15 deputati su 120 e 6 senatori su 38, fra cui la presidente del Senato Isabel Allende, figlia di Salvador. Attuale presidente del PSC è Osvaldo Andrade (n. 1953), avvocato e

Iscrittasi, in un periodo di effervescenza politica, alla facoltà di Medicina dell'Università di Santiago, dopo aver superato brillantemente gli esami di selezione, Michelle[96] divenne ben presto una leader del movimento studentesco e una sostenitrice di *Unitad Popular* e aderì alla *Gioventù Socialista*, influenzata anche dal carisma esercitato da un giovane medico, futuro deputato socialista, poi arrestato dai militari fascisti ed infine *desaparecido* (scomparso), probabilmente assassinato, Carlos Lorca[97]. E fu proprio dal tetto dell'u-

deputato.

94 UP fu un'alleanza dei partiti di centro-sinisttra che sostennero Salvador Allende alle presidenziali del 1970.Ne facevano parte il PSC, il Partito Comunista Cileno, il Partito Radicale Cileno e il MAPU (Movimento di Azione Popolare Unitario) ed era sostenuta dalla CUT (Centrale Unica dei Lavoratori).

95 Alle elezioni del 4-9-1970 il candidato di *Unidad Popular* Salvador Allende ottenne il 36,39 % dei voti, quello della destra Jorge Alessandri il 35,76 % e quello della Democrazia Cristiana il 27,95 %. Non avendo nessuno dei tre ottenuto la maggioranza assoluta, il 24-10-1970 si svolse in Parlamento, secondo la Costituzione cilena, un ballottaggio fra i primi due classificati. Allende ottenne 153 voti (81,38 %) e Alessandri 36 (18,62 %), mentre 7 furono le schede bianche. Allende poté dunque insediarsi alla *Moneda* (sede ufficiale del Presidente).

96 Michelle era allora una ragazza del suo tempo, che sfoggiava una lunga capigliatura bruna e vestiva in stile *hippy*. Nel 1974 iniziò una relazione sentimentale con un giovane dirigente socialista, Jaime Lopez

97 Carlos Enrique Lorca Tobar ((1945-1975 ?), medico socialista, fu uno dei due deputati, assieme al radicale Gaston Lobos Barrientes, imprigionati e poi „scomparsi" durante il regime militare. Lorca era stato segretario generale della *Federazione degli Studenti*. Nel 1971 era stato eletto segretario generale della *Gioventù Socialista*. Arrestato dalla polizia segreta di Pinochet il 25-6-1975 fu portato al centro di detenzione e di tortura di *Villa Grimaldi*. Dopo di che non si ebbero più

niversità, in via Indipendenza, che Michelle assistette al bombardamento aereo della *Moneda,* che aprì le porte alla feroce dittatura[98] di Pinochet[99], durata quasi 17 anni[100].

Il generale Alberto Bachelet, che da poco (1972) Allende aveva nominato Direttore dell'Ufficio per la distribuzione delle derrate alimentari, costituito per combattere il boicottaggio della destra anti-socialista, e che si era mantenuto fedele al governo legittimo, fu arrestato e confinato nel suo ufficio all'Accademia dell'Aeronautica e rilasciato a fine giornata. Arrestato di nuovo il 14/9 successivo fu

---

notizie di lui.

98 Il generale Pinochet, comandante dell'esercito, d'intesa coi comandanti della marina, dell'aviazione e dei *carabineros,* l'11-9-1973 attuò un colpo di Stato che si concluse con la morte del presidente Allende, attaccando il Palazzo Presidenziale per terra e con bombardamento aereo. Il potere fu assunto da una Giunta Militare composta dai comandanti delle quattro armi. Il successivo 12/9 venne formato un governo militare; il 13 la Giunta sciolse il Parlamento e assunse anche il potere legislativo. I partiti politici furono sciolti e i registri elettorali distrutti. Fu istituita una polizia segreta, la DINA (*Direccion de Inteligencia Nacional*) che sequestrò, torturò e fece „sparire" migliaia di persone, anche gettandole da aerei in volo. 40.000 furono le vittime di violazioni dei diritti umani, 3216 le persone uccise o scomparse, 38254 quelle detenute o torturate, migliaia gli esuli. I crimini del regime furono spesso denunciati al mondo intero dalle coraggiose madri dei *desaparecidos.*

99 Augusto Pinochet Ugarte (1915-2006) fu dittatore del Cile dall'11-9-1973 all'11-3-1990. Lasciato il potere rimase però a capo delle forze armate e si fece nominare senatore a vita, per godere dell'immunità parlamentare. Alla sua morte la presidente Bachelet gli negò i funerali di Stato chiesti dalla destra.

100 Michelle frequentava allora il quarto anno di Medicina, aveva 22 anni e militava nella *Gioventù Socialista.*

poi condannato per „tradimento della patria" e rinchiuso nel carcere di Santiago, dove subì diversi interrogatori e terribili torture[101].

Il 12-3- 1974, dopo un giorno più pesante degli altri, fu colto da infarto al miocardio e fu lasciato senza assistenza medica, il che ne provocò la morte[102]. Aveva 51 anni.

Nonostante i drammatici avvenimenti che avevano sconvolto il Paese, la sua famiglia e la sua stessa vita, Michelle continuò gli studi universitari, partecipando contemporaneamente alle attività clandestine del disciolto PSC, con lo scopo specifico di aiutare i politici perseguitati dal brutale regime instaurato da Pinochet.

Il 10 gennaio 1975, verso mezzogiorno, anche Michelle e sua madre furono però arrestate da due agenti dalla DINA e tradotte, con gli occhi bendati, a *Villa Grimaldi*[103], dove vennero separate, interrogate, sottoposte a condizioni degradanti e a maltrattamenti fisici e psicologici; la madre fu condotta alla „torre", mentre Michelle fu portata in una piccola cella, dove già stavano altre otto prigioniere,

---

101 Lasciandolo incappucciato affinché non potesse riconoscere i suoi torturatori, gli furono conficcati oggetti pungenti sotto le unghie.

102 Anche l'allora fidanzato di Michelle, il giovane dirigente socialista Jaime Lopez fu arrestato e torturato, diventando infine uno dei tanti *desaparacidos*.

103 *Villa Grimaldi* in quel periodo ospitò circa 5000 persone, che furono tutte torturate. 229 morirono o andarono ad ingrossare l'elenco dei *desaparecidos* (scomparsi). La villa era stata acquistata dai militari e trasformata in un carcere segreto della DINA, la polizia politica. Il centro rimase in funzione dal 1973 al 1978. Fra le torture più applicate la *parrilla* (il prigioniero veniva disteso su una rete metallica per applicargli scariche elettriche) e il „sottomarino liquido" (la testa del prigioniero veniva immersa nell'acqua sporca, fin quasi a farlo asfissiare).

bendate notte e giorno. Il giorno dopo la trasferirono, assieme a sua madre, al centro di detenzione di *Cuatro Alamos*, dove rimasero fino alla fine di gennaio.

Grazie alle conoscenze che Angela Jorio ancora contava negli ambienti militari[104] riuscì poi ad ottenere il permesso di andare in esilio.

La loro prima destinazione fu l'Australia, dove dal 1969 viveva Alberto (Beto), il fratello maggiore di Michelle. Stabilitesi a Sidney, le due donne presero contatto con la numerosa colonia cilena ivi formata dai primi esiliati. Poiché l'opinione pubblica australiana aveva notizie frammentarie sulle circostanze che avevano causato la morte del generale Bachelet e sull'arresto di sua moglie e di sua figlia, esse portarono la loro testimonianza in vari luoghi: agli studenti dell'università di Melbourne, ai lavoratori di un sindacato di New Port, ad alcuni rappresentanti del parlamento di Camberra. Quest'opera di testimonianza e di denuncia fu facilitata dalla conoscenza dell'inglese che Michelle aveva, e che le consentiva di tradurre anche i discorsi della madre. Parlare di ciò che avevano passato a *Villa Grimaldi* e a *Cuatro Alamos* fu per loro benefico sotto il profilo psicologico: non avevano parlato tra loro di quelle esperienze laceranti né in aereo né con Alberto. Non ne parleranno neppure in seguito.

Michelle non rimase molto in Australia. Volendo proseguire gli studi di medicina all'università di Berlino, decise di trasferirsi nella Germania Orientale, il cui governo comunista accoglieva molti ri-

---

104 In particolare il generale di destra Osvaldo Croquevielle, cognato di Alberto Bachelet, avendone sposato la sorella Alicia.

fugiati di sinistra di tutta l'America Latina[105]. Vi giunse nel maggio 1975, seguita dalla madre un mese dopo. Grazie all'aiuto del governo e del SED[106] poté stabilirsi a Potsdam, dove studiò per apprendere il tedesco, necessario per poter seguire le lezioni all'università. Ottenne anche un piccolo lavoro come assistente di un medico. In Germania conobbe l'architetto Jorge Dàvalos[107], membro del Comitato Centrale del PSC, anch'egli in esilio. I due si sposarono civilmente a Berlino il 23-12-1977. Sebàstian, il loro primo figlio[108] nacque nel 1978 a Lipsia, dove Michelle rimase sette mesi per perfezionarsi nella lingua tedesca presso l'*Herder Institut*, dove molti giova-

105 Furono oltre duemila gli esuli cileni che trovarono ospitalità nella Germania Orientale. In prevalenza erano comunisti, ma non solo, come ad esempio il segretario del PSC Carlos Altamirano.

106 Il SED (Partito Socialista Unificato Tedesco) fu il partito egemone in Germania Orientale dal 1949 al 1990. Era sorto nel 1946 dalla fusione tra socialdemocratici (SPD) e comunisti (KPD) dei territori tedeschi occupati dai sovietici alla fine della seconda guerra mondiale.

107 Jorge Leopoldo Dàvalos Cartes (n. 1946), architetto, mantenne i contatti con la Bachelet anche dopo il loro divorzio (1985). Dalla Bachelet ebbe due figli: Alberto e Francisca. Nel 1994 sposò Mabel Bernardita.

108 Jorge Alberto Sebàstian Dàvalos Bachelet è nato a Lipsia (DDR) il 7-6-1978. Nel 2000 comincio a studiare scienze politiche all'*Università Centrale* di Santiago, dove aderì alla *Federazione degli studenti*. Conseguita la laurea, nel 2011 ottenne un *master* in *Governo e Gestione Pubblica*. Nel 2012 ha sposato Natalia Compagnaro (n. 1979), conosciuta nel 2002, dalla quale ha avuto i figli Damiàn e Lucas. Fra il 2005 e il 2012 si impiegò come assistente presso la *Direzione Generale delle Relazioni Economiche Internazionali*, prima nel dipartimento *Asia* e poi in quello dell'*Organizzazione Mondiale del Commercio*. Ha insegnato *Relazioni Politiche* e *Relazioni Internazionali* all'*Università Centrale*. Ha fatto da cavaliere alla madre presidente, ufficialmente nubile. È iscritto al PSC.

ni stranieri venivano ad impararla, per poi accedere ad un'università della DDR. Il 1° settembre dello stesso anno entrò finalmente all'università *Humboldt* di Berlino, col nome di „Veronica Michelle Dàvolos"[109]. Un nuovo appartamento fu assegnato dal governo alla famiglia Dàvalos a Potsdam, mentre Angela Jeria, dopo aver lavorato, per alcuni anni, nel Museo Preistorico di Potsdam, partì per Washington per dare testimonianza della violazione dei diritti umani in Cile, nel contesto del clamore suscitato dall'assassinio di Orlando Letelier[110].

Il 28 febbraio del 1979 Michelle, suo figlio e sua madre poterono rientrare in Cile[111]. Li aspettava una vita incerta, senza lavoro

---

109 Michelle mantenne sempre i contatti con gli altri membri della comunità degli esiliati cileni, molti dei quali erano socialisti.

110 Orlando Letelier (1932-1976) era un economista e diplomatico cileno, ex ministro della Difesa nel governo Allende. Fu assassinato a Washington, dove viveva in esilio, dopo essere stato arrestato e torturato in Cile dai militari golpisti, con una bomba comandata a distanza, sotterrata nel posto dove soleva posteggiare l'auto. L'attentato probabilmente era stato organizzato nel quadro della *Operazione Condor*, un piano di intimidazione e di eliminazione di avversari politici, organizzato da varie dittature militari dell'America Latina. In precedenza il regime di Pinochet lo aveva privato della cittadinanza cilena, provvedimento cui Letelier rispose così :

Mi hanno tolto la dignità di cileno, però io desidero che voi sappiate che io sono cileno, nacqui cileno e morirò cileno .Quei fascisti nacquero traditori, vissero come traditori e saranno ricordati sempre come fascisti traditori.

111 Poterono ritornare in Cile grazie all'intervento del generale Fernando Matthei Aubel (n.1925), che dal 24-7-1978 aveva sostituito il generale golpista Gustavo Leigh (1920-1999) come comandante in capo dell'aviazione e quindi come membro della Giunta Militare e che

com'erano e controllati dal regime. Michelle ritornò ai suoi studi presso l'*Università del Cile*, ma non le furono convalidati i due corsi di medicina, il quarto e il quinto, che aveva fatto a Berlino; sicché non le rimase che ripetere il ciclo presso la facoltà di Santiago. Nel gennaio 1983 ottenne infine la sospirata laurea in medicina. Ma gli ostacoli non erano ancora finiti: la sua aspirazione ad occupare un posto nel sistema pubblico sanitario non poté realizzarsi, probabilmente per le solite discriminazioni politiche. Riuscì tuttavia, grazie ai risultati conseguiti, alle votazioni ottenute e alle sue pubblicazioni, ad ottenere una borsa di studio dall'associazione professionale *Collegio Medico del Cile*, grazie alla quale poté specializzarsi, nell'arco di quattro anni, prima in *Pediatria*, presso l'ospedale per bambini *Dr Roberto del Rio* e poi in *Sanità Pubblica*.

Nel 1984 nacque la sua seconda figlia, Francisca[112], mentre il suo matrimonio entrava in una crisi che l'anno dopo sarebbe sboccata nel divorzio. I due ex coniugi, tuttavia, manterranno sempre un buon rapporto.

Nello stesso periodo Michelle, pur avendo contatti con vari esponenti dell'opposizione, fu lontana dall'attività di partito[113], impegnandosi soprattutto, come medico, nel lavoro per la PIDEE, un'or-

conosceva bene la famiglia del suo antico commilitone Bachelet. Esse riuscirono a recuperare l'appartamento da cui, nel gennaio 1975, erano state prelevate dalla DINA. Jorge Dàvalos rientrerà nel giugno successivo.

112 Francisca Valentina Dàvalos Bachelet è nata a Santiago il 14-2-1984 e si è laureata in antropologia all'*Università del Cile*. È anche un'ottima giocatrice di calcio: quando per un incidente fu ricoverata in una clinica tedesca il grande calciatore brasiliano Ronaldinho le inviò i suoi saluti augurali.

ganizzazione privata[114] che cercava di dare protezione ed assistenza ai bambini figli di detenuti e di *deseparasidos* cileni, traumatizzati dalle avversità in cui erano incappati i loro genitori.

Se si era allentata la sua attività partitica[115], non era però venuta meno la sua lotta per la libertà e la sua partecipazione alle attività di protesta contro il regime militare.

Alla PIDEE conobbe molti militanti antifascisti, in particolare comunisti.

Nel 1985 iniziò una relazione sentimentale con uno di loro, Alex Vojkovic, portavoce del *Fronte Patriottico Manuel Rodriguez*, un gruppo rivoluzionario di opposizione al regime di Pinochet, che si proponeva, fra l'altro, di compiere un attentato contro il dittatore. Pur essendo intervenuta, nel periodo in cui fu legata a Vojkovic,

---

113 Nel 1978 il PSC in esilio si era diviso fra la „corrente rinnovata" di Carlo Altamirano e di Ricardo Nunez, avvicinatasi ad una visione socialdemocratica, e quella più intransigente, facente capo a Clodomiro Almeyda, che auspicava una lotta frontale contro la dittatura di Pinochet; con quest'ultima si schierò la Bachelet, rimanendo tuttavia scossa da tali divisioni, che appunto provocarono in lei una certa disillusione per l'incapacità della dirigenza di trovare un accordo. Questo basso profilo lo mantenne anche al suo rientro in Cile, limitandosi ad una attività di sostegno per il rientro degli esiliati. In seguito (1987) i *socialistas renovados* fondarono il PPD (Partito per la Democrazia), un partito socialdemocratico, aderente all'Internazionale Socialista, con leader Ricardo Lagos, futuro presidente del Cile.

114 Si trattava della ONG (Organizzazione Non Governativa) PIDEE (Protezione dell'Infanzia Danneggiata durante lo Stato di Emergenza). Michelle ne sarà presidente fra il 1986 e il 1990.

115 L'impegno nel partito socialista diventerà più intenso a partire dall'agosto 1984.

in qualche discussione politica con i membri del Fronte, è da escludere però ogni sua collaborazione all'attività dello stesso[116].

Nel 1980 il regime militar-fascista di Pinochet aveva predisposto una nuova Costituzione, il cui impianto, detto di *democrazia protetta* era stato predisposto dal costituzionalista di destra Jaime Guzman (1946-1991). Nelle norme transitorie di tale Costituzione[117], entrata in vigore nel marzo 1981, era previsto che nel 1988, anno della scadenza del mandato di Pinochet, i cittadini avrebbero deciso, mediante referendum, se riconfermare il generale-dittatore per altri otto anni, cioè fino al 1997 o restituire la parola al popolo, chiamandolo ad eleggere un Presidente, ritornando così al regime democratico.

---

116 I due si conobbero a metà del 1985 in un pranzo di amici comuni e tra loro fu attrazione immediata. Dopo qualche mese l'ingegner Vojkovic si trasferì nell'appartamento in cui Michelle viveva con i figli Sebastian e Francisca. Mentre Michelle curava i suoi rapporti col leader socialista Clodomiro Almeyda (vicino alle posizioni di Allende), Alex si manteneva un po' defilato, per motivi di sicurezza, essendo uno dei maggiori esponenti del FPMR, di area comunista. La relazione fra i due, a metà del 1987, finì . Da allora Michelle ritornò ad una partecipazione attiva nella vita del PSC. I due si rivedranno – e sarà l'ultima volta – nel dicembre 1994, in una tragica circostanza, cioè ai funerali di un figlio di Vojkovic, Pablo, morto per un aneurisma cerebrale.

117 I generali avevano voluto in qualche modo legittimare la loro Costituzione facendola approvare da un referendum popolare, tenutosi l'11-9-1980, in un clima di paura e privo di trasparenza, in cui i SI' prevalsero col 67,04 %.Contestualmente Pinochet fu confermato Presidente per altri 8 anni, fino cioè al 1988. Col plebiscito del 1988, se avessero vinto i SÌ Pinochet sarebbe rimasto in carica fino al 1997. In caso contrario, nel marzo 1990 avrebbe dovuto cedere il posto a un presidente regolarmente eletto.

Nel 1987, dunque, la pressione della dittatura cominciò ad allentarsi e i partiti cominciarono a riorganizzarsi. Fra le forze d'opposizione si aprì allora un dibattito sull'opportunità di accettare o boicottare il plebiscito sul prolungamento del mandato presidenziale di Pinochet. C'era chi sosteneva che Pinochet cercava solo di legittimare il suo potere con un plebiscito, che perciò considerava soltanto una frode elettorale, e chi, invece, riteneva il plebiscito un'opportunità di cui approfittare per dare un duro colpo alla dittatura. Michelle Bachelet, schieratasi inizialmente per la prima ipotesi, alla fine si iscrisse ai registri elettorali e votò per il „NO".

Il *Plebiscito Nacional* fu tenuto il 5 ottobre 1988 sotto forma di referendum, essendo stati chiamati i cittadini a pronunciarsi per un sì o per un no a Pinochet, che peraltro riteneva di avere già in tasca la vittoria. Invece ebbe una sonora bocciatura popolare, in quanto conseguì solo il 44,01 % dei voti validi, mentre i „NO" ebbero il 55,99 %.

Di conseguenza furono indette le prime elezioni democratiche dopo il sanguinoso colpo di Stato del 1973, in prossimità delle quali le principali opposizioni di centro e di sinistra diedero vita ad un'alleanza denominata *Concertation de Partidos por la Democracia*[118], formata inizialmente da 17 partiti, successivamente diventati 4:

---

118 La *Concertation* era nata l'8-2-1988 come *Concertation de Partidos por el „NO"* nel referendum del 1988. Essa durerà fino al 2013, quando lascerà il posto ad un'alleanza più larga detta *Nueva Majorì a* (Nuova Maggioranza). I candidati della coalizione sono scelti mediante elezioni primarie.

Il **Partito Socialista Cileno**, le cui varie correnti si sono ricomposte unitariamente agli inizi degli anni '90. Esso è affiliato all'Internazionale Socialista.

Il **Partito per la Democrazia**, sorto nel 1987 quando ancora il PSC era proibito. È un partito socialdemocratico ed ecologista, aderente all'Internazionale Socialista.

Il **Partito Radicale Socialdemocratico**, partito di centrosinistra, nato nel 1994 dalla fusione tra Partito Radicale Cileno e Partito Socialdemocratico.

Il **Partito Democratico Cristiano del Cile**, partito di centro democratico fondato nel 1957.

Le prime elezioni democratiche dopo il sanguinoso colpo di Stato si tennero il 14-12- 1989 e diedero la vittoria, col 55,17 % dei voti alla *Concertation*, il cui candidato, il democristiano Patricio Aylwin (n. 1918) si insediò alla presidenza l'11-3-1990, al posto di Pinochet; il quale, però , in base alla „sua" Costituzione, si era riservato il ruolo di Comandante Supremo delle Forze Armate.

Iniziava così il periodo di *transizione alla democrazia*. La Costituzione di Pinochet rimase in vigore, i delitti commessi rimasero impuniti con la politica detta della *riconciliazione nazionale*; l'assegnazione a Pinochet, una volta in pensione, della carica di senatore a vita gli garantì immunità e impunità.

Con il ritorno alla democrazia la Bachelet entrò finalmente nel sistema sanitario pubblico e fu assunta come epidemiologa dal servizio sanitario metropolitano, avendo modo perciò di arricchire la sua esperienza e la sua conoscenza della rete degli ospedali e dei consultori, completamente trascurati dalla politica ultraliberista di Pinochet. Dopo aver lavorato per la Commissione Nazionale per l'AIDS (CONASIDA), operò come consulente per la *Organizzazione Panamericana della Sanità*, per l'*Organizzazione Mondiale della Sanità* e per l'*Agenzia Tedesca di cooperazione Tecnica*.

Nel periodo in cui lavorava per il CONASIDA, conobbe Anibal Henriquez[119], un medico specializzato in malattie dell'apparato respiratorio, che si occupava di pazienti malati di AIDS nell'ospedale *San Juan de Dios*, col quale intrecciò una relazione, senza però poterlo sposare non essendo stato annullato il suo precedente vincolo matrimoniale con Dàvalos. Nel 1992 ebbe da lui la figlia Sofia[120], ma la relazione ebbe fine a metà del 1995.

Intanto dal 1994, col nuovo presidente del Cile espresso dalla *Concertation*, il democristiano Eduardo Frei Ruiz-Tagle (n. 1942), nel periodo 1994-1997 fu assunta come consulente del Ministero della Salute, per lavorare alla riorganizzazione dei pronto soccorso.

Spinta poi, proprio nel periodo della rinascente democrazia, dalla voglia di capire meglio la relazione tra società civile e apparato militare e il modo in cui rimuovere le persistenti difficoltà per giun-

---

119 Anibal Hernàn Henrì quez Marich, medico, è nato il 10-6-1952. A differenza dei precedenti partner di Michelle è un uomo di destra.

120 Sofia Catalina Henrì quez Bachelet è nata a Santiago il 21-12-1992. È l'unica figlia della Bachelet nata in democrazia. Dopo aver frequentato il collegio francese *La Girouette*, nel 2011 si è iscritta in Psicologia all'Università *Diego Portales*. Come la madre (una delle canzoni preferite da Michelle è la celebre *El pueblo unito jamàs serà vencido*), ama molto la musica.

gere ad una piena normalizzazione, partecipò (1996) a un corso di strategia militare presso l'*Accademia Nazionale di Studi Politici e Strategici*, dipendente dal Ministero della Difesa, uscendone prima classificata a pieni voti e vincendo una borsa di studio che le consentì di poter approfondire la sua preparazione in USA[121], seguendo il corso di *Difesa Continentale*, presso il *Collegio Militare Interamericano*, al quale parteciparono 35 militari e alcuni civili di tutto il continente americano. Anche qui fu la prima del corso. Quando tornò in Cile, nel 1998, la nuova specializzazione e l'ottimo curriculum le permisero di entrare come consulente al Ministero della Difesa, e di fare poi anche un master in „Scienza militare".

La sua attività politica, a partire dal 1995, si era intensificata, sicché ben presto le sue qualità umane, sociali, culturali (parlava spagnolo, inglese, tedesco, francese e portoghese e si era sempre mantenuta fedele al socialismo) vennero riconosciute: nel congresso del 1995 Michelle Bachelet fu, infatti,eletta nel Comitato Centrale del PSC. Nel 1998 fu riconfermata nel Comitato Centrale ed eletta anche nella Commissione Politica del partito, carica che ricoprì fino al marzo del 2000, quando accettò l'incarico ministeriale.

---

121 Prima di partire per gli USA, nel 1996, il partito la candidò a sindaco di Las Condes, un grosso comune della provincia di Santiago. Ma Michelle ottenne appena il 2,35 % dei voti.

Nel 1999 fece parte del gruppo che coordinava la campagna elettorale di Ricardo Lagos[122], leader del PPD[123], che dopo aver vinto le primarie[124] per la candidatura della *Concertation* alle presidenziali del gennaio 2000, vinse anche le presidenziali vere e proprie nel ballottaggio col candidato della destra Joaquìn Lavin (n. 1953).

Una volta insediatosi Lagos formò il nuovo governo e affidò il Ministero della Sanità a Michelle Bachelet, la quale di conseguenza lasciò gli incarichi di partito. Il Presidente le fissò anche due obiettivi, forse troppo ambiziosi. Il primo consisteva nel migliorare, entro il ristrettissimo termine di tre mesi, i servizi sanitari, soprattutto eliminando i lunghissimi tempi di attesa per ottenere i trattamenti necessari. L'obiettivo, per cui Michelle si impegnò a tempo pieno, fu centrato[125] al 90 %. L'altro consisteva nella preparazione di una

---

122 Ricardo Froilàn Lagos Escobar (n. 1938), avvocato ed economista, era stato uno dei più coerenti oppositori al regime di Pinochet; era uno dei principali leader della *Concertation*, nonché fondatore del Partito per la Democrazia. Era stato ministro dell'*Educazione* col presidente Aylwin e delle *Opere Pubbliche* col presidente Frei.

123 Il PPD (Partito Per la Democrazia) fu fondato il 15-12-1987 da Ricardo Lagos e altri allo scopo di sostenere il „NO" a Pinochet nel plebiscito del 1988. È un partito liberalsocialista che aderisce all'Internazionale Socialista. Attualmente conta 15 deputati su 120 e 6 senatori su 38.

124 Lagos, candidato dal PSC e dal PPD, vinse le primarie della *Concertation* nel 1999, superando il candidato democristiano senatore Andrés Zaldivar (n. 1936). Fu la prima volta che si tennero le primarie *aperte*, in cui poté votare ogni cittadino, purché non iscritto a partiti diversi da quelli della coalizione. Si insediò come Presidente l' 11-3-2000 e rimase in carica fino all'11-3-2006.

125 Molte e innovative furono le iniziative della Bachelet: stabilì un sistema di appuntamenti per le visite per telefono; incrementò i servizi

grande riforma della sanità. E, in effetti, nei due anni in cui si trovò alla guida del ministero, la Bachelet gettò le basi di una riforma sanitaria che aprisse le strutture pubbliche a tutti i cileni, che permettesse alle fasce più deboli della popolazione l'accesso gratuito alla sanità pubblica. Decise anche, suscitando ostili reazioni della destra conservatrice e della Chiesa, la distribuzione gratuita, alle donne che subivano violenza, della cosiddetta *pillola del giorno dopo*.

Il 7 gennaio 2002, in occasione di un rimpasto di governo, il presidente Lagos decise di spostare la Bachelet dal Ministero della Sanità a quello della Difesa. Essa divenne pertanto la prima donna, in tutta l'America Latina, e la prima socialista, dopo Orlando Letelier, a ricoprire quel ruolo.

La sua gestione mirò al superamento delle antiche divisioni fra mondo militare e mondo civile, accantonando rancori e desideri di vendetta per dare spazio piuttosto al senso di giustizia e alla riparazione storica. In questi quadro si ebbe la completa riabilitazione della figura di suo padre come alto ufficiale dell'Aviazione e di molti altri, di cui alcuni vivi, che nel 1973 erano stati allontanati dal servizio per ragioni politiche. In questo quadro, momento culminante fu la visita all'*Isola Dawson*[126], luogo di confino di molti prigionieri

---

medici e dentistici, garantendo un'assistenza di 24 ore al giorno ai minori di 1 anno e ai maggiori di 65 anni; fece aprire i consultori anche il sabato e la domenica nei mesi invernali; estese i servizi sanitari fino a 20 ore al giorno. In generale dette un forte impulso per la difesa della salute in tutto il Cile.

126 L'isola Dawson, base navale militare, si trova nello stretto di Magellano, nella zona antartica, ed ha un clima gelido. Dopo il *golpe* del 1973 fu utilizzata come centro di detenzione, dove furono confinati moltissimi esponenti di *Unidad Popular*, fra cui Luis Corvalàn,

politici, effettuata dal Ministro assieme all'Alto Comando delle Forze Armate e ad alcuni sopravvissuti di quella brutale prigionia. Altrettanto significativa fu la piena approvazione dell'azione del generate Prats[127] e del generale Cheyre[128]. La politica di *riconciliazione*
della Bachelet incontrò la piena collaborazione delle alte gerarchie
militari e dei *carabineros* e si pose come obiettivo la modernizzazio-
ne dei vari corpi militari, per adeguarli alle nuove necessità strategiche e di sicurezza, in particolare per la partecipazione a opera-
zioni militari multinazionali di pace all'estero, come quelle in Bo-
snia-Erzegovina e a Cipro. La Bachelet apportò , inoltre, modifiche
alla leva obbligatoria, introdusse norme per la parità di genere nel-
l'ambito delle forze armate e di sicurezza e si impegnò a fondo per
la stipulazione del *Trattato di Ottawa*, che consente di ridurre i campi minati.

Gli ottimi risultati della sua gestione la resero molto popolare ed
amata dai cileni, tanto che cominciò a circolare il suo nome come

segretario generale del Partito Comunista Cileno. Moltissimi stretti
collaboratori di Allende furono chiusi in un campo di concentramento
dell'isola. Il film *Dawson Isla 10* (2009) di Miguel Littin ne racconta la
storia dell'isola in tale periodo.

127 Carlo Prats Gonzales (1915-1974) fu comandante in capo
dell'esercito, ministro e vicepresidente di Allende. Costituzionalista
convinto, fedele alle istituzioni democratiche, si dimise il 22-8-1973,
suggerendo come suo sostituto al comando dell'esercito Augusto
Pinochet, che considerava un ufficiale leale, ma che invece capeggiò
il *golpe* dell'11-9-1973.

128 Jan Emilio Cheyre (n. 1947), detto *nunca mas*, fu comandante in
capo dell'esercito dal 2002 al 2006. In un discorso disse che la sua
promessa che mai più (*nunca mas*) l'esercito avrebbe consentito di
essere strumentalizzato per avventure dalla classe politica, era
assolutamente accettata e condivisa dall'istituzione militare.

possibile candidata alle presidenziali del 2005. Lei, confortata anche da tutti i sondaggi e in qualche modo incoraggiata dal presidente Lagos, si disse disponibile ad affrontare le primarie della *Concertation* e il 1° ottobre del 2004 lasciò il governo per preparare la sua campagna elettorale.

Si dedicò dapprima alle imminenti elezioni municipali, partecipando alla campagna elettorale „porta a porta", assieme ai candidati a sindaco e a consigliere comunale della *Concertation*, percorrendo l'intero Cile da un capo all'altro e partecipando a oltre 100 manifestazioni pubbliche. La sua frenetica attività politica ed elettorale, di carattere massicciamente partecipativo per i cittadini, chiamati a dare opinioni e ad avanzare proposte, aumentò di molto la sua popolarità e il Congresso Generale del Partito Socialista, il 28 gennaio 2005, la proclamò sua candidata ufficiale alle primarie per la presidenza. Successivamente ricevette anche l'appoggio del Partito Per la Democrazia e quello del Partito Radicale Socialdemocratico, diventando così la candidata dell'intera area progressista della *Concertation*.

Nel marzo 2005 la Democrazia Cristiana scelse come sua candidata alle primarie la senatrice Soledad Alvear[129]. Il 27 aprile 2005, però ,

---

129 Maria Soledad Alvear Valenzuela (n. 1950), avvocato e senatrice democristiana (2006-2014), era stata ministro nei governi dei presidenti Aylwin, Frei e Lagos..

la Alvear decise di ritirarsi[130], sicché Michelle Bachelet divenne la candidata dell'intera coalizione di centro-sinistra[131].

Nei mesi successivi riprese a percorrere il Paese in lungo e in largo, spiegando i punti essenziali del suo programma: protezione sociale, nuove politiche di sviluppo, parità di genere nella composizione del suo eventuale governo, fine di ogni discriminazione nei confronti di donne, giovani e disabili, accesso automatico degli anziani alla pensione sociale, miglioramento delle prestazioni a favore dei bambini in età prescolare, efficienza nelle imprese pubbliche, lotta alla delinquenza, creazione di asili nido per le donne lavoratrici, riforma del sistema previdenziale.

Alle elezioni dell'11 dicembre 2005 Michelle si classificò al primo posto ottenendo il 45,95 % dei voti, davanti a Sebastiàn Pinera Echenique (25,41 %), candidato del partito liberal-conservatore di centro-destra *Rinnovamento Nazionale*; a Joaquìn Lavìn Infante (23,23 %), candidato del partito conservatore di destra *Unione Democratica Indipendente*, ex consulente economico della Giunta Militare di Pinochet ed avversario sconfitto alle presidenziali del 2000 da Ricardo Lafos; a Tomàs Hirsch Golo Schimdt (5,40 %), candidato dal cartello di estrema sinistra *Uniti Possiamo di Più*, di cui facevano parte il Partito Umanista Cileno, il Partito Comunista Cileno ed altri gruppi extraparlamentari di sinistra.

---

130 Il 24 maggio 2005 la Alvear si ritirò a causa del netto svantaggio nei sondaggi rispetto alla Bachelet e dell'insoddisfacente sostegno della DC alla sua candidatura.

131 La sua candidatura venne ufficializzata presso il Servizio Elettorale l'8-9-2005.

Poiché nessun candidato aveva superato il 50 % dei suffragi, bisognava procedere a votazioni di ballottaggio fra i primi due classificati, cioè tra Bachelet e Pinera. La Bachelet aveva al suo attivo non
solo il fatto di essersi classificata prima e con grande distacco dagli
altri candidati, ma anche la vittoria conseguita dalla *Concertation*
alle elezioni parlamentari[132]; sicché la sua vittoria veniva data da
tutti gli analisti e dagli istituti specializzati, per certa, tanto che
giunsero in Cile anche esponenti politici stranieri[133] per celebrare la
vittoria della Bachelet.

Comunque Michelle si lanciò con decisione nella seconda fase della campagna elettorale, accompagnata, a volte, dal presidente Lagos, dai ministri del governo di centro-sinistra e dai principali
esponenti dei partiti della *Concertation*: socialisti, radicalsocialde-
mocratici, democratici, democratici cristiani.

Il 15 gennaio 2006 ebbero luogo le votazioni di ballottaggio. All'u-
scita dal seggio la Bachelet dichiarò :

---

132 L'11-12-2005 si votò , oltre che per il primo turno delle presidenziali,
  anche per il rinnovo della Camera dei Deputati e per l'elezione di 20
  senatori su 38. La *Concertation* ottenne alla Camera 65 seggi su
  120, di cui 15 del PSC e 21 del PPD e conquistò al Senato 11 dei 20
  seggi in palio, di cui 4 del PSC e 1 del PPD.

133 Jack Lang (n. 1939), noto soprattutto per essere stato ministro
  francese della Cultura per dieci anni (1981-1986 e 1988-1993); Raul
  Alfonsin (1927-2009) ex presidente della Repubblica Argentina ed
  esponente della *Unione Civica Radicale*, partito aderente
  all'Internazionale Socialista; Marco Aurelio Garcia, consigliere politico
  del presidente brasiliano Lula ed esponente del Partito dei Lavoratori,
  di ispirazione socialista, la nota dirigente socialista francese ed attuale
  ministro (2014) Ségolène Royal.

Mi sento una privilegiata perché sono stata la prima donna ministro della Sanità, e poi della Difesa, e ora potrei diventare la prima donna presidente; ma la cosa più importante è riuscire a soddisfare le speranze che hanno riposto in me i cileni e le cilene.

Il responso delle urne fu quello da tutti atteso: 53,23 % alla Bachelet, 46,77 % a Pinera.

Michele Bachelet era la prima donna in tutta l'America Latina a diventare presidente con suffragio universale diretto.

L'11 marzo 2006 si tenne la cerimonia ufficiale del passaggio di consegne tra il presidente uscente Ricardo Lagos e la Presidente eletta Michelle Bachelet, che così diventò la 35° presidente del Cile ed entrò nel pieno delle sue funzioni. In un Paese che, all'alba del terzo millennio, aveva ancora il retaggio di una forte tradizione conservatrice, maschilista e clericale, Michelle si accingeva a cambiare molte cose, senza nascondere quelle che erano le sue fondamentali caratteristiche: *Sono donna, socialista, divorziata ed agnostica*. Si impegnò quindi a dare le prime concrete risposte alle aspettative dei cileni entro i primi cento giorni del suo mandato.

Il suo primo atto da Presidente fu la nomina del nuovo governo, in relazione al quale mantenne la promessa fatta in campagna elettorale circa la parità di genere. Il Governo[134], infatti, risultava composto di 10 uomini e 10 donne, distribuiti fra i partiti della coalizione, ma non solo: ne facevano parte 7 rappresentanti della Democrazia

---

134 La composizione del Governo era stata comunicata il 30-1-2006, dopo la conferma ufficiale della sua elezione da parte del Tribunale delle Elezioni.

Cristiana, 5 del Partito per la Democrazia, 4 del Partito Socialista Cileno, 1 del Partito Radicale Socialdemocratico e 3 indipendenti. Nessuno di loro aveva fatto parte del precedente governo.

> *Questo gabinetto riflette lo stile di governo che ho proposto, combinando volti nuovi con l'esperienza accumulata in anni di buon governo, unita all'entusiasmo e alla freschezza di nuove idee.*

Il primo provvedimento presidenziale, e cioè l'esenzione dal pagamento di prestazioni sanitarie per le persone di età superiore ai 60 anni, fu un forte segnale dell'indirizzo solidaristico che Michelle intendeva dare alla sua presidenza. Come lo fu la riforma delle pensioni, prima interamente basata sul modello privatistico: da allora anche chi non aveva mai versato contributi o non ne aveva versato a sufficienza avrebbe avuto una pensione minima garantita dallo Stato.

Certo, nel corso dei quattro anni della sua gestione, ci furono degli alti e bassi nell'indice di gradimento dei cittadini nei confronti della loro Presidente, e fu necessario procedere ad alcuni rimpasti di governo. Ma, alla fine del suo mandato, nel marzo 2010, fu accertato che l'84 % dei cileni apprezzava la sua gestione presidenziale: era il maggior indice di approvazione popolare nella storia del Cile.

L'aumento, nel mercato mondiale, del prezzo del rame, di cui il Cile è uno dei maggiori produttori, consentì al governo di mettere in atto politiche sociali tendenti a tutelare le classi meno abbienti, a proteggere il potere d'acquisto dei ceti medi e a tutelare la produzione industriale ed agricola senza ricorrere a misure protezionistiche. In politica estera furono migliorati i rapporti con gli altri Stati.

Il 10-12-2006 si spense l'ex dittatore Augusto Pinochet, che anche da morto riuscì a dividere i cileni: da un lato stavano i suoi estimatori, alcuni dei quali esibirono il saluto fascista ai suoi funerali; dall'altro i suoi avversari antifascisti che ne rievocarono le responsabilità nel periodo della dittatura (1973-1990). La presidente socialista rifiutò i funerali di Stato, ma non poté evitare le esequie militari, che gli spettavano come ex capo dell'esercito, e alle quali assistette, per il Governo, e in maniera del tutto defilata, la ministra della Difesa Vivianne Blantot. Mentre si svolgeva il funerale altri cileni resero omaggio alla memoria di Salvador Alliende.

L'11 marzo 2010 la Bachelet passò le consegne a Sebastiàn Pinera Echenìque[135], primo presidente di destra dopo quatto presidenze della *Concertation*, nel dopo Pinochet.

Non appena terminato il suo mandato presidenziale, la vulcanica Michelle, il 16 aprile 2010, inaugurò la *Fondazione Dialogo*, da lei fondata e diretta[136], un laboratorio di idee formato da intellettuali

---

135 La Bachelet non si era potuta ripresentare perché per la Costituzione cilena il presidente uscente non è immediatamente rieleggibile. Il candidato della *Concertation*, il democristiano ed ex presidente Eduardo Frei Ruiz-Tagle fu sconfitto, al secondo turno, tenuto il 17-1-2010, col 48,39 % da quello della *Coalizione per il cambio* (destra) Sebastiàn Pinera Echenìque che raccolse il 51,61 % dei consensi.

136 La Bachelet lascerà la presidenza della fondazione nel maggio 2014, essendo stata rieletta Presidente del Cile.

Le succederà, alla presidenza dell'ente, l'ex ministro della Pianificazione Clarisa Hardy.

provenienti da diverse aree culturali progressiste, avente lo scopo di promuovere un rinnovamento delle idee nel centro-sinistra, di incrementane le capacità propositive e di creare nuovi spazi per la formazione di nuovi leader, proponendo così un'alternativa alla concentrazione di potere politico, economico e delle comunicazioni che si era costituita in Cile. La fondazione si proponeva anche di mantenere contatti con le fondazioni analoghe sparse nel mondo. Alla manifestazione erano presenti gli ex presidenti della *Concertation* Patricio Aylwin (1990-94), Eduardo Frei (1994-2000), mentre Ricardo Lagos (2000-2004), in viaggio negli USA, mandò un messaggio augurale.

L'11 agosto 2010, per la sua vasta competenza in materia, fu chiamata a presiedere il *Gruppo Consultivo Internazionale di Protezione Sociale*, costituito per iniziativa congiunta dell'OIL (Organizzazione Internazionale del Lavoro) e dell'OMS (Organizzazione Mondiale della Sanità), al fine di promuovere politiche sociali atte a stimolare la crescita economica e sociale. Nel 2011, la Commissione da lei diretta pubblicò un rapporto intitolato *Piano di Protezione Sociale per una Globalizzazione Equa e Partecipativa*, divenuto una guida molto importante in materia per l'ONU.

Poco dopo, il 14 settembre 2010, il segretario generale delle Nazioni Unite, Ban Ki-moon[137], nominò l'ex presidente cilena Vicesegretaria Generale, delegata alla presidenza delle *Nazioni Unite Donne*, organismo istituito il 2-7-2010 dall'Assemblea Generale dell'ONU, per

---

137 Ban Ki-moon (n. 1944) è un ex diplomatico sudcoreano. Fu eletto dal Consiglio di Sicurezza il 13 ottobre 2006 e si insediò il 1° gennaio 2007.

promuovere l'uguaglianza di genere e l'emancipazione delle donne nel mondo. Il Segretario Generale motivò così la sua scelta: *Michelle Bachelet ricopre questa importante posizione portando con sé un passato di leadership dinamica, qualità politiche altamente raffinate e un'abilità fuori dal comune di creare consenso tra le agenzie ONU e molti partner sia nel settore pubblico che in quello privato. Sono fiducioso che, sotto la sua energica guida, possiamo migliorare la vita di milioni di donne e ragazze in tutto il mondo*[138].

Michelle si dimostrò all'altezza del suo coraggioso passato politico e privato e non deluse le aspettative riposte su di lei. La stessa forte attenzione che aveva dimostrato per le tematiche sociali negli anni del potere, sostenuta ormai dalla vasta esperienza accumulata in materia e dalla grande capacità di lavoro, la fecero conoscere in tutto il mondo come la più fervente sostenitrice dei diritti delle donne:

Sto lavorando per le donne nel mondo. Oggi questo è il mio problema essenziale.

Emblematico a questo riguardo fu il messaggio lanciato l'8 marzo 2011 da Michelle Bachelet per il centenario della *Giornata Internazionale della Donna*, nel quale mise in rilievo come, nonostante gli indubbi progressi fatti, molto cammino occorreva ancora fare per il raggiungimento della piena parità di genere e per rimuovere ogni forma di discriminazione, che finisce per pesare non solo sulle donne, ma sull'intera umanità. La mancata utilizzazione del con-

---

138 Michelle mantenne la carica fino al 15 marzo 2013, quando si dimise per fare ritorno al suo Paese, per prepararsi alle imminenti presidenziali, alle quali intendeva presentarsi.

tributo di più della metà dell'umanità finisce, infatti, per incidere negativamente sulla qualità della nostra democrazia, sulla forza della nostra economia, sulla salute della nostra società e sulla sostenibilità della pace:

> La forza, l'operosità e la saggezza delle donne rimangono la più grande risorsa non sfruttata dell'umanità. Noi non possiamo permetterci semplicemente di aspettare altri 100 anni per sbloccare questo potenziale.

Ritornata in patria, forte del sostegno di molti esponenti della *Concertation*, Michelle Bachelet il 27 marzo 2013 annunciò la sua candidatura alle primarie per la presidenza che si sarebbero svolte il 30 giugno dello stesso anno. Nel frattempo l'alleanza di centro-sinistra si era allargata ai comunisti e ad altri gruppi di sinistra, trasformandosi nel nuovo cartello elettorale denominato *Nuova Maggioranza*[139]. Le primarie del centro sinistra si conclusero con la netta

---

139 Oltre ai partiti della *Concertation*, entrarono nella *Nuova Maggioranza* il Partito Comunista Cileno, il Partito della Sinistra Civica del Cile, di orientamento cristiano sociale, e il Movimento Ampio Sociale, di orientamento socialista.

vittoria della Bachelet, che ottenne il 73,05 % delle preferenze[140], divenendo così la candidata ufficiale di tutto il centro-sinistra.

A contendere il seggio presidenziale alla Bachelet c'erano altri nove candidati, ma la più temibile era certamente la candidata del cartello di centro-destra dell'*Alleanza per il Cile*, l'ex ministra del Lavoro nel governo del presidente Pinera, Evelyn Matthei, coetanea della Bachelet e sua antica compagna di giochi[141]. Ambedue erano figlie di un generale dell'Aeronautica, di cui uno leale ad Allende e l'altro ex ministro della Salute di Pinochet. Per la prima volta, nella storia del Cile, a contendersi la più alta magistratura della Repubblica erano due donne, rappresentanti di due visioni molto diverse della politica.

Michelle, secondo il suo stile, si mise a percorrere tutte le regioni del Paese, per illustrare i punti salienti del suo programma: pro-

---

140 La Bachelet era stata scelta, nell'aprile 2013, come propria candidata, da tre partiti: PSC, PPD, PAS. Gli altri candidati alle primarie del centro-sinistra erano: l'economista indipendente Andres Velasco Branes (n. 1960), ottimo ministro delle Finanze con la presidente Bachelet e fondatore, nel 2013, del movimento di centro-sinistra „Forza Pubblica", che ottenne il 13 % dei voti; Claudio Orrego Laraìn (n. 1966), avvocato, ex ministro del presidente Frei, presentato dalla Democrazia Cristiana, che ottenne l'8,86 %; José Antonio Gomez Urrutia (n. 1953), avvocato, ex ministro ed ex senatore, già presidente del PRSD, da cui era stato candidato, che conseguì il 5,06 %. Alle primarie, aperte agli iscritti ai partiti della coalizione e ai cittadini non iscritti a nessun partito, parteciparono oltre due milioni di persone.

141 Evelyn Matthei (n. 1953), economista, è un'esponente del partito di destra UDI (Unione Democratica Indipendente) che, assieme al partito di centro-destra RN (Rinnovamento Nazionale) forma l'*Alleanza per il Cile*. È stata la prima candidata donna alla presidenza della coalizione conservatrice.

muovere la revisione della Costituzione approvata durante la dittatura, rifondare il sistema dell'educazione pubblica, realizzare la riforma del sistema fiscale, anche aumentando l'imposta sulle società, migliorare la rete dei servizi sanitari e in genere dei servizi pubblici, riformare la legge sull'aborto.

Al primo turno del 17-11-2014, al quale erano abbinate l'elezione della Camera dei deputati e di 20 senatori su 38, come previsto, passarono Michelle Bachelet col 46,70 % dei voti ed Evelyn Matthei col 25,03 %. Alle politiche il centro-sinistra conquistò la maggioranza assoluta, aggiudicandosi 63 deputati[142] su 120 e conquistando 10 dei 20 seggi senatoriali in palio[143].

Al ballottaggio del 15-12-2003, com'era nelle generali previsioni, prevalse la Bachelet col 62,17 %, diventando, per la seconda volta, Presidente del Cile per il periodo 11-3-2014/ 11-3-2018. Il generale suo padre ne sarebbe stato certamente fiero[144].

---

142 Fra gli eletti la venticinquenne Camila Vallejo News (PCC), presto divenuta famosa per la sua bellezza e per essere stata la leader della Fech (Federazione Studentesca).

143 Dei due partiti aderenti all'Internazionale Socialista, il PSC si aggiudicò 15 deputati e 4 senatori; il PPD 15 deputati e 3 senatori. Presidente del Senato sarà eletta Isabel Allende, figlia del presidente Salvador Allende, uno dei più illustri esponenti del socialismo contemporaneo. L'abbraccio tra la presidente della Repubblica e la presidente del Senato, immortalato dalla stampa, ebbe un significato simbolico eccezionale, poiché simboleggiava una sorta di continuità tra il vecchio e il nuovo socialismo cileno.

144 In occasione della ricorrenza del 41° anniversario del colpo di stato militare, l'11-9-2014, la presidente Bachelet ha annunciato l'intenzione di voler cancellare in Parlamento la legge di amnistia voluta dal regime per coprire i crimini perpetrati sia da militari che da civili durante la repressione. La cosiddetta *legge di amnistia* era stata varata nel 1978

Il presidente Allende è stato un esempio di come il socialismo possa essere realizzato anche in un paese democratico, senza ledere i fondamentali principi di libertà politica e sociale. Il popolo non perdonerà mai alla Giunta Militare che ci ha governato fino al 1988 le torture, la censura e gli omicidi perpetrati dagli uomini di Pinochet
(Michelle Bachelet, 11-9-2014, 41° anniversario del colpo di Stato militare*).*

---

dal regime militare, per sancire l'immunità per tutti i crimini commessi nei cinque anni successivi al colpo di Stato. Essa valeva sia per coloro che avevano attuato la repressione, sia per le loro vittime, qualora fossero state accusate di aver commesso qualche eventuale reato, quali ad esempio il „tradimento" o il „turbamento dell'ordine pubblico".

Angelica Balabanoff

Rimane.. la incommensurabile gioia di aver potuto rimanere fedele al socialismo, fedele a me stessa .Una fortuna più grande di questa non me la sarei potuta sognare.
Angelica Balabanoff

Colta, intelligente, scrittrice, poliglotta, disinibita, politica, genero-sa, coraggiosa, passionale, appassionata, pacifista, internazionali-sta, rivoluzionaria, antifascista, anticomunista, spirito indipen-dente e ribelle, dirigente disinteressata, pronta anche al sacrificio di sé per la causa in cui credeva: tutto questo fu Angelica Balaba-noff. Fu, soprattutto, una socialista che per tutta la vita navigò nel-le acque turbolente del socialismo mondiale, senza mai perdere la rotta; una socialista che ebbe la ventura di conoscere i più autore-voli leader del movimento operaio del suo tempo, che vide alcuni di loro, anche uomini che avrebbero fatto la storia, come Lenin e Mussolini, nei quali per un po' aveva creduto, indirizzarsi verso approdi diversi da quello a cui lei aveva consacrato la vita: il socialismo libertario e antitotalitario.

Angelica Balabanoff (Anžélica Isaakovna Balabanova) nacque in Ucraina, precisamente a Cernigov, presso Kiev, il 4 agosto 1877 da una benestante famiglia ebraica, ultima di sedici figli, sette dei quali morti prima che lei nascesse. Il padre Isaak era un uomo d'affari sempre in giro per la Russia, nonché proprietario terriero; la madre, Anna Hoffman, una donna dispotica ed arcigna, si occupò dell'educazione di Angelica, alla quale impose una vita di isolamento, circondata solo da servi, insegnanti di lingue, di piano, di danza, di ricamo, senza amici né giochi.

A 11 anni Angelica fu iscritta ad una scuola privata per fanciulle di famiglie facoltose a Kharkov, città in cui viveva una sua sorella. Vi rimase fino all'età di 17 anni e vi imparò varie lingue europee. Fin da giovanissima fu turbata dai privilegi di cui la sua famiglia godeva, arrivando al punto di vergognarsi di come erano trattati ed umiliati i servi. Da ciò scaturì la prima scintilla del temperamento ribelle della ragazza, tutto indirizzato all'impegno per la causa della giustizia sociale.

Al ritorno da una vacanza in Svizzera nasce in lei l'idea di continuare gli studi in un'università europea, visto che alle donne in Russia non è possibile frequentarle. La sua aspirazione di andare a studiare a Bruxelles, in un ambiente culturale noto per le idee radicali che vi circolavano, contraddice con i progetti matrimoniali che la madre ha per lei: fra le due donne c'è un "incolmabile abisso". Dopo un lungo braccio di ferro, alfine la signora cede, sia pure con molta irritazione. Angelica riceverà comunque un assegno mensile per il suo mantenimento. Al momento della sua partenza, non c'è nessuno a salutarla; c'è solo la madre, ma per maledirla.

A 19 anni (1895) la ritroviamo dunque iscritta all'*Université nouvelle*, di Bruxelles, costruita attorno alla personalità di Eliseo Reclus[145] e con insegnanti quasi tutti socialisti o anarchici, fra cui il prof. Augsmans, sindaco socialista di Bruxelles.

Angelica vi studiò filosofia, seguì corsi di sociologia, economia, criminologia ed entrò in contatto con esponenti del partito socialista belga, in particolare col professore di letteratura moderna Célestin Demplon, uno dei primi deputati socialisti eletti nel 1894.

Alla Casa del Popolo conobbe vari italiani fuggiti all'estero dopo i fatti di Milano del 1898, repressi dalle cannonate di Bava Beccaris, e si legò d'amicizia con un socialista romano, l'avvocato Ugo Zanni, che le insegnerà l'italiano. Fu ancora lì, mentre il suo istintivo senso di ribellione diventava libertarismo e la sua innata compassione per i sofferenti e gli sfruttati si trasformava in egualitarismo, che incontrò il noto teorico marxista russo Georgeij Plechanov, sulle cui opere completò la sua formazione e abbracciò il socialismo marxista.

Nel frattempo imparava la lingua inglese. Si recò dunque a Londra, dove arrotondava le sue entrate facendo la baby-sitter, mentre

---

145 Elisée Reclus (1830-1905) fu geografo, scrittore, vegetariano, anarchico francese. Dopo aver partecipato alla Comune di Parigi fu esiliato. Nel 1894 fondò l'*Université nouvelle* di Bruxelles.

preparava la sua tesi di laurea. Si laureò quindi in Filosofia e letteratura.

Alla fine del secolo si recò in Germania, dove studiò economia politica e dove conobbe Rosa Luxemburg, Clara Zetkin e August Bebel[146].

Nel 1900 si spostò a Roma, per seguire i corsi universitari del filosofo marxista Antonio Labriola, dal quale imparò ad applicare la critica e l'autocritica, senza mai accontentarsi di verità acquisite; imparò anche che è dovere di tutti i socialisti mettere le proprie conoscenze al servizio del proletariato. Entrata in contatto, tramite il direttore dell'*Avanti!* Leonida Bissolati, col movimento socialista italiano, si iscrisse al PSI, al quale rimarrà legata per tutta la vita, rimanendo comunque sempre fedele all'internazionalismo proletario maturato in tanti anni di dimestichezza con le sue molteplici espressioni nazionali, e sempre in coerenza con la tradizione secondinternazionalista interpretata da sinistra.

E a sinistra si collocò anche nel PSI, aderendo alla sua frazione "intransigente" e legandosi politicamente a Giacinto Menotti Serrati.

---

146 August Ferdinand Bebel (1840-1913) fu un politico e scrittore tedesco. Nel 1869 fondò il Partito Socialdemocratico dei Lavoratori, il quale, nel 1875, si fuse con l'Associazione Generale dei Lavoratori Tedeschi, dando vita al Partito dei Lavoratori Socialisti Tedeschi, che nel 1890 si rinominò SPD (Partito Socialdemocratico Tedesco), di cui Bebel nel 1900 divenne presidente. Fra i suoi libri il famoso *La donna e il socialismo*.

A Roma conobbe alcuni parlamentari socialisti: Turati, Treves[147], Morgari[148], Prampolini. Nel 1903 scrisse alla sua famiglia che aveva deciso di rinunciare a tutta la sua eredità a favore dei fratelli; intanto si dedicò a tempo pieno all'attività politica, diventando un'attivista professionale e una rivoluzionaria senza tabù sessuali.

Decise quindi di impegnarsi per la causa del proletariato in Svizzera, a San Gallo, nelle cui filande lavoravano, in condizioni miserabili, migliaia di italiani, soprattutto donne e ragazze.

A San Gallo debuttò , con grande successo, come conferenziera al Circolo Socialista.

---

147 Claudio Treves (1869-1933), avvocato e giornalista, aderì al partito socialista fin dalla sua fondazione nel 1892. Collaborò con varie riviste socialiste, fra cui quella di Turati, di cui fu amico fedele, *Critica Sociale*. Dal 1902 al 1910 fu direttore de *Il Tempo di Milano*; fu poi chiamato a dirigere l'*Avanti!*. Nel 1915 sostenne un duello alla sciabola con Mussolini. Deputato dal 1906 al 1926, nel 1922 aderì al PSU di Matteotti, del cui quotidiano *La Giustizia* divenne direttore. Costretto, in seguito all'avvento del fascismo, a riparare in Francia, assunse la carica di direttore dell'organo del PSLI (ex PSU) *Rinascita Socialista* e di quello della Concentrazione Antifascista *La Libertà*. Suo il famoso slogan pacifista durante la prima guerra mondiale: *Non più un inverno in trincea*!

148 Oddino Morgari (1865-1944), socialista fin dal 1891, nel 1893 diventò segretario della sezione del PSI di Torino. Leader della corrente „integralista" che si proponeva di mediare tra riformisti e rivoluzionari, nel 1908 assunse la direzione dell'*Avanti!*.Fervente pacifista, partecipò alla conferenza di Zimmerwald, in Svizzera (1915). Più volte deputato socialista, nel 1922 aderì al PSU di Matteotti. Costretto all'esilio in Francia durante il fascismo, nel 1939 fu chiamato (assieme a Saragat e a Tasca) a far parte del Comitato di Reggenza succeduto a Nenni alla guida del PSI.

Fu allora che la piccola ragazza russa – era alta appena 150 cm – neppure tanto bella, da qualcuno anzi ritenuta piuttosto brutta, si rivelò essere una grande oratrice, capace di suscitare l'applauso del pubblico e di parlare diverse volte al giorno in diverse lingue.

Il 18 marzo 1903 fu chiamata a Losanna, sede della Federazione socialista, del sindacato e del giornale *L'Avvenire del Lavoratore*[149] , per tenere una conferenza celebrativa sulla Comune di Parigi. In quella occasione notò fra il pubblico un giovane che la fissava con i suoi magnetici occhi neri e ne fu subito attratta: era Benito Mussolini, allora in grande difficoltà, perché disoccupato. Fra i due nascerà in seguito un rapporto di intima collaborazione, di amicizia e sentimentale, anche se la Balabanoff negherà sempre di aver avuto rapporti sessuali con lui. Comunque, con Benito, Angelica si rivelò una donna dolce, materna, pronta ad aiutare il giovane fuoruscito socialista soprattutto dal punto di vista della sua formazione culturale. Egli stesso ammetterà, trent'anni dopo, che, se non avesse conosciuto la Balabanoff, probabilmente sarebbe rimasto un oscuro maestro di provincia.

A San Gallo, nel 1904, conobbe ed ospitò una profuga socialista italiana appena arrivata dall'Italia per sottrarsi all'arresto provocato da un suo articolo: Maria Giudice, prossima a partorire e senza mezzi. Fra le due rivoluzionarie, donne emancipate, fautrici del libero amore, nacque un rapporto di solidarietà personale e politica che durerà tutta la vita. Tutte e due si battevano per il socialismo e

---

149 Il quotidiano fu fondato nel 1899 da esponenti dell'emigrazione socialista italiana in Svizzera. Vi hanno scritto illustri esponenti del socialismo italiano come Turati, Serrati, Matteotti, Saragat, Pertini, Silone, Nenni e Angelica Balabanoff.

per l'emancipazione della donna e per perseguire quegli obiettivi decisero di dotarsi di uno strumento atto a risvegliare le coscienze delle emigrate. Per porre in atto questo proposito, le due, assai critiche verso il femminismo cosiddetto „borghese", si trasferirono a Lugano, dove i socialisti italiani avevano una tipografia in cooperativa, e diedero vita al settimanale socialista *Su, compagne,* anticonformista ed anticlericale, che durerà fino al 1912, quando confluirà nel famoso giornale fondato e diretto da Anna Kuliscioff, *La Difesa delle lavoratrici.*

Durante la sua permanenza in Svizzera ebbe anche contatti con vari esponenti della socialdemocrazia russa, come Plechanov, già suo maestro a Bruxelles, Lenin, Zinov'ev[150] , Trotskj, Martov[151], Aksel'rod[152]. Quando in Russia scoppiò la rivoluzione del 1905, Angeli-

---

150 Grigorij Evscevic Zinov'ev (1883-1936) fu un socialdemocratico russo della frazione bolscevica, assai vicino a Lenin. Dopo la Rivoluzione d'Ottobre divenne presidente dell'Internazionale Comunista. Nel 1927 la maggioranza stalinista lo espulse dal Partito Comunista Russo, per poi riammetterlo nel 1928. Fu nuovamente espulso nel 1932 e nel 1936 venne fucilato perché ritenuto antistalinista. Nel 1988 fu riabilitato.

151 Martov (Julij Osipovič Cederbaum, 1873-1923) fu tra i primi esponenti della socialdemocrazia russa. Nel 1900 fondò , assieme a Lenin, il giornale del partito *Iskra* (La Scintilla). Divenne in seguito uno dei capi più autorevoli della frazione menscevica (minoranza) del POSDR, che si opponeva ai bolscevichi di Lenin. Partecipò alle conferenze di Zimmerwald (1915) e di Kienthal (1916). Nel 1921 partecipò alla creazione dell' „Unione dei partiti socialisti per l'azione internazionale". Scrisse una *Storia della socialdemocrazia russa".*

152 Pavel Borisovič Aksel'rod (1850-1928) fu il leader dell'ala destra del POSDR. Partecipò alle conferenze di Zimmerwald e di Kienthal. Avverso ai bolscevichi, dopo la Rivoluzione d'Ottobre emigrò in Germania.

ca svolse un'intensa campagna di solidarietà con i rivoluzionari, tenendo conferenze e comizi in varie città italiane e raccogliendo fondi a loro sostegno.

Nell'ottobre 1906, a Roma, presiedette un convegno delle donne socialiste incentrato sul tema del diritto di voto alle donne. In esso fu preso l'impegno di costituire comitati femminili allo scopo di dar vita al Movimento Femminile Socialista. Angelica in questo periodo si batteva, in particolare, per la parità di stipendio delle impiegate, che guadagnavano la metà dei loro colleghi maschi, e per il divorzio.

Nel 1907 partecipò, come delegata, al V congresso[153] di Londra del POSDR[154], in cui evitò di prendere posizione fra le due frazioni dei bolscevichi e dei menscevichi.

In questo periodo la popolarità della Balabanoff come dirigente di livello internazionale crebbe sensibilmente: diventò amica di Rosa Luxemburg, di cui lesse tutte le opere, e di Clara Zetkin, esponente

---

153 Per poter tenere il congresso la Balabanoff fu incaricata di recarsi a Berlino per chiedere un sostegno finanziario alla SPD (Partito Socialdemocratico Tedesco). La missione ebbe esito positivo. Durante il congresso Angelica strinse una salda amicizia col leader della sinistra socialista tedesca Karl Liebknecht.

154 Il POSDR (Partito Operaio SocialDemocratico Russo) sorse nel 1898 dalla fusione di diverse organizzazioni marxiste, nel congresso clandestino di Minsk. Dal 1903 (secondo congresso) il POSDR si divise in due frazioni contrapposte, che in seguito diventeranno due diversi partiti: quella bolscevica („la maggioranza"), capeggiata da Lenin, e quella menscevica („la minoranza"), con leader Martov. Il V congresso, fallito il tentativo di mediazione di Trotskj, consolidò la supremazia bolscevica. Ad esso erano presenti anche le nuove leve bolsceviche Kamenev e Stalin.

di primo piano delle donne socialiste. Partecipò , per la prima volta, come osservatrice, chiamata anche a fare da interprete, ad un congresso della Seconda Internazionale, che si tenne a Stoccarda, al quale erano presenti prestigiosi leader socialisti come August Bebel, Jean Jaurés[155], Victor Adler[156].

Angelica rimase ancora a lungo in Svizzera, fino alla fine del 1909. In questo periodo ebbe modo di riveder almeno due volte Mussolini: una volta a Trento, ove lui dirigeva la locale Camera del Lavoro e *L'Avvenire del Lavoratore*, ed una volta a Lugano, nell'ottobre 1909, poco prima che lui rientrasse a Forlì .

Qualche mese dopo anche Angelica rientrò in Italia, ormai divenuta la sua patria adottiva e riprese la sua vita errabonda di propagandista, visitando fabbriche e campagne, facendo anche qualche puntatina in Germania, Austria e Svizzera. In particolare frequentava la provincia di Forlì , dove viveva Benito, divenuto segretario della locale federazione socialista e direttore di *Lotta di classe*.

Siamo ormai alla viglia della guerra di Libia e il futuro Duce del fascismo conduce un'intensa campagna antimilitarista, a cui partecipa anche Angelica, che tiene comizi a Terni e a Forlì , dove è forte la

---

155 Jean Jaurés (1859-1914), professore di filosofia e giornalista, prestigioso leader socialista francese, fu più volte deputato. Fondò e diresse il foglio socialista *L'Humanité*, poi acquisito dai comunisti dopo la loro scissione del 1920. Pacifista impegnato, fu assassinato da un fanatico nazionalista alla vigilia dello scoppio della prima guerra mondiale.

156 Victor Adler (1852-1918) fu uno dei massimi leader del Partito Socialdemocratico Austriaco. Fu anche deputato e direttore del famoso quotidiano, organo del partito, *Arbeiter Zeitung* (Il giornale del lavoratore).

rivalità fra socialisti e repubblicani[157], i quali pare volessero impedire un comizio della Balabanoff.

I rapporti e i contatti tra i due si consolidarono ulteriormente, tanto più che essi avevano la medesima collocazione all'interno del PSI, aderendo ambedue alla sinistra rivoluzionaria di Lazzari e Serrati.

La Balabanoff nel 1910 partecipò al congresso socialista di Milano, in cui sostenne l'incompatibilità tra appartenenza alla massoneria e militanza nel PSI, e a quello di Terni del 1911, unica donna presente. Ma il congresso di svolta nel PSI fu quello che si svolse a Reggio Emilia nel luglio 1912, appena dopo la conclusione della guerra di Libia, contro la quale le sinistre si erano battute. Il PSI, conquistato in quell'occasione dalla corrente rivoluzionaria, espulse i riformisti di destra (Bissolati), che costituiranno un loro piccolo partito (PSRI) e relegò all'opposizione interna quelli di sinistra (Turati). La Direzione del partito fu formata esclusivamente da appartenenti agli „intransigenti rivoluzionari", fra i quali Angelica Balabanoff[158], che vi entrava per la prima volta, e segretario venne eletto il presti-

---

157 Leader dei repubblicani locali era Pietro Nenni, che nel 1921 aderirà al PSI. Potrebbe darsi che risalga a questo episodio l'avversione per lui della Balabanoff. Essa si manifestò in due situazioni del tutto opposte politicamente. Nel 1930 in Francia, in esilio, quando ostacolò - da sinistra - Nenni che sosteneva la fusione con i socialisti riformisti di Turati; nel 1947, quando gli si oppose da destra, essendo ostile all'alleanza coi comunisti perseguita da Nenni, al punto da aderire alla scissione socialdemocratica di Saragat.

158 Nel novembre 1912 la Balabanoff parteciperà, come delegata del PSI, anche al Congresso Socialista Internazionale di Basilea, in cui fu approvato il celebre „Manifesto contro la guerra".

gioso Costantino Lazzari, uno dei fondatori del partito[159]. La Direzione dell'*Avanti!* fu affidata a Giovanni Bacci[160], che però , dopo qualche mese, si dimise; su proposta di Lazzari, venne sostituito da Benito Mussolini, che però accettò l'incarico solo a condizione di avere al suo fianco la Balabanoff, che pertanto assunse l'incarico di redattore capo aggiunto, divenendo praticamente il numero due del giornale.

Trasferitasi quindi a Milano, Angelica ebbe, per la prima ed unica volta nella sua vita, un posto ed uno stipendio fissi. I due lavorarono fianco a fianco per molti mesi, condividendo le posizioni più estremiste, mentre aumentavano le vendite del giornale, si incrementava il numero degli iscritti al PSI e il partito otteneva un significativo successo alle elezioni politiche del 1913, le prime col suffragio universale maschile, passando da 26 a 53 deputati.

L'idillio sarà interrotto dall'arrivo in redazione di Margherita Sarfatti[161]. Le due donne, entrambe colte, ebree e poliglotte, erano per

---

159 La Direzione risultò cosi' composta: Costantino Lazzari, segretario del partito, Arturo Vella, vicesegretario, Benito Mussolini, direttore dell'*Avanti!*, Angelica Balabanoff, Gregorio Agnini, Egisto Cagnoni, Alceste Della Seta, Domenico Fioritto, Enrico Mastracchi, Elia Musatti, Filiberto Smorti, Euclide Trematori, Celestino Ratti. Capo Gruppo parlamentare rimase Oddino Morgari.

160 Giovanni Bacci (1857-1928) partecipò a molti congressi del PSI, di cui divenne segretario nel 1921.In questa veste fu tra i firmatari del „Patto di pacificazione" coi fascisti, poi miseramente fallito. Fu per brevi periodi, nel 1912 da solo, e nel 1914 assieme a Lazzari e Serrati, direttore dell'*Avanti!*. Nel 1923 si schierò col "Comitato di Difesa Socialista" di Nenni e Vella.

161 Margherita Grassini (1880-1961), scrittrice di origine ebrea, nel 1899 sposò l'avv. Cesare Sarfatti, di cui assunse il cognome. Scrisse

temperamento, stile di vita e cultura alquanto diverse, ma erano entrambe attratte dal magnetismo del giovane Mussolini. Ciò portò ad

un' inconciliabile rivalità fra le due.

Nel dicembre 1912 Angelica assunse anche la direzione de *La Difesa delle lavoratrici*, succedendo così alla Kuliscioff, appartenente al socialismo riformista, ritiratasi probabilmente sia per la vittoria della sinistra nell'ultimo congresso del PSI, sia per motivi di salute. Fra la vecchia e la nuova direttrice non c'era, però, né ci sarà mai, sintonia politica, specialmente da quando Angelica si era insediata all'*Avanti!* – prima in mano alla corrente turatiana – a fianco di Mussolini. Angelica tuttavia manifestò sempre grande rispetto per la sua illustre connazionale.

Ma i rapporti tra Angelica e Benito ben presto si guastarono, specie quando Angelica si accorse che egli si era opportunisticamente servito di lei per emergere nel firmamento socialista, per poi, raggiunta la meta, metterla da parte. Angelica, lasciando il giornale (luglio 1913), ruppe la sua solidarietà personale col futuro Duce; non molto tempo dopo, ci sarà la rottura politica.

Angelica riprese dunque la sua vita errabonda di propagandista, lesse le poesie di Leopardi di cui era appassionata, fece anche una

sull'*Avanti!*, nella rubrica dedicata all'arte, e su *La Difesa delle lavoratrici*, la rivista diretta da Anna Kuliscioff. Nel 1912 incontrò Mussolini, al quale fu legata da un profondo sentimento.

Margherita lo seguì anche al quotidiano da lui fondato e diretto, *Il Popolo d'Italia*. Aderì poi al fascismo e scrisse anche una famosa biografia di Mussolini, intitolata *DUX*. In seguito alle leggi razziali emigrò in Sudamerica. Rientrò in Italia nel 1947.

puntatina in Germania, da cui fin per essere espulsa per le accuse lanciate al governo tedesco. E intanto scriveva ancora per l'*Avanti!*

Nell'aprile 1914 si svolse il congresso del PSI di Ancona che dichiarò incompatibile la presenza nel partito di iscritti alla massoneria, confermò la vocazione antimilitarista dei socialisti e consolidò la vittoria della corrente „intransigente rivoluzionaria". Angelica Balabanoff venne riconfermata nella Direzione Nazionale del partito[162]. Successivamente partecipò alla „settimana rossa" (7-14 giugno 1914).

Il 28 e 29 luglio 1914 si recò a Bruxelles alla riunione[163] dell'Internazionale Socialista, l'ultima prima dello scoppio dell'immane conflitto mondiale, che l'organizzazione socialista non riuscirà ad impedire, nonostante i buoni propositi delle singole personalità intervenute. Erano presenti Victor Adler, Rosa Luxemburg, Jean Jaurés,

---

162 La Direzione era così composta: Costantino Lazzari (segretario del partito), Arturo Vella (vicesegretario), Benito Mussolini (direttore dell'*Avanti!*), Oddino Morgari (presidente del gruppo parlamentare), Giovanni Bacci, Angelica Balabanoff, Francesco Barberis, Alceste Della Seta, Anselmo Marabini, Giuseppe Prampolini, Celestino Ratti, Giacinto Menotti Serrati, FilibertoSmorti, Adolfo Zerbini.

163 La Balabanoff vi rappresentava, assieme al deputato Oddino Morgari, il PSI.

Hugo Haase[164], Jules Guesde[165], Keir Hardie[166], Bruce Glasì er[167], Rubanovič[168], Aksel'rod. La proposta di Angelica di indire uno sciopero generale contro la guerra risultò minoritaria. La riunione si concluse con un generico appello contro la guerra, che non sarà raccolto dai principali partiti socialisti, quali il tedesco, l'austriaco, il francese, l'inglese, le cui maggioranze si schierarono a favore cia-

---

164 Hugo Haase (1863-1919), giurista, fu presidente (1911-1916) del Partito Socialdemocratico Tedesco (SPD), il più prestigioso dell'Internazionale. Nel luglio 1914 si dichiarò pacifista e per questo si scontrò con la maggioranza del partito. Fondò allora il Partito Socialdemocratico Indipendente di Germania. Durante la rivoluzione tedesca del 1918 formò un Governo Provvisorio assieme a Friedrich Ebert dell'SPD. Si dimise perché indignato dalla repressione del movimento rivoluzionario. Fu assassinato da un malato di mente.

165 Jules Bazil, detto Guesde (1845-1922) dal cognome della madre, fu un politico e giornalista francese, diffusore del marxismo in Francia, anche attraverso il suo giornale *L'Egalité*. Nel 1882,assieme a Paul Lafargue, genero di Marx, fondò il Partito Operaio, poi diventato SFIO (Sezione Francese dell'Internazionale Operaia). Allo scoppio del primo conflitto mondiale si schierò per l'*Union Sacrée*. Fu quindi ministro tra il 1914 e il 1916. Al congresso della SFIO di Tours (1920) da cui nacque il Partito Comunista Francese, decise di rimanere nel vecchio partito.

166 James Keir Hardie (1856-1915), politico scozzese, fu l'unico deputato socialista eletto nel 1892. Nel 1882 fondò il Partito Laburista Indipendente, che presiedette fino al 1906. Nel 1906 fondò il Partito Laburista Britannico, di cui fu presidente fino al 1908. Nel 1914 si dichiarò contrario alla prima guerra mondiale.

167 John Bruce, che poi aggiunse al suo nome Glasier (1859-1920), fu un politico socialista scozzese. Aderì alla Federazione SocialDemocratica, poi alla Lega Socialista e quindi al Partito Laburista Indipendente. Si oppose alla prima guerra mondiale

168 Il'ja Adol'fovič Rubanovič (1859-1922) fu un esponente del Partito Socialista Rivoluzionario di Russia.

scuno del proprio Paese. Il nazionalismo prevalse sull'internazionalismo.

Il 28-7-1914, con la dichiarazione di guerra dell'Austria alla Serbia, ebbe inizio la prima guerra mondiale. Il PSI, quasi unica eccezione in Europa, innalzò la bandiera dell'internazionalismo e si dichiarò subito contro la guerra e per la neutralità assoluta[169] dell'Italia, mentre altre forze della sinistra, sia democratica (radicali, repubblicani, socialriformisti bissolatiani) che rivoluzionaria (una parte dei sindacalisti rivoluzionari e degli anarchici) si schierarono per l'intervento a fianco delle potenze dell'Intesa.

Angelica fu fra i più attivi nella lotta per mantenere l'Italia fuori dalla carneficina nazionalista: il 27 settembre fu a Lugano, assieme ad una delegazione socialista italiana[170] per incontrare una delegazione del Partito Socialista Svizzero, guidata da Robert Grimm. L'incontro si concluse con una dichiarazione comune contro la guerra, purtroppo inefficace sul piano pratico. Ma la battaglia socialista non demorse, il partito italiano si mosse compatto su questa linea. Tuttavia, inaspettatamente, questa unità fu rotta proprio dal rivoluzionario Mussolini, che il 18 ottobre pubblicò sull'*Avanti!* l'articolo *Dalla neutralità assoluta alla neutralità attiva ed operante*, che segnerà l'inizio della sua involuzione politica che lo porterà rapidamente nel campo interventista[171].

169 La sua posizione sulla guerra fu riassunta col celebre motto di Costantino Lazzari: *Né aderire, né sabotare.*

170 Vi facevano parte, oltre la Balabanoff, Lazzari, Serrati, Turati, Morgari, Modigliani e Mussolini, alla viglia del suo tradimento.

171 Mussolini fu subito rimosso dalla direzione dell'*Avanti!*, che passò a un triumvirato Lazzari- Bacci- Serrati e, dal primo dicembre 1914, al

Angelica ne fu dolorosamente sorpresa, quasi incredula[172]: *L'uomo che ha scritto queste cose va al manicomio o al fronte. Nel partito socialista non c'è posto per lui.* Da quel momento le loro strade si separarono, per sempre.

Nel dicembre 1914 Angelica si trasferì a Berna[173], per dare il suo contributo al tentativo che alcuni stavano facendo per arginare il crollo delle idee internazionaliste. Aderì dunque all'invito di Clara Zetkin di partecipare all'organizzazione di una „Conferenza internazionale delle donne socialiste" contrarie al conflitto, che si tenne a Berna nel marzo 1915, alla quale parteciparono donne di paesi sia belligeranti che neutrali. In quell'occasione Angelica si oppose alla proposta delle due bolsceviche presenti di separarsi dai riformisti, di gettare subito le basi per una nuova Internazionale e di trasformare il conflitto europeo in guerra civile.

Ma soprattutto fu tra gli organizzatori, assieme a Oddino Morgari e allo svizzero Grimm[174], nel settembre 1915, della conferenza di

solo Serrati. Dopo l'uscita del nuovo giornale di Mussolini *Il Popolo d'Italia* (15-11-1914), dichiaratamente interventista, il futuro Duce fu espulso dal PSI (24-11-1914).

172 Un'altra delusione Angelica l'aveva avuta a Ginevra, in uno scontro col suo antico maestro Plechanov, che parteggiava apertamente per gli Alleati dell'Intesa.

173 Rimase però membro della Direzione del PSI, che rappresentò all'estero fino al 1918.

174 Robert Grimm (1881-1958) fu un socialista svizzero che si oppose alla prima guerra mondiale. Fu segretario del Partito Socialista Svizzero, presidente della Commissione di Zimmerwald dal 1915 al 1917, presidente del Consiglio Nazionale (Parlamento) svizzero dal 3-12-1945 al 2-12-1946. Dopo la guerra aderì all'Unione socialista di Vienna („Internazionale due e mezzo") e poi all'IOS (Internazionale

Zimmerwald (Svizzera), che si proponeva di allacciare i rapporti tra tutti i partiti e gruppi socialisti di opposizione alla guerra, onde concordare un'azione comune. Vi parteciparono 38 delegati di 11 Paesi[175], fra cui Lenin, il quale avanzò la proposta di trasformare la guerra imperialista in guerra civile; proposta che però fu respinta dalla maggioranza, il cui obiettivo immediato era quello di fermare l'immane carneficina.

Angelica vi svolse un ruolo essenziale, essendo la traduttrice instancabile e commossa di tutti gli interventi. La Conferenza si chiuse con la ferma condanna della guerra imperialista e con la creazione di una „Commissione Socialista Internazionale" (CSI) di cui furono chiamati a far parte due italiani (Balabanoff e Morgari) e due svizzeri (Grimm e Naine[176]). Ma chi svolgerà attività a tempo pieno saranno Balabanoff e Grimm.

I due, ovviamente, non potevano fermare il conflitto europeo in cui migliaia di giovani continuavano a morire. Riuscirono però ad organizzare, nell'aprile 1916, un secondo convegno a Kienthal, una località di montagna non lontana da Berna, a cui parteciparono 4 francesi, 8 italiani[177], 8 russi, 5 polacchi, 1 serbo, 1 portoghese, 7 tedeschi, 1 inglese, 5 svizzeri. Ancora una volta prevalse la mozione

---

Operaia Socialista).

175 La delegazione italiana era composta da Lazzari, Modigliani, Morgari, Serrati e Balabanoff.

176 Charles Naine (1874-1926) orologiaio e avvocato svizzero, fu deputato socialista e oppositore alla guerra. Di orientamento „centrista", fu anche un dirigente del Partito Socialista Svizzero. Nel 1919-21 prese parte alla fondazione dell'Internazionale „due e mezzo".

pacifista, che però prevedeva anche l'espulsione dei socialisti che avevano votato i crediti di guerra. La posizione di Serrati e della Balabanoff si era comunque avvicinata a quella dei bolscevichi.

Nei mesi successivi Angelica visse a Zurigo, in un quartiere povero, dove il suo unico rifugio era la biblioteca in cui incontrava spesso Lenin, anche lui forzatamente inattivo. Aveva nostalgia dell'Italia, ma non riusciva ad ottenere il visto d'ingresso, nonostante l'interessamento di Turati.

Quando fra gli esuli russi si diffuse la notizia che in Russia, il 23 febbraio 1917, era scoppiata la rivoluzione, che lo zar era stato deposto, che il potere era passato ad un Governo Provvisorio, ci fu una grande esplosione di gioia e in tutti emerse la voglia di tornare in patria per partecipare al processo rivoluzionario. Angelica, assieme agli emigrati menscevichi e socialrivoluzionari, giunse, nel maggio successivo[178], attraversando in treno la Germania (interessata ad introdurre in Russia elementi pacifisti), a Pietrogrado. Fra la folla che li attendeva c'era il fratello Sergej e sua moglie, che la portarono da Anna, la più grande delle sue sorelle, che abitava in quella città. Ma ormai la sua vita aveva preso strade assai diverse da quelle dei suoi borghesi e ricchi familiari e i rapporti coi suoi parenti cessarono dopo poco tempo.

La Balabanoff ben presto si rese conto che solo una rivoluzione socialista, ben decisa ad intraprendere il cammino della pace, avrebbe potuto affrontare il malessere che attraversava le grandi masse

---

177 Della delegazione italiana facevano parte: Lazzari, Serrati, Morgari, Modigliani, Dugoni , Prampolini, Musatti, Balabanoff.

178 Lenin e i bolscevichi li avevano preceduti di un mese circa.

russe. Queste riflessioni la condussero assai vicina alle posizioni dei bolscevichi, sicché Lenin, prima da lei considerato un uomo insignificante ed un intellettuale cavilloso, gli apparve allora come un leader con le idee chiare sul da farsi.

Dopo circa un mese dal suo arrivo in Russia, dimessosi Grimm da segretario del movimento di Zimmerwald, Angelica viene chiamata a sostituirlo ed è costretta a partire per Stoccolma, capitale di uno Stato neutrale, da cui rilanciare l'immagine del movimento zimmerwaldiano, ormai spostato a sinistra, poiché l'unica via per far cessare la guerra sembrava ormai quella rivoluzionaria, come da tempo sosteneva Lenin. Nell'estate del 1917, Angelica decise, infatti, di aderire[179], quasi in contemporanea con Trotskij, al Partito Comunista Russo, nuovo nome adottato dalla frazione bolscevica del POSDR.

Occorreva inoltre ricostruire l'esecutivo di Zimmerwald. A questo scopo Angelica organizzò un nuovo convegno internazionale da tenersi a Stoccolma, dove, nel settembre 1917, si svolse segretamente, con la partecipazione di pochi esponenti della sinistra socialista europea, riusciti a raggiungere la Svezia.

---

179 L'iscrizione formale al PCR avverrà alla fine del 1918, al suo rientro in Russia.

Nel convegno prevalsero le tesi internazionaliste e rivoluzionarie caldeggiate da Radek[180], bolscevico polacco e Angelica fu riconfermata alla guida del movimento.

La rivoluzionaria era ancora a Stoccolma quando seppe della presa del Palazzo d'Inverno, sede del Governo Provvisorio, cui seguirà la formazione di un governo bolscevico, presieduto da Lenin.

Angelica avrebbe voluto vivere da vicino quei momenti eccezionali, ma fu proprio Lenin a chiederle di rimanere a Stoccolma, per svolgervi una propaganda di contrasto contro le accuse e gli attacchi che arrivavano da più parti contro il governo rivoluzionario russo. Rimase però praticamente sola, con l'aiuto della sola sinistra svedese, a compilare, tradurre e divulgare il bollettino di Zimmerwald.

Nel frattempo la Balabanoff, ancora ufficialmente componente della Direzione del PSI, continuava ad esporre la sua posizione negli articoli che mandava all'*Avanti!*. Ma Filippo Turati le contestò il diritto di parlare a nome della Direzione, in quanto straniera, tanto che – affermava il leader italiano - lei stessa, scoppiata la guerra, per delicatezza, era emigrata in Svizzera. Serrati e la Direzione del partito la sostennero in pieno, ma Angelica sentì il bisogno di ri-

---

180 Karl Bernagardovič Radek (1885-1939), fu un rivoluzionario polacco iscritto al POSDR fin dal 1898. Si oppose alla prima guerra mondiale e, nel 1917, divenne bolscevico. Nel 1918-20 partecipò all'organizzazione del comunismo tedesco e nel 1920 divenne segretario del Comintern. Come elemento dell'opposizione di sinistra del Partito Comunista sovietico fu espulso dal partito nel 1927. Vi rientrò nel 1930 e fu nuovamente espulso nel 1936. Nel 1937 fu arrestato e nel 1939 assassinato in carcere.

nunciare alla sua carica, mantenendo però sempre il legame affettivo col PSI.

Nel 1918 era ancora a Stoccolma, dove conobbe il giornalista americano John Reed, autore della celebre cronaca della Rivoluzione Russa *I dieci giorni che sconvolsero il mondo*. Angelica si legò d'amicizia con Reed rimanendo colpita dalla affascinante personalità dello scrittore, che le parlava dell'America, facendo forse scattare in lei la prima scintilla di curiosità per quella terra così lontana.

All'inizio di settembre 1918 Angelica decise di ritornare in Russia, dove le novità si susseguivano drammaticamente: Lenin era stato ferito in un attentato, erano scoppiano varie sommosse locali e si erano fatte avanti le armate bianche: Tutto ciò aveva provocato una forte reazione del governo bolscevico e Angelica, come segretaria di Zimmerwald, voleva saperne di più. Poco prima di partire apprese che un suo fratello e la moglie erano stati trucidati da militari disertori ubriachi. Riuscì ad entrare in Russia solo un mese dopo, a causa della guerra tra l'Armata Rossa e i Bianchi[181]. La visita a Lenin la commosse e nello stesso tempo la turbò : accettò , ma senza digerirla in pieno, la tesi del capo bolscevico della necessità di una reazione molto dura agli attacchi che da più parti venivano effettuati contro la Rivoluzione.

---

181 *Armata Bianca* fu detto l'esercito controrivoluzionario russo, costituito prevalentemente da nazionalisti e monarchici, che si batté, negli anni 1918/1920, contro il regime bolscevico. L'armata fu sostenuta anche da oppositori di origine democratica, socialriformista e socialrivoluzionaria e da truppe dell'Intesa (Gran Bretagna, Francia, Italia). I suoi comandanti più noti furono Lavr Kornilov e Anton Denikin.

Nell'autunno 1918 partì per la Svizzera, con l'intenzione di verificare quanto stava accadendo in Germania e in Italia, paesi che conosceva molto bene. I risultati del viaggio non furono affatto buoni. In Germania, dove si fermò per un po', dopo l'abdicazione del Kaiser era stata proclamata la repubblica con un governo presieduto dal socialdemocratico di destra Ebert[182], mentre i „centristi" del Partito Socialdemocratico Indipendente, fondato da Kausky e Haase, sembravano non avere la minima intenzione di tentare un colpo rivoluzionario e il gruppo di sinistra degli spartachisti era troppo debole per tentare una simile impresa. Per di più la sua cara amica Rosa Luxemburg era ancora in carcere per la sua attività pacifista.

Neanche i suoi progetti di ritorno in Italia, per rivedere i vecchi compagni o forse per portare loro, come sostenevano le polizie svizzera e italiana, aiuti finanziari russi al PSI, riuscirono a realizzarsi. Su forte pressione delle autorità italiane, anzi il governo svizzero decise di espellere la Balabanoff e la fece accompagnare alla frontiera tedesca.

Al suo ritorno a Mosca fu costretta ad affrontare i morsi della fame e del freddo, poiché non voleva usufruire di privilegi di fronte ad una popolazione stremata, mentre la controrivoluzione minacciava seriamente il potere bolscevico in Russia. Né si sentiva soddisfatta dell'incarico che le era stato assegnato presso il Commissa-

---

182 Friedrich Ebert (1871-1925) fu un leader della SPD. Deputato fino al 1919, votò i crediti di guerra. Dopo l'abdicazione del Kaiser divenne cancelliere della Germania (9-11-1918/13-2-1919) e represse l'insurrezione spartachista con l'aiuto dei militari. Fu poi il primo presidente della Germania repubblicana (11-2-1919/28-2-1919).

riato della Giustizia: dirigere il dipartimento del culto. Per un paio di mesi le venne poi assegnata la carica di Commissario agli Esteri della Repubblica bolscevica ucraina. Neanche all'estero le cose andavano meglio: nel gennaio 1919 apprese la tragica fine dei suoi carissimi amici Rosa Luxemburg e Karl Liekbnecht, che aveva conosciuto durante il periodo universitario, che era stato anche quello della sua formazione politica. Anche l'unica rivoluzione che sembrava riuscita, quella ungherese di Béla Kun[183], cadde dopo meno di cinque mesi dal suo insediamento.

La Russia bolscevica, tuttavia, con un grande sforzo, diretto dall'abile Trotsky, riuscì a sconfiggere tutti gli aggressori; nello stesso tempo Lenin tentava di rompere l'accerchiamento, mediante la costituzione di una nuova organizzazione proletaria internazionale, per sostituire la vecchia Seconda Internazionale, naufragata allo scoppio della guerra mondiale; e volle farlo rompendo con gli elementi detti „socialpatrioti" o „socialtraditori" (i socialisti che si erano schierati con il proprio governo allo scoppio della guerra) ed anche con i „socialpacifisti" o „centristi" (socialisti che si erano dichiarati per la pace, ma che esitavano a rompere con la destra socialdemocratica).

---

183 Béla Kun (1886-1938) fu il fondatore del Partito Comunista Ungherese. È noto per aver costituito la Repubblica Sovietica Ungherese (Repubblica dei Consigli d'Ungheria), con un governo socialcomunista, presieduto dal socialdemocratico Sàndor Garbai e con ministro degli Esteri lo stesso Kun, che ne era l'elemento più influente. La Repubblica durò appena 133 giorni, poiché fu abbattuta dall'intervento degli eserciti cecoslovacco e rumeno. Kun andò in esilio a Mosca, dove fu poi vittima delle „purghe" staliniane.

In questo periodo, pur mantenendo delle riserve per i suoi metodi di lotta politica, si consolidò l'ammirazione di Angelica per Lenin, rivelatosi politico di rara perspicacia, dirigente lucido e determinato, rivoluzionario integerrimo, totalmente schivo di ogni forma di privilegio[184].

Angelica, nella sua qualità di segretaria di Zimmerwald, partecipò al convegno comunista che si tenne a Mosca nel 1919, ma si astenne di fronte alla decisione del convegno di trasformarsi in congresso costitutivo[185] della Terza Internazionale o Internazionale Comunista (Comintern), in quanto riteneva il congresso poco rappresentativo. Si rifiutò perfino di consegnare all'esecutivo della nuova Internazionale i documenti di Zimmerwald, di cui esso si dichiarava erede. Ma il movimento zimmerwaldiano era ormai sciolto[186] e la Balabanoff, aderendo all'invito di Lenin, che si appellava alla disciplina di partito (quello comunista russo, a cui Angela era iscritta) entrò a far parte dell'esecutivo della Terza Internazionale, col pre-

---

184 Angelica lo incontra una sera davanti alla porta di un teatro, mentre ambedue stanno per andarsene perché non trovano biglietti d'ingresso, tutti esauriti. Per l'occasione Lenin le presenta il suo accompagnatore: Stalin.

185 Il congresso si svolse a Mosca dal 2 al 6 marzo 1919. Lingua ufficiale del congresso il tedesco. Anche stavolta Angelica ebbe un ruolo di traduttrice.

186 Questa la dichiarazione del congresso in merito al movimento zimmerwaldiano: *Sentito il rapporto della compagna Balabanoff, segretaria del Comitato Socialista Internazionale e dei compagni Rakowskij* (bolscevico rumeno di origine bulgara), *Platten* (comunista svizzero), *Lenin, Trotsky e Zinov'ev, membri del gruppo di Zimmerwald, il primo congresso dell'Internazionale Comunista decide di considerare sciolto il gruppo di Zimmerwald.*

stigioso incarico di segretaria della stessa, mentre presidente fu nominato Zinov'ev, che Angelica considerava un intrigante spregiudicato e per il quale nutriva una sincera antipatia. Stanno forse in questa non gradita convivenza politica le radici delle sue future divergenze col bolscevismo. In seguito a tanti piccoli episodi, Angelica cominciò poi a comprendere che l'obiettivo dei vertici del partito bolscevico, da cui lei – vista la sua autonomia di giudizio – era accuratamente tenuta in disparte, era quello di spezzare l'unità del movimento socialista internazionale e di provocare scissioni, per creare una serie di partiti comunisti ligi agli ordini di Mosca. Fu molto turbata quando capì che in testa alla lista dei partiti presi di mira c'era il suo amato PSI. Resisteva però la sua ammirazione per Lenin, per la sua dirittura morale, per la sua incrollabile volontà, per la sua intelligenza politica, per il suo stile di vita. Anche di Trotsky apprezzava l'acuta intelligenza e il carisma.

Ma cominciava a sentire disgusto per il „terrore rosso", per i metodi disinvolti e spregiudicati usati dal potere sovietico per combattere i suoi avversari, anche quando si trattava di militanti rivoluzionari che la pensavano in un altro modo. Il suo malumore non passò inosservato, ma la sua figura e il suo prestigio internazionale erano ritenuti ancora utili dal potere sovietico, che cercò anche di allontanarla da Mosca proponendole un lungo giro propagandistico in Turkestan. Lei rifiutò e venne destituita dalla segreteria del Comintern per insubordinazione.

Stava per cadere in depressione quando Lenin fece un tentativo di recuperarla affidandole il compito di ricevere due delegazioni straniere: quella laburista inglese e quella socialista italiana. In attesa

126

dell'arrivo degli ospiti, conobbe una coppia di anarchici filobolsce-
vichi, che diventeranno suoi cari amici: Emma Golman[187] e Alexander Berkman[188], che però rimarranno delusi della rivoluzione sovietica, soprattutto per la compressione delle libertà da essa prati-
cata.

Dopo gli inglesi, di cui Angelica apprezzò solo il professore di
Cambridge Bertrand Russel[189], nel giugno 1920 arrivò la delegazione italiana.

---

187 Emma Goldman (1869-1940) fu una rivoluzionaria lituana vissuta
   a Pietroburgo. A 15 anni emigrò negli USA, dove abbracciò le idee
   anarchiche. Incontrò poi Alexander Berkman, al quale si legò
   politicamente e sentimentalmente. Per la sua attività di oratrice e
   conferenziera fu soprannominata *Red Emma* (Emma la rossa). Nel
   1907 partecipò al Congresso Internazionale Anarchico di Amsterdam,
   dove conobbe e apprezzò l'italiano Errico Malatesta. Per la sua attività
   di antimilitarista avversa alla prima guerra mondiale, fu espulsa dagli
   USA e si recò , assieme al suo compagno, nella Russia rivoluzionaria,
   dove conobbe la Balabanoff, di cui divenne intima amica. Delusa dal
   bolscevismo, lasciò la Russia e si stabilì prima a Londra e infine in
   Canada, sempre continuando la sua battaglia per l'emancipazione
   della donna, per l'amore libero, per il controllo delle nascite. Sua la
   nota frase scritta nella sua autobiografia: *Se non posso ballare, allora
   non è la mia rivoluzione.*

188 Alexander Berkman (1870-1939) fu un anarchico lituano. Emigrato
   negli USA, fu arrestato per un attentato. Uscito dal carcere si recò in
   Russia, assieme alla sua compagna Emma Goldman, e vi sostenne la
   Rivoluzione bolscevica. Rimasto da essa deluso, passò in Germania e
   poi in Francia. Morì suicida.

189 Bertrand Artur William Russel (1872-1970), aristocratico britannico, fu
   filosofo e matematico. Pacifista, si oppose alla partecipazione del
   Regno Unito alla prima guerra mondiale e per questo fu incarcerato
   per 6 mesi.

Politicamente si schierò per un socialismo democratico. Nel 1950 gli fu
   assegnato il premio Nobel per la Letteratura.

La numerosa delegazione italiana comprendeva rappresentanti, massimalisti e riformisti, del PSI, del suo gruppo parlamentare, della gioventù socialista, della CGdL. I socialisti italiani erano venuti per conoscere da vicino il Paese della rivoluzione proletaria, ma ben presto si accorsero che i russi avevano ben altri progetti per loro. Lenin, in particolare, mirava alla spaccatura del PSI. Grande fu la sorpresa di Serrati quando apprese che era stato indetto il secondo congresso dell'Internazionale Comunista, a cui in precedenza il PSI aveva aderito, e che in quel congresso occorreva approvare le 21 condizioni per essere ammessi nell'Internazionale. Occorreva dunque, in base ad esse, espellere Turati e quelli che la pensavano come lui e cambiare il nome del partito da socialista in comunista. La delegazione italiana chiese perciò al partito di designare dei propri rappresentanti ufficiali con un mandato apposito per partecipare al congresso, e tornò in Italia. Rimasero dunque a Mosca solo i tre delegati dal partito: Serrati, Bombacci[190] e Graziadei[191].

Serrati, leader della corrente massimalista, che in un burrascoso colloquio con Lenin aveva anticipato la sua contrarietà a simili deliberazioni, al congresso sui 21 punti si astenne.

---

190 Nicola Bombacci (1879-1945) fu un dirigente del PSI e poi del PCdI, alla cui fondazione partecipò nel 1921, assieme a Bordiga e a Gramsci. Fu eletto deputato nel 1919 e nel 1921. Successivamente si avvicinò al fascismo e nel 1943 aderì alla Repubblica Sociale Italiana e al Partito Fascista Repubblicano. Fu fucilato dai partigiani a Dongo, assieme a Mussolini e ad altri fascisti.

191 Antonio Graziadei (1873-1953) fu un professore universitario di economia e un politico. Aderì al PSI nel 1893 e nel 1921 fu tra i fondatori del PCdI, della cui ala destra divenne uno dei leader. Nel 1928 fu espulso dal partito comunista con l'accusa di revisionismo, ma vi venne riammesso nel 1945.

Dopo la chiusura del congresso, il PSI e Serrati divennero oggetto delle particolari attenzioni bolsceviche, miranti a distruggere l'unico partito che compattamente si era opposto alla guerra. Angelica, ormai disgustata da questi deprecabili comportamenti, si schierò con Serrati e col PSI; forse per questo non le fu permesso di lasciare la Russia assieme ai delegati italiani.

Ma l'episodio scatenante, quello che determinerà la sua rottura irreversibile col comunismo, sarà la rivolta di Kronstadt[192] contro la mancanza di democrazia nei soviet. La dura repressione provocò anche la coraggiosa condanna di Aleksandra Kollontaj, leader della *Opposizione Operaia*, che venne esclusa dal governo e dalla guida delle donne comuniste, carica nella quale Angelica si rifiutò di subentrarle. Rifiutò anche la carica di ambasciatrice a Roma: non avrebbe assolutamente potuto congiurare contro i suoi compagni del PSI. Preferì , invece, ritirarsi a vita privata, per dedicarsi a scrivere le sue memorie e collaborare con l'*Avanti!*, mentre la sua salute peggiorava.

Nel gennaio 1921, al congresso socialista di Livorno, si era realizzata la scissione comunista perorata dai bolscevichi ed era stato costituito il PCdI (Partito Comunista d'Italia)[193]. A giugno si svolse il

---

192 La ribellione ebbe luogo, nel marzo 1921, nella base navale di Kronstadt (isola di Katin).Oltre il miglioramento delle loro cattive condizioni di vita imposte dal governo (*comunismo di guerra*), gli insorti chiedevano più democrazia nei soviet, ormai monopolizzati dal partito comunista. Essa fu duramente repressa dalle truppe fedeli al potere bolscevico, ormai intollerante verso ogni forma di dissenso.

193 Vi erano confluiti tre gruppi provenienti dal PSI: gli ex astensionisti di Amadeo Bordiga, che ne divenne il segretario; gli ordinovisti di Gramsci, Togliatti, Terracini, Tasca; i „massimalisti di sinistra" di

terzo congresso dell'Internazionale Comunista, in cui si attuò l'e-sclusione del PSI, reo di non avere espulso dalla sue file i riformisti di Turati, Treves, Modigliani.

Tutto questo mentre si abbatteva sul movimento operaio italiano la controrivoluzione fascista, che indiscriminatamente colpiva tutta la sinistra e tutti i democratici, senza distinzione di sigle. Lo stesso Lenin, in occasione del terzo congresso dell'Internazionale Comunista, si scagliò contro il PSI, nonostante l'appassionata difesa del suo vecchio leader, il prestigioso Costantino Lazzari[194], da 40 anni alla testa della corrente rivoluzionaria del PSI.

La Balabanoff, che si era rifiutata di fare l'interprete, assistette però al congresso e all'ondata di fango buttata addosso ai socialisti italiani.

La misura era ormai colma per Angelica, ormai decisa a lasciare la Russia, la cui rivoluzione l'aveva fatta accorrere, assieme a tanti al-tri, per dare un contributo alla costruzione della patria del sociali-smo, ormai caduta sotto la tirannia del partito unico, preludio alla futura dittatura personale di Stalin. Angelica contestava la spregiu-dicatezza, spesso anche la brutalità, del potere bolscevico, che pre-sto daranno vita alla degenerazione dello stalinismo. Inoltre lei non accettava la pratica di provocare scissioni nei partiti socialisti, per favorire il sorgere di partiti comunisti ligi alle direttive di Mo-

Bombacci, Gennari, Graziadei. Alle elezioni politiche anticipate del 1921 i comunisti conquistarono16 seggi e i socialisti 121.

194 La delegazione socialista italiana al terzo congresso dell'Internazionale comunista era composta da Costantino Lazzari, Fabrizio Maffi ed Ezio Riboldi, che furono poi soprannominati *i pellegrini di Mosca*.

sca. In particolare condannava il tentativo di spaccare il PSI e gli attacchi a Serrati, di cui conosceva da vicino l'integrità morale e politica.

Alla fine dell'anno dunque, stremata nel corpo e nell'anima, resistendo ai tentativi di dissuasione di Lenin e di Trotsky, lasciò la Russia e si stabilì a Stoccolma, dove trascorse un periodo di esaurimento nervoso e di profondo pessimismo. Dopo circa un anno si trasferì a Vienna, dove ebbe modo di frequentare i famosi leader dell'austromarxismo, Otto Bauer[195] e Friedrich Adler[196], fautori di un socialismo democratico nei metodi, ma concretamente impegnato nella costruzione del socialismo.

Ma Angelica, che ancora non aveva attuato una formale rottura col comunismo russo, doveva procurarsi di che vivere, dal momento che dalla Russia non riceveva più l'assegno della famiglia. Per vivere si mise dunque a dare lezioni private di lingue, mentre continuava a scrivere poesie.

---

195 Otto Bauer (1881-1938), laureato in legge, fu un esponente di primo piano del Partito Socialdemocratico Austriaco, di cui divenne segretario (1907-1914). Fondò anche la rivista teorica *Der Kampf* (La Battaglia).Dopo l'avvento al potere del governo clerico-fascista di Dollfuss riparò a Brno (Cecoslovacchia) e poi a Parigi.

196 Friedrich Adler (1879-1960), fisico, era figlio di Victor, noto esponente del socialismo austriaco. Friedrich divenne leader dell'ala sinistra del Partito Socialdemocratico Austriaco. Nel 1921 fu tra i fondatori dell'Unione di Vienna, la cosiddetta Internazionale due e mezzo, giacché si collocava tra la Seconda Internazionale (socialdemocratica) e la Terza (comunista). Dal 1923 al 1939 fu segretario dell'IOS (Internazionale Operaia e Socialista, nata dalla fusione della Seconda Internazionale con l'Unione di Vienna). Nel 1940 emigrò negli USA. Nel 1946 si stabilì a Zurigo.

Nel 1923, col fascismo già al potere, riprese la collaborazione con l'*Avanti!*, rimanendo sempre sulle posizioni massimaliste, critiche coi riformisti, ma gelose dell'autonomia del partito, ben deciso a non piegarsi agli ordini di Mosca[197].

Nel 1924 il Cremlino, ormai conquistato da Stalin, le chiese conto dei suoi articoli sull'*Avanti!* e su altri giornali italiani. Angelica non modificò le su opinioni e nell'agosto 1924 venne formalmente espulsa dal Partito Comunista Russo, con l'accusa di essere una menscevica che collaborava al giornale *Avanti!*, ormai considerato dal delirio comunista russo come „socialfascista". Proprio nell'anno in cui il giornale fu distrutto dai fascisti e Matteotti[198] assassinato!

Quell'espulsione però è vissuta da Angelica come una liberazione. Nel frattempo la dittatura fascista si consolidava e molti italiani, per sfuggire al carcere, al confino, alle persecuzioni, erano costretti ad andare in esilio. A Vienna Angelica conobbe Giuseppe Saragat[199].

---

197 In questo periodo, tuttavia, si adoperò per aiutare Antonio Gramsci, allora funzionario del Comintern, ad ottenere il permesso di soggiorno a Vienna.

198 Giacomo Matteotti (1885-1924), avvocato, fu deputato dal 1919 alla morte. Fu un socialista pacifista e antifascista. Dal 1922 fu segretario del Partito Socialista Unitario. Per le sue battaglie per la democrazia e per la libertà e per la sua coerente lotta alla dittatura di Mussolini, fu assassinato a Roma da sicari fascisti.

199 Giuseppe Saragat (1898-1988) durante il fascismo fu esule in Austria e poi in Francia. Nel secondo dopoguerra divenne il leader indiscusso del PSDI (Partito Socialista Democratico Italiano). Fu più volte deputato e ministro. Fu, inoltre, anche Presidente della Repubblica Italiana (29-12-1964/29-12-1971).

Meta preferita dei socialisti era però la Francia, Parigi in particolare, dove si ricostituì il PSI[200].

La Direzione del PSI, prima che il partito fosse sciolto, nel novembre 1926, aveva deliberato di rimettere i suoi poteri ad una Direzione a suo tempo designata e residente all'estero, con segretario Ugo Coccia[201], la quale[202], inizialmente, rimase in contatto col solo segretario del PSI in patria, Olindo Vernocchi[203]. In essa furono successivamente cooptati Pietro Nenni[204], proveniente dall'Italia e An-

200 In Francia si ricostituì anche il partito riformista, l'ex PSU di Matteotti, col nome di PSLI (Partito Socialista dei Lavoratori Italiani), poi modificato in PSULI (Partito Socialista Unitario dei Lavoratori Italiani).La maggioranza del PSI e il PSULI si riunificheranno nel 1930.

201 Ugo Coccia (1895-1932), avvocato, aderì giovanissimo al PSI, collocandosi sempre nella sua ala sinistra. Nel 1925 divenne vicesegretario del PSI e nel 1926 segretario politico del PSI in esilio, fino al gennaio 1928 e redattore capo dell'*Avanti!* fino all'agosto dello stesso anno, quando si spostò sulle posizioni fusioniste di Nenni. Nel luglio 1930, nel congresso di unificazione di Parigi, fu eletto segretario del PSI/IOS. Morì in seguito ad una cardiopatia contratta nella prima guerra mondiale.

202 Essa era composta da Ugo Coccia (segretario politico), Giorgio Salvi (vicesegretario), Alfredo Masini, Gino Tempia, Siro Burgassi, Giovanni Bordini (Francia), Carlo Pedroni (Ginevra), Domenico Armuzzi e Dante Lombardo (Zurigo). Si riunì per la prima volta il 10-12-1926.

203 Olindo Vernocchi (1888-1954), dopo aver ricoperto varie cariche, nel 1925 fu eletto segretario del PSI, l'ultimo prima dello scioglimento di tutti i partiti italiani. Nel 1942, assieme a Romita, Lizzadri, Canevari e Perotti, partecipò alla ricostituzione del PSI, dopo che la Direzione estera era crollata in seguito all'invasione nazista della Francia, e fece parte dell'Esecutivo Segreto del PSI. Nel 1946 fu eletto all'Assemblea Costituente.

204 Nenni rappresentava l'ala „fusionista", quella cioè propensa alla riunificazione tra socialisti massimalisti del PSI e socialisti riformisti del

gelica Balabanoff[205], proveniente da Vienna. Angelica, l'unica che poteva garantire la continuità col vecchio gruppo dirigente, si era trasferita a Parigi in seguito alle insistenti richieste dei suoi compagni esuli italiani. I due saranno anche designati, dal convegno del gennaio 1928, rappresentanti del PSI nella *Concentrazione di Azione Antifascista*[206] con segretario politico Pietro Nenni. La direzione dell'*Avanti!*, che riprese ad uscire il 10 dicembre 1926, fu affidata allo stesso segretario Coccia.

PSLI (ex PSU) ritenendo superate le vecchie polemiche, dal momento che la dittatura fascista rendeva impossibile realizzare riforme di ispirazione socialista e ancor meno organizzare rivoluzioni.

205 Essa era su posizioni massimaliste ortodosse, contrarie (secondo una deliberazione della vecchia Direzione italiana) ad ogni fusione con i riformisti del PSULI, anche perché riteneva che decisioni di quella importanza potevano prendersi solo in un regolare congresso, da tenersi in Italia appena possibile, e non da parte di piccoli gruppi di fuorusciti.

206 L'organizzazione unitaria (esclusi i comunisti) dell'emigrazione antifascista, avente lo scopo di realizzare una comune lotta contro il fascismo, durò dal marzo 1927 al maggio 1934. Ne facevano parte Il PSI, il PSULI, il PRI, la CGdL, la „Lega italiana dei diritti dell'uomo".

Il PSI aderì anche all'*Ufficio Internazionale di Informazione dei partiti socialisti rivoluzionari*[207] , che si contrapponeva all'IOS e al Comintern e che aveva come segretaria Angelica Balabanoff[208].

Anche i riformisti ricostituirono in Francia il loro partito con la denominazione di PSLI (Partito Socialista dei Lavoratori Italiani) e furono rappresentati nella Concentrazione Antifascista da Modigliani (direttore dell'organo del partito *Rinascita Socialista*) e da Treves (direttore dell'organo della Concentrazione *La Libertà*).

Dopo il congresso di Marsiglia (15-1-1928) a cui la Balabanoff non aveva partecipato[209], la Direzione del PSI, nella sua riunione del 18-19 febbraio 1928, operò un cambio di ruoli tra Coccia, designato

---

207 Esso era costituito da alcuni partiti e gruppi socialisti di sinistra che avevano lasciato l'*Unione dei Partiti Socialisti per l'Azione Internazionale* o *Unione di Vienna*, soprannominata per derisione dai comunisti *Internazionale due e mezzo*, in quanto essa (segretario Friedrich Adler) si collocava politicamente tra la socialdemocratica Seconda Internazionale e la comunista Terza Internazionale. Il distacco era avvenuto il 10-5–1923, quando la maggioranza dell'Unione di Vienna si era fusa con la Seconda Internazionale dando vita all'IOS (Internazionale Operaia e Socialista). Alcune organizzazioni dunque, fra cui il PSI, non aderirono all'IOS. Essi invece tennero una prima conferenza a Berlino, dal 28 al 30 dicembre 1924, che si concluse con la costituzione dell'*Ufficio Internazionale*, con sede a Vienna; una seconda conferenza ebbe luogo, all'inizio del 1926, a Parigi, dalla quale scaturì un Ufficio allargato a nuovi aderenti, che elesse segretaria la Balabanoff e stabilì a Parigi la sua nuova sede.

208 I comunisti la definirono *l'Internazionale due e tre quarti*. Il riformista Modigliani *L'Internazionale Balabanoff*.

209 Al convegno la Balabanoffr non partecipò , perché impegnata in una riunione dell'Ufficio Internazionale in Svezia.

a rappresentare, assieme a Nenni, il partito nella Concentrazione, e Angelica Balabanoff, eletta segretaria[210].

Il 12-8-1928, in seguito alla rinuncia di Coccia, ormai passato su posizioni fusioniste, la Balabanoff assunse anche la direzione dell'*Avanti!*

Il periodo dell'esilio in Francia fu per lei uno dei peggiori, costretta com'era ad una vita di stenti e di rinunce, amareggiata anche dalle infinite diatribe che dividevano gli esuli socialisti.

Il PSI in patria era stato dissanguato dalla scissione comunista (1921), da quella dei riformisti turatiani (1922), da quella degli terzinternazionalisti (1924).

In Francia era stato espulso un altro gruppo di terzinternazionalisti e si era creata, come già ricordato, un'ala nenniana propensa alla fusione col PSULI, un gruppo della quale era pure stato espulso, in quanto la Direzione si era avvalsa di una deliberazione del PSI che vietava le correnti. La Balabanoff si era irrigidita nel suo atteggiamento di purezza rivoluzionaria, che non era riuscita a fare i conti con gli errori del passato e continuava a combattere contro le dissidenze di sinistra e di destra, rimanendo chiusa nella sua intransigenza ideologica.

La spaccatura definitiva tra massimalisti e fusionisti avvenne il 16 marzo 1930, giorno dell'apertura del congresso di Grenoble, quando fallì l'ultimo tentativo di riconciliazione fra i due gruppi. I „fu-

---

210 La Direzione istituì anche un Comitato Esecutivo composto, oltre che dalla segretaria, da Giorgio Salvi, Giovanni Bordini, Siro Burgassi e Ugo Coccia.

sionisti", maggioritari, guidati da Nenni e Coccia, si riunirono al *Café Rivoire* ed elessero una Direzione, con Nenni segretario del partito e direttore de *L'Avvenire del Lavoratore* di Zurigo, che dal 22 marzo successivo si intitolerà *Avanti!*

I massimalisti puri, una cinquantina, si riunirono al *Café Belle Donne* ed elessero una nuova Direzione[211], che confermò la Balabanoff segretaria del partito. Tutti e due i partiti si proclamarono eredi del vecchio PSI.

Il PSI fusionista, nel luglio 1930 (congresso di Parigi), si fuse col PSULI, dando vita al PSI/IOS (Partito Socialista Italiano/Sezione dell'Internazionale Operaia Socialista).

Il PSI massimalista, titolare, nella persona della sua segretaria Angelica Balabanoff[212], della proprietà della testata giornalistica *Avanti!*, ottenne una vittoria giudiziaria sui rivali fusionisti: il giornale diretto da Nenni avrebbe potuto chiamarsi *Avanti!* fin quando fosse stato pubblicato in Svizzera, ma se si fosse trasferito in Francia avrebbe dovuto assumere la denominazione di *Nuovo Avanti* (senza punto esclamativo), mentre la gloriosa testata socialista originale sarebbe restata ai massimalisti. Essi la pubblicheranno fino al I maggio 1940, data dell'ultimo numero.

---

211 La Direzione massimalista risultò così composta: Angelica Balabanoff (segretaria), Giorgio Salvi (vicesegretario), Sigfrido Ciccotti, Carlo Marchisio, Oreste Mombello, Pietro Refolo, Gino Tempia.

212 Nel convegno del PSI massimalista del 4-5 giugno 1933 Angelica venne confermata segretaria (e direttrice dell'*Avanti!*) con Dino Mariani vicesegretario.

Sul piano politico però le cose andranno diversamente. Il PSI massimalista, eroso a destra dal PSI/IOS e a sinistra dal PCdI, vedrà le sue file assottigliarsi sempre più. La sua immobilistica intransigenza ideologica non gli impedirà però di compiere atti di generosità, come la partecipazione alla guerra di Spagna con una propria rappresentanza armata[213]. La voce del Partito diventerà però sempre più flebile dopo il trasferimento di Angelica negli USA, fino a spegnersi del tutto dopo l'invasione nazista.

Intanto il disagio personale di Angelica aumentava sempre più: le sue condizioni economiche erano disastrose, era assediata da un nugolo di spie e di infiltrati fascisti che fomentavano divisioni nel suo partito, la sua salute traballava, non solo per la denutrizione, ma per il superlavoro fra i compagni, mentre si rafforzava in lei – in ciò sollecitata anche dall'amica Emma Goldman – l'idea di emigrare in America. Per sua fortuna, nella sua attività politica, si poteva avvalere della collaborazione sincera del fedele Mariani[214] che in effetti era quello che teneva in piedi il partito, specie durante le sue frequenti assenze dalla capitale francese.

---

213 I massimalisti italiani combatterono a fianco degli anarchici e dei rivoluzionari filotrotskisti del POUM (Partito Operaio di Unificazione Marxista), gruppi osteggiati non solo dai franchisti , ma anche dagli stalinisti.

214 Elio Simoncini (1841-1944), di professione sellaio, noto come Dino Mariani, nacque a Cesena e per un certo tempo fu consigliere comunale socialista della sua città, che nel dopoguerra gli ha intitolato una via. Costretto ad emigrare per sfuggire alle persecuzioni fasciste, diventò dirigente degli emigrati socialisti in Francia e braccio destro di Angelica Balabanoff. Durante la guerra civile spagnola, accorse volontario in difesa della repubblica, dove divenne cronista della radio del POUM (Partito Operaio di Unificazione Marxista).

Il 1934 fu caratterizzato da una svolta nei rapporti tra socialisti e comunisti italiani, sotto la spinta dell'avvento di Hitler in Germania e della formazione del Fronte Popolare in Francia. Nell'agosto di quell'anno il PSI/IOS e il PCdI firmarono il *Patto di unità d'azione*. Nel PSI massimalista emerse allora una posizione, impersonata da Mariani, favorevole all'adesione al Patto, anche per sottrarre il partito all'isolamento politico. Ma Angelica, lontana da Parigi, chiamata proprio dal Mariani per dare il suo autorevole parere, intervenne nella riunione della Direzione, dove si dimostrò contraria ad ogni contaminazione e mise in minoranza Mariani, collocando così di fatto nel più assoluto isolamento l'esperienza massimalista, ormai destinata a declinare sempre più.

Ma Angelica, assediata dalle spie di Mussolini, sotto il peso della sua insopportabile vita di privazioni e di tante delusioni, ormai non pensava che ad emigrare negli USA. Nel novembre 1935 finalmente ottenne il visto d'ingresso e un biglietto di viaggio pagato dai socialisti americani[215].

---

215 Il suo PSI rimase allo sbando negli anni seguenti: una parte dei militanti partì per la Spagna, per contribuire alla difesa della repubblica e quelli rimasti in Francia si ritrovarono senza mezzi. Nel giugno 1937 le chiesero di di tornare in Francia per partecipare al loro congresso, ma Angelica non aveva alcuna intenzione di tornare a quella vita da cui era fuggita e non venne. La parte a lei fedele vinse il congresso ed elesse una direzione formata da Angelica, segretaria generale e direttrice dell'*Avanti!* e da Mariani, segretario politico, mentre la parte filocomunista passò al PCdI. Ciò che rimase del suo partito si dissolse dopo poco tempo per mai più risorgere. Con lo scoppio della seconda guerra mondiale sbanderà anche il PSI/IOS, la cui direzione, però, per assicurare la continuità storico-giuridica del partito, trasferirà i suoi poteri alla federazione svizzera, diretta da Ignazio Silone.

Nel dicembre successivo Angelica sbarcò a New York, dove trovò ad accoglierla festosamente i socialisti di Norman Thomas[216] e i sindacalisti italo-americani, fra i quali le sarà particolarmente vicino Luigi Antonini[217].

Il periodo seguente fu forse il più felice per Angelica, che riprese la sua instancabile attività di propagandista socialista e antimussoliniana, sempre in giro per le grandi città americane, a tenere conferenze[218], a partecipare a pranzi, confortata dall'ammirazione e dall'affetto degli ambienti socialisti e democratici[219]. Rimase però assai turbata nel constatare come le idee fasciste fossero penetrate fra gli italo-americani, anche negli ambienti operai. Ma le cose cambiarono dopo l'ingresso in guerra degli Stati Uniti (dicembre 1941), quando essi si schierarono compattamente per la loro nuova patria americana.

---

216 Norman Thomas (1884-1968), fu leader del Partito Socialista Americano e sei volte candidato alla presidenza.

217 Luigi Antonini (1883-1968) fu un sindacalista e giornalista italo-americano di orientamento socialdemocratico. Esponente di rilievo dell'AFL (Federazione Americana del Lavoro) e convinto antifascista, si adoperò in tutti i modi per aiutare i suoi connazionali italiani.

218 Le conferenze, organizzate da una professionista in materia, tale Kate Wilfson, erano, secondo un uso diffuso in America, a pagamento. Ma il ricavato Angelica lo impiegava non solo per vivere, ma anche per inviare aiuti al suo piccolo partito in Francia.

219 Il poter osservare da vicino la società americana e le posizioni dei socialisti americani, la porteranno a fare nuove riflessioni sui legami che uniscono socialismo e democrazia, fino a spingerla a scegliere il campo occidentale, dopo la guerra e la divisione del mondo in sfere d'influenza.

Il contributo maggiore di Angelica alla causa antifascista fu probabilmente la pubblicazione, in inglese e in italiano, del suo libro *Il Traditore*[220], in cui raccontava il suo decennale rapporto con Mussolini.

In questo periodo di intensa propaganda antifascista di Angelica, per questo motivo spesso in contatto anche con Salvemini[221], pure lui esule in America, assunse connotati sempre più netti la sua critica al regime bolscevico, che la porterà su posizioni socialdemocratiche e finirà per trasformarsi in un anticomunismo viscerale, anche alla luce dei processi-farsa di Mosca che in pochi anni avrebbero liquidato la vecchia guardia bolscevica.

Man mano che cominciava a intravvedersi la fine della guerra il suo desiderio di ritornare in Italia si faceva più acuto. E quando la guerra finì il suo impegno prioritario fu quello di cercare i vecchi compagni superstiti per inviare loro generi alimentari, medicine,

---

220 Altre sue opere sono: *La mia vita di rivoluzionaria* e *Ricordi di una socialista*.

221 Gaetano Salvemini (1873-1957) fu storico, politico meridionalista e fervente antifascista. Nel terremoto di Messina (1908) perse la moglie, i 5 figli e una sorella. Militò nel PSI fino al 1911. Nel 1914 fu un esponente di spicco dell'interventismo democratico. Dal 1914 al 1920 diresse il settimanale laico e progressista *L'Unità*. Nel 1919 fu eletto deputato in una lista di ex combattenti. Nel 1925 fondò, assieme ai fratelli Rosselli, il giornale antifascista clandestino *Non mollare*. Durante il fascismo andò in esilio in Francia, dove fu tra i fondatori della *Concentrazione Antifascista* e del movimento liberalsocialista *Giustizia e Libertà*, facente capo a Carlo Rosselli, poi in Gran Bretagna ed infine negli USA, dove insegnò all'università di Harvad e continuò la sua battaglia antifascista. Tornò in Italia nel 1949, per insegnare all'università di Firenze. Il suo motto era: *Fa quello che devi, avvenga quello che può*.

indumenti. Una di queste spedizioni fu diretta alla sua cara amica e compagna di tante lotte Maria Giudice, che viveva a Roma con la figlia Goliarda, avuta dal marito avvocato Sapienza. L'amica la informò del prossimo congresso socialista che si sarebbe tenuto a Roma nel gennaio 1947 e la sollecitò a riprendere assieme a lei le comuni battaglie.

La posizione di Angelica non era più quella di una volta: pur non avendo rinunciato al marxismo, non ra ormai la rivoluzionaria massimalista del periodo precedente, ma una socialista democratica con forti venature anticomuniste; ella era contraria al „Patto di Unità d'Azione", rinnovato, nell'agosto 1946, tra PSIUP[222] e PCI[223]: le sue simpatie andavano alle correnti socialiste più autonomiste e alla persona di Saragat che ne era l'esponente di punta. I primi

---

222 Il PSI era stato clandestinamente ricostituito a Roma il 29-9-1942 (segretario Giuseppe Romita). Il 23-8-1943 aveva avuto luogo un convegno di fusione tra PSI, MUP („Movimento di Unità Proletaria per la repubblica socialista", con leader Lelio Basso) e UP („Unione Proletaria", con leader Giuliano Vassalli), da cui scaturì il PSIUP (Partito Socialista Italiano di Unità Proletaria, con segretario Pietro Nenni). Il congresso di Firenze del 1946 aveva registrato un precario equilibrio tra le correnti autonomiste e quelle di sinistra (segretario Ivan Matteo Lombardo). Nel successivo congresso di Roma (9-13 gennaio 1947) prevarrà la sinistra, il che provocherà la scissione dell'ala autonomista guidata da Saragat, che darà vita al PSLI (Partito Socialista dei Lavoratori Italiani, con segretari Faravelli, Simonini e Vassalli), che nel 1952 assumerà la denominazione di PSDI (Partito Socialista Democratico Italiano). Subito dopo la scissione di Saragat, il PSIUP, su proposta di Olindo Vernocchi, riprenderà la storica sigla di PSI (segretario Lelio Basso).

223 La sigla PCI (Partito Comunista Italiano) aveva sostituito, il 15-5-1943, a seguito dello scioglimento dell'Internazionale Comunista, la precedente PCdI (Partito Comunista d'Italia).

contatti con socialisti italiani li ebbe però con Giuseppe Faravelli[224], con cui era entrata in corrispondenza tramite Luigi Antonini.

Ad ottenere il visto l'aiutò il socialista americano Norman Thomas, il quale le fornì anche un aiuto finanziario. Le sue convinzioni erano sempre salde. Per lei la scelta era ormai una sola: *O socialismo o barbarie.*

Quando, il 9 gennaio 1947, arrivò in Italia col piroscafo *Vulcania* ad attenderla c'era Maria Giudice: lo stesso giorno si aprì il XXV congresso del PSIUP. Per Angelica l'uomo nuovo, il salvatore del partito, era Giuseppe Saragat.

Nel suo intervento, dopo aver inizialmente cavalcato l'onda dei ricordi, passò al tema che più le stava a cuore: l'alleanza col PCI voluta dalla sinistra. Cominciò ad ironizzare su Nenni, fautore dell'alleanza da lei tanto aborrita, cui ricordava che egli in passato aveva

---

224 Giuseppe Faravelli (1896-1974) da giovanissimo aderì ai gruppi studenteschi socialisti e fu segretario della Camera del Lavoro di Pavia e poi segretario di quella federazione socialista. Nel 1922 aderì al PSU di Turati. Durante il fascismo si adoperò in favore dell'alleanza tra il PSI/IOS e „Giustizia e Libertà".Nel 1939, esule in Francia, dopo le dimissioni di Nenni da segretario, entrò nella Direzione del PSI/IOS. Arrestato dalla polizia di Vichy , fu consegnato ai fascisti italiani e condannato a 30 anni di carcere, ma riuscì ad evadere. Nel 1945 entrò nella Direzione del PSIUP e nel 1947 partecipò alla scissione socialdemocratica di Palazzo Barberini, che diede vita al PSLI, della cui Segreteria collegiale fu chiamato a far parte, assieme a Simonini e Vassalli, in rappresentanza dell'ala sinistra del partito. La quale nel 1959 uscì dal PSDI (già PSLI) e costituì il MUIS (Movimento Unitario di Iniziativa Socialista), poi confluito nel PSI, in cui Faravelli rimase fino alla morte. Faravelli, laureato in Legge, è stato direttore de *La Plebe*, de *L'Umanità*, nonché condirettore di *Critica Sociale*.

difeso il partito dai comunisti[225], dai fascisti[226] e perfino dai massi-malisti che volevano impedire la fusione del PSI col PSULI, mentre ora era diventato fautore dell'alleanza col PCI[227]. Passò quindi, fra interruzioni e fischi, a parlare del comunismo, definito non demo-cratico né proletario. Il suo argomentato e appassionato discorso anticomunista fu spesso interrotto dalla platea. L'indomani, a Pa-lazzo Barberini, dove si celebrava il congresso della nascente so-cialdemocrazia italiana, lei trovò un clima del tutto diverso: Ange-lica venne accolta da una pioggia di fiori e fa un giro „trionfale", al braccio di Saragat, per il palazzo sede dei lavori.

Dopo il congresso fece un giro per l'Italia per dare il suo sostegno morale al partito che stava organizzandosi. Lei aveva vissuto la scissione in chiave anticomunista, ma anche come una scissione a sinistra, che desse vita ad un partito anticlericale di opposizione democratica alla DC. Ma presto dovrà ricredersi, poiché i progetti di Saragat erano ben altri.

---

225 Nel 1923 Nenni, insieme a Vella e Romita, aveva formato il *Comitato di Difesa Socialista*, che aveva vinto il congresso del PSI, impedendo la fusione (in realtà un assorbimento) col PCdI che i terzinternazionalisti di Serrati (vecchio idolo della Balabanoff, poi passato al PCdI) invece avevano concordato a Mosca.

226 La lotta antifascista era costata a Nenni quasi vent'anni di esilio e la perdita di sua figlia Vittoria, deportata in un campo di sterminio e di suo marito Henry Daubef , resistente francese fucilato dai nazisti l'11-8-1942.

227 Angelica dimenticava che dopo aver militato sempre nell'area rivoluzionaria del socialismo mondiale, che si opponeva duramente ai riformisti, ora si era schierata per l'ala destra del partito, la quale avrebbe dato vita al partito socialdemocratico di Saragat.

Nel maggio 1947 i comunisti e i socialisti furono estromessi dal governo e nel dicembre successivo socialdemocratici e repubblicani vi entrarono, dando inizio alla lunga stagione del centrismo. Angelica intanto, nell'ottobre 1947, era di nuovo partita per gli USA per raccogliere fondi per il nuovo partito. Quando apprese che esso aveva accantonato ogni velleità di opposizione e che sempre più si allontanava dall'immagine che lei si era fata quando era stato costituito, forse provò una nuova delusione, fra le tante che aveva avuto nelle sua avventurosa vita, prime fra tutte quelle provenienti da Mussolini e da Lenin.

Ma ormai la sua bussola, l'obiettivo principale della sua azione era l'anticomunismo, per cui, quando il mondo si divise in due sfere d'influenza, il blocco occidentale e quello orientale, Angelica non ebbe esitazioni.

La Balabanoff tornò in Italia nel 1952 per rimanervi definitivamente. Ancora arzilla e volitiva, nonostante le molte amarezze, si dedicò alla costituzione del movimento femminile socialdemocratico, battendosi per l'emancipazione femminile, per una forte presenza delle donne nella vita pubblica, per la parità salariale.

Nel 1955 andò a Vienna a rappresentare il PSDI nel primo congresso della ricostituita Internazionale Socialista[228], dove venne accolta trionfalmente. Lo stesso accadde nel 1958, quando si recò in Israele,

---

228 Il PSI ne era stato espulso nel 1949 per non aver aderito alla richiesta di rompere i rapporti col PCI.

fraternamente accolta da Ben Gurion[229] e da Golda Meir[230]. Nel 1959 pubblicò un nuovo libro intitolato *Lenin visto da vicino*.

Il partito la sosteneva economicamente, ma Angelica non aveva peli sulla lingua, e se c'era da criticare, non esitava a farlo, non esitava ad attaccare opportunismo e arrivismo: non accettava le ambizioni personali, la passione per le poltrone. Spesso preferiva recarsi all'estero, per sfuggire alle piccole meschinità della politica italiana.

Nel 1960 tornò in Italia e andò a vivere da sola, sempre più distaccata dalle cose della politica, divenute ormai cose assai lontane dal suo modo di intenderla, come passione e scelta di vita. Negli ultimi anni fu colta da un esaurimento nervoso sempre più grave.

La notte del 25 novembre, la sua ultima notte, pronunciò una parola quasi dimenticata nel corso della sua appassionante avventura umana: *Mamuska*[231].

La camera ardente fu allestita nei locali della federazione del PSDI di Roma.

Al funerale, celebrato civilmente come aveva voluto lei, era presente Pietro Nenni; c'era anche una corona di fiori mandata da Giu-

---

229 David Ben Gurion (1886-1973) fu il primo capo di governo di Israele, che aveva contribuito a fondare (1948). Fu militante socialista (1910) e sindacalista (1921-1933). Per molti anni fu anche leader del MAPAI (Partito dei Lavoratori Israeliani), di orientamento socialdemocratico.

230 Golda Meir (1898-1978), originaria di Kiev, e dunque conterranea della Balabanoff, fu premier di Israele (1969-1974) e la prima donna a guidarne il governo. Aderì al MAPAI, poi Partito Laburista.

231 Mamma, mammina.

seppe Saragat, Presidente della Repubblica, su cui era scritto *Alla cara Angelica Balabanoff*.

Il suo nome rimarrà indissolubilmente legato alle battaglie del movimento socialista internazionale.

A Roma esistono una strada e un Istituto comprensivo Statale intitolati ad Angelica Balabanoff.

Con lei scompariva una leggendaria figura di militante intransigente, senza compromessi con il potere, di socialista libertaria che era vissuta nella Storia, che aveva attraversato due guerre mondiali e assistito al trionfo del bolscevismo e a quello del fascismo, muovendosi nelle agitate acque del socialismo internazionale, senza mai perdere la rotta, senza mai tradire i suoi ideali di giustizia e di libertà.

Bianca Bianchi

*[...] al di là di tutte queste cose stanno veramente
i problemi vivi e reali della vita del nostro Paese, gli
interessi permanenti e vitali della classe lavoratrice.*
Bianca Bianchi

Ricordo ancora quando, ragazzino, ascoltavo i vecchi braccianti
socialisti di quell'angolo di Sicilia parlare dell'*Angelo biondo* venuto
dal Continente a chiedere giustizia per loro, pane per i loro figli;
sentivo i più anziani di loro paragonare quella giovane faconda
oratrice ad un'altra socialista del Nord, Maria Giudice, capace anch'essa di fare rimescolare il sangue nelle vene all'estasiato uditorio. Nei loro racconti Bianca Bianca sembrava, infatti, rinnovare
l'epopea di Maria Giudice, al punto che le due donne venivano or-

mai accomunate in una specie di santuario del socialismo, più ancora che nella storia del proletariato siciliano. Mentre il ricordo
della Giudice, più lontano nel tempo, appariva però sempre più
sfocato e circondato dalle nuvole del mito, quello più recente di
Bianca Bianca aveva un posto ancora vivo nei racconti e nelle no-
stalgie di quegli uomini rudi con la pelle bruciata dal sole. Ed io li
ascoltavo, con la stessa partecipazione con cui seguivo le intrepide
gesta di Orlando e Rinaldo nel locale teatro dei burattini, rivivendo
come attuali quelle epiche vicende; e vedevo con la fantasia la esile
figura bionda dalla parola trascinante parlare dal grande balcone
del municipio, seguita da un pubblico affascinato e silente, ma
pronto ad esplodere in un interminabile applauso. Era naturale,
dunque, che prima o poi di quella donna volessi saperne di più,
guardarla da vicino, raccontarla agli altri. E quale migliore occasione di questo libro?

Bianca Bianchi nacque il 31 luglio 1914 a Vicchio[232], terra che aveva
dato i natali a Giotto (1267-1337) e al Beato Angelico (1375-1455), dal
fabbro del paese, Adolfo, segretario della locale sezione socialista, e
da Amante Capaggi. A Vicchio, che porterà sempre nel cuore, trascorse la sua prima infanzia:

> *I giorni che mi crearono l'infanzia sono soltanto miei.*
> *(B.B.)*

---

232 Cittadina in provincia di Firenze, Medaglia d'argento al valor civile,
   con la seguente motivazione: *Piccolo centro di montagna, durante
   l'ultimo conflitto mondiale, ospitò i primi nuclei di resistenza armata e
   partecipò alla lotta di Liberazione, pagando un notevole tributo di vite
   umane e di danni materiali. Ammirevole esempio di coraggio, di spirito
   di libertà e di amor patrio.*

Ad interrompere l'idillio con la sua terra intervenne, improvvisa e crudele, la morte del padre, quando Bianca aveva appena sette anni. La dolorosa perdita lascerà in lei un vuoto incolmabile, tanto che per anni cercherà nel volto degli altri il genitore, quasi sperando di poterlo incontrare ancora, cercando intanto di fissare dentro di sé quella dolce immagine che tanto le aveva dato: *In una breve stagione mio padre mi aveva regalato secoli d'amore.*

Ma la vita doveva proseguire il suo corso e Bianca, poco dopo il tragico evento, si trasferì a Rufina (FI), presso i nonni materni, Angiolo e Assunta Capaggi.

Non dovette essere facile per la bambina abituarsi alla perdita del padre e, nello stesso tempo, dell'ambiente in cui fino ad allora era cresciuta; anzi si sentì sopraffatta da un senso soffocante di solitudine[233], *fino a quando* – così scriverà - *la mano di nonno Angelo non cercò la mia, accogliendomi nel suo grande cuore.* Crebbe dunque in campagna, fra i campi, gli alberi e i boschi, col nonno. E fu soprattutto il nonno Angiolo, un contadino antifascista, a darle tutto l'amore di cui aveva bisogno e ad insegnarle i primi rudimenti della politica.

In seguito *la ragazza di campagna*, come Bianca amava definirsi, lasciò la provincia per trasferirsi a Firenze, onde poter proseguire gli studi.

Conseguito il diploma magistrale presso l'Istituto Capponi, si iscrisse al Magistero e nel 1939 si laureò in Lettere e Filosofia, con

---

233 *La solitudine è una grande amica: non urla, non minaccia, non ricatta, non condiziona, non ruba, non uccide*, scriverà nel suo libro *Vivrò ancora*, pubblicato nel 1997.

una tesi dal titolo *Il pensiero religioso in Giovanni Gentile*, pubblicata nel 1940, con relatore Ernesto Codignola[234].

Cominciò poi ad insegnare Filosofia e Pedagogia negli Istituti superiori di Mantova, Cremona, Crema, Genova e Firenze. Ma la sua autonomia di pensiero finì per procurarle ostacoli nel lavoro, a causa delle divergenze con i superiori sul modo indipendente di condurre le lezioni[235]. C'erano dunque tutte le condizioni perché accettasse, come un esilio volontario, la proposta di un incarico di insegnante di lingua italiana in Bulgaria[236], a partire dal dicembre 1941, in pieno conflitto mondiale[237].

Ritornata dalla Bulgaria nel giugno 1942, la Bianchi, per un breve periodo, si trasferì di nuovo a Rufina, ancora ospite del nonno. Caduto il fascismo, rientrò a Firenze, da lei definita *un amore incondi-*

---

234 Ernesto Codignola (1885-1965), pedagogista e storico del pensiero religioso, collaborò con Giovanni Gentile nella stesura della *Riforma Gentile* della scuola, e fu tra i fondatori della casa editrice *La Nuova Italia*.

Dopo un'iniziale adesione al fascismo, dettata dalla sfiducia nei partiti, secondo lui incapaci di affrontare il problema dell'educazione delle nuove generazioni, quando si rese conto che il fascismo tendeva a divenire regime, passò decisamente all'antifascismo.

235 Ad esempio per la sua volontà di non tralasciare la cultura e la civiltà ebraica, escluse invece dal programma didattico di Stato.

236 Il racconto della sua esperienza in Bulgaria è descritto nella sua prima opera di narrativa, *Milìnkata*, pubblicata nel 1973.

237 La Bulgaria, alleata della Germania, il 1° marzo 1941 aveva dichiarato guerra agli USA e alla GB, consentendo poi il transito alle truppe tedesche che invasero la Jugoslavia e la Grecia. L'8-9-1944 la Bulgaria cambierà fronte, schierandosi con l'URSS contro la Germania nazista.

zionato, dove prese parte alle riunioni del Pd'Az (Partito d'Azione)[238], in cui era stata introdotta dal suo maestro Ernesto Codignola; dopo l'8 settembre entrò nella Resistenza con il ruolo di staffetta, partecipando a volantinaggi antifascisti e a un trasporto di armi per i partigiani. Salvò anche diversi militari alleati caduti in zone controllate dai tedeschi.

Nel 1945 si iscrisse al PSIUP[239], alle cui attività prese a partecipare con passione, in particolare preparando iniziative culturali e tenendo comizi sia in città che in provincia.

Cominciò anche a collaborare ad alcuni giornali politici, come *La difesa* (1945-47) e *Iniziativa Socialista* (1946-47). Era quello un periodo in cui cominciava a prendere forma, all'interno del partito socialista, un dibattito, politico ed ideologico, che avrà come esito disastroso la rottura dell'unità del movimento socialista italiano. Emergevano cioè, nell'ambito del socialismo italiano, due strategie anta-

---

238 Il Partito d'Azione fu fondato il 4-6-1942 con l'incontro fra „Giustizia e Libertà", raggruppamento fondato da Carlo Rosselli, il movimento liberalsocialista di Guido Calogero ed Aldo Capitini e alcuni liberali di sinistra come Federico Comandini, Ugo La Malfa e Ferruccio Parri. Esso partecipò attivamente alla Resistenza con le Brigate *Giustizia e Libertà* e fece parte del CLN (Comitato di Liberazione Nazionale) assieme a democristiani, comunisti, socialisti, liberali e demolaburisti. Nel febbraio 1946 subì una scissione a destra, con La Malfa e Parri che diedero vita alla „Concentrazione Democratica Repubblicana", poi confluita nel PRI. Dopo i cattivi risultati elettorali del 2-6-1946 (1,5% dei voti e 7 deputati all'Assemblea Costituente), nell'aprile 1947 il Pd'Az si sciolse e la sua maggioranza, con alla testa il segretario Riccardo Lombardi, confluì nel PSI (20-10-1947).

239 Denominazione assunta dal PSI dopo la sua fusione (23-8-1943) con il MUP di Lelio Basso e UP di Giuliano Vassalli e Mario Zagari. Segretario ne era Pietro Nenni.

goniste circa la collocazione del partito. Da una parte la „sinistra“- il cui esponente più illustre era Pietro Nenni - privilegiava l'unità d'azione col PCI, come garanzia dell'unità del movimento operaio, ritenuta indispensabile nel momento in cui cominciavano i primi tentativi di restaurazione sociale del vecchio ordine pre-fascista ed anche nuovi, seppure lontani, bagliori di guerra; dall'altro gli „autonomisti“ - fra i quali si affermava sempre più la *leadership* di Giuseppe Saragat - i quali rivendicavano la necessità di garantire un ruolo autonomo del partito socialista, pur senza rotture verticali col PCI, in assonanza con i vari partiti socialisti che andavano ricomponendosi nell'Europa occidentale, al fine di creare i presupposti per la costruzione di un'Europa socialista e democratica, in antitesi al capitalismo borghese e al burocraticismo staliniano. Con questi ultimi si schierò Bianca Bianchi.

La polemica si affievolì tuttavia all'approssimarsi dell'importante appuntamento elettorale del 2 giugno 1946, quando i cittadini italiani sarebbero stati chiamati a scegliere tra monarchia e repubblica e ad eleggere un'Assemblea Costituente, avente lo scopo di preparare una nuova Costituzione. L'evento si presentava assai importante non solo per i suoi contenuti, ma anche perché era la prima consultazione democratica dopo vent'anni di dittatura e dopo l'occupazione nazifascista. Era reso ancora più importante da una novità assoluta: l'estensione del diritto di elettorato attivo e passivo, alle donne. Esse erano state escluse dalla riforma elettorale del 1882 e da quella del 1912; Mussolini, dopo averle teoricamente incluse nell'elettorato amministrativo, nella realtà le escluse di nuovo, questa volta assieme agli uomini, quando nel 1926 abolì gli organismi rappresentativi locali.

In piena guerra di Liberazione però le donne di tutti i partiti antifascisti furono concordi nel rivendicare il diritto di voto e quello di eleggibilità[240]. Un primo successo lo ebbero subito dopo la fine della guerra, cominciando così la „marcia rosa" delle donne italiane, quando venne costituita la Consulta Nazionale[241], di 430 componenti, di cui 14 donne[242]. Fu appunto la Consulta a ratificare il de-

---

240 Il contributo delle donne alla Resistenza fu assai elevato: 35000 partigiane combattenti; 20000 patriote con funzioni di supporto; 70000 appartenenti ai GDD (Gruppi di Difesa della Donna) costituiti per la conquista dei diritti democratici; 512 „commissarie di guerra"; 4563 arrestate, torturate e condannate dai tribunali fascisti; 2900 giustiziate o uccise in combattimento; 1890 deportate in Germania; 1700 ferite; 16 medaglie d'oro, 17 d'argento.

241 La C.N. fu un'assemblea legislativa provvisoria, avente lo scopo di sostituire il Parlamento, fin quando non fosse stato possibile convocare regolari elezioni. Suo scopo era dare pareri su problemi generali e su provvedimenti legislativi del Governo. Si insediò il 25-9-1945 e di fatto si sciolse il 2-6-1946, con l'elezione dell'Assemblea Costituente. Si riunì 40 volte. Ne fu presidente il repubblicano Carlo Sforza.

242 Adele Bei, Laura Bianchini, Clementina Caligaris, Gisella Della Porta, Ofelia Garoia, Angela Maria Guidi Cingolani, Jole Lombardi, Claudia Maffioli, Ada Marchesini Prospero, Virginia Minoretti Quarello, Bastianina Musu Martini, Teresa Noce Longo, Rina Picolato, Elettra Pollastrini.

La prima donna italiana a ricoprire un incarico governativo sarà la democristiana Angela Cingolani (1896-1991), che nel 1951 fu nominata sottosegretario all'Artigianato nel 7° governo De Gasperi. È stata anche la prima donna a prendere la parola in aula all'Assemblea Costituente.

creto legislativo[243] che introduceva il suffragio universale per la prima volta senza discriminazione per le donne, affermando così il principio dell'uguaglianza fra i sessi almeno relativamente ai diritti politici.

Bianca Bianchi, inserita nella lista del PSIUP per l'Assemblea Costituente, nella circoscrizione Firenze-Pistoia, condusse una campagna elettorale di forte impegno, che le avrebbe fruttato alcune grosse soddisfazioni: risultò , con 15384 voti di preferenza, la prima degli eletti del suo collegio, doppiando addirittura i voti presi dal capolista, il celeberrimo Sandro Pertini, eroe e medaglia d'oro della Resistenza, un'icona del socialismo italiano; fu anche la prima fra le donne elette all'Assemblea Costituente[244]. Esse furono 21[245] su 556 costituenti, proporzionalmente il 3,77%.

Da allora la Bianchi visse tra Firenze e Roma, dove dapprima trovò alloggio alla pensione *California*, vicino a Porta Pinciana. Roma allora le sembrò enorme rispetto a Firenze:

> *[...] mi presenta una bellezza disarmante. Uscita dalla misura d'uomo di Firenze, mi trovo immersa nella*

---

243 Decreto Luogotenenziale del 1° febbraio 1945. Art. 1: *Il diritto di voto è esteso alle donne che si trovino nelle condizioni previste dagli articoli 1 e 2 del testo unico della legge elettorale politica, approvato con regio decreto 2 settembre 1919, n.1495.*

244 Il PSIUP ottenne il 20,68 % dei voti e 115 deputati, classificandosi al 2° posto, dopo la DC (32,21 %) e prima del PCI (18,93 %).

245 Di esse 9 erano della DC, 9 del PCI, 2 del PSI (Bianca Bianchi e Lina Merlin) e una rappresentante dell'Uomo Qualunque, partito sorto attorno all'omonimo giornale, fondato a Roma nel 1944 dal commediografo Guglielmo Giannini (1891-1960).

misura dei giganti. Mi è impossibile pensare. Persino il
colore dei palazzi mi confonde.

Già dalla seduta inaugurale (25-6-1946)[246], a cui la Bianchi – aveva solo 32 anni - si presentò con un abito color vinaccia e con i lunghi capelli biondi sciolti sulle spalle, a molti apparve, grazie anche alle „squisite fattezze del viso", come un angelo, l'*angelo biondo*, come da allora fu soprannominata, benché avesse un carattere battagliero e tenace. Ma lei, Bianca, quella volta era piuttosto disorientata:

> *Me ne vado su e giù per il Transatlantico, rispondo alle domande dei giornalisti curiosi,[...] mi dà l'impressione di trovarmi in un labirinto e mi sento di nuovo una ragazza di campagna. Sono molto tesa quando entro per la prima volta nell'Aula. Lentamente entrano i deputati, li guardo attraverso l'emiciclo prendere posto secondo una geografia politica molto rigida. All'estrema sinistra si dispongono i comunisti, accanto i socialisti [...]. I compagni mi hanno avvertito di non sbagliare per non trovarmi mescolata a reazionari politici...*

Si rivelerà una delle deputate più preparate che abbiano fatto parte del Parlamento italiano.

Cinque donne[247] furono chiamate a far parte della *Commissione dei 75*, incaricata dall'Assemblea di formulare una proposta di Costituzione che sarebbe poi stata discussa e approvata in aula. Per tutte le 21 donne, rappresentanti di partiti diversi, ma trasversalmente

---

246 Presidente fu eletto Giuseppe Saragat (PSIUP) con 421 voti.

247 Angela Gotelli (DC), Maria Federici (PCI), Nilde Iotti (PCI), Lina Merlin (PSIUP), Teresa Noce (PCI).

unite, si apriva la possibilità di abbattere i limiti che la legge e la società ancora imponevano alle donne nel lavoro[248] e nella famiglia, gravata dalla prevalenza del marito.

La Bianchi in particolare intervenne[249] sui problemi della scuola, delle pensioni e dell'occupazione. Quando, anni dopo, rievocherà quei giorni, scriverà:

> *Mezzo migliaio di uomini, tra cui una ventina di donne, stabiliranno in legge le regole della nostra umana esistenza, le regole dell'esistenza di quaranta milioni di persone.*

Mentre i lavori dell'Assemblea Costituente proseguivano alacremente, aumentava il dibattito all'interno del PSIUP, sempre più diviso fra le due prospettive. A incrementare il malumore degli autonomisti intervennero i risultati delle elezioni amministrative parziali tenute nell'autunno del 1946, che segnarono un calo di consensi per il PSIUP a fronte dell'aumento di voti conseguito dal PCI. Insomma, per dirla tutta, l'appiattimento dei socialisti nei confronti del PCI portava, secondo gli autonomisti, ad un abbandono degli elettori del partito socialista a favore del PCI, visto come il motore propulsivo, il *partito guida* della sinistra italiana. Ad esempio a Firenze, città della Bianchi, per la quale era stata generosa di preferenze, il PSIUP nelle votazioni per la Costituente aveva ottenuto il

---

248 Le donne erano ancora escluse da alcune professioni, come ad esempio quella di magistrato o di diplomatico.

Esse chiedevano anche, a parità di lavoro con gli uomini, parità di salario.

249 Parlò per la prima volta in aula il 22-7-1946 e il suo intervento suscitò un convinto e prolungato applauso.

24,36 % dei voti (PCI 25,90 %), mentre in quelle per l'elezione del Consiglio Comunale del 10-11-1946 era sceso al 22 % (PCI 33,7 %). Non era un crollo, ma una flessione sì, certo un segnale allarmante di disaffezione dell'elettorato. Comunque il PSIUP ottenne 13 seggi su 60 (prima eletta Bianca Bianchi), che sommati ai 21 del PCI e all'1 del PRI espressero un' amministrazione di sinistra (PCI-P-SIUP- PRI-Pd'Az), forte di 35 seggi[250].

Il XXV congresso del partito socialista, tenutosi a Roma dal 9 al 13 gennaio 1947 segnò la rottura fra le due anime del socialismo italiano: la maggioranza delle correnti autonomiste, guidate da Giuseppe Saragat, quella di *Iniziativa Socialista* e quella di *Critica Sociale*, lasciò il partito, attuando quella che sarà ricordata come la *scissione di Palazzo Barberini*, che diede vita (11-1-1947) ad un partito socialdemocratico che assunse la denominazione di PSLI (Partito So-

---

250 Sindaco fu eletto il comunista Mario Fabiani (1912-1974), che poi diverrà presidente della Provincia di Firenze (1951-1962) e senatore del PCI (1963-1974).Egli era un vecchio e coerente antifascista e un autorevole esponente della Resistenza in Toscana. Successe al sindaco della Liberazione, il socialista Gaetano Pieraccini (1864-1957), medico ed ex deputato socialista nel 1909-13 e nel 1921-24, nominato dal CLN toscano il giorno dell'insurrezione della città, l'11 agosto 1944.

Dopo le amministrative del 1951, verrà costituita una maggioranza centrista DC-PSLI-PRI-PLI e sindaco sarà eletto Giorgio La Pira (DC).

cialista dei Lavoratori Italiani)[251], cui aderirono 52 dei 115 deputati socialisti eletti all'Assemblea Costituente.

Nella circoscrizione di Firenze i deputati che aderirono al nuovo partito furono Calogero Di Gloria (1917-1997), insegnante di Storia e Filosofia, e Bianca Bianchi. Nel Consiglio Comunale del capoluogo toscano a lasciare il PSI per il PSLI furono 5 consiglieri su 13, fra cui Bianca Bianchi[252], la quale sarà chiamata a dirigere il settimanale regionale *Il socialismo toscano*.

Nei mesi successivi si costituì la Federazione fiorentina del PSLI, che nel suo primo congresso del settembre 1947, si collocò su posizioni classiste, subordinando un'eventuale collaborazione con la DC all'attuazione di riforme socialiste.

Intanto era avvenuto „il battesimo del fuoco" per il PSLI, in occasione delle prime elezioni regionali siciliane del 20 aprile 1947. Bianca Bianchi si era recata allora in Sicilia, mettendo al servizio del partito la sua passione politica e la sua oratoria calda e appassionata; al suo successo avevano contribuito anche il fascino della sua grazia femminile e la sua garbata signorilità, la sua gentilezza e perfino la sua eleganza, facendo nascere, fra lei e le masse bracciantili dell'isola, un rapporto di ammirazione e di affetto, che,

---

251 Il nuovo partito si diede inizialmente una segreteria collegiale, formata da Giuseppe Faravelli, Alberto Simonini e Giuliano Vassalli. Col convegno del 13-9-1947 segretario unico fu poi eletto Giuseppe Saragat, con vicesegretari Alberto Simonini (destra interna) e Mario Zagari (sinistra interna).

Il PSIUP riassunse l'antica denominazione di PSI.

252 Gli altri quattro furono: Renato Bacci, Mario Fanfani, Paris Sacchi e Ilario Tarchiani. Al PSLI aderì anche l'ex sindaco Giovanni Pieraccini.

dopo qualche mese, la ripagherà del suo importante contributo alla causa socialista. Il PSLI aveva ottenuto il 4,2 % dei voti e 4 seggi sui 90 dell'Assemblea Regionale Siciliana[253].

Il clima politico internazionale cominciava intanto ad essere influenzato dalla cosiddetta *guerra fredda* fra gli USA e l'URSS e i loro rispettivi satelliti, il che finirà per provocare la rottura dell'unità antifascista che aveva abbattuto il nazifascismo, anche nella politica interna italiana. Nel maggio 1947 PCI e PSI furono estromessi dal governo e già alla fine di quell'anno si cominciò a parlare di un possibile ingresso in esso del PSLI, accanto alla DC, al PRI e al PLI.. La direzione del PSLI, sempre più dominata dalla sua destra interna, era ormai propensa ad accettare tale ipotesi e il PSLI, infatti, nel dicembre 1947, entrò al governo, lasciandosi dietro uno strascico di polemiche al suo interno e qualche defezione[254], in particolare nella Federazione fiorentina. La scelta centrista fu poi ratificata dal congresso di Napoli del PSLI del febbraio 1948 [255]. Nello stesso mese ebbe luogo a Milano un convegno di socialisti indipendenti, da cui sorse un nuovo raggruppamento socialista, l'UDS (Unione dei Socialisti)[256] .

---

253 Il Psi si era presentato assieme al PCI in una lista unica, denominata „Blocco del Popolo", che aveva ottenuto il 30,4 % dei voti e 29 seggi.

254 Ad esempio il giornalista Virgilio Dagnino, lo storico Gaetano Arfé, la maggioranza della Federazione Giovanile Socialista.

255 A conclusione di esso fu eletto segretario il leader della destra interna Alberto Simonini.

256 Vi parteciparono un gruppo proveniente dalla destra interna del PSI, capeggiato da Ivan Matteo Lombardo, gli ex azionisti che si erano rifiutati di confluire nel PSI (Movimento d'Azione Socialista *Giustizia e Libertà*), con leader Tristano Codignola e il gruppo di *Europa*

In vista delle imminenti elezioni politiche, fissate per il 18-4-1948, il PSLI e l'UDS decisero di unire le forze presentandosi assieme nelle liste di „Unità Socialista".

Bianca Bianchi fu presentata in due circoscrizioni: quella di Firenze-Pistoia[257] in cui US per pochi voti non conquistò alcun seggio e quella di Catania, in cui invece la fervente socialista fiorentina fu eletta[258].

Mentre i rimescolamenti di carte nel socialismo italiano erano particolarmente intensi[259], la Bianchi rivelava, in aula e nelle commis-

---

Socialista di Ignazio Silone. Segretario del nuovo partito fu eletto Ivan Matteo Lombardo. Quando quest'ultimo lascerà il partito per aderire al PSLI (31-1-1949), gli subentrerà Ignazio Silone.

257 Gli altri candidati della circoscrizione erano: Gaetano Pieraccini, Piero Calamandrei, Calogero Di Gloria, Tristano Codignola, Pietro Bagnoli, Annibale Carletti, Mario Fanfani, Cesare Grassi, Umberto Incerpi, Alessandro Levi, Severo Rissone, Ernesto Rossi, Gino Simonelli.

258 Unità Socialista, a livello nazionale, riportò il 7,07 % dei voti e 33 deputati, di cui 31 del PSLI, meglio organizzato dell'UDS. Il Fronte Popolare, formato da PCI, PSI e altri, ottenne il 30,98 % e 183 deputati su 574. Bianca Bianchi fu poi eletta componente e Segretaria della VI Commissione (Istruzione e Belle Arti).

259 Nel novembre del 1949 la corrente „autonomista" del PSI lasciò il partito e costituì l'MSA (Movimento Socialista Autonomo), capeggiato da Giuseppe Romita. Nel congresso di Firenze del dicembre 1949 ebbe luogo la fusione tra MSA, UDS e sinistra socialdemocratica (Faravelli, Zagari, Mondolfo, Vassalli, ecc,).

Il nuovo partito, che assunse la denominazione di PSU (Partito Socialista Unitario), cui aderirono 8 senatori e 13 deputati, inizialmente si collocò tra PSI e PSLI, sperando nella riunificazione di tutti i tronconi socialisti. Dopo una lunga e tormentata serie di vicende si giunse (1-5-1951) alla fusione tra PSU e PSLI nel nuovo partito denominato PS-SIIS (Partito Socialista- Sezione Italiana dell'Internazionale Socialista). Nel

sioni, le sue capacità di parlamentare: i suoi interventi riguardavano i temi della scuola, delle pensioni, dell'occupazione. Per quanto concerneva la scuola, si dichiarò contraria alle sovvenzioni statali alla scuola privata, sospettata di concedere con troppa facilità diplomi e titoli, proponendo per essa il reclutamento degli insegnanti attraverso regolari concorsi.

Non dimenticava neppure le vicende della terra che l'aveva eletta. Il 27 ottobre 1948 intervenne sui *fatti della Vaddara*, uno „sciopero a rovescio", verificatosi a Lentini, un'antica *polis* della Magna Grecia, patria di Gorgia[260] e del notaro Jacopo[261], situata nella costa orientale della Sicilia; lo sciopero, causato dalla fame e dalla disoccupazione, era finito con una ondata di arresti:

Sappiamo benissimo che quando gli uomini sono spinti al limite del dolore – i testi sacri dicono che i cuori si aprono alla grazia – l'esperienza insegna che i cuori si aprono alla disperazione; quando gli uomini hanno fame e non hanno lavoro, sono oggetto di speculazione politica da parte di avventurieri. Ma qui si tratta di buona gente, di gente istintivamente buona, semplice, affettiva, che è assillata dal bisogno. È per questo [...]

congresso di Bologna del gennaio 1952, il PS-SIIS muterà definitivamente il suo nome in PSDI (Partito Socialista Democratico Italiano).

260 Gorgia (485-375 a. C.), filosofo discepolo di Empedocle, è considerato uno dei maggiori sofisti.

261 Jacopo da Lentini (1210-1260) poeta e notaio alla corte dell'imperatore Federico II, fu il caposcuola della *scuola poetica siciliana* e l'inventore del sonetto. Fu citato da Dante nel canto XXIV del *Purgatorio*.

Dello scrittore lentinese Gianni Cannone il saggio *Jacopo da Lentini, il siciliano che inventò il sonetto* (ed. Leontì noi Oggi – 2005).

*che molto facilmente questa povera gente, spinta dal
bisogno, va incontro a tutte le agitazioni e crede a tutte
le promesse messianiche di questo mondo. Bisogna
impedire che in futuro si verifichino simili incidenti e
bisogna strappare questa parte di braccianti alla
miseria e alla disoccupazione, facendoli rientrare
nell'equilibrio economico e sociale.*

Dopo aver rilevato che *la Camera del Lavoro* [di Lentini era] *stata tra-sformata* [...] *in una sede politica, ad uso e consumo del Partito comunista locale* ed elogiato il comportamento del sindaco socialdemocratico Filadelfo Castro[262], concluse con un appello:

*Dobbiamo smetterla, una buona volta, tutti noi, di
incitare all'odio e alla violenza.*

È del 26-11-1949 la sua commemorazione del vecchio socialista cata-nese on. Peppino Sapienza[263], spentosi il 24 dello stesso mese:

*[...] Era un uomo politico ricco di fede e di entusiasmo,
come sa essere la gente semplice della sua terra*

---

262 Per una biografia di Filadelfo Castro (1884-1963) si può vedere „Ferdinando Leonzio *Filadelfo Castro, una vita socialista*", pubblicazione a cura del *Kiwanis Club* di Lentini – 2004.

263 Giuseppe Sapienza (1884-1949), noto a Catania come *l'avvocato dei poveri*, fu uno dei pochi socialisti a rimanere nel PSI, dopo la scissione riformista del 1922. Fu uno degli organizzatori della fuga di Giuseppe Saragat e Sandro Pertini dal carcere romano di *Regina Coeli* (24-1-1944). Fu eletto alla Costituente nella lista del PSIUP e nel 1947 aderì alla scissione dell'ala guidata da Saragat che diede vita al PSLI. Fu anche deputato regionale siciliano del PSLI, subentrando a Giuseppe Castiglione (dimissionario perché eletto deputato nazionale, nel 1948, nella lista di Unità Socialista) e assessore alla P.I. Alla sua morte fu sostituito da Antonino Isola. Sapienza aveva sposato Maria Giudice, dalla quale ebbe la figlia Goliarda, attrice e scrittrice.

*buona e generosa, e questa fede egli tramutava non in
concetti difficili o in teorie aride e fredde, ma in azioni
sempre fresche di coraggio e di operosità. La fede che
lo legava alla elevazione morale e materiale della
classe lavoratrice lo portò ben presto ad essere
militante devoto e fedele della causa socialista. [...] La
scomparsa di Giuseppe Sapienza è un lutto per il
socialismo italiano, è un lutto per gli uomini di cuore
che credono in una fede, in una vita libera e giusta, che
superi i confini e le distanze e ci restituisca alfine
fratelli.*

Al 1949 risale la prima di una serie di proposte di legge sul tema della tutela giuridica dei figli naturali, i cosiddetti *figli della colpa*, anche al fine di rendere maggiormente attuabile il riconoscimento
della paternità, moltiplicando le eccezioni al divieto di ricerca di
essa e di porre fine alla barbarie che sui documenti del figlio naturale, perfino sulla pagella scolastica, apparisse la dizione "di NN e
di NN"[264]:

*Chi genera un figlio ha la responsabilità di mantenerlo,
di educarlo e di dargli soprattutto il proprio nome, di
riconoscerlo di fronte agli uomini, di fronte alla legge e
soprattutto di fronte alla sua coscienza (intervento del
4-5-1949). [...]siamo sempre convinti della gravità
enorme del problema, che va risolto e che non si può
nascondere di fronte ai nostri occhi; e siamo sempre
convinti che una buona volta anche noi ci dovremo
incamminare verso una legislazione libera e sana, che
sia veramente l'espressione di una più matura e più
cosciente civiltà (intervento del 4-7-1951)[265].*

---

264 Bianca Bianchi pubblicò le proprie riflessioni sul tema dei figli naturali
nel libro *Figli di nessuno* (1949).

Nel corso della legislatura Bianca Bianchi presentò 16 progetti di legge, di cui 6 come prima firmataria, e pronunciò 13 interventi in aula.

Alla fine della legislatura (1953) ritornò ai suoi studi, occupandosi di pedagogia e didattica[266]. Bianca si dedicò anche alla formazione della *Scuola d'Europa* di Monte Senario[267], centro educativo di sperimentazione didattica, che accoglieva ragazzi delle scuole elementari e medie provenienti da varie parti d'Italia e che si rifaceva alle esperienze più avanzate nei campi dell'apprendimento e della vita comunitaria[268], avvalendosi anche di una rete di collegamento tra gli insegnanti di vari paesi europei. Dal 1953 al 1955 svolse anche il ruolo di esperta di problemi educativi per conto del giornale fiorentino *La Nazione*, curando la rubrica *Occhio ai ragazzi*, in cui esaminava i disagi della scuola italiana.

Nel corso di questi anni molto si era mosso in campo socialista: Saragat era diventato Presidente della Repubblica e le posizioni di

---

265 Per queste iniziative Bianca si avvalse della collaborazione del medico Teresita Sandesky Scelba (1905-1995) e della scrittrice Jolanda Torraca (1920-1970), ambedue esponenti di vecchia data del CNDI (Consiglio Nazionale Donne Italiane). Il progetto, presentato per la quinta volta, sarà approvato solo nel 1953.

266 Nel 1954 pubblicò i *Lineamenti di metodologia*, relativi all'insegnamento nella scuola elementare.

267 La scuola si trovava a 16 km da Firenze, fra Bivigliano, frazione del comune di Vaglia (FI), e il santuario di Monte Senario.

268 Il lavoro della Bianchi è documentato nel libro *L'esperienza di un'educazione nuova alla Scuola d'Europa*, pubblicato nel 1962.

PSI e PSDI si erano di molto avvicinate[269], tanto che i due partiti si erano fusi (30-10-1966), dando vita ad un partito bicefalo[270] che a tutti i livelli era la sommatoria, più che la reale fusione, dei due partiti, a cominciare dal nome: PSI-PSDI Unificati, che successivamente era stato sostituito dalla vecchia denominazione di PSI, con l'aggiunta SIS (Sezione dell'Internazionale Socialista).

Il PSI (SIS) però durò poco e nel 1969 le due vecchie anime si scissero: gli ex socialdemocratici, nella loro grande maggioranza, si staccarono di nuovo dalla *casa madre* e ricostituirono il loro partito (5-7-1969), col nome però di PSU (Partito Socialista Unitario)[271], in ricordo del partito fondato nel 1922 dai riformisti staccatisi dal PSI massimalista.

In prossimità delle elezioni per il rinnovo del Consiglio Comunale di Firenze, fissate per il 22-11-1970, si ebbe il ritorno alla politica attiva di Bianca Bianchi, rimasta fedele al socialismo autonomista, democratico e laico, che si candidò nella lista del PSU e fu eletta

---

269 Per questo motivo il PSI aveva subito due scissioni a sinistra: quella del PSIUP di Vecchietti, Valori e Basso (1964) e quella dell' MSA (Movimento dei Socialisti Autonomi) di Luigi Anderlini e Simone Gatto (1965).

270 Presidente ne era Pietro Nenni e segretari Francesco De Martino (PSI) e Mario Tanassi (PSDI).

271 Segretario ne era Mauro Ferri. A questo partito aderirono 30 deputati e 12 senatori. I socialdemocratici ripresero la tradizionale denominazione di PSDI nel febbraio 1971.

(1970-1975)[272]. Sindaco fu poi eletto Luciano Bausi[273] (DC) e la Bianchi, in quanto leader del PSU locale, divenne vicesindaco (1970-1974) e assessore alle Questioni Legali e agli Affari Generali.

Finito il mandato non si ricandidò , preferendo dedicarsi agli studi e alla scrittura di opere di carattere biografico. Nel 1974 aveva già pubblicato i suoi appunti su Firenze in *Il sole nero*. Del 1976 sono i racconti raccolti nel volume *Il tempo del ritorno*; nel 1981 fu la volta di *Al di là del muro, cronaca di un viaggio in Ungheria*.

Fra le sue ultime opere *Il colore delle nuvole* (1993), *Io torno a Vicchio* (1995), in cui era in effetti ritornata, obbedendo ad un' intima esigenza della sua anima (la definì *eterno, unico, paese dell'anima, casa mia*), e *Vivrò ancora* (1997).

La sua vita, così intensa e ricca di esperienze, la raccontò in *La storia è memoria. Ti racconto la mia vita* del 1998.

Morì il 9 luglio 2000.

Il Comune di Vicchio le intitolò una strada. Il 4-12-2010, promosso dal Comune di Rufina e dal Circolo *Fratelli Rosselli Valdisieve*, ebbe luogo un convegno dedicato a *"La Storia è memoria"*. Giornata in ri-

---

272 Il PSU ottenne il 10,6 % dei voti e 6 consiglieri su 60, classificandosi secondo partito della coalizione di centro-sinistra. Il PSI raggiunse il 9,5 % dei voti e ottenne 5 consiglieri.

273 Luciano Bausi (1921-1995), avvocato, democristiano, iniziò la carriera politica nel 1960 come consigliere comunale di Firenze. Fu assessore con i sindaci Giorgio La Pira (DC), Lelio Lagorio (PSI) e Piero Bargellini (DC). Nel 1967 divenne sindaco per la prima volta. Fu rieletto nel 1970 e mantenne la carica fino al 1974. Nel 1976 fu eletto senatore. Dal 1983 al 1987 fu sottosegretario al ministero di Grazia e Giustizia. Nel 1992 lasciò l'attività politica.

cordo di Bianca Bianchi, nel corso del quale fu deposta una corona sulla sua tomba e le fu intitolato il *Largo Bianca Bianchi*. Chiuse la manifestazione una serie di qualificati interventi sulla figura dell'intrepida socialista toscana.

Il 9-6-2014 la Provincia di Pistoia le intitolò una sala nella sede di piazza San Leone.

Democratica sempre, antifascista coerente, politica amata dalle masse, studiosa dell'educazione e pedagogista di alto profilo, socialista fervente, femminista della prima ora, costituente d'avanguardia, parlamentare impegnata in battaglie di civiltà, amministratrice oculata, donna sensibile al dolore altrui: tutto questo fu Bianca Bianchi. E per questo l'*Angelo Biondo* rimarrà nel cuore degli italiani.

Elisabeth Dmitrieff

Niente doveri senza diritti, niente diritti senza doveri.
Vogliamo il lavoro, ma per conservarne il prodotto.
Non più sfruttatori né padroni. Lavoro e benessere per
tutti.
Elisabeth Dmitrieff

Chi, trovandosi a Parigi, si trovasse a passare per *Place Elisabeth Dmitrieff*, all'incrocio tra *rue du Temple*[274] con *rue de Turbigo*, nel III

274 Proprio al n. 79 di questa via, nella sala *Larched*, fu fondata, l'11-4-1871, l'*Union des femmes*.

arrondissement, forse penserebbe, con la stessa placida curiosità del manzoniano don Abbondio: "Dmitrieff. Chi era costei?"

Cosa rispondere? Una bellissima donna? Un'eroina della Comune di Parigi? Una rivoluzionaria russo-tedesca? Una socialista votata alla causa? Un'internazionalista poliglotta? Una donna emancipata? Una femminista della prima ora? Era certamente la tipica figura della romantica rivoluzionaria russa, socialista per scelta e non per bisogno, la cui patria non aveva confini, perché il teatro delle sue azioni era il mondo. Una rivoluzionaria spesso costretta alla clandestinità, costretta a cambiare nome e residenza, appassionata in politica e in amore, sempre circondata da un alone di mistero che sembrava alludere a fumose stanze in cui si congiurava al lume tremolante di una mezza candela. Questa era Elisabeth, e questa probabilmente voleva apparire, tant'è che dell'ultima parte della sua vita si sa poco o niente. Si inoltrò nella sconfinata Siberia, appresso a un marito condannato per truffa, e svanì come in una dissolvenza cinematografica, nel momento in cui usciva dalla storia per entrare nella leggenda.

Il suo vero nome era Elisaveta Lukinična Kuševa. I suoi antenati – pare – erano diventati nobili dopo aver combattuto per Aleksander Nevskij[275], che li compensò assegnando loro molti terreni attorno al villaggio di Volok, vicino alla città di Toropec[276]. Insomma, li fece ricchi.

---

275 Alexander Jaroslavič Nevskij (1220-1263), principe di Novgorod, è considerato l'eroe nazionale russo per aver salvato la Russia da invasioni straniere. Nel 1547 fu proclamato santo dalla Chiesa ortodossa russa.

276 Città della Russia centrale di circa 13.000 abitanti.

Alla fine del '700 il nonno paterno Ivan Ivanovič Kušelev ottenne il seggio senatoriale dallo zar Paolo I[277], divenendo poi consigliere dello zar Alessandro I[278]. Dalla moglie Elizaveta Dmitrieva Lanska ebbe tre figli: Alessandro, figlioccio dello zar, che morì molto giovane; Nicolaj, malato – morirà nel 1848 - e senza eredi, che veniva assistito da un'infermiera tedesca, una specie di suora di carità luterana, una tale Carolina Dorotthea Troskevič, nata nel 1821 e proveniente da Hasenpoth; infine Luka, il più giovane, nato il 28 ottobre 1793, combattente nell'esercito zarista contro Napoleone, che sposò una donna ricchissima, Anna Dmitrieva, da cui ebbe tre figlie. I due si separarono nel 1832, a causa del carattere violento e possessivo di lui. Che intanto, tra un litigio e l'altro con la moglie, aveva trovato confortevole rifugio tra le braccia dell'infermiera del fratello, la bella tedesca Carolina. Da essa Luka Kušelev ebbe quattro figli: Sof'ja (n. 1849), Aleksandr (n. 1850), Elizaveta (la nostra Elisabeth), nata il 1° novembre 1851, e Vladimir (n. 1852), che nel 1906 potrà sedere alla Duma.

Alla morte della moglie, avvenuta nel 1856, Luka poté sposare la convivente Carolina[279] e riconoscere i figli, che ottennero così il diritto di succedergli.

---

277 Paolo I Romanov (1754-1801), figlio di Caterina II di Russia e dello zar Pietro III, fu a sua volta zar dal 1796 al 1801. Morì in seguito ad una congiura.

278 Alessandro I Romanov (1777-1825), figlio di Pietro III, detto „il Beato", fu zar di Russia dal 1801- al 1825. Fu uno dei protagonisti del Congresso di Vienna (1815).

279 Carolina nel frattempo si era convertita alla fede ortodossa, assumendo il nome di Natal'ja Egorovna

I ragazzi Kušelev crebbero in una grande casa di campagna posta sopra una collina e circondata da alberi, nei pressi della quale scorreva il fiume Sereža, nel quale la famiglia poteva fare bagni e gite in barca e andare a pesca.

Morto il nobile Luka nel 1860, la direzione della famiglia passò alla moglie, la quale affidò l'educazione dei figli ad una governante inglese, miss Betsy, e a un istitutore tedesco, von Madievaiz, cui si aggiunse, nel 1822, anche un insegnante di musica, Modest Musorgskij[280].

L'inverno, però, la famiglia Kušelev lo passava nella sua casa di San Pietroburgo, vicina a quella in cui viveva il generale Korvin-Krukovskij (1803-1858) con le sue due figlie, Anna (1844-1887) e Sof'ja (1850-1891), amiche di Elisaveta, e vicina anche alla fortezza di Pietro e Paolo, in cui era rinchiuso, dal 1862, lo scrittore Cernyševskij[281], autore di un romanzo, intitolato *Che fare?*, largamente diffuso tra le nuove generazioni permeate da una generale aspirazione alla libertà e da una gran voglia di spezzare le catene dell'autocrazia russa. Nel romanzo si teorizzava l'eguaglianza di genere, la ne-

---

280 Modest Musorgskij (1839-1881) diventerà uno dei più grandi compositori russi. Apparteneva al gruppo di musicisti del periodo romantico, che riscoprirono le musiche russe tradizionali. Suo capolavoro è considerato il melodramma *Boris Godunov* (1874).

281 Nicolaj Gavrilovič Cernisevskij (1828-1889) fu uno dei maggiori pensatori rivoluzionari russi e per questo fu imprigionato dal 1862 al 1883. Fu l'ispiratore della prima società segreta rivoluzionaria *Zemljia i Volja* (Terra e Libertà).Fu apprezzato da Marx e, in seguito, anche da Lenin, che nel 1902 scelse lo stesso titolo del romanzo *Che fare?* per il libro in cui gettava le basi della sua teoria dell'organizzazione del partito rivoluzionario.

cessità di scrollarsi di dosso le superate convenzioni sociali ed anche un'organizzazione sociale di tipo socialista.

Una donna, nella Russia di allora, questi obiettiva li poteva perseguire solo conquistando la propria indipendenza e quindi rompendo i legami familiari tradizionali. Cosa che appunto fecero le figlie
del generale, seguendo i suggerimenti dei personaggi del famoso
romanzo.

Così fece Sof'ja, la quale, per superare l'ostacolo rappresentato dalle difficoltà per le donne nubili di ottenere il passaporto, sposò, ma
con un matrimonio "bianco", il socialista Vladimir Kovalevskij[282] e
con lui e la sorella Anna poté lasciare la Russia[283].

Elisaveta, che durante i suoi studi a San Pietroburgo aveva frequentato i circoli clandestini socialisti[284], era pervasa dalle stesse
idee di riscatto femminile e sociale che avevano spinto le sue due
amiche a rinunciare alla loro vita dorata per abbracciare un futuro
sì pieno di incognite, ma anche pieno di fascino. Non fu difficile
per lei trovare la loro stessa via d'uscita. Aveva, infatti, un parente
trentaduenne, Michail Tomanovskij, colonnello della guardia im-

---

282 Vladimir Onufrievič Kovalevskij (1842-1883), noto biologo, svolse,
assieme alla moglie Sof'ja, attività politica e rivoluzionaria. Importanti
i suoi studi di paleontologia.

283 Sof'ja diventerà famosa per le sue ricerche in campo matematico.
Anna si legherà al rivoluzionario francese Victor Jaclard (1840-1903) e
con lui vivrà l'esperienza della Comune di Parigi.

284 La giovane si era formata politicamente anche con la lettura delle
opere del menzionato Cernyševskij, del giornalista e critico letterario
progressista Nicolaj Dobroljubov (1836-1861), di Dmitrij Pisarev (1840-
1868), giornalista e saggista, fautore della liberazione della personalità
da ogni soggezione morale e politica.

periale degli ussari, ammalato di tisi e quindi destinato ad una morte precoce. Egli accettò la proposta di Elisaveta, sconosciuta ai loro parenti, di un matrimonio"bianco" e i due si sposarono a Volok nel 1867. Dopo un breve soggiorno nella casa dei suoceri, i due partirono e, attraversata la Germania, giunsero a Ginevra nella primavera del 1868. La Svizzera era allora meta di molti rivoluzionari, provenienti da ogni parte d'Europa che vi si rifugiavano per sfuggire alle persecuzioni di cui erano oggetto[285]. Non deve sorprendere che uno dei gruppi più numerosi fosse quello dei russi, visto il regime assolutista vigente in patria. Elisaveta vi si inserì facilmente e conobbe una coppia di emigrati russi, i coniugi Ekaterina e Victor Bartenev che, dopo aver donato i loro beni ai contadini, erano entrati in contatto con gli internazionalisti. Furono loro a presentarle uno dei leader degli emigrati russi, Nikolaj Utin, redattore (1868-1870) del giornale in lingua russa *Narodnoj Delo* (La Causa Popolare)[286].

Il rivoluzionario russo, amico di Cernyševskij e corrispondente di Marx, la convinse a impegnarsi a fondo nell'attività della Prima Internazionale[287]. Intanto il marito Michail aveva espresso il deside-

---

285 Fra i numerosi italiani che, in epoche diverse, vi si rifugiarono ricordiamo Andrea Costa e Maria Giudice; fra i cittadini dell'impero russo, Anna Kuliscioff e Angelica Balabanoff.

286 Nicolj Utin (1845-1883), figlio di un ricco mercante ebreo di liquori, nel 1863, a causa delle sue idee socialiste, dovette rifugiarsi in Svizzera, dove si schierò con le posizioni di Marx e divenne rappresentante della sezione russa della Prima Internazionale. Nel 1878, perdonato dallo zar, rientrò in Russia.

287 L'A.I.L. (Associazione Internazionale dei Lavoratori), detta anche Prima Internazionale, fu fondata a Londra il 4-10-1864. Suo scopo era

rio di tornare in Russia. Lei lo accompagnò a Niznij Novgorod, dai suoi genitori, e poi proseguì per Pietroburgo, dove liquidò una parte dei suoi beni[288]; ritornata a Ginevra, vi conobbe Benoit Malon[289]. Elisaveta, che da allora si faceva chiamare Elise, si iscrisse alla sezione russa dell'internazionale, fondata da Utin, e prese a collaborare col suo giornale, il *Narodnoj Delo*, mentre, assieme a Utin, prendeva parte alle polemiche che già allora, nelle file dell'Internazionale, dividevano marxisti e anarchici.

Nel dicembre 1870, munita di una lettera di presentazione di Utin, "madame Elise" partì per Londra, per andare a trovare Karl Marx, onde stabilire una più stretta relazione tra il prestigioso dirigente dell'Internazionale e la sezione russa della stessa. Ad Ostenda si imbarcò per Dover e lì prese il treno per Londra. Nella capitale inglese rimase tre mesi, durante i quali si incontrò spesso con Marx e la sua famiglia e assistette a varie riunioni pubbliche dell'AIL e ad alcune del Consiglio Generale dell'Internazionale. Oltre alla moglie

quello di creare un legame internazionale tra le varie organizzazioni di lavoratori. Al suo interno convivevano diversi gruppi di sinistra. Presto il contrasto tra marxisti e anarchici divenne insanabile e portò anche alla crisi dell'A.I.L. Il congresso dell'Aja (2-7 settembre 1872), in cui vennero espulsi gli anarchici, decise anche lo spostamento del Consiglio Generale a New York. Il 15-7-1876 la Conferenza di Filadelfia dichiarò lo scioglimento dell'A.I.L.

288 Pare abbia ricavato la rispettabile somma di 50.000 rubli.

289 Benoit Malon (1841-1893), politico e scrittore, fu un esponente di spicco del socialismo francese. Nel 1865 aderì alla sezione francese della Prima Internazionale. Prese parte attiva alla Comune di Parigi. Nella disputa fra socialisti riformisti e rivoluzionari, scelse una posizione personale: *Siamo rivoluzionari quando le circostanze lo esigono e riformisti sempre*. Nel 1885 fondò *La Revue socialiste* (La Rivista socialista).

di Marx, Jenny von Westphalen, e alle figlie Jenny, Eleanor e Laura, la diciannovenne rivoluzionaria conobbe i più stretti collaboratori del filosofo di Treviri - a cominciare dal suo più intimo sodale, Friedrich Engels - quali il sindacalista inglese Robert Applegarth e l'orologiaio svizzero Hermann Jung.

Intanto in Francia si snodavano storiche vicende.

La guerra che l'impero bonapartista di Napoleone III il 19-7-1870 aveva dichiarato alla Prussia si era messa subito male per la Francia, in seguito a ripetute sconfitte, di cui la più grave fu la disfatta di Sédan (2-9-1870), con la conseguente resa dell'imperatore. Il 4 settembre successivo, sotto la spinta della folla parigina tumultuante, che auspicava riforme sociali e la prosecuzione della guerra, furono sciolti l'Assemblea Nazionale e il Senato e proclamata la Repubblica e nominato nello stesso tempo un governo di "difesa nazionale". Tale governo in realtà, più che agli interessi nazionali, teneva a quelli di classe: più che alla difesa della Repubblica, i conservatori (bonapartisti, legittimisti, orléanisti, repubblicani moderati), pensavano a difendere i loro interessi di classe contro l'ondata rivoluzionaria democratica e socialista che sembrava scuotere la Francia.

La sera del 5 settembre centinaia di rivoluzionari decisero perciò di istituire un "comitato di vigilanza" (su eventuali macchinazioni reazionarie del governo) per ciascuno dei venti *arrondissements*[290] di Parigi, che a loro volta avrebbero designato quattro rappresentanti ciascuno per formare un "Comitato Centrale".

---

290 Distretti, rioni.

Nel frattempo uscivano dal carcere o tornavano dall'esilio molti oppositori del passato regime bonapartista, ciascuno con le proprie idee. C'erano seguaci di Proudhon, di Bakunin[291], di Marx, di Blanqui[292]; c'erano anche neo-giacobini ed ex garibaldini. Il 17 settembre il Comitato Centrale pubblicò un avanzato manifesto programmatico, ma, due giorni dopo, i prussiani circondarono Parigi.

Quando il Governo Provvisorio e la nuova Assemblea Nazionale, eletta l'8-2-1871, deludendo le aspettative popolari, imposero la pace, Parigi il 18 marzo insorse, cacciando il governo Thiers[293], che, assieme all'Assemblea nazionale, si installò a Versailles. Il 26 marzo successivo a Parigi fu eletto direttamente il governo cittadino[294].

---

291 Michail Aleksandrovivič Bakunin (1814-1876), filosofo russo, fu il maggior teorico dell'anarchismo.

292 Louis-Auguste Blanqui (1805-1881), filosofo e scrittore, fu un socialista rivoluzionario francese, fautore di una società di liberi ed eguali, da realizzare mediante un'insurrezione armata, guidata da una piccola minoranza rivoluzionaria ben organizzata.

293 Adolphe Thiers (1797-1877), storico e politico repubblicano-moderato, sarà il primo Presidente della Terza Repubblica Francese.

294 Il Consiglio della Comune, eletto col sistema proporzionale nei 20 arrondissements di Parigi, era composto da 93 consiglieri operai, artigiani, giornalisti, professionisti, impiegati. I socialisti, tra blanquisti, proudhoniani e qualche marxista, erano in maggioranza; c'erano poi una quindicina di neo-giacobini e molti indipendenti. La Comune aveva sancito l'eleggibilità dei cittadini stranieri e il loro diritto ad esercitare anche funzioni di responsabilità politica, come l'ungherese Leo Frankel, che faceva parte della Commissione lavoro. Due polacchi furono alti ufficiali per la Comune: Jaroslav Dombrowski (1836-1871), che fu comandante della piazza di Parigi e morì in combattimento e Walery Antoni Wroblewski (1836-1908), comandante delle fortificazioni di Ivry e Arcueil, che riuscì a riparare a Londra, dove divenne componente del Consiglio Generale della Prima Internazionale.

Furono anche soppressi l'istituto parlamentare e l'esercito permanente, furono armati i cittadini, fu separato lo Stato dalla Chiesa,
fu stabilita l'istruzione laica e gratuita, deliberata una serie di provvedimenti di carattere sociale. La Comune adottò, come proprio
simbolo, la bandiera rossa, definita *la bandiera della repubblica universale.*

Ce n'era dunque abbastanza per attirare l'attenzione del Consiglio
Generale.

Il quale, di conseguenza, al fine di essere informato degli sviluppi
della situazione politica francese, decise di inviare a Parigi due
suoi rappresentanti: l'operaio francese

Auguste Serraillellier, membro del Consiglio Generale, che partì
per primo e che svolgerà un ruolo importante nella Comune, ed
Hermann Jung, che, essendosi ammalato, fu costretto a rinunciare.
A quel punto si fece avanti Elise - la cui candidatura fu accolta[295] - la
quale si imbarcò a Dover, sbarcò a Calais e il 29-3-1871 raggiunse
Parigi, dove assunse lo pseudonimo di Elisabeth Dmitrieff.

Bastarono pochi giorni perché Elisabeth si immergesse appieno
nel clima effervescente della Parigi comunarda dove, per la prima
volta nella storia, si stava cercando di costruire uno Stato operaio,
mentre i rappresentanti della borghesia, riuniti a Versailles, ordi-
navano l'attacco alle nascenti istituzioni socialiste di Parigi. In quel
pullulare di iniziative in cui ciascuno si sentiva protagonista, un
ruolo assai importante ebbero a Parigi le donne. La figura più cele-

---

295 È possibile che in questa decisione abbia influito il fatto che Elise
fosse poliglotta: infatti parlava bene, oltre il russo, il tedesco, il
francese e l'inglese.

bre fra loro, quella che più seppe incarnare l'ardore rivoluzionario della Comune, fu forse la maestra anarchica Louise Michel[296], femminista convinta: *Ovunque l'uomo soffre nella società maledetta, ma nessun maggior dolore è paragonabile a quello della donna*. Louise, componente del *comitato femminile* del XVIII *arrondissement*[297], non era nel gruppo di coloro, con in testa Elisabeth Dmitrieff e Nathalie Lemel[298], che l'8 aprile 1871 redassero l'*Appello alle cittadine di Parigi*,

---

296 Louise Michel (1830-1905) si diplomò maestra nel 1851. Nel 1856 si trasferì a Parigi, dove entrò in contatto con ambienti di orientamento repubblicano-socialista. Fu molto attiva durante la Comune di Parigi, scrivendo sui giornali *Le Cri du peuople* (Il Grido del popolo) e *La Marseillleuse* (La Marsigliese) e combattendo sulle barricate. Caduta la Comune, fu processata e condannata alla deportazione a vita e inviata in Nuova Caledonia. Durante il viaggio conobbe Nathalie Lemel, che probabilmente la fece avvicinare al pensiero anarchico. Nel 1880 fu graziata e tornò a Parigi, dove riprese la sua militanza politica e scrisse il romanzo *La Misére*. Nel 1882 propose agli anarchici di adottare la bandiera nera, *che porta il lutto dei nostri morti e delle nostre illusioni* . Fu arrestata altre due volte e nel 1888 subì un attentato. Dopo essersi trasferita a Londra per gestire una scuola anarchica, nel 1895 tornò a Parigi, dove fondò il giornale *Le Libertarie* (Il Libertario). Fu sepolta nel cimitero *Levallois-Perret* di Parigi.

297 Questo comitato, fondato nel marzo 1871 per iniziativa di Jules Allix (1818-1897), era presieduto da una sarta, Sophie Doctrinal. Fra le componenti, oltre Louise Michel, c'era la compagna dell'internazionalista Victor Jaclard, la russa di Pietroburgo, amica di Elisabeth, Anna Korvine Krouskovskaja, la cui sorella Sof'ja, anch'essa amica di Elisabeth, durante la Comune, lavorava negli ospedali parigini

298 Nathalie Lemel (1827-1921), di professione rilegatrice, fu femminista ed anarchica. Nel 1865 aderì alla Prima Internazionale e svolse attività sindacale per la sua categoria. Allo scoppio della rivoluzione comunarda (18-3-1871) diventò molto attiva nella politica parigina ed entrò nel Comitato Centrale dell'Unione delle Donne, che aveva

pubblicato l'11 successivo sul *Journel officiel* della Comune, con cui si invitavano le cittadine di Parigi a riunirsi, quella sera stessa, al *Gran Café de la Nation,* in *rue du Temple 79,* per organizzare il sostegno femminile alla Rivoluzione.

Da quell'affollata assemblea scaturì l'*Union des Femmes pour la defense de Paris et les soins aux blessés* (Unione delle donne per la difesa di Parigi e le cure ai feriti)[299] e un Consiglio provvisorio, di cui facevano parte Elisabeth e sette operaie[300]. L'Unione ben presto completò la sua organizzazione: aprì sezioni[301] in tutti i rioni di Parigi e nel

---

contribuito a fondare (11-4.1871). Durante *la settimana di sangue* (21/28 maggio 1871) combatté sulle barricate, occupandosi anche dei feriti. Alla caduta della Comune, fu deportata in Nuova Caledonia. Nel 1880 fu rilasciata e tornò in Francia, dove trovò lavoro al giornale *L'Intransigeant* (L'Intransigente), occupandosi prevalentemente della condizione delle donne. Morì povera e quasi cieca all'ospizio di Ivry-sur-Seine. Il 27-3-2006 il Consiglio di quartiere le ha intitolato una piazza diParigi (inaugurata l'8-3-2007), che si trova all'angolo delle vie *Dupetit-Thouard* e *de la Corderie*, dove si trovava la sede della Prima Internazionale, non lontana dalla casa in cui abitava Nathalie.

Inoltre delle strade sono intitola a lei a Quimper, a Rennes e a Brest, un viale a Nantes e una piazza a Nanterre.

299 Un'altra associazione denominata *Unione delle Donne*, era stata fondata in precedenza, organizzata in comitati di rioni e con un proprio Comitato Centrale, diretto da Jules Allix, di cui faceva parte anche Elisabeth Dmitrieff. Sarà assorbita dalla seconda associazione quasi omonima fondata l'11-4-1871.

300 Le sette operaie erano: Noémie Colleville, Aimée Delvainquier (cittadina belga), Céline Delvainquier (cittadina belga), Sophie Graix, Joséphine Pratt, Adélaide Valentin, madame Marquant. Elisabeth Dmitrieff si occupava essenzialmente di questioni politiche e dell'organizzazione di cooperative.

301 Esse avevano una presidente a rotazione, coadiuvata da un Comitato che poteva essere revocato dalle militanti.

mese di maggio fu costituito il suo Comitato Centrale, composto da 20 delegate[302] e la sua Commissione Esecutiva[303]. Essa si mise subito al lavoro per organizzare mense, trovare infermiere ed ambulanze, soprattutto per creare lavoro per le donne.

Il 12 maggio 1871 fu inaugurata la prima scuola professionale femminile di arte industriale e la scrittrice Marguerite Tinayre[304] fu nominata ispettrice generale di tutte le scuole parigine[305].

---

302 Una delegata per ogni *arrondissement*. Solo il II, rione in prevalenza borghese, non nominò la sua rappresentante; al suo posto fu nominata Elisabeth Dmitrieff, in quanto ideatrice dell'Unione. Fu lei, infatti, a redigere lo Statuto e tutti i manifesti dell'associazione.

303 Ne facevano parte: Elisabeth Dmitrieff, Alì ne Jacquier, Aglaé Janny, Blanche Lefebvre, Nathalie Lemel, Marie Leloup, Octavie Tardif.

304 Marguerite Guerrier, nota come Victoire Tinayre (1831-1895), insegnante appassionata di pedagogia, militante dell'Internazionale, svolse un ruolo importante durante la Comune per la riforma dell'insegnamento e la laicizzazione delle scuole. Nata in una famiglia di idee repubblicane, conseguì l'abilitazione all'insegnamento nel 1856, potendo così seguire la sua vocazione per l'educazione intellettuale e professionale delle ragazze. Nel 1858 sposò Jules Tinayre, dal quale ebbe sei figli. Pur continuando a prendersi cura della sua numerosa famiglia, tenne una intensa corrispondenza e scrisse due romanzi: *La Marguerite* (La Margherita) e *Rève de Femme* (Sogno di donna). Aderì poi alla Comune, iscrivendosi all'Unione delle donne, fondata da Elisabeth Dmitrieff e da Nathalie Lemel. Durante la *settimana di sangue*, il 26-5-1871, il marito, benché non simpatizzasse per la Comune, fu fucilato alla sua presenza, mentre lei, condannata in contumacia alla deportazione, riuscì a fuggire a Ginevra per poi riparare in Ungheria. Nel 1879 poté rientrare in Francia, dove riprese la sua attività di pedagoga e di scrittrice.

305 La Comune prese diverse deliberazioni che in qualche modo riguardavano le donne: divieto dell'esercizio della prostituzione, organizzazione degli asili, abolizione della distinzione tra figli legittimi e illegittimi.

Le aderenti all'Unione, che si distinguevano indossando una sciarpa e un bracciale rossi, erano pronte anche all'uso delle armi, in caso di necessità; intanto rifornivano i combattenti sulle barricate e assistevano i feriti[306].

L'Unione delle Donne estese la sua influenza in tutta la città fin dalla sua costituzione e seppe rappresentare l'anello di congiunzione tra il governo della Comune e le donne di Parigi.

Il 17-5-1871 le dirigenti dell'Unione Dmitrief, Lemel e Jacquier firmarono con un rappresentante della Commissione Lavoro, Leo Frankel[307], un *appello alle operaie* perché delegassero le loro rappresentanti per mestiere, al fine di costituire delle camere sindacali,

---

306 Fra i combattenti della Comune ci furono circa duemila donne, molte delle quali caddero in combattimento o furono fucilate.

307 Léo Frankel (1844-1896), orafo marxista e femminista ungherese, visse in Germania, in Inghilterra e in Francia. Nel 1867 aderì alla Prima Internazionale, della cui sezione tedesca divenne rappresentante. Durante la rivoluzione francese del 1870-71 divenne componente della Guardia Nazionale, del Comitato Nazionale dei 20 *arrondissements* e poi del Consiglio della Comune. Ricostituì la sezione parigina dell'Internazionale, assieme a Eugene Varlin (1839-1871), socialista membro della Comune (*Fin quando un uomo potrà morire di fame davanti alla porta di un palazzo ove tutto abbonda, non vi sarà niente di stabile nelle istituzioni umane*). Frankel durante *la settimana di sangue* fu ferito in combattimento e salvato da Elisabeth Dmitrieff. Riuscì poi a rifugiarsi in Svizzera e quindi in Inghilterra. Nel 1876 rientrò in Ungheria per organizzarvi il partito dei lavoratori, poi diventato (1890) Partito Socialdemocratico. Nel 1889, a Parigi, partecipò alla fondazione della II Internazionale e collaborò al quotidiano dei socialisti tedeschi *Vorwarts* (Avanti) e al francese *La Bataille* (La Battaglia). Per la sua morte chiese di essere avvolto nella bandiera rossa, *la bandiera del proletariato internazionale, per l'emancipazione del quale ho dato la parte migliore della vita*.

ognuna delle quali, a sua volta, avrebbe dovuto designare due rappresentanti per costituire la Camera Federale delle Lavoratrici.

L'incontro successivo, stabilito per il 21 maggio, non ebbe luogo, perché l'esercito di Versailles entrò a Parigi e tutti, comprese le donne, corsero alle armi, per un'ultima eroica resistenza[308]. La settimana dal 21 al 28 maggio 1871 fu detta *la settimana di sangue* per i massacri di comunardi che si verificarono allora a Parigi. Dieci donne caddero in battaglia, molte di loro furono arrestate, processate, detenute nelle prigioni francesi, o inviate nelle colonie d'oltremare.

Esse avevano proclamato: *Qualsiasi diseguaglianza e qualsiasi antagonismo tra i sessi costituiscono delle basi del potere delle classi dominanti.* Avevano chiesto: *Uguaglianza dei salari, diritto al divorzio per le donne, diritto all'istruzione laica e alla formazione professionale per le ragazze.* Il loro sogno morì sulle barricate di Parigi, ma quello che i comunardi avevano detto e fatto lascerà un ricordo indelebile nella memoria collettiva del proletariato mondiale.

Marx aveva scritto:

> *I principi della Comune sono eterni e indistruttibili: essi si ripresenteranno continuamente, fino al momento in cui la classe operaia avrà conquistato la sua emancipazione.*

---

308 Il 23-5-1871 Elisabeth lanciò il suo ultimo appello alle donne dell'Unione perché si radunassero al X *arrondissement* , per organizzare la resistenza all'esercito di Versailles, entrato a Parigi nel pomeriggio del 21 precedente.

Elisabeth, che aveva partecipato all'ultima battaglia e salvato Frankel[309], per fortuna fu tra quelli che riuscirono a sottrarsi alla tremenda repressione, nonostante le meticolose ricerche della polizia che così descrive la bella marxista russa:

Altezza 1,66, capelli e sopracciglia castani, fronte leggermente scoperta, occhi grigio-blu, naso ben fatto, bocca media, mento rotondo, viso pieno, colorito leggermente pallido, andatura vivace, abitualmente vestita di nero e sempre elegante. La polizia le attribuiva 28 anni, ma ne aveva solo 20. La sentenza del Consiglio di guerra, pronunciata il 26-10-1872 in contumacia dell'imputata, la condannò alla deportazione a vita in Nuova Caledonia. Nel 1880, tutti i comunardi furono amnistiati, ma nel 1884 le autorità, pur non sapendo dove la comunarda russa si trovasse, decretarono la sua espulsione dalla Francia.

Elisabeth Dmitrieff era fuggita[310] assieme a Léo Frankel e i due avevano raggiunto la Svizzera, dove i loro destini si erano separati. Elisabeth si era fermata per quattro mesi a Ginevra, circondata dal-

---

309 Così Prosper-Olivier Lissagaray (1839-1901), storico della Comune, descrive l'episodio di Frankel: *il suo sangue colava sul vestito elegante della donna alta, dai capelli d'oro, ammirevolmente bella e sorridente [...].*

Così lo racconterà il giornalista e politico francese Alphonse Humbert (1844-1922): *Un gruppo di guardie scorta una barella sulla quale giace un ferito, Frankel. China sul volto pallidissimo di Frankel, una grande e bella ragazza bionda dai tratti energici, il profilo fine. Una russa. Mademoiselle Dmitrieff.*

310 Non si sa come sia riuscita a sfuggire alle truppe e alla polizia di Versailles, ad uscire dalla Francia e a raggiungere la Svizzera. Ciò ha contribuito ad alimentare, assieme all'incertezza sulla data della sua morte, l'alone di romantico mistero che circonda questa figura di rivoluzionaria russa dell'Ottocento.

l'affetto degli altri internazionalisti, mentre Frankel era andato a Londra, dove era stato spesso ospite di Marx. Pare che l'ungherese si fosse innamorato di Elisabeth.

La quale, ai primi di ottobre del 1872, si recò a San Pietroburgo, dove poté rivedere la famiglia e gli amici. Rivide anche il marito Michail Tomanovskij, che si stava spegnendo, e ne pianse la morte alla fine del 1873, quando già attendeva una figlia da un altro uomo con cui si era legata da oltre un anno, Ivan Michajlovič Davydovskij, amico di suo fratello Alexander e amministratore di Tomanovskij. La bambina, Vera, nacque qualche settimana dopo. L'anno seguente nacque la sua seconda figlia, Irina. Poco dopo Elisabeth sposò Davydovskij, benché vari amici l'avessero messa in guardia sulla figura del marito, su cui correvano voci che l'accusavano di essere un truffatore; ma Elisabeth, innamorata, non volle credere a quelle che lei considerava calunnie. Tuttavia il marito nel 1877 fu processato per truffa ed altro, riconosciuto colpevole, e condannato alla deportazione in Siberia, con otto anni di lavori forzati e l'esilio a vita. Elisabeth volle seguirlo, portandosi dietro le bambine.

In Siberia Elisabeth, nel corso del suo intervento in una riunione di oppositori al regime zarista, cui partecipò la celebre populista Vera Figner[311], assunse una posizione formalmente marxista, ma assai

311 Vera Figner (1852-1942) era la prima di otto figli di una famiglia borghese russa. Dopo aver conseguito il diploma in un istituto femminile, volendo studiare medicina, nel 1872 si trasferì in Svizzera, dove ebbe contatti col movimento anarchico, cui finì con l'aderire. Tornata in Russia nel 1875, aderì al gruppo populista *Zemlija i Volja* (Terra e Libertà), poi a *Narodnaja Volja* (Volontà del Popolo), cui apparteneva il gruppo che assassinò (13-3-1881) lo zar Alessandro II. Arrestata nel 1883, il 28-9-1884 fu condannata a morte. La pena fu poi

schematica, sostenendo che in Russia non era possibile alcuna propaganda socialista fino a quando non si fosse realizzato un ade-
guato sviluppo industriale e non si fosse quindi formata una corrispondente classe operaia. Senza la presenza di un proletariato,
ogni iniziativa politica – a suo avviso – era condannata all'insuccesso e ogni sacrificio dei rivoluzionari sarebbe stato inutile. Con queste premesse, ogni attività politica in Russia diventava per lei in-
concludente, mentre i processi contro i rivoluzionari di ogni corrente si susseguivano a ritmo incessante. Elisabeth, anche se in
Russia *si sentiva soffocare*, si dedicò alla famiglia.

Il marito era stato deportato in un bagno penale presso Krasnojarsk[312]; Elisabeth e le bambine si stabilirono a Enisejsk, a 338 km. I
due coniugi si tennero in contatto epistolare fino a quando Davydovskij, finita di scontare la pena nel 1885, si riunì alla famiglia. Restava comunque per lui in vigore l'obbligo di risiedere nel territorio
di Krasnojarsk, sicché la famiglia decise di stabilirsi nel villaggio di
Areski, poi a Emel'janovo e, infine, di nuovo nel capoluogo, dove il

---

commutata in ergastolo con deportazione in Siberia, dove appunto
incontrò la Dmitrieff.. Amnistiata nel 1905, dal 1906 al 1915 fu di
nuovo in Svizzera. Tornata in Russia, assunse una posizione critica
verso il regime sovietico, ma Stalin non osò mai toccarla per la sua
età e per il suo prestigioso passato. Scrisse *Le carceri russe* e
Memorie di una rivoluzionaria.

312 Città della Siberia centrale. Oggi conta oltre 1 milione di abitanti ed è
il capoluogo dell'omonimo distretto; è anche un'importante stazione
della Ferrovia Transiberiana. Durante l'impero zarista era un luogo di
confino per esiliati politici.

Davydovskij effettuava ricerche di vari minerali, ma senza successo[313].

Nel settembre 1899 Elisabeth tornò a Pietroburgo: il suo secondo matrimonio era finito. Divorzierà nel 1900. Elisabeth e le figlie, da allora, vissero tra Pietrobugo e Volok, dove nel 1901 morì la madre della rivoluzionaria, lasciandosi dietro uno strascico polemico tra Elisabeth e il fratello Vladimir per questioni di eredità. Nel 1902 Elisabeth si trasferì a Mosca, dove la raggiunsero le figlie. Nello stesso anno 1902 Davydovskij ottenne la grazia e si trasferì pure lui a Mosca, ma in una casa diversa. Le tre donne si mantenevano facendo lavori di cucito a domicilio.

È incerta la data della morte di Elisabeth, anche se collocabile tra il 1910 e il 1918.

Il 26-3-2006 il municipio del *III arrondissement* di Parigi decise di intitolarle la piazza sopra ricordata. La deliberazione fu eseguita l'8 marzo 2007, giorno in cui ricorreva la *Giornata internazionale della donna*. Tale giorno fu certamente ben scelto, visto il grande contributo che la giovane figlia della Russia, fondatrice del primo movimento femminile di massa, aveva dato, nei giorni intensi della Comune, alla causa dell'emancipazione della donna in Francia e nel mondo.

Nella sua città natale, Volok, c'è oggi un piccolo museo dedicato a lei.

---

313 In quel periodo Elisabeth conobbe il celebre scrittore Anton Cechov (1860-1904).

Maria Giudice

[Il socialismo] è una dottrina, un'idea; è – soprattutto – una fede.
Maria Giudice

Poiché non ha lasciato opere ideologiche o politiche di grande spessore, né ha ricoperto incarichi partitici o istituzionali di livello nazionale, qualcuno potrebbe essere portato a considerare Maria Giudice un personaggio "minore" dell'universo femminile socialista. Ma, così facendo, incorrerebbe in un grave errore, poiché difficilmente potrebbe incontrare un altro personaggio che, come lei, si sia distinto per la continuità del suo impegno, per la sua passione incondizionata, per la sua oratoria trascinante, per la sua incondizionata coerenza, per il suo totale disinteresse, sacrificando a volte anche gli affetti più cari alla sua strenua lotta per l'emancipazione della classe lavoratrice, per la pace, per i diritti delle donne.

Maria Giudice nacque il 27 aprile 1880 a Codevilla, un paesino dell'Oltrepò Pavese, in provincia di Pavia. La sua famiglia era di orientamento democratico-risorgimentale: il padre Ernesto era, infatti, un reduce garibaldino di idee progressiste, e la madre Ernesta Bernini era una donna di buona cultura, alimentata essenzialmente da opere che affrontavano tematiche di carattere sociale. Fu lei infatti a guidare la figlia nelle sue letture, indirizzandola soprattutto verso opere di grandi autori, tutti di un'area che, con molta approssimazione, potremmo definire di socialismo umanitario. Si trattava di scrittori della statura di Lev Tolstoj, di Victor Hugo, di Emile Zola, di Edmondo de Amicis, tutti molto sensibili verso le miserie del mondo. Il contenuto sociale di molti loro romanzi contribuì dunque molto alla formazione della personalità di Maria e alimentò in lei, a ciò già predisposta per educazione familiare e per naturale istinto, il desiderio di operare concretamente contro tutte le oppressioni.

Terminati gli studi primari nella vicina Voghera, si iscrisse alla Regia scuola normale di Pavia, dove conseguì il diploma magistrale. Si stabilì poi a Voghera, dove intraprese il tirocinio professionale nella locale scuola elementare, e nello stesso tempo entrò in contatto con gli ambienti socialisti della cittadina. Decisivo per la sua formazione fu l'incontro con Ernesto Majocchi[314], che le insegnò i

---

314 Ernesto Majocchi (1860-1907), giornalista di vasta esperienza, era approdato, dall'iniziale impegno radicale e dalla militanza repubblicana, al socialismo, aderendo al partito socialista fin dalla sua fondazione (1892). Fece riprodurre, come artistico omaggio agli abbonati del suo giornale *L'uomo che ride*, il celebre quadro di Giuseppe Pellizza da Volpedo (1868-1907), il *Quarto Stato*. Morì suicida.

primi rudimenti del giornalismo e la fece scrivere sul suo giornale *L'uomo che ride*[315], una rivista socialista di Voghera, in appendice alla quale Maria, ancora giovanissima, curava *La donna che piange*.

Con la sua piena adesione all'ideale socialista, la Giudice capì che era necessario formare nel proletariato una consapevole coscienza di classe da cui scaturisse una sua efficiente organizzazione: impresa difficilmente realizzabile con le sole conferenze che essa aveva preso a tenere. Perciò si diede a girare in lungo e in largo la zona di Voghera, dimostrandosi propagandista instancabile e oratrice appassionata[316], capace di farsi capire e amare dalle masse, alle quali sapeva trasmettere con limpidezza il suo pensiero. Qualità quest'ultima allora assai apprezzata come alternativa alla parola scritta, considerato il diffuso analfabetismo dell'epoca, specialmente fra il proletariato agricolo. Nel frattempo imparava il mestiere di giornalista, tanto che in seguito assumerà la direzione de *La campana socialista*.

Nel 1903 era da poco diventata segretaria della Camera del Lavoro di Voghera – prima donna a ricoprire questo ruolo - quando il partito la inviò in Emilia, a dirigere quella di Borgo S. Donnino[317]; intanto la sua attività si intensificava sempre più, con una serie con-

---

315 Il settimanale, che si qualificava socialista, non fu mai organo del partito. Esso affrontava tematiche molto interessanti, come l'analfabetismo, il divorzio, le condizioni dei carcerati, i diritti dei lavoratori, la questione femminile. Ebbe grande successo, come dimostra il fatto che, dalle iniziali 800 copie, nel 1907 raggiunse una tiratura di oltre 4000 copie.

316 Questa sua intensa attività fra gli operai e i contadini, fece guadagnare alla Giudice, nel 1902, la prima segnalazione della questura.

tinua di conferenze, di riunioni, di comizi, spesso seguiti da denunce e condanne: le tematiche a lei più consone erano quelle del pacifismo (era un'antimilitarista convinta), del riscatto delle plebi affamate, dell'internazionalismo, dell'emancipazione femminile.

Nello stesso periodo conobbe un giovane agricoltore di Stradella (PV), uomo timido e riservato, l'anarchico Carlo Civardi[318], con cui vivrà oltre un decennio in una "libera unione", ispirata ad un'etica laica, fondata sulla reciproca fedeltà, e dal quale avrà sette figli. Proprio alla fine della prima gravidanza, volendo evitare – per l'ennesima condanna[319] – di partorire in carcere, riparò in Svizzera[320], dove, qualche giorno dopo l'arrivo, a San Gallo, trovò comprensione e sostegno in un'altra esule politica, l'ucraina Angelica Balabanoff, di cui condivideva molte idee, specie per quanto riguardava la tenace battaglia per l'emancipazione femminile, che per ambedue andava inquadrata nella più generale lotta per il socialismo, secondo la più ortodossa visione marxista del problema.

---

317 Oggi Fidenza, comune in provincia di Parma. La Giudice vi si trattenne pochi mesi, ma vissuti intensamente.

318 Carlo Civardi sarà il nome dato, molti anni dopo, dalla scrittrice Goliarda Sapienza (figlia della Giudice e dell'avv.Sapienza) ad un personaggio del suo romanzo *La gioia di vivere*.

319 Nel settembre 1903 la Giudice, quasi al termine della sua prima gravidanza, fu condannata a tre mesi e venti giorni di carcere per un articolo pubblicato su *La Parola dei lavoratori*, dopo l'eccidio del 31-8-1903 di Torre Annunziata (NA), in cui la forza pubblica aveva sparato sui dimostranti, fra cui si erano avuti 7 morti e 40 feriti.

320 Vi rimarrà 15 mesi. In questo periodo conoscerà Lenin e Mussolini, anch'essi esuli in Svizzera.

Assieme le due, a Lugano, diedero poi vita ad un settimanale politico di propaganda, rivolto prevalentemente alle lavoratrici, *Su Compagne!* [321]. Nei suoi articoli la Giudice sostiene che il socialismo è lo strumento idoneo per la liberazione della donna sia dallo sfruttamento economico che dalla sua subalternità al dominio maschile. Le donne, a suo avviso, per liberarsi dal doppio sfruttamento dovranno trovare in se stesse e nelle loro organizzazioni le forza e la volontà di farlo.

Tornata in Italia, nell'aprile 1905 venne arrestata e rimase per quattro mesi in carcere, da cui uscì per amnistia.

Iniziò allora per lei e per la sua famiglia, che intanto si accresceva, un periodo difficile. Essendo il suo compagno disoccupato, il sostentamento della famiglia gravava interamente sulle sue spalle. Fu quindi costretta ad allentare il suo impegno nel lavoro di propaganda che, per alcuni mesi, svolse in Emilia, a Guastalla e a Novellara.

Nel 1910 si trasferì in Lombardia, a Musocco, alla periferia di Milano, dove aveva ottenuto un incarico di insegnamento nella locale scuola elementare. Ma si trattò di una breve parentesi, destinata a concludersi nel 1913 con il licenziamento, per divergenze con l'autorità scolastica. In questo periodo, ormai forte di una notevole esperienza giornalistica, aveva collaborato con l'organo ufficiale del PSI, l'*Avanti!* . Dal 1912 collaborava[322] anche con *La Difesa delle lavoratrici*, dove firmava gli articoli con lo pseudonimo di "Magda".

---

321 Il giornale, stampato a Lugano, cesserà le pubblicazioni nel 1912, quando si fonderà con l'organo delle donne socialiste, fondato e diretto da Anna Kuliscioff, *La Difesa delle lavoratrici*.

Da allora la sua vita subì una svolta definitiva: Maria si dedicò completamente al lavoro politico, rivelandosi, come sempre, tenace e combattiva, capace, col suo linguaggio semplice ma vibrante, di raccogliere consensi e suscitare entusiasmi. Riprese, dunque, con rinnovato vigore, il suo ruolo di propagandista, girando l'Italia e partecipando anche a vari congressi nazionali del PSI, in cui si schierò con la corrente "intransigente rivoluzionaria".

Nel 1913 si trasferì a Borgosesia, in provincia di Vercelli, dove intensificò il suo impegno nel partito e collaborò al periodico *La Campana socialista*. Nel giugno 1914 fu l'animatrice dello sciopero che infiammò la Valsesia durante la "settimana rossa", in conseguenza del quale venne arrestata e condannata a venti giorni di reclusione.

Il successivo scoppio della prima guerra mondiale fece esplodere in Italia, sia a livello istituzionale, che popolare, la polemica tra interventisti e neutralisti. Il PSI si collocò subito, con estrema e unitaria fermezza, fra i neutralisti[323] e adottò la formula proposta dal segretario Costantino Lazzari, *Né aderire né sabotare*, rimanendo, a guerra scoppiata, la forza politica più energicamente impegnata per la pace.

---

322 La Giudice curava, con notevole successo, la rubrica „piccola, breve, umile, ma libera e consapevole" *Voci dalle officine e dai campi*, attraverso cui intrecciava un fitto dialogo con le lettrici, chiarendo i loro dubbi, rispondendo ai loro quesiti, tutto nel quadro della diffusione delle idee socialiste fra le donne del proletariato.

323 Fecero eccezione Mussolini e pochi suoi sostenitori. Mussolini per questo suo voltafaccia fu subito rimosso dalla direzione dell'*Avanti!* e successivamente espulso dal partito.

Maria Giudice, in perfetta coerenza con la tradizione pacifista e antimilitarista del socialismo italiano, si batté dapprima contro l'ingresso dell'Italia in guerra e, dopo l'intervento, per la fine del sanguinoso conflitto, il cui peso maggiore cadeva, com'era stato previsto dai socialisti, sul proletariato.

Ormai divenuta un'attiva dirigente, molto popolare e apprezzata e dalle indiscusse capacità organizzative, Maria Giudice il 3 marzo 1916 si trasferì a Torino, avendole la Direzione del partito socialista chiesto di assumere due incarichi assai prestigiosi: la direzione della locale Camera del Lavoro[324] e quella del periodico *Il Grido del popolo*, su cui scrivevano, fra gli altri, anche personaggi dello spessore di Edmondo De Amicis e di Antonio Gramsci[325]. Nel settembre assunse anche la carica di segretaria provinciale del PSI.

Nello stesso mese la Giudice fu arrestata – assieme al giovane Umberto Terracini[326] – per "propaganda sovversiva", cioè per la sua decisa lotta per la pace, e condannata a tre mesi di detenzione. In questo periodo alla direzione del giornale venne provvisoriamente sostituita da Giuseppe Romita[327], che nel gennaio successivo diventerà segretario della sezione cittadina del PSI.

---

324 Fu la prima donna a ricoprire tale carica.

325 Gramsci succederà a Maria Giudice nella direzione del giornale.

326 Umberto Elia Terracini (1895-1983) fu uno dei protagonisti della scissione di Livorno (1921) del PSI, alla quale seguì la fondazione del partito comunista, di cui egli divenne uno dei massimi dirigenti. Nel 1947 fu eletto presidente dell'Assemblea Costituente.

Ancora nell'agosto 1917, durante i moti pacifisti di Torino, originati dalla mancanza di pane, venne di nuovo arrestata, assieme ad altri[328], e condannata a tre anni e un mese di carcere, nonostante la deposizione a suo favore di Antonio Gramsci[329] e la brillante difesa del noto avvocato e famoso deputato socialista Giuseppe Emanuele Modigliani[330].

Durante la sua prigionia Maria apprese di essere diventata madre di "sette figli orfani di guerra" essendo il suo compagno Carlo Civardi caduto al fronte durante il conflitto[331].

---

327 Giuseppe Romita (1887-1958), ingegnere, più volte deputato, senatore e ministro, aderì giovanissimo al PSI, collocandosi nella sua ala sinistra, ma sempre su posizioni autonomistiche. Perseguitato durante il fascismo, riuscì, nel 1942, nella clandestinità, a ricostituire il PSI, di cui fu nominato segretario. Nel 1949, essendo contrario all'alleanza coi comunisti, lasciò il PSI per partecipare alla fondazione del Partito Socialista Unitario (di cui fu anche segretario), che successivamente si fuse col Partito Socialista dei Lavoratori Italiani (socialdemocratici usciti dal PSI nel 1947), dando vita al Partito Socialista Democratico Italiano.

328 Fra i condannati anche Giacinto Menotti Serrati, direttore dell'*Avanti!*.

329 Gramsci sottolineò che l'attività della Giudice era diretta a diffondere la cultura politica socialista nel proletariato e che era in perfetta linea con la posizione ufficiale del partito socialista.

330 G.E. Modigliani (1872-1947), avvocato, si iscrisse al PSI nel 1894. Già segretario regionale in Toscana, fu deputato dal 1913 al 1924. Pacifista e neutralista, riformista di sinistra, si schierò energicamente contro l'intervento e partecipò alla conferenza di Zimmerwald. Come avvocato, rappresentò la parte civile nel processo per l'assassinio di Giacomo Matteotti. In esilio rappresentò il PSI nell'Internazionale Socialista.
Fece parte dell'Assemblea Costituente. Nel 1947 aderì alla scissione socialdemocratica di Saragat.

Poté lasciare il carcere dopo la fine della guerra, il 21 marzo 1919, grazie ad un provvedimento di amnistia, e riprendere il suo posto di agitatrice a Torino, poi a Voghera e infine a Civitavecchia.

Nelle elezioni politiche tenute il 16 novembre 1919, il PSI fu premiato dall'elettorato per le sue coerenti posizioni contro la guerra, che tanti lutti e disastri si era lasciata dietro. Esso triplicò la sua rappresentanza alla Camera, dove passò da 52 a 156 deputati, diventando così il maggior partito italiano. Questi esaltanti risultati però presentavano una zona grigia: in Sicilia il PSI non aveva ottenuto nessun seggio, di fronte ai nove deputati conquistati dal PSRI, formato dai riformisti di destra nel 1912, dopo la loro espulsione dal PSI . La causa principale di questa dissonanza derivava dal fatto che, alla guida del partito in Sicilia erano stati per molto tempo proprio i riformisti di destra[332], facenti capo all'on. Leonida Bissolati. E quando costoro[333], nel 1912, erano stati esclusi dal PSI, la massa degli iscritti ed anche degli elettori socialisti siciliani li aveva seguiti, sostenendo il nuovo raggruppamento politico da essi costituito, il PSRI appunto.

---

331 Civardi morì a causa dello scoppio di una bomba a mano durante un'esercitazione al fronte.

332 Ad esempio l'on. Giuseppe De Felice Giuffrida di Catania, l'avv. Edoardo Di Giovanni di Siracusa, il futuro deputato avv. Lorenzo Cocuzza di Francofonte. In Sicilia era anche venuto l'avv. Pompeo Ciotti, segretario nazionale del PSRI.

333 Oltre l'on Leonida Bissolati, già direttore dell'Avanti!, Ivanoe Bonomi, futuro presidente del Consiglio, l'on. Angiolo Cabrini, volontario nella prima guerra mondiale, e l'on. Guido Podrecca, fondatore del giornale satirico L'Asino, nel 1919 candidato nelle file del partito fascista. Più altri nove deputati.

C'erano dunque delle carenze nella presenza socialista in Sicilia. Sicché la Direzione del PSI, verso la fine dell'anno, decise di inviarvi un esperto e capace dirigente, per coordinarvi l'attività di propaganda, onde dare una struttura organizzativa più solida al partito.

La scelta cadde su Maria Giudice, la quale, a partire dal gennaio 1920, si diede a girare tutta l'isola, tenendo riunioni e comizi, raccogliendo simpatie e consensi[334].

Si stabilì poi a Catania, dove aveva conosciuto l'avvocato Peppino Sapienza[335], grande penalista molto amato dai lavoratori, soprannominato l'*avvocato dei poveri*, vicesegretario regionale del PSI e vedovo con tre figli. Fra i due vedovi nacque una simpatia ed essi si unirono in matrimonio, con rito civile, costruendo una grande famiglia, con i figli avuti in precedenza da ciascuno dei due. Ma avranno anche una loro figlia, l'ultima per ambedue, Goliarda Sapienza[336].

---

334 Ad esempio a Lentini (SR), in cui ottenne l'adesione del consigliere comunale Filadelfo Castro (1884-1963), presidente della cooperativa *Il lavoro*, diretta da Francesco Marino, di Sebastiano Nipitella, di Matteo Fisicaro, di Filadelfo Santacono e dell'*Associazione proletaria reduci di guerra*.

335 Giuseppe Sapienza (1884-1949), socialista pacifista e antifascista, nel 1911 fu al vertice della Camera del Lavoro di Catania. Più tardi (1944) sarà uno degli organizzatori della fuga dal carcere romano *Regina Coeli* di due dei maggiori dirigenti del partito socialista, catturati dai nazisti: Giuseppe Saragat e Sandro Pertini, ambedue futuri Presidenti della Repubblica Italiana. Fece parte dell'Assemblea Costituente. Nel 1947 aderì alla scissione dell'ala autonomista del PSI, che diede vita al PSLI. Fu anche deputato, nella sua prima legislatura, dell'Assemblea Regionale Siciliana e assessore alla P.I.

336 Goliarda Sapienza (1924-1996), figlia di Giuseppe Sapienza e di Maria Giudice, fu attrice teatrale e cinematografica e scrittrice. Per

L'intensa, appassionata e non facile attività di divulgazione e di proselitismo della Giudice, alla quale fu affidata anche la direzione del periodico sindacale siciliano fondato dal Sapienza, *L'Unione*, diede un apporto fondamentale alla ricostruzione del PSI in Sicilia.

I primi frutti del suo paziente lavoro si colsero nella prima prova elettorale che i socialisti siciliani dovettero affrontare: le amministrative del 1920, in cui le liste socialiste ottennero, in tutta la regione, risultati positivi e inaspettati. Al culmine della sua fama, la Giudice fu designata a guidare la delegazione che avrebbe rappresentato la Sicilia orientale al famoso congresso di Livorno. Maria Giudice vi sostenne la tesi dell'autonomia del partito e si schierò con gli intransigenti rivoluzionari, differenziandosi così sia dai massimalisti di Serrati, vincitori del congresso, che dai riformisti di Turati, oltre che dai comunisti, che uscirono dal PSI per fondare il

---

i genitori il suo nome voleva ricordare quello del fratello maggiore Goliardo Sapienza, trovato morto affogato in mare nel 1921.

Essa crebbe in un clima di assoluta libertà da vincoli sociali. La sua frequenza nelle scuole pubbliche regolari di Catania fu interrotta dal padre, contrario all'educazione imposta dal regime, che non sopportava di vedere sua figlia indossare una divisa fascista per andare a scuola. Goliarda fu dunque educata privatamente, imparò a suonare il piano e si appassionò al cinema. Nel 1941, la giovane partì per Roma per andare a studiare alla *Reale Accademia d'arte Drammatica*. Dopo un inizio come attrice di teatro, prevalentemente pirandelliano, esordì nel cinema e si legò sentimentalmente al regista Citto Maselli. Anni dopo, però , sposerà l'attore/scrittore Angelo Pellegrino, che sarà curatore delle sue opere. Passata alla scrittura, pubblicò i romanzi *Lettera aperta* (1967) e *Il filo di mezzogiorno* (1969). Notevoli *L'Università di Rebibbia* (1983) e *L'arte della gioia* (1994).

partito comunista, allineato sulle posizioni della Terza Internazionale di Mosca.

Dopo la chiusura del periodico *L'Unione*, si trasferì a Palermo, per dedicarsi al lavoro di propaganda, ora reso assai difficile e rischioso dal dilagare, anche in Sicilia, dello squadrismo fascista operante contro le organizzazioni politiche e sindacali e contro singoli esponenti della sinistra. Nella notte del 30 aprile 1921 i fascisti devastarono la sede della FIOM. Maria Giudice e Giuseppe Sapienza, che abitavano in un appartamento contiguo, si salvarono calandosi da un balcone con un lenzuolo attorcigliato.

L'incidente più grave avvenne a Lentini, città rossa del siracusano, dal 1920 governata da un monocolore socialista guidato dall'artigiano Filadelfo Castro.

Prendendo spunto da uno scoppio avvenuto il 25 maggio 1922 in una fabbrica di fuochi artificiali, alcuni dirigenti socialisti locali furono arrestati, il successivo 7 luglio, con la speciosa accusa di fabbricazione non autorizzata di esplosivi. La Giudice, generosa e coraggiosa come sempre, venne a Lentini, dove tenne un affollatissimo comizio in sostegno degli arrestati. Durante il comizio, a cui partecipavano circa quattromila lavoratori, la forza pubblica, essendo stati lanciati dei sassi contro di essa che aveva caricato la folla, sparò uccidendo due donne e facendo così esplodere la collera popolare. Alla fine degli scontri, proseguiti per tutta la notte, pare anche con l'intervento di gruppi reazionari, rimasero sul terreno quattro morti e una cinquantina di feriti.

La Giudice venne arrestata il successivo 10 luglio per " istigazione a delinquere ed eccitamento all'odio di classe".

Quando uscì – perché prosciolta – nel febbraio 1923, molte cose erano cambiate. I socialisti, ai primi di ottobre del 1922, si erano ulteriormente divisi e i riformisti avevano dato vita ad un loro partito, il Partito Socialista Unitario, con segretario Giacomo Matteotti, cui avevano aderito prestigiosi leader come Turati e Modigliani. Ma soprattutto trovò un'Italia velocemente avviata verso la dittatura.

Dopo la *Marcia su Roma* (28-10-1922), non ostacolata dal re che si era rifiutato di firmare lo stato d'assedio, cioè l'ordine alle forze armate di fermare le squadre fasciste, Mussolini era stato, infatti, nominato Presidente del Consiglio. La violenza fascista, ormai al potere, era perciò divenuta ancora più tracotante e continuava a falcidiare le residue forze democratiche e particolarmente quelle socialiste, ora anche indebolite da quella che sarà chiamata[337] *l'orgia delle scissioni* e quindi divise tra massimalisti, riformisti e comunisti.

L'indomabile signora, rimasta fedele alla vecchia bandiera, troverà tuttavia il coraggio e la volontà, grazie alla sua fede incrollabile nel socialismo, di partecipare alla difficilissima campagna elettorale per il rinnovo del Parlamento del 1924, svoltasi in un clima di intensificate violenze fasciste, contribuendo così , nonostante tutto, al-

---

337 Da Pietro Nenni, acclamato leader del PSI nell'esilio e nel secondo dopoguerra.

l'elezione alla Camera del calatino Arturo Vella[338], già vicesegretario nazionale del PSI.

La tenace combattente antifascista continuò a svolgere propaganda e attività pubblicistica fino a quando il regime abolì tutte le libertà civili e politiche[339].

Il 5 febbraio 1927 il regime la sottopose ad "ammonizione", giudicandola "pericolosa", e quindi anche alla vigilanza delle autorità di polizia sino alla caduta del regime, per cui l'eroica maestra, confinata in casa, fu costretta a ritirarsi dall'attività politica.

Il suo antifascismo era tuttavia noto e riconosciuto, nonostante avesse scelto di non impegnarsi attivamente nell'attività clandestina, per dedicarsi assiduamente allo studio del latino[340].

Nel 1941 le fu permesso di trasferirsi a Roma, per stare accanto alla figlia Goliarda, desiderosa di intraprendere gli studi di recitazione. Nella capitale cercò di ristabilire i contatti con gli esponenti del-

---

338 Arturo Vella (1886-1943) fu un politico di Caltagirone, direttore di *Avanfuardia*, organo della Federazione Giovanile Socialista Italiana, da lui ricostruita dopo la scissione dei sindacalisti rivoluzionari. Antimilitarista convinto, fu condannato a sette anni di carcere, ma ne scontò solo 14 mesi, grazie ad un'amnistia. Prima „intransigente rivoluzionario" e poi „massimalista", fece parte della Direzione del PSI dal 1912 al 1926.
Eletto deputato nel 1919, fu riconfermato nel 1921 e nel 1924. Fu anche vicesegretario nazionale del PSI, con segretario Costantino Lazzari. Assieme a Nenni si oppose con successo all'assorbimento del PSI nel PcdI.
Fu più volte vittima di aggressioni fasciste.

339 Col decreto del 6 novembre1926 furono sciolti tutti i partiti, tranne, ovviamente, il Partito Nazionale Fascista.

340 Lo racconta la figlia Goliarda nel suo romanzo *Lettera aperta*.

l'antifascismo militante, ma le sue intenzioni furono fortemente ostacolate dall'insorgere di una grave malattia nervosa, che le avrebbe procurato la perdita progressiva della memoria.

Tra i suoi ultimi interventi pubblici sono da ricordare la firma dell'atto di fondazione dell'UDI (Unione Donne Italiane)[341] e il sostegno espresso nel 1947, assieme alla sua carissima amica Angelica Balabanoff[342], alla scissione socialdemocratica[343] di Palazzo Barberi-

---

341 L'UDI, organizzazione per l'emancipazione femminile, fu costituita il 1° ottobre 1945, con presidente la comunista Maria Maddalena Rossi e segretaria generale la socialista Rosa Fazio Longo, collaborate da un Consiglio Nazionale di 150 componenti. Nel „Comitato d'onore" figurava l'esponente socialista Lina Merlin.

342 Negli anni quaranta la Giudice scrisse un opuscolo dedicato alla sua amica Angelica, intitolato *Piccole cose che bisogna sapere su Mussolini*. Il 9-1-1947 era stata sul molo del porto di Napoli ad attendere, commossa ed emozionata, la sua amica Angelica, che rientrava dagli Stati Uniti.

343 Non deve sorprendere la scelta della Giudice che era stata da sempre una socialista „di sinistra", ma che aveva sviluppato un grande senso dell'autonomia socialista, fin dal congresso di Livorno, quando aveva assistito alla determinazione con cui i comunisti avevano lacerato l'unità del movimento operaio italiano, a cui la Giudice credeva moltissimo. Tale impostazione autonomista si evince anche dal sostegno dato, nelle elezioni del 1924, alla candidatura di Vella, che due anni prima era stato addirittura oggetto delle „attenzioni" del IV congresso dell'Internazionale Comunista, che ne aveva chiesto l'espulsione dal PSI, perché ritenuto non perfettamente allineato con i suoi orientamenti. Del resto, benché la scissione del 1947 sia comunemente considerata una scissione dell'ala destra del PSI, in realtà nelle file degli scissionisti, almeno inizialmente, convivevano diverse anime: accanto alla corrente riformista di *Critica Sociale*, della quale tuttavia molti esponenti, dopo alcuni anni, rientreranno nel PSI, c'era quella di *Iniziativa Socialista*, contraria anch'essa alla stretta alleanza col PCI, ma su posizioni spesso più a sinistra del PSI e

ni, cui seguì la fondazione del PSLI.. Gli ultimi anni di vita li trascorse lontana dal clamore della politica.

Morì a Roma il 5 febbraio 1953. Al suo funerale erano presenti, assieme ad una silente folla commossa e a centinaia di bandiere rosse, quasi a rappresentare la sua visione unitaria del socialismo, Umberto Terracini (PCI), Giuseppe Saragat (PSDI) e Sandro Pertini (PSI).

_____

perfino con qualche venatura trotskista. Inoltre il PSLI dichiarava di avere come obiettivo la socializzazione dei mezzi di produzione e come ideologia il marxismo.

Tarja Halonen

La libertà [...] non può essere solo la libertà del forte,
ma deve essere combinata con la fraternità e
l'uguaglianza.
Tarja Halonen

L'esperienza di oltre un secolo ha dimostrato come le strade per il socialismo – inteso sia come aspirazione ad una società di realizzata democrazia e di pari opportunità per tutti, sia come movimento dei lavoratori autonomamente organizzato – siano diverse, ma tutte proiettate verso lo stesso obiettivo, secondo la bella definizione di Olav Palme[344]: *Il socialismo democratico è un processo di liberazione dell'uomo.*

---

344 Olof Palme (1927-1986), carismatico leader del socialismo svedese, amato dai socialisti di tutto il mondo, fu Primo Ministro di Svezia dal 1969 al 1976 e dal 1982 al 1986. Pacifista convinto, si oppose alla guerra in Vietnam, all'apartheid e alla proliferazione di armi nucleari. Morì assassinato all'uscita da un cinema di Stoccolma, non si sa ancora da quale organizzazione.

Fra le diverse strategie volte alla „liberazione dell'uomo" un posto particolare occupa quella portata avanti dalle cosiddette socialdemocrazie nordiche, esaltata o denigrata secondo i punti di vista, ma sostenuta da una innegabile quantità di realizzazioni, che vanno dalla democrazia ormai considerata valore irreversibile, alla consolidata libertà, alla diffusa cultura, all'attenzione pubblica per la vita di tutti i cittadini, assistiti *dalla culla alla bara*. Con un capitalismo, è vero, non distrutto o crollato, ma tuttavia piegato alle esigenze sociali e destinato a lasciare il posto ad una diversa organizzazione della società.

Di questa esperienza, esaltante al pari di quelle prospettate da Salvador Alliende e da Alexander Dubček, purtroppo distrutte dagli opposti imperialismi, fa parte a pieno titolo quella realizzata dal movimento socialista finlandese, che ha trovato in Tarja Halonen una delle sue interpreti più autorevoli e conosciute, impegnata da sempre nella costruzione di una società più giusta, basata anche su una concreta parità di genere[345].

Tarja Kaarina Halonen è nata il 24 dicembre 1943 ad Helsinki, nel quartiere operaio di Kallio.

La madre, Lyyli Elina Moimola (1917-1990), era un'arredatrice e il padre, Vieno Olavi Halonen (1915-1981) un operaio saldatore. Il loro

---

345 Le donne finlandesi ottennero il diritto di voto nel 1906, quando ancora la Finlandia era un granducato sotto influenza russa. Con le elezioni legislative del 1907 già 19 donne entrarono in Parlamento. La Finlandia proclamò la sua indipendenza dalla Russia il 6-12-1917, in seguito alla rivoluzione bolscevica. Nel 1918 la Finlandia indipendente fu riconosciuta dal governo sovietico. Le donne finlandesi hanno oggi raggiunto un alto grado di emancipazione.

matrimonio, celebrato agli inizi della seconda guerra mondiale non ebbe lunga durata, poiché finì col divorzio, poco dopo la fine della guerra. Quando nacque Tarja, il padre era al fronte[346] e la madre lavorava in una fabbrica di scarpe.

Nel 1950 Lyyli si risposò con Thure Forss (1917-1974), un elettricista molto attivo nel movimento operaio finlandese. Furono loro dunque ad influire fortemente sulla formazione della personalità di Tarja, inculcandole i sani principi di onestà e di laboriosità che l'accompagneranno per tutta la vita. Nel 1950 la piccola Taria iniziò i suoi studi nella scuola elementare di Kallio, poi proseguiti nel ginnasio dello stesso quartiere; in cui, nel 1962, conseguì il diploma di maturità[347].

---

346 La guerra russo-finlandese, detta anche *guerra d'inverno*, ebbe inizio il 30-11-1939. L'URSS aspirava ad acquisire alcuni territori finlandesi, ritenuti di grande importanza strategica per la propria sicurezza, offrendo in cambio propri territori più estesi. Il rifiuto finlandese provocò l'attacco dell'URSS. La guerra si conclude il 12-3-1940 col trattato di Mosca che prevedeva la cessione da parte della Finlandia di alcuni suoi territori all'URSS.
La *guerra di continuazione* contro l'URSS fu iniziata dalla Finlandia il 25-6-1941, cioè qualche giorno dopo l'aggressione nazista. Essa si conclude con l'accordo del 19-9-1944, poi completato dai trattati di Parigi del 1947, con la sconfitta della Finlandia, che dovette cedere altri territori oltre a quelli persi nel 1940.

347 Nel 1960 Tarja lasciò la Chiesa Evangelica Luterana di Finlandia, cui la maggioranza dei cristiani finlandesi appartiene, per protestare contro la tassazione imposta da quella confessione ai suoi membri e per la sua posizione contraria al sacerdozio femminile. Tuttavia nel 1990 Tarja sarà presidente della *Suomen setlementtiliitto*, un'organizzazione non governativa di lavoro politico e religioso, che si propone il miglioramento della vita, la promozione dei diritti umani, della giustizia sociale e della partecipazione.
Il carattere indipendente della Halonen rispetto alle convenzioni sociali

Nello stesso anno 1962 si iscrisse all'Università di Helsinki, col proposito di dedicarsi alla Storia dell'Arte. Ma nell'autunno del 1963 cambiò facoltà, passando a quella di giurisprudenza, in cui conseguì la laurea nel 1968[348].

Già prima di laurearsi, nel 1967, aveva cominciato a lavorare, come giurista, in una società di sorveglianza del credito, la *Luotonvalvonta oy*.

Tarja Halonen è stata prima Segretaria per gli Affari sociali e poi Segretaria Generale della SYL (Unione Nazionale degli Studenti) dal 1969 al 1970. Il lavoro nel movimento studentesco, in cui era stata attiva già ai tempi dell'università, stimolò il suo interesse per la politica e attirò su di lei quello dei vertici sindacali, che la assunsero per lavorare come avvocato[349] nella Organizzazione centrale dei sindacati finlandesi[350](1970-1974). Nel 1970 fu delegata a rappresentare l'Organizzazione sindacale in un comitato che chiedeva il riconoscimento della Repubblica Democratica Tedesca[351]. Nello stesso

---

è dimostrato anche dalla ferma posizione in difesa degli omosessuali e dalla convivenza *more uxorio* con Pentti Arajarvi durata 15 anni.

348 In quegli anni si consolidò il suo orientamento a sinistra. Fra i suoi eroi figurava Che Guevara.

349 È stata la prima donna ad avere questo incarico, che ricoprì dal 1970 al 1974..

350 La SAK (Organizzazione Centrale dei Sindacati finlandesi) è stata fondata nel 1907 e conta circa 1 milione di iscritti. Suo attuale presidente è Lauri Lyly.

351 Questo episodio le verrà rinfacciato durante la campagna per le elezioni presidenziali del 2006. Ma Tarja risponderà dicendo che di quel comitato facevano parte membri di vari partiti, anche conservatori. Comunque nel 1973 la Finlandia riconobbe sia la Repubblica

anno intrecciò una relazione con Kari Pekkonen, da cui ebbe la sua unica figlia, Anna Halonen[352], allevandola come una madre single. La relazione ebbe termine all'inizio degli anni '80[353].

Nel 1971, ormai decisamente impegnata nel sociale, Tarja aderì all' SDP (Partito Socialdemocratico finlandese)[354], uno dei partiti fautori del cosiddetto *modello scandinavo*, che prevede la presenza dello Stato nei settori chiave e un alto livello assistenziale per i cittadini, ed è anche uno dei protagonisti della scena politica finlandese[355]. La

---

Democratica Tedesca che la Repubblica Federale Tedesca..

352 Anna Elina Halonen è nata a Helsinki il 25-11-1978.Ha studiato Politica Internazionale presso l'Università di Kent a Canterbury (Inghilterra). Ha lavorato come segretaria nel Consiglio d'Europa ed anche come istruttrice di ginnastica ritmica.

353 Kari Pekkonen (n. 1946) fu attivo in politica, nell'ambito socialdemocratico. Fu candidato non eletto al Parlamento e lavorò per il gruppo parlamentare socialista nel periodo 1977-1983. Pekkonen, ex funzionario regionale oggi in pensione, vive a Kaiaani (regione di Kainuu) ed ha un buon rapporto con Tarja, che definisce *la donna più intelligente di Finlandia*.

354 Nel 1893 fu fondato il Partito Operaio di Finlandia che, dal 1899 assunse l'attuale denominazione di Partito Socialdemocratico finlandese. Nato come movimento extraparlamentare, alle prime elezioni a suffragio universale (1907) divenne il primo partito della Finlandia. Fallito il tentativo di instaurare in Finlandia un regime di tipo bolscevico, il partito si divise in due: i comunisti fondarono (1918) il Partito Comunista Finlandese, mentre i socialisti rimasero nel vecchio partito, che da allora ebbe una forza elettorale attorno al 20%. Il primo leader socialista a capeggiare un governo fu Karl-August Fagerholm (1901-1984) nel 1948.

355 Il quadro politico finlandese è caratterizzato dal pluripartitismo, favorito anche dal sistema proporzionale vigente per l'elezione della Camera dei deputati. Oltre l'SDP, che conta circa 50.000 membri, principali partiti sono il KESK (Partito di Centro) e il KOK (Partito della

giustizia sociale e la solidarietà internazionale sarebbero rimasti gli obiettivi fondamentali dell'intera sua carriera politica.

Nel 1974 il primo ministro socialdemocratico Kalevi Sorsa[356] nominò la Halonen sua segretaria parlamentare, in considerazione della sua qualità di giurista e delle sue ottime relazioni con i sindacati. La giovane avvocatessa ebbe così modo di conoscere da vicino il mondo delle istituzioni finlandesi e dell'attività governativa in particolare, mentre si consolidava il suo iniziale interesse per la politica che la porterà ad impegnarsi in prima persona, candidandosi alle elezioni amministrative del 1976 per il Consiglio Comunale di Helsinki. Riuscì eletta e fu poi confermata per un totale di 5 legislature, dal 1977 al 1996.

Questa prima esperienza, pienamente riuscita, la incoraggiò a tentare il passo successivo, presentandosi alle elezioni del 1979 per il rinnovo dell'*Eduskunta*, il Parlamento unicamerale finlandese[357]: fu

---

Coalizione Nazionale), partito di destra. Altri partiti sono l'Alleanza di Sinistra, la Lega Verde,. i Cristiano Democratici, il Partito Popolare Svedese e il partito nazionalista Veri Finlandesi. Possono partecipare alle elezioni i partiti che hanno fra i loro iscritti almeno 500 elettori.

356 Kalevi Sorsa (1930-2004) aderì giovanissimo all'SDP, nel 1948, divenendone in seguito anche segretario generale. Inizialmente lavorò per l'UNESCO dal 1959 al 1965, divenendone poi presidente (1965 al 1969).

Fra il 1972 e il 1987 fu 4 volte Primo Ministro.

357 In quelle elezioni il partito socialdemocratico ottenne il 23,89 % dei voti e 52 deputati su 200, classificandosi primo partito della Finlandia. Primo Ministro divenne il suo illustre esponente Mauno Koivisto (n. 1923), in seguito eletto, per due mandati (1982 e 1988), Presidente della Repubblica.

allora per la prima volta eletta deputata[358], poi riconfermata per altri cinque mandati consecutivi, fino al 2000, quando si dimise in seguito alla sua elezione a Presidente della Repubblica. Il primo incarico parlamentare lo ebbe nel periodo 1984-1987, come presidente del Comitato Sociale.

Dopo le elezioni legislative del 1987[359], il nuovo Primo Ministro, Harri Holkeri[360] la chiamò al Ministero degli Affari Sociali, della Sanità e della Parità di genere, carica che mantenne per circa tre anni (30-4 1987/28-2-1990). Dal 1989 al 1991 assunse anche la guida del „Ministero della cooperazione nordica".

Nel 1991 divenne presidente della *Fondazione per la Solidarietà internazionale*, carica che lascerà nel 2000, in seguito alla sua elezione

---

358 Collegio di Helsinki. La Finlandia è divisa in 16 distretti elettorali, ciascuno dei quali elegge un numero di deputati proporzionale ai suoi abitanti Il Parlamento unicamerale, composto di 200 deputati, è eletto a suffragio universale col sistema proporzionale e dura in carica 4 anni. Esercita il potere legislativo e quello di controllo; con particolari procedure, può modificare la Costituzione. Elegge il Primo Ministro, che è poi nominato dal Presidente della Repubblica.

359 In queste elezioni, tenutesi il 16-3-1987, col sistema proporzionale, come prescritto dalla Costituzione finlandese, l'SDP finlandese si classificò al primo posto, col 24,14 % dei voti e con 56 deputati su 200.

360 Harri Holkeri Hermanni (1937-2011), uno dei leader più autorevoli del „Partito della Coalizione Nazionale di Finlandia", era stato deputato dal 1970 al 1978. Fu Primo Ministro dal 30-4-1987 al 26-4-1991, a capo di una coalizione del suo partito coll'SDP. Successivamente sarà presidente dell'Assemblea Generale dell' ONU (2000-2001) e poi dell'Amministrazione Provvisoria dell'ONU in Kosovo (2003-2004). Il sistema elettorale finlandese esprime un parlamento che, per la sua frammentazione, impone, quasi sempre, governi di coalizione.

a Presidente. Sul finire della legislatura passò al ministero della Giustizia (1-3-1990/26-4-1991).

Le elezioni del 17-3-1991 registrarono la vittoria del Partito di Centro[361] ed una svolta a destra[362] della politica finlandese.

La ripresa dell'SPD finlandese avvenne in occasione delle elezioni parlamentari del 1995[363], in conseguenza delle quali la direzione del governo passò al leader socialdemocratico Paavo Lipponen[364], il

---

361 Il suo leader Esho Aho (n. 1954) divenne premier.

362 L' SDP finlandese era sceso al 22,12 % con 48 deputati su 200.

363 In seguito alle elezioni parlamentari del 19-3-1995 l' SDP finlandese ridivenne il primo partito dello schieramento politico e parlamentare, avendo ottenuto il 28,25 % dei voti e 63 deputati su 200. L'Alleanza di sinistra ebbe l'11,16 % e 22 deputati.

Nonostante il calo, il primato numerico fu conservato dall'SDP anche nelle elezioni del 21-3-1999, quando ottenne il 22,86 % dei voti e 51 seggi (Alleanza di Sinistra 10,88 % e 20 deputati).

Nelle successive elezioni parlamentari del 16-3-2003, nonostante la lieve avanzata (24,5 % e 53 seggi) l'SDP perse il primato numerico, conquistato dal Partito di Centro, cui dovette cedere la guida del governo, assunta prima da Anneli Jaatteenmaki (n. 1955), prima donna a ricoprire quella carica e poi da Matti Vanhanen(n. 1955). In quelle elezioni l'Alleanza di Sinistra ottenne il 9,9 % dei voti e 19 seggi.

364 Paavo Lipponen Tapio (n. 1941), giornalista, è stato membro del Parlamento dal 1983 al 1987 e poi dal 1991 al 2007. Nel 1993 fu eletto presidente del partito socialdemocratico finlandese, che nel 1995 portò alla vittoria, diventando egli stesso Primo Ministro, carica conservata fino al 2003, avendo vinto anche le elezioni del 1999, anche se con un leggero calo dell'SDP. Lipponen guidò per l'occasione una coalizione di 5 partiti, comprendente partiti di sinistra e di destra. Dopo le elezioni del 2003 dovette lasciare la guida del governo ad un esponente del Partito di Centro, mentre lui divenne presidente del Parlamento fino al 2007. Nel 2005 lasciò la presidenza del partito e nel 2007 si ritirò dall'attività politica, ma nel 2012, dopo i due mandati di Tarja Halonen,

quale chiamò Tarja al Ministero degli Esteri, incarico tenuto fino alla sua elezione a Presidente (13-4-1995/25-2-2000). In questa veste i maggiori consensi li raccolse durante il secondo semestre del 1999, per la sua conduzione del periodo di presidenza finlandese dell'Unione Europea, ed anche per la sua ferma volontà di mantenere la neutralità finlandese, col conseguente rifiuto di aderire alla NATO.

Da quel momento l'influenza della Halonen nel governo e nello scenario politico generale aumentò sempre più, fino a farla ritenere uno dei più probabili successori del presidente Ahtisaari[365], qualora quest'ultimo avesse deciso di non ripresentarsi nel 2000 per chiedere un secondo mandato.

In effetti il Presidente nel 1999 annunciò la sua intenzione di ritirarsi e ciò spianò la strada alla presentazione di Tarja Halonen. La quale, però, per ottenere la candidatura del partito socialdemocratico dovette affrontare, nelle primarie di partito, altri due autorevoli compagni aspiranti candidati: Perttii Paasio[366], parlamentare europeo ed ex segretario del partito, e Jacob Soderman[367], Mediato-

---

si presentò per la presidenza della repubblica, ma con deludenti risultati (6,7 %).

365 Martti Ahtisaari (n. 1937), diplomatico, fu Presidente della Repubblica di Finlandia (candidato dal partito socialdemocratico) dal 1°-3-1994 al 1°-3-2000. Nel 2008 ottenne il *Premio Nobel per la Pace*.

366 Perttii Paasio (n. 1939), laureato in Scienze Politiche, è stato deputato nazionale dell' SDP dal 1975 al 1979 e dal 1982 al 1996 e deputato europeo dal 1996 al 1999. È stato anche Ministro degli Esteri nel governo Holkeri.

367 Jacob Soderman (n. 1938), laureato in giurisprudenza, è stato deputato socialdemocratico nei periodi 1972-1982 e 2007-2011,

re UE. Tarja superò brillantemente la prova, ricevendo 7.800 preferenze su un totale di 12.800 votanti.

Ottenuta la candidatura dell'SDP si accinse ad affrontare i ben più coriacei avversari politici. Partiva svantaggiata – i sondaggi la davano inizialmente al quarto posto - probabilmente per i suoi atteggiamenti anticonformisti: apparteneva all'ala sinistra del partito socialdemocratico, conviveva con un uomo senza essere sposata, allevava una figlia da single, aveva lasciato la Chiesa luterana, difendeva i diritti degli omosessuali[368]. Nonostante ciò , sorprendendo tutti gli osservatori politici, al primo turno del 16-1-2000 si classificò prima col 39,9 % dei voti, seguita dal candidato del Partito di Centro , l'ex primo ministro (1991-1995) Esko Aho (n. 1954) che ottenne il 34,4 %[369]. I due dunque proseguirono il confronto al turno di ballottaggio del 6-2-2000 che diede la vittoria a Tarja, alla quale andarono 1.644.532 voti (51,6 %)[370]. Certamente giocarono a suo favore la sua coerenza di fondo e la sua capacità di attrarre il voto femminile.

---

nonché Ministro della Giustizia e della Sanità.

368 Per un breve periodo Tarja è stata presidente onoraria della SETA (Organizzazione dei Diritti degli Omosessuali), associazione gay e lesbica, pur non essendo lei stessa lesbica.

369 Gli altri candidati erano: Riitta Uosukainen (Partito della Coalizione Nazionale, 12,8 %), Elisabeth Rehn (Partito Popolare Svedese, 7,9 %), Heidi Haudala (Lega Verde, 3,3 %), Ilkka Haka Lehto (Veri Finlandesi, 1 %), Risto Kuisma (Indipendente, 0,6 %).

370 Esko Aho ottenne 1.540.803 voti, pari al 48,4 %.

Tarja Halonen si insediò alla presidenza della Repubblica il 1° marzo 2000 e fu la prima donna a ricoprire in Finlandia l'altissima funzione[371].

Pur avendo ottenuto una vittoria sul filo, ben presto Tarja, grazie al suo carattere aperto, al suo comportamento da persona semplice e alla mano[372], all'aver fatto carriera partendo dal basso, divenne presto molto popolare[373], fino a raggiungere un gradimento tra il 94 e il 97 % dei cittadini.

Poco tempo dopo il suo insediamento si rese necessario formalizzare, in particolare riguardo alle visite presidenziali all'estero, la posizione del suo compagno Pentti Arajarvi[374], con cui conviveva notoriamente da oltre 15 anni. Il 26 agosto fu dunque celebrato civilmente il matrimonio con Arajarvi, nella residenza ufficiale di Mantyniemi[375], dove la coppia presidenziale aveva deciso di vivere.

---

371 Tarja Halonen è stata l'XI Presidente della Finlandia. Il mandato presidenziale in Finlandia dura 6 anni.

372 Tarja Halonen è anche una persona assai colta, che si interessa di storia dell'arte, di teatro e di nuoto. Parla inoltre correntemente 5 lingue: finlandese, svedese, inglese, tedesco e francese.

373 In un sondaggio rientrò fra i 100 finlandesi più importanti della storia e la prima fra i viventi.

374 Pentti Likka Olavi Arajarvi, nato a Helsinki il 2-6-1948, laureato in giurisprudenza e in economia, ha conseguito un dottorato con una tesi sulla sicurezza sociale. Dal 1972 al 1984 ha lavorato come funzionario al Ministero dell'Istruzione e poi come professore universitario. È anch'egli un socialdemocratico. Nel 2012 è stato eletto consigliere comunale di Helsinki.

375 Il palazzo, disegnato dall'architetto Peher Granstodt, fu costruito da privati negli anni 1816-1820. Nel 1837 fu acquistato per diventare la residenza della zar di Russia, allora granduca di Finlandia. Dopo il

Testimoni di nozze furono la figlia di Tarja, Anna, e i figli di Arajar-vi, avuti da un precedente rapporto.

Il matrimonio fu una delle poche concessioni che Tarja, tollerante per sua natura e comprensiva dei problemi pratici, fu disposta a fare alle sue nuove funzioni. Nell'insieme mantenne una coeren-za di fondo: il suo stile di vita non mutò, continuò ad essere vicina ai suoi connazionali, senza troppi fronzoli e clamori, andando spesso in giro nelle varie zone del Paese e, nel tempo libero, nei mercati di Helsinki o alle mostre d'arte. Rimasero invariate anche le sue prese di posizione sulla sicurezza sociale, sui diritti umani, sull'ambiente. Manifestò sempre un vivo interesse per le arti, per le sue tartarughe e per i suoi gatti Miska e Rontti. Non era – e non è - raro incontrarla a far compere al supermercato. Questa sua uma-nità profonda, questo suo voler essere sempre se stessa, una che si è costruita con il suo impegno e che sente i problemi sociali come suoi, l'ha resa vicina al popolo, l'ha fatta amare dai finlandesi.

Durante il suo primo mandato la presidente Halonen si adoperò per rafforzare i rapporti con i Paesi dell'Unione Europea, ma anche con quelli in via di sviluppo, con gli USA e con la Cina, senza tra-scurare quelli con l'ONU e con gli organismi internazionali e aven-do cura di promuovere le esportazioni finlandesi, inserendo nella sua delegazione, durante le sue visite all'estero, imprenditori e uo-mini d'affari.

Per cui anche all'estero è stata molto apprezzata, come dimostrano le nove lauree *honoris causa*, ricevute da università di tutto il mon-

_____

1919 divenne la residenza ufficiale di tutti i presidenti della Finlandia. Ha una superficie di quasi 3000 metri quadrati.

do, dalla Cina alla Corea, al Nicaragua. Ha ottenuto la *Medaglia Ceres* dalla FAO[376], riconoscimenti dagli USA e dalla Germania. Sempre attenta allo sviluppo dell'occupazione, è stata definita una „rossa" in una nazione di bionde, forse alludendo al suo essere concretamente socialista.

Numerose le onorificenze ricevute da vari Paesi: Norvegia, Danimarca, Polonia, Germania, Slovacchia[377], Romania, Lettonia, Italia[378], Croazia, Estonia, Islanda, Kazakhistan, Russia.

A far crescere la sua popolarità hanno contribuito anche la sua disponibilità ad ascoltare e la sua capacità di analisi, il che le consente di prendere decisioni ponderate e di sostenerle anche energicamente, dimostrando ad un tempo flessibilità e determinazione.

Critiche da destra le arrivarono però nel 2005 per la sua partecipazione alle celebrazioni del 60° anniversario del *Giorno della Vittoria* a Mosca e per la sua opposizione all'uso di mine lungo il confine, scelte fatte nel segno del pacifismo e del non-allineamento finlandese.

Il 20 maggio 2005, due giorni dopo aver ricevuto una delegazione del suo partito, Tarja tenne una conferenza stampa nella residenza di Mantyniemi, nel corso della quale confermò la sua volontà di volersi candidare per un secondo mandato. Subito dopo ottenne il so-

---

376 Organizzazione dell'ONU per l'agricoltura e l'alimentazione.

377 Membro dell'Ordine della doppia croce bianca - 1a classe.

378 Cavaliere di gran croce del grande cordone dell'Ordine al merito della Repubblica italiana.

stegno del Partito Socialdemocratico e dell'Alleanza di Sinistra[379], che resero ufficiale il loro unanime impegno il 19 novembre 2005. Con lei si schierò anche l'Organizzazione centrale dei sindacati finlandesi.

Il 15 gennaio 2006 la Presidente uscente ottenne il 46,3 % dei voti, superando quindi di molto il più agguerrito dei suoi antagonisti[380], il candidato conservatore Sauli Niinisto[381] del Partito della Coalizione Nazionale, che si fermò al 24,1%.

---

379 L'Alleanza di Sinistra è un partito politico nato nel 1990, in seguito alla fusione tra Partito Comunista Finlandese, Lega Democratica Popolare Finlandese e Lega Democratica delle Donne Finlandesi. Al suo primo impegno elettorale, nelle elezioni parlamentari del 1991, conquistò il 10,08 % dei consensi e 19 seggi su 200.

Dal 1995 al 2003 fece parte, assieme ai verdi e ai socialdemocratici, della coalizione governativa detta *Coalizione Arcobaleno*. Nel 2011 è rientrata nella coalizione governativa. Attualmente ne è leader Paavo Arhinmaki (n. 1976). Arhinmaki è stato consigliere comunale di Helsinki dal 2001, leader dei Giovani di Sinistra dal 2001 al 2005, deputato nazionale dal 2007, leader del partito dal giugno 2009, Ministro della Cultura e dello Sport (2011-2014) nel governo di Jyrki Katainen (n. 1971) del Partito della Coalizione Nazionale.

380 Gli altri candidati erano: Matti Vanhanen (Partito di Centro, 18,6 %), Heidi Hautala (Lega Verde, 3,5 %), Timo Soini (Veri Finlandesi, 3,4 %), Bjarne Kallis (Democratici Cristiani Finlandesi, 2,0 %), Henrik Lax (Partito Popolare Svedese di Finlandia, 1,6 %), Arto Lahti (Alleanza di Sinistra, 0,4 %).

381 Sauli Vainamo Niinisto (n. 1948), avvocato, era stato ministro della Giustizia, delle Finanze e vice-premier. Sarà eletto Presidente della Finlandia nel 2012, dopo il compimento del secondo ed ultimo mandato di Tarja Halonen, non più ripresentatasi, in base alla Costituzione.

Non avendo nessun candidato superato il 50 % dei voti, fu quindi necessario passare al secondo turno. I due meglio piazzati, Halonen e Niinisto si affrontarono il 29 gennaio 2006. Le urne diedero, ancora una volta, ragione alla socialista che ottenne 1.630.833 voti, pari al 51,8 % (Niinisto 1.517.947, pari al 48,2 %). Questa la dichiarazione a caldo di Tarja Halonen:

> *Sei anni fa sono stata la prima presidente donna della Finlandia; questa volta sono la prima presidente rieletta.*

Le elezioni parlamentari del 16-3-2003 comportarono il sorpasso di misura (24,7 % dei voti e 55 deputati) del Partito di Centro sui socialdemocratici (24,5 % e 53 deputati) e il conseguente passaggio della carica di Primo Ministro dal socialdemocratico Paavo Lipponen alla leader di quel partito, Anneli Jaatteenmaki (n. 1955), la quale formò una coalizione con il Partito Socialdemocratico e col Partito Popolare Svedese[382], diventando così la prima donna a ricoprire quell'alto incarico in Finlandia. Ma il suo governo durò appena due mesi (17-4-2003/24-6-2003), a seguito di forti dissensi in seno alla maggioranza, e al suo posto subentrò il suo collega di partito Matti Vanhanen (n. 1955), che a seguito delle elezioni del 18-3-2007[383], riuscì a costituire un suo secondo governo (19-4-2007/22-6-2010) con una nuova coalizione, da cui furono scaricati i socialdemocratici e

---

382 Il Partito Popolare Svedese di Finlandia fu fondato nel 1906 per rappresentare la minoranza di lingua svedese.

383 Elezioni 2007: Partito di Centro 23,1 % e 51 seggi; Partito della Coalizione Nazionale 22,3 % e 50 seggi; Partito Socialdemocratico 21,4 % e 45 seggi.

di cui fecero parte, oltre il suo partito, il Partito della Coalizione Nazionale, la Lega Verde e il Partito Popolare Svedese.

Ma neanche Vanhanen riuscì a terminale la legislatura, poiché dovette dimettersi per ragioni di salute. Fu sostituito da un'altra esponente del suo partito, Mari Kiviniemi[384] (n. 1968), che tuttavia rimase in carica solo un anno (22-6-2010/22-6-2011)[385].

Si venne pertanto a creare, al vertice dello Stato finlandese, un tandem di donne, mostrando così al mondo intero che in Finlandia le „pari opportunità" non sono semplicemente un sogno o un'aspirazione, ma la realtà di un Paese dove le donne, al pari degli uomini,

---

384 Mari Johanna Kiviniemi, avvenente quarantenne e provetta pattinatrice, proveniente da una famiglia di agricoltori, è laureata in Scienze Politiche e madre di due bambine. In precedenza era stata Ministro per il Commercio Estero e lo Sviluppo (2005/2006) e per la Pubblica Amministrazione (2007/2010).

385 Le elezioni del 17-4 2011 segnarono un notevole spostamento a destra dell'elettorato. Al primo posto si piazzò il Partito della Coalizione Nazionale con il 20,4 % dei voti e 44 seggi, seguito dai socialdemocratici col 19,1 % e 42 seggi, mentre il Partito di Centro del Primo Ministro scese al 15,8 % con 35 seggi. L'Alleanza di Sinistra ottenne l'8,1 % e 14 seggi. Il risultato più eclatante fu però dato dal successo del partito di estrema destra Veri Finlandesi che si piazzò al terzo posto (19,0 % e 39 seggi), ma che fu escluso dalla nuova coalizione di governo formata dagli altri 6 partiti presenti in Parlamento, sotto la direzione di un esponente del Partito della Coalizione Nazionale.

Mary Kiviniemi dovette cedere la poltrona di Primo Ministro al leader di tale partito, Jyrki Katainen, il cui governo durò l'intera legislatura (22-6-2011/23-6-2014). Alla fine del suo mandato di Primo Ministro Katainen è diventato Commissario Europeo per gli affari Economici e Monetari.

sono messe nelle condizioni di ricoprire ruoli chiave nella direzione dello Stato.

Dal 1° marzo 2012 Tarja Halonen non esercita più le sue funzioni presidenziali, essendo scaduto il suo mandato e non potendo più ripresentarsi; ma la sua battaglia socialista non è cessata, si è piuttosto spostata su altre frontiere del progresso e della dignità umana, in particolare per quanto riguarda i diritti delle donne.

Nel marzo 2012, dopo aver rimesso i suoi poteri presidenziali, Tarja Halonen fu nominata, assieme a Joaquin Chissano[386] co-presidente del „Gruppo di lavoro di alto livello per la *Conferenza internazionale su popolazione e sviluppo*" (CIPD)[387]. Il Gruppo di lavoro è chiamato a risolvere i problemi legati alla salute sessuale della popolazione e alla salute delle donne durante la gravidanza e a quelli collegati alla maternità.

---

386 Joaquin Chissano (n. 1939) è stato il secondo Presidente del Mozambico, dal 1986 al 2005. Successivamente ha avuto incarichi dall'ONU.

387 Le apposite conferenze convocate dall'ONU (Bucarest 1974, Città del Messico 1984, Il Cairo 1994) hanno concordato di affrontare congiuntamente, nell'ambito degli Stati aderenti, i problemi legati a sviluppo e popolazione. In quella del Cairo è stato adottato un programma d'azione con obiettivi concreti, quale l'istruzione primaria per tutti e la parità di genere. Organo esecutivo della Conferenza è appunto il Gruppo di Lavoro, composto da 26 eminenti personalità della politica, della società civile e del settore privato. La sua missione è di pungolare i governi e di predisporre un programma di interventi concreti..

A proposito del diritto alla salute, alla sessualità e alla riproduzione, Taria così si espresse nell'aprile 2013: *Si tratta di libertà fondamentali e di diritti umani che sono il cuore stesso della dignità umana*[388].

Il 4-9-2012 Tarja fu nominata Presidente del *Centro per lo sviluppo sostenibile* di Helsinki, un'organizzazione a scopo non di lucro, per l'acquisizione e il trattamento di dati utilizzabili per ricerche collegate allo sviluppo sostenibile.

Il 10-10-2013 la *Global Fairness initiative*[389], organizzazione internazionale che si batte per i diritti dei poveri, ha assegnato a Tarja halonen il premio per la valorizzazione dei sindacati e dei lavoratori durante la sua presidenza.

Nel novembre 2013 Tarja fu eletta presidente del Consiglio di Amministrazione del „Fondo mondiale per l'ambiente"(WWF Finlandia)[390].

---

388 Il 5-3-2013, La socialista Michelle Bachelet, Presidente del Cile, nel corso di un incontro col Gruppo di Lavoro, disse: *È evidente che non ci possono essere pace e progresso, né eguaglianza se i diritti delle donne non sono pienamente rispettati e se non è garantita la loro partecipazione piena. Allo stesso modo è evidente che non ci può essere eguaglianza dei sessi in assenza della piena realizzazione dei diritti delle donne in materia di sessualità e di procreazione.*

389 La G.F.I. (Iniziativa Globale per l'Equità) è stata fondata nel 2011. Essa si propone di operare per migliorare la vita delle popolazioni povere ed emarginate del mondo, creando posti di lavoro e opportunità economiche.

390 Il WWF (Fondo Mondiale per la Natura) fu fondato l'11-9-1961. Ha la sua sede centrale a Gland, in Svizzera, ed ha uffici in 90 Paesi. Il WWF si propone di costruire un mondo dove l'uomo possa vivere in armonia con la natura.

Come si vede, non sono mancati gli apprezzamenti ed i riconoscimenti per questa donna intelligente e volitiva che si è sempre battuta per il progresso umano. Ma il riconoscimento più significativo
è stato certamente l'amore che ha ricevuto dal popolo finlandese.

Alessandra Kollontaj

Le donne e la loro sorte mi hanno interessato per tutta la vita, ed è stato questo interesse che mi ha portato al socialismo.
Alessandra Kollontaj

L'inserimento in questa raccolta di biografie di „donne del sociali-smo" di Alessandra Kollontaj è ampiamente meritato, non fosse al-tro che per i suoi insuperabili primati: quelli, cioè, di essere stata la prima donna ministro, la prima donna ambasciatrice della storia mondiale, la prima femminista russa, nonché l'unica donna com-ponente del comitato centrale bolscevico ai tempi di Lenin. Ma ben più consistenti sono i suoi meriti e il suo apporto alla battaglia so-cialista. Tre sono stati i temi di fondo da lei affrontati, per tutto il corso della sua vita, con passione e dedizione assolute: la costante e tenace lotta per l'emancipazione femminile, con un particolare sguardo, delicato e disinibito ad un tempo, al problema delle relazioni sessuali; la coraggiosa battaglia in difesa della democrazia socialista, che toccò il suo apice nell'attività dell'Opposizione Operaia in Russia; la strenua difesa della pace durante la sua lunga attività diplomatica, che la portò assai vicina al premio Nobel.

Aleksandra Michajlovna Domontovič nacque a San Pietroburgo il 31 marzo 1872. Suo padre era il generale dell'esercito imperiale russo Michail Domontovič[391], un nobile proprietario terriero di origine ucraina; la madre, Aleksandra Masalina Mravìnskaja,[392] era una finlandese di origine contadina, figlia di un ricco commerciante di legname. L' infanzia di Alessandra fu felice, circondata com'era dall'amore e dalle coccole dei suoi parenti, in quanto la più giovane della famiglia. Non conobbe alcun genere di privazioni, ma fu proprio questo fatto a fare sviluppare in lei un acuto spirito critico, osservando il ben diverso destino dei figli dei contadini che giocavano con lei. Passò l'infanzia tra San Pietroburgo e la tenuta del nonno finlandese, presso l'istmo di Carelia, apprendendo perfettamente la lingua del luogo, mentre cresceva il suo sentimento di rivolta contro tutte le ingiustizie sociali che le stavano attorno.

La famiglia, per evitare che, in una scuola pubblica, Alessandra potesse incappare in „cattive compagnie", preferì farla studiare in

---

391 Egli combatterà nella guerra russo-turca del 1877-78 e sarà anche capo della cancelleria dell'amministrazione russa in Bulgaria, dove sarà anche governatore di Tarnovo, città liberata dal dominio turco nel 1877. Aleksandra fu la sua unica figlia.

392 Essa sposò Domontovič in seconde nozze. Dal precedente matrimonio aveva avuto tre figli, fra cui Evgenija Mravinskaja, che divenne una nota cantante lirica. Il primo era stato un matrimonio combinato, finito con il divorzio, voluto per sposare Michail.

casa, facendole tuttavia impartire un'istruzione accurata. La ragazza poté inoltre avvalersi della ben fornita biblioteca del padre e apprendere il tedesco, il francese e l'inglese. A 16 anni completò gli studi medi, superando gli esami che le aprivano l'ammissione all'università (1888). Per il momento proseguì gli studi frequentando i corsi di un istituto superiore della sua città.

La famiglia, piuttosto tradizionalista, già da allora cominciò a progettare per lei un matrimonio di convenienza con un *buon partito*, come già era avvenuto per una sua sorella maggiore. Alessandra rifiutò questa logica, optando, invece, per un matrimonio d'amore, anche se di non grande passione. Nel 1893 dunque, a soli vent'anni, sposò , nonostante l'iniziale opposizione dei genitori, un giovane squattrinato, suo cugino, il capitano degli Ingegneri Vladimir Ludvigovich Kollontaj, da cui nel 1894 ebbe il figlio Michail (familiarmente Misha)[393] e del quale assunse il cognome Kollontaj, che non abbandonerà mai più.

La raggiunta felicità coniugale, poi tramutatasi in una specie di gabbia dorata, non arrivò però ai tre anni e neanche l'amore materno riuscì a riempire la sua vita. Il triennio 1893-1896 fu per lei anche un periodo di intense letture e di impegno in attività politiche, che inizialmente fiorivano attorno al populismo rivoluzionario, per avvicinarsi poi al materialismo storico, allora diffuso in Russia soprattutto da Georgij Plechanov. La partecipazione ad una società per la diffusione della cultura, la frequentazione delle zone operaie della città, l'insegnamento nei corsi serali per lavoratori,

---

393 Misha morì nella seconda guerra mondiale.

l'influenza esercitata su di lei da Elena Stasova[394], la lettura di riviste marxiste tollerate, come *Načalo* (L'Inizio) e *Novoe Slovo* (La Parola nuova) la fecero avvicinare alla socialdemocrazia.

Un giorno, visitando assieme al marito ingegnere, che vi stava installando un sistema di ventilazione, una fabbrica tessile a Krengolm (Estonia), ebbe modo di vedere concretamente le terribili condizioni di vita degli operai e delle operaie della sorgente industria. Fu questo probabilmente l'episodio scatenante che la indusse ad una scelta di vita da cui non tornerà più indietro:

> *Come si può essere felici, come si può gioire della vita*
> *– e questo è il senso della vita – quando intorno a noi*
> *vi sono tante sofferenze, ingiustizie e servitù? Ecco*
> *perché ho scelto la rivoluzione. (A.K.)*

Nell'agosto del 1898, sotto la spinta di un sentimento di rivolta contro quella che ormai chiamava la *tirannia d'amore*, lasciò la famiglia per trasferirsi a Zurigo, per seguire i corsi che in quella città teneva l'economista tedesco Heinrich Herkner (1863-1932), di cui aveva apprezzato il libro *Die Arbeiterfrage* (La questione operaia)[395].

Nel 1899, dopo un breve soggiorno in Inghilterra[396], tornò a Pietrogrado, si separò dal marito, benché l'avesse sposato per amore, e si

---

394 Elena Stasova (1873-1966), marxista russa, insegnò nelle scuole serali e domenicali per operai. Si occupò anche della diffusione dell'*Iskra* (La Scintilla), il giornale del POSDR, fondato da Lenin nel 1900. Fu poi segretaria del comitato bolscevico di Pietroburgo. Nel 1912 fu esiliata in Siberia. Nel 1926 fu incaricata dell'Ufficio Informazioni del *Partito Comunista di tutta l'Unione*. Dal 1927 al 1938 fu presidente del *Soccorso rosso internazionale*. Al XXII congresso del PCUS (1961) pronunciò un violento attacco contro Stalin.

395 I suoi studi in Svizzera erano segretamente finanziati dal padre.

iscrisse al POSDR[397], allora illegale, svolgendo per esso attività di propaganda e scrivendo sui suoi giornali.

A quell'epoca le fu particolarmente caro il tema della lotta condotta del proletariato finlandese per liberarsi dell'oppressione del reazionario regime zarista[398]. Da questo suo impegno verrà fuori, nel 1903, il suo primo libro di carattere economico, *Zisn'finljandskich rabovic* (La vita degli operai finlandesi), che la fece conoscere come importante economista marxista. Ormai la sua vita, la sua stessa possibilità di realizzarsi come donna, erano tutte legate alla causa del movimento rivoluzionario russo e del movimento operaio internazionale.

Quando, nel 1905, scoppia la prima rivoluzione russa, dopo la *domenica di sangue*[399], Alessandra Kollontaj, che è tra i manifestanti, è

---

396 In questo periodo ed anche in seguito, nel corso dei suoi viaggi all'estero, conobbe i più famosi socialisti del suo tempo, fra cui Bebel, Liebkknecht, Kautsky, Rosa Luxemburg, Clara Zetkin e Paul Lafargue, di cui pronuncerà l'elogio funebre nel 1911. A Londra incontrò Sidney Webb (1859-1947), importante esponente del movimento laburista, collaboratore della *Fabian Society* e studioso del mondo del lavoro, ma non ne accettò il pensiero riformista.

397 Il POSDR (Partito Operaio SocialDemocratico Russo) era stato fondato nel 1898 da Georgij Valentinovič Plechanov e da Pavel Borisovič Aksel'rod. La Kollontaj si schierò subito contro le correnti revisioniste del socialismo europeo.

398 La Finlandia, prima unita alla Svezia, nel 1809 era stata ceduta alla Russia, mantenendo tuttavia una certa indipendenza nelle sue istituzioni. Con l'ascesa al trono di Nicola II (1868-1918) diminuirono di molto gli spazi di autonomia della Finlandia. Il 6-12-1917, in seguito alla rivoluzione bolscevica, essa dichiarerà la sua indipendenza

399 Domenica 22-1-1905 reparti dell'esercito e della Guardia Imperiale russi aprirono il fuoco contro dimostranti disarmati che intendevano

già conosciuta come saggista di argomenti economici e sociali e come brillante oratrice poliglotta. Proprio nel corso di quella rivoluzione comprende quanto poco la socialdemocrazia si sia occupata della questione della donna, soggetta ad un doppio sfruttamento: quello dell'uomo e quello del capitalismo.

La sua posizione in merito è ben allineata con quella di Bebel, autore del celebre *La donna e il socialismo*[400]: lo sfruttamento sarebbe cessato solo con la società socialista, per realizzare la quale donne e uomini proletari dovevano lottare uniti contro la borghesia; le donne socialiste in particolare non dovevano indulgere ad alleanze con le femministe borghesi, le quali ultime non avevano altro che l'interesse a raggiungere l'eguaglianza con gli uomini della loro classe, disinteressandosi delle condizioni delle donne operaie:

> *Qual è l'obiettivo delle operaie socialiste? Abolire tutti*
> *i tipi di diritti che derivano dalla nascita o dalla*
> *ricchezza. Per la donna operaia è indifferente se il suo*
> *padrone è un uomo o una donna.*

Dal 1903 la socialdemocrazia russa si era divisa in due correnti antagoniste: quella bolscevica (maggioritaria), capeggiata da Lenin e quella menscevica (minoritaria)[401], il cui esponente più illustre era

---

presentare una supplica allo zar. I dati ufficiali parlarono di 130 morti e 299 feriti, cifre molto al di sotto di quelle riportate dalla stampa straniera.

400 La Kollontaj scrisse la prefazione alla traduzione russa dell'opera di Bebel, che aveva letto nel 1895.

401 Al II congresso del POSDR del 1903 Lenin si pronunciò per un partito composto solo da rivoluzionari professionisti, mentre Martov, leader dei menscevichi, optava per un grosso partito di attivisti. In realtà i bolscevichi miravano ad instaurare la „dittatura del

Julius Martov. La Kollontaj si collocava al di fuori delle frazioni e, con spirito unitario, lavorava a fianco dei circoli influenzati sia dai menscevichi che dai bolscevichi, ma era più vicina ai menscevichi, in quanto rifiutava l'organizzazione militarizzata propugnata da Lenin. Nel 1906 iniziò a collaborare più intensamente coi menscevichi, non condividendo la scelta bolscevica di boicottare le elezioni della prima Duma che, benché priva di reali poteri poteva, a suo avviso, servire come tribuna propagandistica, come sostenevano appunto i menscevichi.

Nel 1906 partecipò alla Quarta conferenza delle donne socialdemocratiche tedesche e al successivo Congresso di Mannheim dell'SPD e, l'anno successivo, alla „Prima conferenza internazionale delle donne socialiste" che si tenne a Stoccarda, in cui fu eletta una Segreteria femminile internazionale socialista, presieduta da Clara Zetkin[402]. Subito dopo partecipò al VII congresso della Seconda In-

---

proletariato", da conquistare col metodo rivoluzionario, mentre i menscevichi propendevano per il metodo elettorale da esercitare all'interno di uno Stato democratico. La rottura tra le due correnti divenne man mano irreparabile, sicché, a partire dal 1912 essi divennero due diversi partiti. Durante la prima guerra mondiale i menscevichi si spaccarono, tra un'ala destra favorevole alla „difesa nazionale" e un'ala sinistra rimasta internazionalista. I bolscevichi invece, senza tentennamenti, si pronunciarono sempre contro la guerra imperialista, il che spinse la Kollontaj, nel 1915, a passare nelle loro file. Queste posizioni, inoltre, diminuirono di molto la rappresentatività dei menscevichi nel movimento operaio russo. Il menscevismo fu reso illegale nel 1921 dal governo sovietico. Martov emigrò in Germania, dove morì nel 1923.

402 La Kollontaj vi sostenne l'esigenza che l'assistenza alla maternità venisse estesa anche alle donne nubili. Essa fu eletta nella Segreteria internazionale femminile.

ternazionale. Nello stesso anno fondò a San Pietroburgo un circolo di operaie. Ormai la sua attività aveva individuato un obiettivo ben preciso per cui lottare: avvicinare le donne alle idee socialiste e al partito socialista, battendosi nello stesso tempo per la liberazione della donna e per la parità di diritti con l'uomo, differenziandosi così nettamente dal femminismo borghese, privo di sentimenti di vera solidarietà verso le donne lavoratrici.

Nel dicembre 1908 si riunì la „Prima conferenza femminile panrussa", alla cui fase preparatoria la Kollontaj aveva partecipato attivamente, al fine di promuovere le idee socialiste. Ma Alessandra non poté leggervi il suo intervento su *La donna lavoratrice nella situazione attuale della società*, perché ricercata dalla polizia che aveva spiccato contro di lei un mandato di cattura, per aver pubblicato, sempre nel 1908, *La Finlandia e il socialismo*, in cui auspicava un'insurrezione armata finlandese contro l'autocrazia russa, e *I fondamenti sociali della questione femminile*, in cui esortava la socialdemocrazia russa a costituire un movimento delle lavoratrici; era inoltre accusata di essere un'aderente all'illegale POSDR.

Costretta dunque a fuggire all'estero, per sottrarsi all'arresto e a lunghi anni di galera, provvisoriamente affidò il figlio a dei buoni amici e si rifugiò in Germania. Iniziavano così gli anni del suo lungo esilio.

Appena arrivata in Germania, aderì all'SPD, il partito socialdemocratico tedesco, in cui contava molti amici. Cominciò poi a scrivere sulla stampa socialista su questioni sociali o politiche, prestando la sua attività come oratrice, divenuta presto molto popolare, e come agitatrice politica.

Non perse mai, però , i contatti con la socialdemocrazia russa[403] e cercò di coinvolgere le donne russe nell'attività politica. Negli anni dell'esilio venne spesso richiesta come propagandista in diversi paesi. Tenne conferenze in Inghilterra[404], Danimarca, Svezia[405], Belgio[406], Francia[407], Italia[408] e Svizzera[409].

---

403 Fu soprattutto in contatto con Georgy Chicherin (1872-1936), futuro ministro degli Esteri sovietico, che allora dirigeva un'organizzazione di sostegno ai rifugiati politici, il quale la richiedeva spesso per tenere conferenze sulla Russia in diverse località europee.

404 Durante un primo soggiorno in Inghilterra la Kollontaj si batté per la costruzione di un movimento femminile socialista, allora ancora agli inizi, a fianco di Dorothy (Dora) Montefiore (1851-1933) esponente importante del movimento femminista-socialista anglo-australiano. Vi ritornò nel 1913 per prendere parte alla lotta contro l'ondata antisemita proveniente dalla Russia.

405 Nel 1912 in Svezia si adoperò per rafforzare le correnti socialiste di sinistra e antimilitariste.

406 Nel 1912 lavorò in sostegno dello sciopero dei minatori del Borinage, il più importante bacino carbonifero del Belgio.

407 Nel 1911, a Parigi, organizzò uno sciopero delle donne contro il carovita.

408 Fu chiamata alla scuola menscevica di Bologna, alla quale collaborarono anche Lev Trotsky, l'ucraino Anatoly Lunacharsky (1875-1933), futuro ministro del P. I. nella Russia sovietica, lo scrittore russo Maxim Gorky (1868-1936) e l'economista e filosofo russo Alexander Bogdanov (1873-1928).

409 Le sue esperienze internazionali di questo periodo divennero la materia del suo libro *Attraverso l'Europa operaia*, pubblicato nel 1912 in lingua russa.

Nel 1910 partecipò, a Copenaghen, alla Seconda Conferenza Internazionale delle Donne Socialiste, che istituì la Festa della Donna dell'8 marzo, e all'VIII Congresso dell'Internazionale Socialista. Nel 1912 prese parte al congresso straordinario dell'Internazionale di Basilea[410], che approvò il famoso *Manifesto dell'Internazionale* contro la guerra:

Gli operai considerano un crimine spararsi gli uni contro gli altri per il profitto dei capitalisti o per l'orgoglio delle dinastie o per le clausole dei trattati segreti.

Ma la sua dimora rimase sempre in Germania, dove viveva con suo figlio e dove si sentiva un po' a casa, anche se in Prussia le fu impedito di tenere discorsi, pena l'espulsione.

Nel corso di questa attività tumultuosa seppe trovare uno spazio anche per nuove esperienze d'amore, finite tutte con delusioni e dolori, in quanto i suoi partner non cercavano in lei altro che la donna da plasmare secondo le loro impostazioni e non l'essere umano con una sua propria marcata personalità, come lei avrebbe voluto.

Quando, il 4 agosto 1914, il gruppo parlamentare socialdemocratico tedesco votò i crediti di guerra, la Kollontaj, che era fra il pubblico, benché conoscesse da tempo i cedimenti ideologici della destra burocratica che gestiva l'SPD, sicuramente dovette rimanere allibita, per il clamoroso voltafaccia, che finì col travolgere quello che era da tutti considerato il partito socialista modello, e con esso l'Intera In-

---

410 In quell'occasione la Kollontaj elaborò un piano di assistenza alla maternità, che sarà in parte adottato in Russia nel 1918.

ternazionale. Poté trovare conforto solo nella ristrettissima cerchia di amici che condividevano la sua ferma avversione alla guerra: Karl e Sophia Liebknecht, Rosa Luxemburg, Clara Zetkin e pochi altri. Scoppiata la guerra fu arrestata, assieme al figlio, in quanto russa, cioè nemica della Germania; ma fu subito rilasciata perché la polizia trovò in casa sua un mandato del POSDR che la delegava a rappresentarlo al prossimo congresso dell'Internazionale (che però non si tenne). La polizia in effetti sapeva che il POSDR era fortemente ostile allo zarismo, ora in guerra contro la Germania, e poco dopo li rilasciò.

Ma ormai era chiaro che per la rivoluzionaria russa sarebbe stato molto meglio lasciare la Germania. Con l'aiuto dei Liebknect riuscì a raggiungere la neutrale Svezia, dove si affiancò al leader della sinistra socialista Zeth Hoglund (1884-1956) in un'intensa attività di sostegno alle posizioni internazionaliste e di condanna della carneficina che infiammava l'Europa. Ma ben presto fu arrestata ed espulsa; si recò poi in Danimarca, dove venne pure perseguitata e perciò fu costretta a rifugiarsi in Norvegia. Dalla Scandinavia la Kollontaj, che in precedenza aveva avuto a che fare soprattutto con socialdemocratici menscevichi, era riuscita ad entrare in contatto epistolare con Lenin, allora esule in Svizzera, di cui condivideva pienamente la posizione di risoluta opposizione alla guerra[411].

Anche Lenin era rimasto scosso dalla posizione di sostegno alla guerra assunta dall'SPD, considerata un vero e proprio tradimento delle idee e dei deliberati dell'Internazionale Socialista. Egli era dell'opinione che i lavoratori di tutti i paesi dovevano organizzarsi

411 I due si erano conosciuti nel 1905.

per trasformare la guerra imperialista in guerra rivoluzionaria, allo scopo di rovesciare il dominio della borghesia ed instaurare governi proletari. I lavoratori, infatti, anche sotto la pressione degli immensi sacrifici che la guerra imponeva loro – egli sosteneva – si sarebbero rivoltati contro le decisioni dei capi opportunisti che avevano tradito il socialismo ed avrebbero capito la necessità di una loro sollevazione armata contro governi e borghesie.

Lenin era piuttosto isolato per queste sue posizioni molto radicali e spesso eccessivamente fideistiche, anche rispetto a leader socialisti che si erano battuti e si battevano contro la guerra. Accolse perciò con soddisfazione il contatto stabilito fra i bolscevichi e la nota rivoluzionaria Kollontaj, contatto forse facilitato anche dalla relazione che all'epoca Alessandra aveva con Alexander Sliapnikov[412], sostenitore di Lenin. La Kollontaj, avvalendosi della sua conoscenza

---

412 Alexander Gavrilovich Shliapnikov (1885-1937), rimasto orfano di padre, a 13 anni andò a lavorare in fabbrica e a 16 divenne un rivoluzionario. Nel 1903 aderì alla frazione bolscevica del POSDR. Arrestato più volte, nel 1908 andò in esilio in Europa occidentale, dove divenne un sindacalista. Rientrato in Russia (1916) divenne uno dei più importanti dirigenti bolscevichi di Pietrogrado, poi membro dell'Esecutivo del Soviet della città e successivamente anche presidente del sindacato dei metalmeccanici. Dopo la *Rivoluzione d'Ottobre* fu nominato Commissario al Lavoro, anche se, a differenza di Lenin, si era pronunciato per un governo di coalizione fra tutti i partiti socialisti. Nel dicembre 1918 fu sostituito e gli venne affidato un altro incarico. Successivamente divenne critico verso le misure autoritarie adottate dalla dirigenza bolscevica e costituì una propria corrente all'interno del Partito Comunista Russo, detta l' *Opposizione Operaia*, cui aderì anche Alessandra Kollontaj. Nel 1930 fu costretto ad inserire una „confessione pubblica" dei suoi presunti errori in un suo scritto sulla rivoluzione. Nel 1933 fu espulso dal partito, nel 1935 tratto in arresto e nel 1937 giustiziato. Fu riabilitato nel 1988.

delle lingue scandinave, poteva infatti dare un contributo importante per la diffusione delle idee leniniste nei partiti socialdemocratici nordici e per la traduzione di documenti.

La Kollontaj non poté partecipare alla *Conferenza internazionale femminile socialista* di Berna (25-29 marzo 1915) indetta da Clara Zetkin durante la guerra, perché le fu impedito di attraversare la Francia, e non poté fare altro che firmare una risoluzione contro la guerra assieme a tre delegate norvegesi.

Su richiesta di Lenin scrisse l'opuscolo *A chi giova la guerra?*, tradotto in molte lingue e diffuso anche tra i prigionieri russi in Germania e in Austria. Le posizioni politiche tra i due si avvicinarono sempre più e la Kollontaj, che prima aveva delle riserve sulla tesi leninista della guerra civile, finì per accettarle.

Nell'agosto 1915 la rivoluzionaria russa, ormai famosa oratrice poliglotta, fu invitata dal Partito Socialista Americano a tenere una serie di conferenze negli Stati Uniti. Giunse a New York l'8 ottobre 1915, e prese a diffondere i principi del socialismo e le posizioni internazionaliste emerse a Zimmerwald[413] in ben 80 città americane.

---

413 Dal 5 all'8 settembre 1915 si tenne a Zimmerwald, in Svizzera, un convegno – destinato a diventare famoso –dei socialisti ostili alla guerra e fedeli all'internazionalismo proletario. Dei 38 partecipanti solo 8 , poi detti *la sinistra di Zimmerwald*, approvarono la risoluzione presentata da Lenin, che chiedeva di trasformare la guerra imperialista in guerra civile e di costituire una nuova Internazionale. Queste tesi non figurarono nel documento alla fine approvato. La Kollontaj vi sostenne la tesi di boicottare la guerra.

I delegati italiani erano Lazzari, Modigliani, Morgari, Serrati e Angelica Balabanoff.

Nella primavera del 1916 rientrò in Norvegia, ma in agosto tornò in America, soprattutto per stare vicino al figlio che studiava ingegneria negli USA. Durante questa sua seconda permanenza incontrò Trotsky, ma fra i due non ci sarà mai simpatia. Alla fine di gennaio 1917 ritornò in Norvegia e riprese subito la sua attività di agitatrice politica in Scandinavia e in particolare in Svezia. Questa attività fu interrotta dalle notizie sulla *Rivoluzione di Febbraio* in Russia, che mise in effervescente agitazione tutto il variegato mondo dei fuorusciti russi, Lenin compreso[414].

La *Giornata internazionale della donna* era stata celebrata in Russia per la prima volta l'8-3-1914, con una manifestazione imponente, che aveva indotto bolscevichi e menscevichi a guardare con maggiore attenzione alle donne. La cosiddetta *Rivoluzione di Febbraio*[415] ebbe inizio proprio con la celebrazione della stessa festa nel 1917, quando 90.000 lavoratrici scesero in piazza per chiedere pane e pace. L'insurrezione che ne seguì portò alla caduta dello zarismo e successivamente al governo Kerenskij, deciso però a continuare la guerra a fianco dell'Intesa[416]. Le masse affamate si volsero allora

---

414 La Kollontaj risiedeva in quel momento a Holmenkollen, un'amena collina nella parte nord di Oslo.

415 Nel calendario zarista l'8 marzo corrispondeva al 23 febbraio.

416 Le enormi perdite di uomini e mezzi causate dalla guerra, la carestia e la fame, nel marzo 1917 spinsero il popolo di Pietrogrado a sollevarsi. La sommossa popolare, divenuta sempre più vasta, indusse lo zar Nicola II (1894-1917) ad abdicare (15-3-1917) in favore del fratello Michele, il quale, però , preferì rinunciare e trasferì il potere nelle mani del Governo Provvisorio che si era costituito sotto la presidenza del principe Georgij L'vov (1861-1925), esponente del partito dei Cadetti (Costituzionali Democratici, cioè liberali). Successivamente la presidenza del Governo passò ad Aleksandr

verso il partito bolscevico, l'unico che decisamente si era schierato per la pace immediata e per l'espropriazione del latifondo.

La Kollontaj, che subito dopo la rivoluzione era giunta in Russia, come propagandista bolscevica, ed aveva cominciato a scrivere sulla *Pravda* (La Verità), organo dei bolscevichi e su *Rabonitza* (La Lavoratrice), divenne deputata nel Soviet di Pietrogrado[417], in cui i bolscevichi erano però ancora in minoranza. Nel mese di giugno Alessandra fu designata delegata russa al IX congresso del Partito Socialdemocratico Finlandese. Dopo essere stata arrestata nelle *giornate del luglio*[418] 1917, fu inoltre eletta nel Comitato Centrale al VI congresso[419] del POSDR(b), prima donna a ricoprire tale incarico[420].

Kerenskij (1881-1970), già ministro della Giustizia e poi della Guerra. Dopo il fallito tentativo monarchico del generale Lavr Kornilov, Kerenskij proclamò la Repubblica

(14-9-1917). Il suo governo sarà rovesciato dalla *Rivoluzione d'Ottobre* e Kerenskij andrà in esilio, prima in Francia e poi in USA.

417 Nel 1914 Pietroburgo era stata ribattezzata in Pietrogrado, perché si era ritenuto che la vecchia denominazione fosse troppo "tedesca", visto lo stato di guerra con la Germania.

418 Dopo le manifestazioni di protesta del 3 e 4 luglio 1917 di soldati ed operai che, riuniti attorno alla parola d'ordine *tutto il potere ai Soviet*, chiedevano l'abbattimento del Governo Provvisorio, il 5 luglio si scatenò la caccia ai bolscevichi, ritenuti ingiustamente di essere i responsabili dell'accaduto e di essere agenti tedeschi infiltrati. La repressione, in realtà, mirava a destabilizzare il partito bolscevico, che infatti venne praticamente messo fuori legge. Lo stesso Lenin fu costretto a riparare in Finlandia.

419 Nel corso di tale congresso, tenuto a Pietrogrado dall'8 al 16 agosto 1917, il POSDR di Lenin decise di modificare la sua denominazione in POSDR (b), aggiungendo cioé l'aggettivo „bolscevico", per distinguersi dall'omonima sigla usata dai menscevichi..

Nel luglio 1917, infatti, imponenti manifestazioni ebbero luogo a Pietrogrado contro il Governo Provvisorio, colpevole di voler continuare la guerra e quindi responsabile delle sofferenze che essa continuava a procurare, specialmente ai lavoratori. Ciò provocò un'ondata di violenze ed arresti, a cui – come già ricordato - non si poté sottrarre la Kollontaj, al suo ritorno da Stoccolma, dove si era tenuta una conferenza del Gruppo di Zimmerwald. Fu rilasciata nell'agosto successivo, su cauzione[421], ma fu poco dopo messa agli arresti domiciliari.

Crollato il Governo Provvisorio (25-10-1917), il potere passò al Soviet di Pietrogrado. Il congresso dei Soviet di tutta la Russia (circa 400), in cui i bolscevichi avevano ottenuto la maggioranza assoluta, e di cui Kollontaj faceva parte, riunitosi il 25 e 26 ottobre, decise la formazione di un nuovo governo, il cosiddetto *Consiglio dei Commissari del popolo*, presieduto da Lenin, e approvò i decreti sulla pace e sulla terra. Di questo primo governo la Kollontaj entrò a far parte come Commissaria del Popolo all'*Assistenza sociale*, diventando così la prima donna al mondo ad aver ricoperto un incarico governativo [422].

---

420 Nel VII congresso (Mosca, 6-8 marzo 1918) non sarà riconfermata nel C.C. per la sua opposizione alla pace di Brest-Litovsk (3-3-1918). Il congresso mutò ancora la denominazione del partito in P.C.R. (b), cioè Partito Comunista Russo (bolscevico).

421 La cauzione, di 5000 rubli, fu pagata da alcuni intellettuali russi, fra cui Maxim Gorky.

422 In Italia la prima donna incaricata di dirigere un ministero è stata la sindacalista democristiana on. Tina Anselmi (n. 1927), ministro del Lavoro nel III governo Andreotti (nominata il 29-7-1976). In precedenza era stata sottosegretaria al Lavoro nel V governo Rumor e nel IV e V governo Moro. Sarà in seguito chiamata a presiedere la

Furono mesi di lavoro frenetico, di impegno costante, di gravi responsabilità, anche di errori, in cui il lavoro era a volte sabotato dalla burocrazia zarista, assai ostile al nuovo regime.

C'erano da affrontare mille problemi: occorreva fornire assistenza a migliaia di invalidi di guerra, riorganizzare il sistema pensionistico, creare case per anziani, per orfani, ospedali per i malati, protesi per i mutilati, cliniche per le donne; bisognava organizzare dalle fondamenta un servizio sanitario pubblico e gratuito, proteggere la maternità e l'infanzia. E spesso le convulse giornate di lavoro[423] si concludevano con le riunioni del Consiglio dei Commissari del Popolo, presieduto dall'infaticabile Lenin.

Il 18 dicembre 1917 fu varato un decreto che stabiliva l'uguaglianza giuridica fra uomo e donna nella società e nella famiglia. Fu principalmente grazie alla costante iniziativa della Kollontaj che le donne ottennero il diritto di votare e di essere elette, il diritto all'istruzione, all'assistenza e alla protezione della maternità, a salari uguali a quelli degli uomini, a parità di lavoro. Furono legalizzati il controllo delle nascite e l'omosessualità. Furono introdotti il matrimonio registrato davanti ad un ufficiale dello stato civile, il divorzio e il diritto all'aborto, quest'ultimo abolito da Stalin nel 1936 e in seguito (1955) ripristinato.

Grazie a lei si ottenne la parificazione dei figli naturali a quelli legali, l'abolizione dell'autorità maritale, l'assistenza medica e legale

---

Commissione d'inchiesta sulla loggia massonica P2.

423 Quei giorni furono magistralmente descritti dallo scrittore americano John Reed nel suo libro *I dieci giorni che sconvolsero il mondo*.

a donne e bambini, asili per l'infanzia, lavanderie, mense pubbliche.

Nello stesso periodo sposò Pavel Dybenko[424], Commissario del Popolo alla flotta e pubblicò il saggio *La nuova morale e la classe operaia*. Il matrimonio suscitò un'ondata di critiche anche nell'ambiente del partito, che non digeriva il fatto che la Kollontaj si fosse innamorata e avesse sposato un uomo di 17 anni più giovane; proprio quello che era accaduto anche alla Zetkin, quando aveva sposato il pittore Georg Zundel, di 18 anni più giovane, irritando il vertice dell'SPD. Si vede che, anche presso i socialisti di tutte le gradazioni, i vecchi *pregiudizi borghesi* erano duri a morire!

Di fronte ai vecchi tipi di donna - la moglie, la zitella, la prostituta – tutte al servizio dell'uomo, spunterà una *donna nuova* – sostiene la

---

424 Pavel Efimovic Dybenko (1889-1938), nato nel villaggio ucraino di Lyudkovo, marinaio della flotta baltica, si iscrisse al partito bolscevico nel 1912; fu imprigionato più volte per attività rivoluzionaria e propaganda contro la guerra. Liberato dopo la *Rivoluzione di Febbraio*, divenne presidente del Comitato Centrale della flotta del Baltico. Partecipò alla *Rivoluzione d'Ottobre* alla testa di diecimila marinai. Divenne poi Commissario del Popolo agli Affari Navali. Dopo aver combattuto nella guerra civile, ricevette la più alta onorificenza sovietica, cioè l'*Ordine della bandiera rossa*. Divenne, infine, comandante del distretto militare dell'Asia minore. Ma, a causa della sua amicizia per Trotsky, risalente ai tempi della guerra civile, fu vittima della repressione durante lo stalinismo. Infatti, nel 1938, venne arrestato e fucilato. Il suo matrimonio con la Kollontaj si sciolse nel 1922. Curiosamente, durante questo secondo matrimonio la Kollontaj mantenne il nome del primo marito. I due si erano conosciuti nel 1917, su una nave da guerra, durante un comizio di Alessandra tenuto ai marinai della flotta in rappresentanza del Comitato Centrale del partito. Trotsky lo definirà un „marinaio barbuto di 29 anni, una specie di gigante allegro".

Kollontaj nel suo saggio - che si ribellerà da ogni suo asservimento da parte della famiglia, dello Stato o dell'uomo. Una donna che si batterà per i propri diritti, una donna indipendente sia interiormente che esteriormente. Questa donna tutto potrà perdonare all'uomo, perfino l'infedeltà; ma non potrà perdonarlo se egli la ostacolerà nel suo sviluppo e nella sua formazione, se non la considererà un essere umano con una propria personalità. Alla *donna nuova* corrisponderà una nuova libera sessualità senza obbligo di matrimonio. Di conseguenza madri non sposate e figli nati fuori del matrimonio devono essere riconosciuti e tutelati, materialmente e moralmente. Si deve anche eliminare il concetto che un coniuge è proprietà dell'altro. Il socialismo è una condizione necessaria per realizzare l'emancipazione delle donne e la vera uguaglianza sociale fra i sessi. Libertà e uguaglianza devono essere i cardini della nuova morale sessuale. La liberazione sessuale, infatti, costituisce una condizione necessaria per realizzare una libera società socialista. La donna proletaria, lottando assieme alla sua classe, per il suo riscatto, contribuisce alla liberazione dell'intera umanità.

Non sempre le teorie della Kollontaj sulla sessualità furono condivise, a causa di un certo bigottismo presente anche all'interno delle file bolsceviche. La sua espressione che *l'atto sessuale deve essere visto, non come qualcosa di vergognoso e peccaminoso, ma come qualcosa che è naturale, come le altre esigenze dell'organismo, come la fame e la sete,* le attirò qualche critica perfino da Lenin, che pure non era un oscurantista in questo campo[425].

---

425 L' espressione della Kollontaj che l'atto sessuale è un fatto semplice, naturale come bere un bicchier d'acqua, fu disapprovata da Lenin che, in un colloquio con Clara Zetkin, obiettò che c'era l'acqua pulita e

In ogni caso La Kollontaj non può essere accusata di incoerenza: ella era un'anticonformista che visse come scrisse, mantenendo tutta intera la sua dignità di donna.

Al ritorno da un giro di propaganda, alla testa di un' apposita delegazione, in Svezia, Inghilterra e Francia, Alessandra apprese della pace di Brest-Litovsk, che a suo avviso consegnava la Finlandia al terrore „bianco", cioè alla repressione della destra nazionalista e antisocialista, per cui rassegnò le dimissioni dal governo. Nella sua decisione giocavano però un ruolo assai importante anche altre motivazioni, quali la non condivisione della statalizzazione messa in atto al posto della collettivizzazione, la riduzione delle libertà politiche, la repressione contro i socialisti non bolscevichi. Fu così che si avvicinò alla tendenza comunista di sinistra che pubblicava la rivista *Kommunist*.

Nel novembre 1918 Alessandra fu tra le organizzatrici del *Primo Congresso delle donne lavoratrici russe*, da cui partì una campagna finalizzata a promuovere la partecipazione delle donne alla vita pubblica e la lotta contro l'analfabetismo. Dal congresso scaturì la nascita dello *Zhenotdel* (dipartimento femminile del Partito Bolscevico) che aveva lo scopo di battersi per l'uguaglianza femminile nel partito comunista e nei sindacati, ed era diretto da Inessa Armand[426], con cui la Kollontaj collaborò attivamente.

---

quella sporca.

426 Nel 1929 la sezione femminile fu sciolta. Nel periodo stalinista, infatti, era venuto meno ogni interesse per un'attività particolare fra le donne. La scusa ufficiale fu che il suo obiettivo era stato pienamente raggiunto.

Dopo la morte di Inessa (24-12-1920), la direzione dello *Zhenotdel* passò ad Alessandra Kollontaj[427], sempre attiva nell'impegno politico, anche dopo le dimissioni da ministro[428], nonostante avesse problemi di cuore e di reni.

Nel 1921, soprattutto per volontà di Lenin, dopo il fallimento del *comunismo di guerra*[429], venne introdotta in Russia la *Nuova Politica Economica* (NEP)[430] per promuovere delle riforme economiche che aprissero al libero mercato in agricoltura, commercio e industria leggera. Tale svolta in politica economica suscitò le perplessità e le critiche di settori comunisti ortodossi, fra cui quelle di Alessandra Kollontaj, perché essa - aggravata anche dal rientro degli uomini che avevano combattuto nella guerra civile, appena conclusasi – era causa di molti licenziamenti che colpivano soprattutto le donne meno qualificate; e ciò poteva essere l'occasione per la restaurazione del vecchio diritto di famiglia, basato sull'ineguaglianza fra i sessi e sullo sfruttamento della donna, chiamata ancora una volta al ruolo di custode del focolare domestico.

---

427 Dai primi dell'anno1920 la Kollontaj era vicepresidente del *Segretariato internazionale delle donne dell'Internazionale comunista*.

428 Infatti, nel 1919 era stata delegata al *Primo Congresso dell'Internazionale Comunista* ed era stata nominata responsabile politica per la Repubblica di Crimea e poi *Commissaria del Popolo per l'agitazione e la propaganda* in Ucraina.

429 Provvedimenti economici di emergenza per fronteggiare i disastri causati dalla guerra mondiale e dalla guerra civile, caratterizzati da una forte centralizzazione dell'economia, che portò anche al sorgere del mercato nero.

430 Essa duro fino al 1929, quando fu sostituita da Stalin con i *piani quinquennali*, caratterizzati da un'economia centralizzata, dall'industrializzazione forzata e dalla collettivizzazione agricola.

Tutto ciò spinse la Kollontaj ad aderire all'*Opposizione Operaia*, corrente di sinistra che si era formata all'interno del PCR (b), durante il suo IX congresso (Mosca, 29 marzo/2 aprile 1920), attorno ad un gruppo di sindacalisti guidato da Aleksander Sljapnikov.

Il crescente malessere contro la burocratizzazione del partito, analogo a quello che Rosa Luxemburg aveva a suo tempo denunciato all'interno dell'SPD anteguerra, un'innata esigenza di democrazia, il ritorno, alla testa delle aziende, di vari dirigenti del precedente periodo capitalista spinsero la Kollontaj, in quel momento alla testa della sezione femminile del partito[431], ad aderirvi, divenendone presto la portavoce, grazie anche alle sue indiscusse capacità di oratrice.

Il problema del ruolo dei sindacati nel processo di costruzione del socialismo la portò a scontrarsi, nel corso del X congresso (Mosca, 8-16 marzo 1921) con la maggioranza capeggiata da Lenin e Trotsky. Fu la Kollontaj a presentare al congresso una relazione dettagliata a nome della sua corrente[432]. Dopo aver denunciato il crescente distacco tra la classe dirigente e le masse popolari, essa chiese che il partito, riconoscendo i propri errori, si riaccostasse ai lavoratori e ai loro rappresentanti sindacali, che ritornasse alla pratica della democrazia e della libera circolazione delle idee al proprio interno. Dovevano, inoltre, essere vietati il cumulo delle cariche, il clientelismo e lo strapotere dei funzionari.

---

431 Dopo il congresso sarà allontanata da questa carica.

432 L'evidente coraggio dimostrato dalla Kollontaj in questa occasione suscitò l'ammirazione di Angelica Balabanoff, anch'essa presente al congresso e già molto critica verso il vertice bolscevico.

Le sue istanze socialiste rimasero lettera morta. Anzi il congresso deliberò il divieto di costituire frazioni all'interno del partito, divenuto ormai partito unico in Russia, creando con ciò un nuovo dogma di tutti i partiti comunisti, secondo cui i militanti che assumono atteggiamenti critici nei confronti delle decisioni dei vertici vanno incontro all'espulsione.

Saranno simili posizioni che porteranno ai tragici fatti d'Ungheria del 1956 e a quelli di Cecoslovacchia del 1968-69 ed infine al crollo dell'impero sovietico.

La Kollontaj, tuttavia, cercò di illustrare le posizioni dell'*Opposizione Operaia* sia nel III congresso dell'Internazionale Comunista (Mosca, 22 giugno/12 luglio 1921) che nell'XI congresso del partito russo (27 marzo/2 aprile 1922), ma invano. Non ottenne nulla. Anzi, per aver violato per due volte il divieto di formare frazioni, fu minacciata di espulsione. L'*Opposizione Operaia* si dissolse; tuttavia Alessandra non mancò, nel 1922, di apporre la sua firma ad una „lettera aperta" scritta da Aleksander Sljapnikov.

Per una donna simile, che aveva consacrato l'intera vita alla causa del proletariato, l'espulsione sarebbe equivalsa alla morte civile. Preferì dunque raccogliere le idee con un lungo soggiorno a Odessa presso Dybenko.

Dopo averla indotta a restar fuori fuori dalla vita politica sovietica e a ripiegare nel privato, il regime non se la sentì però di rinunciare ai servigi di una donna di così grande levatura: bellissima, intelligente, idealista, colta, poliglotta...Decise dunque di utilizzarla in un'attività neutra, che mentre la allontanava da tentazioni politi-

che „pericolose", assicurava alla Russia e alla rivoluzione una collaborazione così prestigiosa. Occorre inoltre dire che, se la nuova
carriera allontanò la Kollontaj dai centri decisionali della politica
sovietica, la tenne anche al riparo dalle *purghe staliniane* che fra il
1927 e il 1930 travolsero molti esponenti dell'*Opposizione Operaia*, alcuni dei quali furono deportati ed altri assassinati.

Fu dunque una buona scelta per tutti gli interessati, e la Kollontaj
poté, ancora una volta, dimostrare le sue notevoli qualità. Nel novembre fu dunque destinata alla legazione sovietica in Norvegia,
dove sostituì il capo legazione, andato in vacanza, prendendone
poco dopo il posto e divenendo la rappresentante ufficiale del suo
governo in Norvegia: anche se, ufficialmente, non c'era ancora
un'ambasciata sovietica in Norvegia, tuttavia, di fatto, Alessandra
diventava la prima donna ambasciatrice al mondo[433]. Questo fatto
nuovo scatenò la stampa conservatrice e bigotta che si scagliò con
virulenza contro Alessandra, definendola perfino *scandalosa* e *immorale*, attribuendole *opinioni orribili* sul matrimonio e sull'amore.
Nessun prurito perbenista, invece, emerse dall'opinione pubblica
norvegese, che l'accolse con spirito democratico, senza scandaliz-
zarsi per una donna „ambasciatrice". Assunto anche il ruolo di plenipotenziario della rappresentanza commerciale russa, Alessandra
si adoperò, con ottimi risultati, per il ripristino (1923) dei rapporti
commerciali fra i due paesi, interrotti dalla guerra e dalla rivoluzione. Il suo maggior successo fu però il riconoscimento *de jure* dell'U-

---

433 Secondo alcuni, la prima ambasciatrice al mondo è stata la
femminista e pacifista ungherese Rosika Schwimmer (1877-1948),
nominata ambasciatrice ungherese in Svizzera (1918-19) dal primo
ministro Mihàly Karoly.

nione Sovietica da parte del governo norvegese, avvenuto il 15-2-1924. Nominata dunque *incaricata d'affari*, entrò ufficialmente nel corpo diplomatico e nel 1924 divenne *Ministro Plenipotenziario*, accolta, secondo il cerimoniale, dal re di Norvegia, mentre la stampa reazionaria vomitava ancora la sua bile.

Il 1923 fu anche l'anno in cui si lanciò in una nuova avventura letteraria: quella della narrativa. Quell'anno pubblicò, infatti, *L'amore delle api operaie*, una raccolta di tre racconti: *L'amore di tre generazioni*, in cui è descritta l'evoluzione della morale sessuale lungo la vita di tre donne, nonna, madre e figlia; *Sorelle*, in cui si narra di una moglie che, con l'introduzione della Nep, ha perso il lavoro e dipende totalmente dal marito, che un giorno le fa ritrovare in casa una prostituta. Le due si riconoscono sorelle, in quanto la moglie capisce che, se lascia il marito e non trova un lavoro, rischia la stessa sorte dell'altra. La metafora che dal racconto traspare è chiara: nonostante le riforme introdotte dalla rivoluzione lo sfruttamento della donna è duro a morire e dunque la lotta deve continuare; *Vassilissa Malygina* è un'operaia rivoluzionaria che ama il suo uomo e che si separa solo quando egli non rispetta più il principio del cameratismo e della sincerità. La protagonista odia la guerra, si unisce ai bolscevichi e porta avanti con grinta la questione dell'emancipazione delle donne, senza cui non è possibile nessuna rivoluzione. Essa è la rappresentazione della *donna nuova*, auspicata dalla Kollontaj, che lotta contro i residui pregiudizi.

Nello stesso anno 1923 la Kollontaj pubblicò un'altra raccolta, *Donna in trasformazione. Studi psicologici*, contenente altri tre racconti: *Un grande amore; 32 pagine; Un discorso origliato*. In tutti e tre i racconti si parla di donne intellettualmente emancipate alle prese con i loro conflitti interiori.

Le opere di narrativa della Kollontaj non ebbero mai il sostegno della critica, che li giudicò piuttosto mediocri letterariamente. Ma l'intento reale dell'autrice non era quello puramente estetico: essa intendeva piuttosto insegnare, voleva contribuire a formare la *donna nuova* che sarebbe emersa col tempo – così essa riteneva –nella società socialista.

Negli anni 1922 e 1923 la Kollontaj pubblicò sulla rivista moscovita *Molodaja Gvuadija* (Giovane Guardia), organo dell'organizzazione giovanile bolscevica, una serie di articoli sotto forma di lettere ai giovani, con cui la famosa rivoluzionaria femminista ebbe modo di definire il suo pensiero sull'amore e sulla morale sessuale. Di esse certo la più nota è *Largo all'Eros alato!*

Vi si sostiene, nell'ambito del rapporto sentimentale, la necessità della piena espressione spirituale ed intellettuale della donna, senza però perdere di vista l'aspetto materiale della sessualità. La teoria della Kollontaj mira ad un ideale di „amore alato", libero e gioioso, e nello stesso tempo cameratesco. Un amore, a suo dire, improntato al rispetto della personalità dell'altro, all'attitudine a prendere in considerazione i suoi diritti, allo sviluppo della comprensione reciproca, alla *crescita dell'aspirazione ad esprimere l'amore non solo con i baci e le carezze, ma anche con l'azione congiunta, con l'unità delle volontà, con la comune opera creativa.*

Dal settembre 1926, quindi durante la presidenza Calles[434], Alessandra fu nominata rappresentante diplomatica dell'Unione Sovietica in Messico (per raggiungere il quale gli USA le negarono il permesso di transito). Furono ben presto migliorati i rapporti tra i due Stati, tanto che la Kollontaj, che aveva contratto molte amicizie fra gli intellettuali messicani e ammirava l'arte moderna messicana[435], definì il Messico come il Paese che più somigliava alla Repubblica sovietica e il più avanzato sul cammino che portava al socialismo. Essa, inoltre, ottenne l' *Ordine dell'Aquila Azteca*, la più alta onorificenza che può essere concessa a cittadini stranieri in Messico. Nel giugno 1927 fu però costretta a tornare a Mosca per motivi di salute[436].

Nel 1926 aveva pubblicato *Scopo e valore della mia vita*, la sua autobiografia, e nel 1927 il racconto *Un grande amore*, che sembra evocare la relazione sentimentale tra Lenin e Inessa Armand.

Da ottobre fu inviata, di nuovo come ambasciatrice, a Oslo, dove venne accolta trionfalmente, e dove rimase fino al 1930. In Norve-

---

434 Plutarco Elìas Calles (1877-1945), sostenuto dai sindacati, fu presidente del Messico, dal 1924 al 1928. Fu anche il fondatore del Partito Nazionale Rivoluzionario, poi divenuto Partito Rivoluzionario Istituzionale, che governò il Messico per oltre 70 anni. Egli si ispirava ad un'ideologia socialdemocratica, nazionalista di sinistra ed anticlericale. Promosse riforme agrarie e proprietà collettive e fondò banche in sostegno dei contadini.

435 In particolare le opere di Diego Rivera (1886-1957), grande pittore e muralista messicano, famoso per le tematiche sociali dei suoi lavori.

436 L'altitudine di Città del Messico irritava la sua angina cronica. Pare inoltre che gli USA abbiano fatto pressioni per farla dichiarare persona non gradita e per farla espellere dal Paese.

gia fu insignita dell'*Ordine di Sant'Olav*, ordine cavalleresco che veniva concesso a quanti si fossero distinti nel servizio verso il Re e la Patria, o verso l'umanità.

Nel 1930 divenne ambasciatrice in Svezia[437], dove rimase fino al marzo 1945, quando andò in pensione. Fu probabilmente il suo impegno nell'attività diplomatica a farle attraversare indenne il periodo delle purghe staliniane e della guerra mondiale. E forse contribuì a salvarla anche la sua antica, ricambiata avversione per Trotsky, cosa ben vista da Stalin, che di Trotsky era il nemico più accanito.

Da subito la Kollontaj si impegnò per migliorare i rapporti tra l'URSS e i paesi scandinavi e perché fosse restituito al suo Paese il tesoro russo, che il Governo Provvisorio di Kerensky aveva depositato in banche svedesi. Fu questo certamente un altro suo grande successo nell'attività diplomatica, ottenuto anche grazie ai suoi buoni rapporti con i socialisti svedesi, risalenti a prima della rivoluzione.

Nel 1933 le venne conferito l'*Ordine di Lenin*, concesso dall'URSS ai civili che avessero reso notevoli servigi allo Stato. Dal 1935 al 1937 fu anche componente della delegazione sovietica alla Società delle Nazioni, con particolare riguardo alle questioni giuridiche ed economiche riguardanti le donne.

---

437 Come ambasciatrice fu ricevuta dal Re, con un certo imbarazzo per via del decreto di espulsione del 1914, che il giorno seguente alla consegna delle credenziali diplomatiche, egli si affrettò ad abrogare. Il titolo di ambasciatrice le spettò dal 1943, quando la legazione sovietica in Svezia venne innalzata al rango di ambasciata.

Assai importante fu la sua attività, dopo la prima guerra russo-finlandese, per la conclusione del trattato di pace del marzo 1940 fra
i due Paesi[438]. La Kollontaj ebbe ancora un ruolo di primo piano,
dopo la ripresa delle ostilità[439] nel 1941, nei negoziati per la conclusione dell'armistizio del 1944 e per le trattative che condussero al-
l'armistizio russo-rumeno[440] del 12-9-1944.. Quando Alessandra,
conclusa la sua carriera, andò in pensione e rientrò in patria ottenne ampi riconoscimenti: nel 1945 le fu conferito l'*Ordine della
Bandiera rossa del Lavoro*, onorificenza concessa per il lavoro e per
meriti civili; fu nominata consulente del Ministero degli Esteri sovietico; nel 1946, su proposta del Primo Ministro finlandese Juho
Kusti Paasikivi (1870-1956) fu candidata al Premio Nobel per la
Pace.

Passò gli ultimi anni della sua vita scrivendo le sue memorie e dedicandosi ai suoi diari.

---

438 Allo scoppio della seconda guerra mondiale l'URSS chiese di poter
installare basi militari in Finlandia. Il rifiuto finlandese portò ad un
attacco militare da parte dell'esercito sovietico, cui la Finlandia reagì
con coraggio (*Guerra d'inverno*). La guerra (30-11-1939/13-3-1940) si
concluse col *Trattato di Mosca* del 1940. La mediazione della Kollontaj
era stata richiesta anche dalla famosa commediografa finlandese Hella
Wuolijoki

(1886-1954), sua vecchia amica, che ben conosceva la simpatia della
Kollontaj per la Finlandia..

439 Il conflitto russo-finnico (25-6-1941/19-9-1944) riprese quando la
Germania attaccò l'URSS (*Guerra di continuazione*) e terminò con
l'armistizio del 1944, perfezionato dal *Trattato di Parigi* del 1947.

440 Nel giugno 1941 la Romania aveva partecipato, assieme alla
Germania, all'invasione dell'URSS.

Morì a Mosca il 9 marzo 1952, per un attacco cardiaco. È seppellita nel *Novodevitchi Cemetery* (Cimitero delle nuove vergini) di Mosca.

Di questa diplomatica elegante e raffinata, bella e disinibita, brillante e spiritosa, pacifista convinta e marxista coerente, di questa sacerdotessa dell'amore libero e del riscatto sociale, di questa intelligente teorica del femminismo e del socialismo, che seppe coniugare rivoluzione operaia e rivoluzione sessuale, di questa rivoluzionaria di professione mai rimasta nelle retrovie, rimane oggi il messaggio di passione e di coraggio, dimostrati in tutto il corso della sua intensa esistenza. Come quando, dopo avere attraversato, fra mille pericoli, le agitate acque del socialismo russo ed internazionale, ed essersi infine accostata al bolscevismo leninista, non esitò a criticare quest'ultimo a viso aperto, quando intuì che la dittatura in Russia non era più quella del „proletariato", ma stava diventando quella di un partito e della sua burocrazia.

Anna Kuliscioff

Chi risente maggiormente tutto l'orrore sociale della donna è precisamente la donna operaia. Essa è doppiamente schiava: da una parte al marito, dall'altra al capitale.
Anna Kuliscioff

Rispondendo ad una richiesta di informazioni da parte di Friedrich Engels, sul socialismo italiano, il I luglio 1893, Antonio Labriola (1843-1904), il famoso filosofo marxista, gli rispose che nel socialismo italiano c'era solo un uomo, che però era una donna: Anna Kuliscioff.

E che donna, verrebbe da dire: bellissima e dolce, la lunga treccia bionda e gli occhi cerulei, elegante e piena di fascino con i suoi immancabili cappellini piumati e i pizzi neri, appassionata e bisognosa d'affetto, ella sembrava uscita dalla penna di Tolstoj, come stava a testimoniare anche la romanzesca vicenda che la portò a scegliere l'Italia, come sua seconda patria.

Non era comunque a ciò che si riferiva il prof. Labriola, ma alla decisiva influenza che essa esercitava sul socialismo italiano, particolarmente rilevante per quanto riguarda le tematiche concernenti il riscatto della donna, anche se non occupò mai cariche ufficiali.

Anjia Moiseevna Rozeštejn – questo il suo vero nome - nacque[441] a Moskaja in Crimea, dunque nella Russia zarista, il 5 gennaio di un anno compreso tra il 1853 e il 1857. Il 1853 ci sembra il più probabile, in quanto nel 1871, dunque a circa 18 anni, risulta iscritta alla facoltà di Filosofia dell'Università di Zurigo. Aveva infatti deciso di continuare a studiare all'estero, poiché l'autocrazia russa non le permetteva, in quanto donna, di continuare gli studi in patria[442].

Giunta a Zurigo, vi trovò il suo ambiente ideale tutto impregnato di lotta per la libertà e per la giustizia ed entrò in contatto con i rivoluzionari russi di varia scuola che vi trovò, fra cui molto diffuse erano le dottrine anarchiche di Michail Bakunin (1814-1876), dalle quali fu attratta.

La diffusione di idee rivoluzionarie fra i giovani russi non sfuggì alle autorità zariste. In seguito all'*ukase*[443] del 1873 fu quindi costret-

---

441 Anna nacque in una famiglia ebrea alto-borghese, che la circondò di ogni attenzione. Il padre Moisej era un ricco commerciante di granaglie convertitosi alla religione ortodossa. La madre si chiamava Rosalia Karpacevskij..

442 Anna era stata una studentessa brillante ed aveva concluso gli studi superiori, presso il collegio di Simferopoli, con una medaglia d'oro.

443 Editto dello zar contenente un ordine perentorio. Quello citato imponeva a tutti coloro che studiavano all'estero di rientrare in patria.

ta a rientrare in patria, dove, assieme allo studente rivoluzionario Petr Makarevic[444], nel frattempo divenuto suo marito, si unì ad altri anarchici nella cosiddetta *andata verso il popolo*; essi andarono, cioè, a lavorare nei villaggi a fianco dei contadini, per condividerne le sofferenze e per predicarvi le idee di libertà e di giustizia e il diritto alla ribellione.

Nel 1873 si trasferì a Odessa, città natale del marito, che fu arrestato e mandato ai lavori forzati in Siberia. La stessa Anna, aderente ad un gruppo populista, venne processata nel 1874, ma riuscì a fuggire prima in Ucraina (1874), dove conobbe la rivoluzionaria Vera Zasulič[445], e poi in Svizzera (aprile 1877), cambiando il suo nome in Kuliscioff[446] per sfuggire alla polizia zarista.

Durante questo suo secondo soggiorno elvetico, probabilmente nella piccola località di Saint-Imier, nel settembre 1877, la bellissima e dolce Anna conobbe Andrea Costa[447], con cui intrecciò un'ap-

---

444 Makarevic (1851-1903) proveniva da una nobile famiglia di Odessa e studiava a Ginevra. In seguito ad un'ondata repressiva zarista, fu arrestato ad Odessa nell'estate 1874 e processato nel 1877-78. Dopo cinque anni di lavori forzati in Siberia, abbandonerà l'attività politica. Non rivedrà mai più Anna.

445 Rivoluzionaria russa (1849-1919), prima anarchica e poi marxista, divenuta famosa per aver sparato al governatore di Pietroburgo nel 1878. Partecipò al congresso del Partito Operaio Social Democratico Russo del 1903, in cui si schierò per la frazione menscevica.

A Kiev, per meglio sfuggire alla polizia, Anna assunse un nuovo nome: *Anna Michailovna Ivanovna*.

446 *Kuliscioff* in russo significa *manovale*.

447 Costa (1851-1910) fu tra i principali internazionalisti italiani fino al 1879, quando scrisse la celebre lettera intitolata *Ai miei amici di Romagna*, con cui operò la svolta verso il socialismo marxista. Nel

passionante e delicata storia d'amore ed anche un sodalizio intellettuale. Nel novembre successivo, lo raggiunse a Parigi, per collaborare col famoso teorico russo dell'anarchismo Kropotkin (1842-1921).

A Parigi, nel marzo 1878, fu ancora arrestata, per motivi politici, assieme a Costa e ad altri, ma fu poi rilasciata ed espulsa dalla Francia.

Tornata in Svizzera, a Ginevra, cominciò a interessarsi delle vicende italiane e a conoscere gli anarchici amici di Costa. Nel settembre dello stesso anno 1878 fu inviata a Firenze per partecipare ad un convegno di internazionalisti, ma un mese dopo venne arrestata assieme a Francesco Natta[448] e a Luisa Pezzi[449], con l'accusa di cospirare con gli anarchici per sovvertire l'ordine costituito. Lascerà il carcere il 6 gennaio 1880, avendo scontato oltre un anno di detenzione preventiva, dopo essere stata processata[450] e assolta. Per le

---

1881 fondò il Partito Socialista Rivoluzionario di Romagna e poi il settimanale *Avanti!* Il 29-10-1882 fu eletto deputato, diventando il primo socialista nel Parlamento italiano. Nel 1893 aderì al Partito dei Lavoratori Italiani, fondato l'anno prima a Genova, che poi diventerà PSI. Sua la celebre frase contro la guerra in Africa *Né un uomo né un soldo per la guerra.* Dal 1908 al 1910 fu vicepresidente della Camera.

448 Meccanico (1844-1914). Già mazziniano, dopo la Comune di Parigi, passò all'internazionalismo. Attivissimo in Toscana, nel 1884 emigrò in Argentina.

449 Maria Luisa Minguzzi in Pezzi, detta „Gigia" (1852-1911). Anarchica italiana, donna bellissima e dall'eloquenza trascinante. Durante la detenzione confortò la Kuliscioff, spossata dall'esperienza carceraria. Fu assolta il 7-1-1884, come la Kuliscioff.

450 Il processo, iniziato nel novembre 1879, si concluse nel gennaio 1880.

sue *pericolose* frequentazioni fu poi costantemente sorvegliata e pedinata.

Il periodo della sua detenzione ebbe comunque conseguenze importanti per la sua vita futura. Anzitutto la indusse a riflettere sulla sterilità del metodo anarchico che, con le sue fallimentari insurrezioni, nulla di concreto aveva prodotto a vantaggio dei lavoratori[451]. Ciò contribuì ad avvicinarla al marxismo e la rese propensa a condividere la svolta analoga e pubblica operata dal suo Andrea. Dal carcere, inoltre, uscì minata nella sua salute, avendovi contratta una tubercolosi che la perseguiterà per tutta la vita, limitandole le forze fisiche. Infine questa nuova ed ingiusta carcerazione le procurò fama e prestigio nell'ambiente rivoluzionario, facendola diventare un personaggio leggendario[452].

Espulsa dall'Italia, la ritroviamo nel 1880 di nuovo in Svizzera, dove a Lugano si ricongiunse con Costa, di cui condivise, con qualche perplessità, la svolta legalitaria dell'anno prima. Tornati a Milano i due prepararono l'uscita della *Rivista Internazionale del socialismo*, ma dall'aprile all'agosto dovettero subire un nuovo arresto finendo nel carcere di Bologna. Dopo il suo proscioglimento e la sua liberazione, di nuovo espulsa, Anna si recò a Lugano, dove collaborò

---

451 Durante il processo aveva detto: *La rivoluzione deve partire dal popolo e non può essere fatta suo malgrado. Provocare le bande armate, ove non sorsero già, sarebbe stato fuori dal popolo.*

452 La Kuliscioff ebbe rapporti con la crema della sinistra del suo tempo: Bakunin, Lavrov, Kropotkin, Vera Zasulič, Plechanov, Engels, Clara Zetkin, Kautsky, Balabanoff, Bebel...

con Cafiero[453] alla riedizione dell'opera di Pisacane[454] *La Rivoluzione*[455].

Durante questo periodo, forse per l'influenza di Cafiero, sembrò di nuovo oscillare verso l'anarchia, entrando così in disaccordo con Costa, ma il dissenso si ricompose nell'aprile 1881, quando raggiunse Andrea ad Imola, dove lui era obbligato a risiedere, dandogli una figlia, Andreina[456] e collaborando anche alla redazione dell'*Avanti!*[457], con una serie di corrispondenze intitolate *Dalla Russia*. Ma, dopo qualche mese, il rapporto fra i due si incrinò definitivamen-

---

453 Carlo Cafiero (1846-1892) fu un attivo e autorevole comunista-anarchico. Diffuse in Italia il *Capitale* di Marx.

Non si sa con certezza se, oltre al fitto dialogo politico ed umano, fra lui e la Kuliscioff ci sia stato qualcosa di più. Resta il fatto che il Costa, dal carcere, manifestò la sua gelosia alla sua compagna, la quale, con fermezza, così gli replicò : *Io alla fine vedo una cosa: agli uomini come sempre è permesso tutto, la donna deve essere sua proprietà.*

454 Carlo Pisacane (1851-1910), rivoluzionario e patriota italiano, aderì al socialismo libertario, coniugando la lotta per l'indipendenza nazionale con le aspirazioni delle masse contadine. Morì nella sfortunata *spedizione di Sapri*.

455 Il *Saggio sulla Rivoluzione* fu pubblicato nel 1854. In esso, fra l'altro, è detto: *Ogni individuo ha il diritto di godere di tutti i mezzi materiali di cui dispone la società, onde dar pieno sviluppo alle sue facoltà fisiche e mentali.*

456 Andreina, „Nina" in famiglia, nacque ad Imola l'8-12-1881. Contrariamente ad ambedue i genitori, atei e rivoluzionari, diventerà una mite fanciulla e poi una moglie di saldissima fede cattolica.

457 Il primo numero del settimanale *Avanti!* di Costa apparve il 30-4-1881. Il titolo sarà ripreso, 15 anni dopo, dall'organo ufficiale del PSI, il cui primo numero uscirà il 25-12-1896, con direttore Leonida Bissolati.

te[458], non solo perché Andrea si era rivelato, benché rivoluzionario in politica, piuttosto tradizionalista nel privato, ma anche perché egli aveva una visione differente sul piano dell'azione politica, poiché avrebbe voluto limitarsi ad un'attività in ambito regionale, mentre Anna, che conosceva e parlava cinque lingue, aveva una visione internazionale dei problemi politici; ed ecco che Anna, soffrendo moltissimo per questo amore spezzato, portando con sé la figlia Andreina di un mese, tornò ancora una volta in Svizzera, dove era presente quasi l'intero gruppo dirigente della socialdemocrazia russa, fra cui Plechanov[459], con cui cominciò a collaborare, assorbendone la dottrina marxista e scrivendo articoli di propaganda socialista.

Affrontando una vita di miseria[460], con una figlia ancora piccola, decise, inoltre, di riprendere gli studi, interrotti nove anni prima, iscrivendosi alla facoltà di Medicina di Berna[461]. Gli anni di studio furono anni di impegno serio e faticoso, anche per gli estenuanti

---

458 Gli scrive: *Tu cerchi in me il riposo, io in te la vita. Tu non vuoi o non puoi capire che l'abbandono, la pienezza non sono che la conseguenza di una vita reciproca piena di comprensione dei pensieri, dei sentimenti e delle aspirazioni. L'uomo non sente questo bisogno.*

459 Georgij Plechanov (1856-1918), dopo una giovanile militanza in vari gruppi populisti russi, aderì al marxismo, diventandone il principale diffusore in Russia. Fu tra i fondatori, nel 1883 in Svizzera, del gruppo socialdemocratico russo *Emancipazione del lavoro*, che nel 1903 confluirà nel POSDR, della cui ala menscevica Plechanov divenne leader. Sua la frase: *Senza teoria rivoluzionaria, non c'é azione rivoluzionaria, nel vero senso della parola.*

460 Viveva con la rendita che le inviava il padre.

461 In questo periodo fu ospitata da Alessandrina Ravizza (1846-1915), filantropa e collaboratrice della Società Umanitaria di Milano.

tirocini obbligatori, appesantiti dalla malattia contratta in carcere a Firenze, che le procurava una tosse assai insistente, accompagnata a volte da perdite di sangue, che non le dava tregua e di conseguenza questa situazione era anche causa di isolamento dalle interessanti evoluzioni politiche dell'Italia del tempo.

Per questo, dopo circa due anni passati in Svizzera, pensando che un cambiamento climatico potesse giovarle, si trasferì all'università di Napoli, dove si rivelò studentessa modello, sempre sui libri, precisa e puntuale negli studi, mentre iniziava a scrivere la sua tesi sulla *patogenesi della febbre puerperale*[462] , fissando la data di laurea a luglio 1885. Ma le lentezze burocratiche e una diffusa diffidenza dell'ambiente accademico a licenziare una donna, la indussero a recarsi prima a Torino e poi a Pavia, dove fece domanda di trasferimento. Prima ancora di esservi autorizzata dalle autorità preposte. il noto istologo prof. Camillo Golgi[463] l'accolse nel suo gabinetto di patologia generale. Ma le autorità accademiche, preoccupate *per la possibile diffusione di propaganda socialista*, finirono col respingere la sua domanda.

In sua difesa si schierò lo studente Achille Monti (1863/1937), il quale scrisse un infuocato articolo sul giornale *La Lombardia* contro *i parrucconi sostenitori dell'arbitrio e dell'oscurantismo*. Un altro studente in medicina, tale Camillo Broglio, affrontò il Monti e lo schiaffeggiò e i due si sfidarono a duello, che ebbe luogo alle ore 18 di do-

---

462 La sua scoperta dell'origine batterica delle febbri puerperali aprirà la strada alla terapia che salverà molte donne dalla morte dopo il parto.

463 Il prof. Golgi (1846/1926) nel 1906 otterrà il premio Nobel per la medicina.

menica 11-4-1886. Padrini di Monti erano il giornalista recanatese Attilio Valentini (1859-1892) e nientemeno che ...Filippo Turati! Il duello finì con Monti lievemente ferito.

Anna decise dunque di tornare a Napoli dove, nell'anno accademico 1886/87, ottenne la laurea, prima donna a completarvi gli studi universitari in medicina.

E fu a Napoli che incontrò Turati[464]: lei raccoglieva fondi per gli esuli russi, lui sul giornale *La Bandiera* esortava ad aprire una sotto-scrizione a favore del riscatto dei popoli oppressi. I due dunque si incontrarono e fu un autentico colpo di fulmine che li unirà per tutta la vita.

Turati aveva già sentito parlare dell'ardente rivoluzionaria dalle bionde chiome e dagli occhi azzurri, ed era affascinato dall'aureola

---

464 Filippo Turati (1857-1932),avvocato, fu uno dei primi e più importanti leader del socialismo italiano. Nel 1886 scrisse il celebre *Inno dei lavoratori*, poi musicato dal maestro Amintore Galli; nel 1989 fu tra i fondatori della *Lega socialista* milanese, nel 1891 fondò l'autorevole rivista socialista *Critica Sociale* e nel 1892 partecipò , in maniera determinante, alla costituzione del Partito dei Lavoratori Italiani, poi divenuto PSI. Nel 1896 fu eletto deputato. Nel partito capeggiò la corrente riformista e il gruppo parlamentare. Antifascista coerente ed instancabile, nel 1926, per poter continuare la sua battaglia politica, esulò in Francia, dove morì .

Turati si trovava a Napoli come collaboratore dell'on. Agostino Bertani, al quale l'aveva segnalato Anna Maria Mozzoni, per lavorare ad un'inchiesta sulle condizioni dei lavoratori della terra..

L'influenza della Kuliscioff sarà molto importante nella sua marcia verso il marxismo, innestato con l'imperante cultura positivista e con il radicalismo democratico da cui Turati proveniva. Dirà di quel primo incontro: *Anna era bellissima...un'apparizione di luce*. Era vero: Anna diventerà famosa anche per la sua bellezza e per la sua eleganza.

eroica di cui è circondato chi ha subito carcere ed esilio per le sue idee, come appunto Anna.

Ed Anna, in cui convivevano una grande passionalità slava ed un'innata sete di giustizia, rimase colpita dall'armonia di genialità e cuore che vedeva nel suo „Filippin".

Turati seppe amarla come lei voleva, proteggerla, accudirla, rispettarla, riempirla di attenzioni. Ma, quando qualcuno la chiamerà „signora Turati", lei, spiritosa ed ardita, risponderà, con gentilezza, ma anche con fermezza: *Io non sono la signora di nessuno, io sono Anna Kuliscioff!*

Nel 1888 Anna si specializzerà in ginecologia, prima a Torino e poi a Padova.

Trasferitasi a Milano, assieme a Turati, in via San Pietro all'Orto n. 18, dove aveva anche lo studio, dopo essere stata rifiutata, perché donna[465], dall'*Ospedale Maggiore*, cominciò ad esercitare la libera professione, diventando ben presto la „dottora dei poveri". Lavorava tutta la giornata, ricevendo visite ed anche andando lei stessa nei quartieri più poveri della città, dove imperavano violenze, sopraffazioni, povertà, curando le povere donne dalle ferite inferte dai ferri da calza e dai cucchiai da cucina delle mammane, salvandole dalle febbri puerperali mortali: per tutte, oltre la visita medica, sempre gratuita, aveva una parola di consolazione. Questa frenetica attività purtroppo non poté reggerla per molto, giacché la tisi

---

465 Così scriverà tre anni dopo: *Quando si presentò una donna medico all'Ospedale Maggiore fu subito colpita dall'ostracismo. Per quale ragione? Pare per la tutela del buon costume.*

contratta a Firenze si era trasformata in tubercolosi ossea e lei cominciava ad avere problemi di deambulazione.

L'intensa attività professionale non le impediva comunque di continuare con impegno quella politica. Nel 1989 fondò, assieme a Turati e a Costantino Lazzari[466] la *Lega Socialista* milanese che si proponeva di rendere il movimento operaio autonomo rispetto alla democrazia borghese e di collegare le lotte economiche con quelle politiche, con l'obiettivo di arrivare ad una società socialista.

Il 27 aprile 1890 tenne una conferenza al *Circolo filologico* di Milano sul tema del rapporto uomo-donna. La conferenza, una delle prime effettuate da una donna in Italia, era intitolata *Il monopolio dell'uomo*. La sala era gremita, in particolare da ragazze che avevano contravvenuto all'ordine paterno di non partecipare ad una conferenza tenuta da un'ex terrorista, e che invece si accalcavano nelle prime file per non perdersi nemmeno una parola. Tutti erano emotivamente coinvolti non solo dal robusto argomentare, ma anche dallo stile enfatico e passionale con cui Anna si esprimeva. Affascinò il pubblico col suo spirito polemico, quando denunciò che *tutti gli uomini, salvo poche eccezioni, considerano come un fenomeno naturale il loro privilegio di sesso e lo difendono, chiamando in aiuto Dio, chiesa, scienza, etica e leggi vigenti, che non sono altro che la sanzione legale della prepotenza di una classe e di un sesso dominante.*

---

466 Lazzari (1857-1927) fu tra i fondatori del Partito Operaio Italiano (1882) e del Partito dei Lavoratori Italiani, poi PSI (1892). Leader della corrente *intransigente rivoluzionaria*, fu segretario del PSI dal 1912 al 1919, con una piccola interruzione. In questa veste fu lui a coniare il motto *Né aderire né sabotare* circa l'atteggiamento dei socialisti italiani nei confronti della partecipazione italiana alla prima guerra mondiale.

La sua può considerarsi una posizione marxista ortodossa, in quanto afferma che la questione femminile altro non è che un aspetto di quella sociale, e che essa si sarebbe risolta con l'emancipazione del proletariato. L'indipendenza economica, col lavoro retribuito al pari dell'uomo, è l'unica via – sostiene - per superare lo stato di soggezione e per consentire alla donna di conquistare libertà, dignità, rispetto. Senza di essa anche i diritti resterebbero lettera morta. Rifiuta dunque la priorità della lotta per i diritti, differenziandosi così dall'altro femminismo[467], detto „borghese", poiché la questione femminile per lei non è antagonismo dei sessi, ma questione economico-sociale. Per Anna il femminismo non può essere quello delle signore e signorine *armate di penna, di nastri, di pizzi e di toiletta primaverile*, con i loro *cappellini piumati*. Per Anna, che indossa gli austeri tailleur della stilista socialista Rosa Geroni e porta un cappello dalle piume nere, il femminismo non può essere che quello della classe, tutto proteso a realizzare il diritto al lavoro:

---

467 L'*altro* femminismo potrebbe essere impersonato da Anna Maria Mozzoni, con cui la Kuliscioff polemizzò a lungo, considerandola una borghese che lotta per ideali astratti, quando le contadine e le operaie hanno bisogno di risposte concrete. La Mozzoni proclamava il diritto della donna agli studi superiori, per poter accedere alle diverse professioni ed esigeva il riconoscimento dei diritti civili e politici, fra cui riteneva fondamentale il diritto di voto. Chiedeva inoltre riforme che investissero la famiglia, la società, il rapporto fra i sessi, la mentalità. Tutte cose che marxisticamente potrebbero essere definite la *sovrastruttura* della questione, mentre il problema, per Anna, doveva risolversi affrontando la base economica da cui esso nasceva. Per cui il femminismo socialista, in cui la Kuliscioff fermamente credeva, doveva battersi innanzi tutto contro lo sfruttamento dei lavoratori e, all'interno della classe lavoratrice, doveva porre in primo piano e combattere l'abuso perpetrato sul lavoro delle donne e dei bambini.

la rivoluzione proletaria, scriverà, *sopprimendo le differenze di classe, porrà un termine eziandio alle leggi eccezionali contro la donna.*

Ormai decisamente orientata verso il marxismo, il 15-1-1891 fondò assieme a Turati, assumendone con lui la direzione, la rivista *Critica Sociale*[468], che ebbe come sottotitolo *Rivista quindicinale del socialismo scientifico*, e diventò poi espressione della corrente riformista del PSI. Essa si proponeva di dare spessore culturale al socialismo italiano, di sprovincializzarlo e di diffondere il marxismo in Italia. Nello stesso anno partecipò, assieme a Turati e a Giuseppe Croce[469] al congresso di Bruxelles della Seconda Internazionale, che si concluse con l'esclusione degli anarchici e l'indicazione ai partiti aderenti di portare avanti la lotta di classe anche con strumenti politici e legislativi.

La sede della rivista era nella loro nuova abitazione, al n. 23 di Portici Galleria, in cui si erano trasferiti nell'autunno del 1891, come oggi ricorda una targa[470]. Al centro del salotto, dove si potevano notare mucchi di giornali e di libri in diverse lingue, tra cui l'opera

---

468 Turati aveva rilevato dal geografo repubblicano Arcangelo Ghisleri (1855-1938) la rivista di democrazia radicale *Cuore e Critica*, trasformandone poi il titolo e i contenuti. L'ultimo numero uscito porta la data 16-9/15-10 1926, quando cioè finirà in Italia la libertà di stampa per decisione del regime fascista.

469 Giuseppe Croce (1853-1915), guantaio, fu tra i fondatori del Partito Operaio Italiano (1882) e poi del Partito dei Lavoratori Italiani (1892), poi denominatosi PSI, del cui Comitato Centrale entrò a far parte.

Si ritirò dall'attività politica nel 1906.

470 Questa la scritta della targa: „Dal 1892 al 1925 Filippo Turati e Anna Kuliscioff vissero in questa casa irradiando una solida fede socialista in Italia".

omnia di Marx e di Engels in tedesco, stavano due grandi scrivanie, affiancate l'una all'altra, dove i due lavoravano insieme a quella che Anna chiamerà la loro *figlia di carta*, spesso firmandone gli articoli con la sigla TK (Turati-Kuliscioff). Considerato che Turati era spesso fuori Milano per la sua attività di partito o per le sedute del Parlamento, si può dire che la effettiva direzione della rivista pesava essenzialmente sulle spalle di Anna[471]. Ed Anna si dedicava con passione a questo lavoro, scrivendo, traducendo, leggendo i giornali, curando perfino la spedizione della rivista. A ridosso della parete del suo salotto stava un piccolo divano verde.

Il suo era un salotto tutto particolare, in cui si potevano incontrare sia i grandi intellettuali dell'epoca, come Luigi Majno[472] e Ada Negri[473], sia modeste lavoratrici bisognose di un consiglio o di una parola di incoraggiamento: un salotto destinato a diventare un luogo celebre del socialismo europeo. A causa della sua salute instabile, Anna finirà per passare sempre più tempo nell'appartamento, ma la sua vita sarà tuttavia ricca di amicizie, di rapporti politici e personali, di affetti. Di questi, naturalmente quello più forte sarà il rapporto con la figlia Andreina, una ragazza che aveva avuto un'infanzia difficile, lontana dal padre, sempre in giro per l'Europa e per

---

471 La Kuliscioff era una delle prime donne iscritte all'albo dei giornalisti e come giornalista si guadagnava da vivere con la sua attività per la *Critica Sociale*.

472 Majno (1852-1915) fu penalista famoso e docente universitario. Si iscrisse al PSI nel 1899. Fu consigliere comunale di Milano e deputato.

473 Ada Negri (1870-1945), poetessa e scrittrice si disse *sorella ideale* di Anna Kuliscioff. Per i contenuti sociali di certe sue poesie fu definita *la poetessa del Quarto Stato*. Aderì poi al regime fascista.

l'Italia, appresso alla madre; essa era quanto mai lontana dalle lotte per il socialismo e per l'emancipazione femminile, per cui la madre si batteva, ed aveva scelto, a differenza di ambedue i genitori, la fede cattolica.

Intanto la *Lega socialista* milanese, di cui la Kuliscioff era instancabile animatrice, si adoperava per fare chiarezza nel frastagliato universo della sinistra italiana, divisa tra socialisti, anarchici, operaisti, mazziniani, radicali. Essa seppe quindi battersi innanzitutto, secondo i canoni marxisti, per la creazione di un forte partito socialista, autonomamente

organizzato, capace di fare una politica di classe, non più vincolata al radicalismo borghese, e capace di superare l'economicismo degli operaisti. Occorreva inoltre unire i socialisti della *Lega* e i lavoratori organizzati nel Partito Operaio Italiano, riunendo anche i numerosi gruppi socialisti sparsi nel territorio nazionale, per costruire un soggetto politico attrezzato per lottare per la conquista dei pubblici poteri, col fine ultimo della socializzazione dei mezzi di produzione. L'impulso principale venne proprio dalla Kuliscioff, la più lucida fra quanti si impegnarono nel progetto. Il 15 agosto 1892 a Genova nacque così, rompendo l'equivoco abbraccio degli anarchici e dei più incalliti operaisti, il Partito dei Lavoratori Italiani[474], aderente alla Seconda Internazionale[475].

---

474 Il PLI nel II congresso, tenutosi a Reggio Emilia del 1893, in cui la Kuliscioff fu relatrice, assunse il nome di Partito Socialista dei Lavoratori Italiani. Ma, nello stesso anno 1893, il partito fu dichiarato illegale dal governo Crispi e la Kuliscioff fu obbligata ad alcuni mesi di domicilio coatto a Torino. Nel congresso clandestino di Parma del 1895, il partito assunse il nome definitivo di Partito Socialista Italiano.

475 Essa era stata fondata a Parigi nel 1889.

Nel maggio del 1898, l'aumento del prezzo del pane da 35 a 60 centesimi il chilo costituì la scintilla che provocò a Milano ed altrove *la protesta dello stomaco*, una sollevazione popolare contro le pessime condizioni di vita. Essa venne repressa da reparti del Regio Esercito agli ordini del generale Bava Beccaris[476], che era stato nominato *Regio Commissario Straordinario* di Milano e provincia, il quale proclamò lo stato d'assedio, e fece sparare sulla folla inerme, lasciando sul terreno centinaia fra morti e feriti. Alla feroce repressione fece seguito un'ondata di arresti di dirigenti della sinistra, anche deputati. Fra gli altri[477] vennero arrestati, il 9 maggio 1898, Filippo Turati, benché deputato eletto nel 1896, il quale fu condannato a 12 anni di carcere[478] e Anna Kuliscioff, come *fervente socialista e propagandista efficace*, condannata a due anni di reclusione da scontare al *Cel-*

---

476 A Fiorenzo Bava Beccaris (1831-1924) per la riuscita della repressione fu conferita dal re Umberto I la croce di *Grande Ufficiale dell'Ordine Militare di Savoia*. Il 16 giugno 1898 il generale fu anche nominato senatore del Regno.

477 Fra gli arrestati: Andrea Costa, il radicale Carlo Romussi, direttore del quotidiano *Il Secolo*, lo scrittore Paolo Valera, il repubblicano Gustavo Chiesi, direttore del quotidiano *L'Italia del popolo*, don Davide Albertario del quotidiano *L'osservatore cattolico*. Di quest'ultimo la frase *Il popolo vi ha chiesto pane e voi avete risposto piombo*. Furono arrestati non solo i protagonisti delle proteste popolari, ma anche esponenti dei partiti di opposizione, in qualità di *sobillatori*. Fu sospesa la pubblicazione di vari giornali, fra cui *Critica Sociale*. Fu anche perquisita la sede romana dell'organo del PSI *Avanti!* e arrestato il suo direttore on. Leonida Bissolati, poi liberato per la mancata autorizzazione della Camera

478 Turati venne liberato il 4-6-1899, in quanto, benché il I marzo 1898 fosse stato dichiarato decaduto dal mandato parlamentare, era stato rieletto nelle elezioni suppletive del 26 successivo.

lulare, l'attuale carcere di S. Vittore. Sarà liberata prima grazie all'indulto del 30-12-1898.

È in questo periodo in cui lei è fuori e lui ancora in carcere, che inizia il *carteggio* fra i due: proseguirà per tutta la vita[479].

Nell'aprile 1899 Anna si recò in Sicilia per partecipare al Congresso europeo della stampa che si sarebbe svolto a Palermo. E in quell'occasione ebbe modo di conoscere la realtà siciliana, di cui non mancò di informare il suo Filippin ancora in carcere. Ecco tre bellissime pennellate tratte dalle sue lettere:

> *Palermo è molto bella, pulita, essenzialmente aristocratica. Si sente che dovunque domina il feudo ; non si vedono che carrozze con tiro a quattro e qualche volta a sei; i baroni, i duchi, i principi sfoggiano ad ogni ora la loro grandezza.*

> *A Siracusa fummo in una miniera di zolfo, vi sono discesa anch'io. Che inferno! Si lavora alla temperatura di quasi 50 gradi e sono bambini di 7-8 anni che soffrono lì per 12 ore al giorno. Che cosa terribile, è il rovescio della medaglia.*

> *De Felice[480] è la sintesi, l'espressione vera e genuina delle qualità e dei difetti dell'immensa popolazione di Catania, del loro lato morale e psicologico; egli, come tipo dell'ambiente, riassume in sé in modo esagerato le*

---

479 Il *carteggio* sarà pubblicato postumo in sei volumi nel 1977 dall'editore Einaudi.

480 Giuseppe De Felice Giuffrida (1859-1920) fu un politico socialista, promotore dei Fasci Siciliani. Deputato per più legislature, fu Presidente della Provincia e sindaco di Catania. Nel 1912 aderì al PSRI.

tendenze basse ed elevate, perché il bello e il brutto si
toccano e si confondono in un'armonia meravigliosa.
De Felice è un vero viceré: i baroni e i principi lo
ossequiano, i facchini del porto lo abbracciano, gli
operai delle zolfare si rivolgono a lui come al redentore,
le ragazze allegre lo festeggiano al suo passaggio. Ti
assicuro ch'è uno spettacolo che non si può vedere
che a Catania e credo che, se lo si vedesse in qualche
altro luogo della Sicilia, non avrebbe mai la grandiosità
del barocco come a Catania.

La vita carceraria non aveva piegato Anna, che, invece, dopo sette mesi di detenzione, nonostante i disturbi fisici, riprese a pieno ritmo la sua battaglia politica, incentrandola soprattutto sulla questione femminile, affrontata sempre da un punto di vista classista, con articoli sulla *Critica Sociale* e con interventi nei vari congressi, durante i quali si batté perché il partito prendesse posizione a favore della parità salariale e di una legislazione a tutela delle donne lavoratrici. In questo quadro elaborò un disegno di legge contro lo sfruttamento della manodopera femminile e minorile, che venne presentato da Turati e sostenuto in Parlamento dai deputati socialisti. La legge Carcano[481] che ne seguì ridimensionò nei contenuti il progetto iniziale della Kuliscioff, fortemente sostenuto nel Paese da Argentina Altobelli, segretaria della Federterra, per cui la sua approvazione può considerarsi una vittoria solo parziale della Kuliscioff; tuttavia la nuova legge costituì un passo avanti notevole se si

---

481 Essa prese nome da Paolo Carcano (1843-1918), ministro delle Finanze del governo Zanardelli, presentatore del disegno di legge. Carcano, ex garibaldino, fu deputato dal 1881 fino alla morte e ministro in vari governi.

considera che prima sul lavoro femminile c'era un assoluto vuoto normativo.

La legge Carcano, la n. 242 del 19-6-1902, stabiliva in 12 anni l'età minima per l'ammissione al lavoro e vietava ai minori di 15 anni i lavori pericolosi e insalubri.

Per le donne, cui erano vietati i lavori sotterranei, la giornata lavorativa era limitata ad un massimo di 12 ore giornaliere, con un intervallo di due ore; era vietato il lavoro notturno per le minorenni; veniva introdotto il divieto di adibire al lavoro le puerpere, „se non dopo trascorso un mese da quello del parto" e il datore doveva consentire loro l'allattamento.

Pur emotivamente coinvolta dalle vicende che le erano capitate nell'ultimo periodo, non era mai venuto meno l'amore di Anna per la sua unica figlia Andreina Costa Kulis[cioff. Pur avendola sempre vicina non era riuscita però a coinvolgerla politicamente: essa era sostanzialmente disinteressata nei confronti del socialismo e dell'emancipazione femminile. Inoltre, benché figlia di due famosi rivoluzionari atei, Costa e la Kulisciof appunto, aveva abbracciato la fede cattolica. E la madre era costretta a riconoscerlo, anche se con una punta di amarezza, ma anche con grande comprensione, come quando scrisse a Costa, il 27 marzo 1904: *Mio caro Andrea, sì , hai ragione, è una gran malinconia di dover convincersi che noi non siamo i nostri figli e che essi vogliono far la loro vita, astrazion fatta dai genitori, come l'abbiamo fatta noi ai nostri tempi... nostra figlia non ha né l'anima ribelle, né il nostro temperamento di combattività...Essa non fu mai socialista né miscredente... È stato un fallimento il mio, come dici tu... Ninetta non è immagine nostra.* E con grande generosità ed equilibrio aggiunse: *D'altronde come buoni e convinti socialisti dobbiamo rispettare anche la volontà e l'individualità dei nostri figli.*

La lettera fu scritta, ad un padre irritato e deluso, in occasione del matrimonio religioso di Andreina con Luigi Gavazzi (1880-1917), discendente da un'importante dinastia di imprenditori tessili cattolicissimi, *un giovane buono, simpatico, operoso, lavoratore* – così lo definiva Anna – *e innamorato come vidi pochi giovani che siano capaci di esserlo,* anche se purtroppo appartenente al *parentorio più nero del conservatorismo milanese.* La lettera, tutto sommato, in difesa dell'amatissima figlia, non valse a calmare Costa che, per quel matrimonio era stato messo in imbarazzo dalla stampa[482]. Anna, invece, si sentiva sollevata da un certo senso di colpa per aver esposto la figlia, a causa delle proprie scelte, ad essere rifiutata dalla società.

I due giovani si erano conosciuti all'università, dove Andreina frequentava Medicina e Luigi Chimica, ed era stato un colpo di fulmine. La ragazza, per amore ed anche per convinzione, nel maggio 1904 si fece battezzare e i due, il 3-9-1904, si unirono in matrimonio[483].

In questo stesso periodo la Kuliscioff, attraverso interventi su *Critica Sociale* e varie conferenze, rafforzò il suo impegno politico, so-

---

482 Sulla stampa, anche di sinistra, la "curiosa" vicenda della figlia di due famosi rivoluzionari, socialisti impegnati in prima linea, sposatasi con un giovane della buona e cattolica borghesia conservatrice milanese, figlio di *padroni*, tenne banco per mesi nelle cronache politiche e nelle pagine rosa.

483 Dei loro cinque figli, due scelsero la vita ecclesiastica: don Luigi Gavazzi divenne abate dell'Abbazia territoriale di Subiaco; Anna Maria monaca carmelitana scalza.

prattutto in relazione al diritto di voto alle donne. Anche se formalmente non faceva parte del gruppo dirigente del PSI, godeva tuttavia di grande autorevolezza nel partito ed esercitava una notevole influenza su di esso e su Turati in particolare. Era interprete e sostenitrice della linea riformistica, anche se il suo era un riformismo di più largo respiro rispetto a quello effettivamente praticato in sede parlamentare, da lei criticato senza mezzi termini per la sua irresolutezza, per la tendenza a cedere alla sirena giolittiana. Al X congresso del PSI (Firenze, 1908), ad esempio, criticando anche Turati, si schierò per un riformismo più deciso che non si lasciasse blandire dalle inconcludenti pratiche del parlamentarismo, ma che fosse espressione di una vasta azione di massa.

Sono di questo periodo le sue insistenze per l'adozione, in seno al partito, della parola d'ordine del suffragio universale allargato alle donne[484]. La Kuliscioff pensava che le donne avrebbero potuto di molto rafforzare l'azione socialista, se il partito le avesse legato a sé, inserendo i loro obiettivi nel suo programma. Ma, a differenza della socialdemocrazia tedesca, partito modello dell'Internazionale, il PSI stentava a capire che le donne erano la metà del proletariato. Nemmeno esso era dunque risparmiato dagli articoli polemici di Anna, che così scriveva: *...e cosa ha fatto sino ad ora il Partito Socialista... per educare i lavoratori ad un senso e ad una pratica di un dovere più nuovo, più alto, più umano nei rapporti con le loro sorelle di lavoro e di stenti...?*

---

484 Clara Zetkin nel congresso della Seconda Internazionale, tenuto a Stoccarda nel 1907, aveva ribadito che il suffragio universale doveva essere rivendicato in ogni paese sia per gli uomini che per le donne.

Nel menzionato congresso di Firenze del 1908 ottenne l'approvazione di una mozione che sanciva il diritto di voto alle donne. Nonostante ciò nel partito rimanevano ambiguità e perplessità, da cui non era esente lo stesso Turati. A che cosa erano dovute queste esitazioni? I socialisti temevano sostanzialmente due cose: che la richiesta di allargare il diritto di voto alle donne potesse dare l'esca alle forze conservatrici di prolungare all'infinito la risoluzione della questione del suffragio universale maschile, posta con forza da essi e da tutta l'Estrema; e, inoltre, che tale concessione - visti l'analfabetismo e la diffusa ignoranza nella popolazione femminile, e la forte influenza clericale su di essa - all'atto pratico, potesse rafforzare il fronte conservatore. Lo stesso Turati non credeva in una eventuale campagna elettorale mirata a far risvegliare la coscienza politica femminile, senza l'appoggio delle interessate.

Il dissenso diventò più aspro nel 1910 (la cosiddetta *Polemica in famiglia*), quando era in corso il dibattito che porterà alla legge istitutiva del suffragio universale maschile: Turati fu definito dalla Kuliscioff *maestro di quella politica di cauti riformismi, troppo spiccioli..., per le sue leggine che migliorano la vita quotidiana dei piccoli burocrati.* Essa temeva che, optando per una tattica gradualistica, anziché per una questione di principio, si potesse arrivare a un voto limitato solo ad alcune fasce di donne, certo le non proletarie. Finalmente ottenne un'importante vittoria politica: al congresso di Modena del 1911 riuscì a far inserire nel programma del partito il voto alle donne. Nello stesso anno, col suo sostegno, venne costituito il *Comitato socialista per il suffragio femminile*; nel 1912 organizzò il I congresso delle donne socialiste da cui scaturì l'*Unione Nazionale delle Donne Socialiste*, con organo di stampa il periodico *La difesa delle lavoratrici* (1912-1925), diretto dalla stessa Kuliscioff[485], in cui confluiscono le migliori penne del socialismo femminile italiano: Linda Malnati[486], Angelica Balabanoff, Maria Giudice, Maria Gioia[487], Argentina Altobelli, Abigaille Zanetti[488], Margherita Sarfatti[489]. Inizialmente le riunioni si tenevano a Milano, nel salotto di Anna; quel gruppo di donne si qualificava non solo per il livello degli articoli che pubblicava, ma anche per la capacità delle redattrici di collegarsi col territorio, recandosi nelle campagne e nelle fabbriche, per diffondere le idee espresse sul giornale, mediante incontri con le contadine e con le operaie, per renderle consapevoli della loro condizione, del loro diritto di associarsi, di difendere il loro lavoro, di chiedere il diritto al voto. E l'anima di questo lavoro, egregiamente riuscito nell'intento di realizzare una funzione pedagogica nei confronti delle donne, era sempre lei, Anna Kuliscioff.

---

485 Il primo numero uscì il 7-1-1912. Dal 1913 la rivista sarà diretta da Angelica Balabanoff, che prima aveva diretto il giornale *Su compagne*, da lei fondato in Svizzera nel 1906 e quindi confluito nella *Difesa delle lavoratrici*. Vi scrisse anche Edmondo De Amicis.

486 Maestra, scrittrice, giornalista, conferenziera socialista (1855-1921).

487 Sindacalista (1878-1924). Brillante oratrice e propagandista socialista.

488 A. Zanetti (1875-1945) nel 1910 si iscrisse al PSI e fece parte della sinistra del partito, guidata da Serrati. Pacifista coerente fu arrestata nel 1918 per disfattismo. Maestra elementare a Milano, nel 1927 venne licenziata dal fascismo.

489 Scrittrice (1880-1961). Collaborò anche con l'*Avanti!* Successivamente aderì al fascismo. Scrisse una biografia di Mussolini.

Ma la legge n.666 del 30 - 6-1912 voluta da Giolitti, che istituì il suffragio universale maschile per i maggiorenni e che estese il diritto di voto anche agli analfabeti che avessero compiuto i trent'anni, continuò ad escludere le donne.

Per Anna si aprì un periodo di scoraggiamento che causò delle crepe anche nel suo rapporto con Turati. Sugli articoli di *Critica Sociale* si firmava *Omega* perché - diceva – si sentiva *come l'ultima ruota del carro*.

Gli anni che seguirono videro trapelare le prime avvisaglie di gruppi antisocialisti e nazionalisti di cui Anna, con intuito profetico, fu fra le prime a percepire l'intrinseca pericolosità, prima ancora che essa si manifestasse con tutta evidenza nel periodo del dibattito tra interventisti e neutralisti di fronte alla guerra europea scoppiata nel 1914. Il partito socialista era saldamente schierato contro l'ingresso in guerra, fedele ai deliberati dell'Internazionale, già travolta dalle scelte patriottarde delle principali socialdemocrazie. Ma dalle sue file provenivano molti interventisti, come Bissolati[490] e

---

490 Leonida Bissolati (1857-1920) fu il primo direttore dell'*Avanti!*.Deputato. Leader della destra riformista del PSI, dopo la sua mancata opposizione alla guerra di Libia (1911-12), assieme alla sua corrente, nel 1912 fu espulso dal PSI e fondò Il Partito Socialista Riformista Italiano. Nel 1916, durante la guerra, divenne ministro dell'Assistenza nel governo Boselli e nel successivo governo Orlando.

Mussolini[491], ormai convergenti, nel perseguire l'ingresso in guerra, con le destre imperialiste e conservatrici.

L'organo delle donne socialiste, *La difesa delle lavoratrici*, ora diretto dalla Balabanoff, era saldamente schierato a fianco del partito, ormai governato dalla maggioranza „massimalista" facente capo a Serrati[492]. Alla vigilia dell'esplosione del conflitto così esso si rivolse[493] alle proprie lettrici:

> *Donne lavoratrici! Voi che per un più alto senso di umanità, sentite più grande la rivolta contro la guerra sterminatrice, dite che sarete pronte ad ogni appello, ad ogni sacrificio, se il proletariato dovrà opporre la propria forza al volere dei dominanti!*
>
> *Madri proletarie! Voi che di questa immane sciagura sarete le vittime più doloranti, perché il piombo che può straziare il corpo del figlio, già strazia prima l'anima vostra e vi trascina in una vita che è peggiore della*

---

491 Benito Mussolini (1883-1945) fu membro della sinistra rivoluzionaria del PSI. Nel 1912 divenne direttore dell'*Avanti!*. Dopo essere stato fortemente ostile alla guerra di Libia e alla prima guerra mondiale, cambiò opinione con l'articolo *Dalla neutralità assoluta alla neutralità attiva ed operante!* (18-10-1914), diventando un acceso interventista. Lasciata, per questo motivo, la direzione del giornale socialista (20-10-1914), fondò un proprio giornale, *Il Popolo d'Italia*, dichiaratamente interventista, il cui primo numero apparve il 15-11-1914, e venne quindi espulso dal PSI (29-11-1914).

492 Giacinto Menotti Serrati (1876-1926) aderì al PSI giovanissimo e nel 1912 entrò nella direzione del partito. Pacifista e neutralista, dopo una breve direzione di Giovanni Bacci, sostituì Mussolini alla direzione dell'*Avanti!* (1-12-1914). Antifascista, fu più volte aggredito ed arrestato. Fu favorevole alla fusione col PCdI, a cui aderì nel 1924.

493 *La difesa delle lavoratrici*, a. III, n. 15, 2 agosto 1914.

morte, giurate sul capo delle vostre creature che sarete
in prima fila per la difesa della loro vita!

Compagne tutte! Accorrete ai comizi, risvegliate le
vostre sorelle ancora inconscie, incuorate le timorose,
scuotete le rassegnate e siate vigili sentinelle della
civiltà per impedire lo scempio!

Le redattrici del giornale capirono subito che sarebbero state le donne a vivere con maggior dolore le sofferenza della guerra: esse vedevano solo nel socialismo un ideale di speranza e di pace. Sono note le vicende che portarono allo scoppio del conflitto mondiale e al successivo

 ingresso dell'Italia in guerra.

Anna, pur rifuggendo da un esplicito interventismo, che sarebbe stato in grande contraddizione con tutta la sua vicenda politica, non approvò il neutralismo assoluto del PSI , perché provava istintivamente simpatia per i paesi democratici che si battevano contro gli oscurantisti imperi centrali. Dopo la rivoluzione del febbraio 1917 che liberava le potenze dell'Intesa dell'imbarazzante presenza dell'autocrazia russa, la sua simpatia per le democrazie si consolidò ed ebbe un ritorno di vitalità, e cercò , ma inutilmente, di portare i socialisti riformisti italiani ad accettare i quattordici punti di Wilson[494]. Fu invece ostile nei confronti della rivoluzione bolscevica

---

494 Thomas Woodrow Wilson (1856-1924), esponente del Partito Democratico, fu presidente degli USA dal 1913 al 1921. Durante la guerra presentò i suoi famosi *14 punti* per giungere ad una pace equa per tutte le nazioni. Egli si proponeva di istituire una *Lega delle Nazioni*. Punto significativo della sua iniziativa era quello concernente l'autodeterminazione dei popoli, in base alla quale ogni etnia doveva

del successivo ottobre. Non cessò mai, però, di auspicare una pace rapida e giusta.

Negli anni di fuoco del dopoguerra assistette preoccupata all'isolamento in cui venne a trovarsi Turati, riformista convinto, in un partito fortemente rivoluzionario, dominato da chi voleva „fare come in Russia". Contraria sia al massimalismo che al comunismo, vide svanire il suo sogno di un socialismo democratico capace di portare l'Italia, senza pericolosi salti rivoluzionari, alle conquiste sociali di cui aveva bisogno. Vide anche, con sgomento, il sorgere e il consolidarsi della dittatura fascista.

Assistette, inoltre, allo sgretolamento del PSI, colpito gravemente da quella che Nenni chiamerà *l'orgia delle scissioni*[495], e all'aggressività esercitata dalle squadre fasciste, come quando uccisero Matteotti[496], amico e compagno carissimo che lei e Turati chiamavano *il Monello*.

Anna trascorreva quasi tutto il tempo nella sua casa di Milano, da cui si allontanava raramente per andare a trovare la figlia e i nipoti

---

avere il suo Stato. Nel 1919 gli venne assegnato il Premio Nobel per la pace.

495 Nel primo dopoguerra il PSI attraversò un periodo di laceranti scissioni, che ne fiaccarono la forza nei confronti del fascismo montante. Nel 1921 se ne staccarono i comunisti che formarono il Partito Comunista d'Italia; nel 1922 i riformisti che costituirono il Partito Socialista Unitario; nel 1924 i terzinternazionalisti, che confluirono nel PCdI.

496 Giacomo Matteotti (1885-1924) fu fervente socialista e coerente antifascista. Fu deputato e segretario del Partito Socialista Unitario. Il 10/6/1924, a Roma, fu rapito, assassinato e sepolto da sicari fascisti. Il suo cadavere fu ritrovato il 16 agosto successivo.

a Desio e a San Remo per le vacanze estive o, qualche volta, per andare a Roma, per vedere Turati.

Il 27 dicembre 1925, dopo aver dedicato tutta la sua vita al socialismo e ai diritti delle donne, Anna Kuliscioff si spense a Milano, in un clima di violenza fasciste.

Quella violenza, che Anna aveva percepito con sgomento, si manifestò, il successivo 29 dicembre, anche al suo funerale, ultima manifestazione socialista, che vide la partecipazione commossa degli amici, degli operai, delle donne, quando alcuni fascisti, provocando violenti scontri, si scagliarono contro le carrozze del corteo, strappando drappi, bandiere e corone, scuotendo simbolicamente la bara, portata a spalle al Cimitero Monumentale di Milano, in cui Anna è tuttora sepolta.

Ecco come Pietro Nenni[497] ricorderà quei momenti:

> I funerali erano stati un'apoteosi per lei e per il sopravvissuto suo compagno. Ma, ai fascisti, anche l'omaggio reso ad una donna insigne, preclara per carattere, da tutti stimata per la bontà senza pari, era riuscito intollerabile. Sui gradini stessi del Monumentale, mentre a mo' di saluto io gridavo „Viva il socialismo", fummo aggrediti. Attorno alla bara, attorno alle corone e ai nastri, ci fu una zuffa breve e feroce dalla quale parecchi uscimmo sanguinanti e pesti. Ed era triste pensare che ciò avvenne in un cimitero e davanti alla salma di una donna che, con tutta la sua anima, con tutta la sua intelligenza aveva auspicato pace, giustizia e fraternità.

---

497 P. Nenni (1891-1980) politico, giornalista, scrittore, direttore dell'*Avanti!*, segretario e poi presidente del PSI, fu uno dei maggiori leader del socialismo italiano.

Nel 1993 nascerà la *Fondazione Anna Kuliscioff*, che oggi ha una biblioteca di circa 35.000 volumi.

Su di lei Maricla Boggio scriverà un'opera teatrale: *Anna Kuliscioff – con gli scritti di Anna Kuliscioff sulla condizione della donna*.

Nel 1981 sarà girato, per la regia di Roberto Guicciardini, il film *Anna Kuliscioff* sulla vita dell'intrepida socialista.

Una vita trascorsa in prima fila nella lotta contro lo sfruttamento dell'uomo sull'uomo e per il riscatto delle donne, due volte sfruttate.

Pia Locatelli

*[Il socialismo è] un movimento che tende a liberare
continuamente le energie umane per creare una
società sempre più libera e giusta in tutto il mondo.*
Pia Locatelli

Se dovessi definirmi politicamente, non potrei che dire che sono
una socialdemocratica, che è un po' diverso dall'essere socialisti liberali, alla Rosselli. Questo se vogliamo essere semanticamente
precisi. Ma se penso alla famiglia del socialismo europeo, la cosa
non fa grande differenza perché comunque al centro ci sono il primato delle persone sul partito e l'affermazione che la libertà pesa
tanto quanto la giustizia sociale.

Difficilmente si potrebbe dare di Pia Locatelli, come donna politica, una definizione più completa e precisa di quella che essa stessa
si è data. La Locatelli si dichiara „socialdemocratica" nella accezio-

ne più nobile di questo termine[498], quella legata alla scuola di pensiero di Karl Kautsky, Jean Jaurés, Filippo Turati. Ed ha ben presente la distinzione non solo terminologica tra socialdemocrazia e liberalsocialismo[499], quest'ultimo oggi tanto di moda, ben sapendo che il socialismo non ha bisogno di aggettivi, perché è esso stesso la più piena realizzazione di tutte le libertà. Al tempo stesso non esita a riconoscere che nella famiglia socialista europea esistono sensibilità diverse e scuole diverse, ma tutte volte alla realizzazione di una società più giusta nella più piena e concreta libertà. L'aver voluto

---

498 Il termine „socialdemocrazia" ha assunto diversi significati nel corso della storia. Fino alla prima guerra mondiale era sinonimo di"socialismo", in quanto movimento politico. I partiti della II Internazionale si chiamavano indifferentemente socialdemocratici, come il Partito SocialDemocratico Tedesco, o socialisti, come il Partito Socialista Italiano. Il partito russo, facente capo a Lenin, si chiamava Partito Operaio SocialDemocratico Russo. Una certa differenza c'era coi partiti laburisti, creati in alcuni Paesi dai sindacati, come loro proiezione nelle istituzioni per poter meglio incidere nella legislazione sociale. Con la guerra mondiale, cui seguì il crollo dell'Internazionale e del suo principale partito, l'SPD, il termine socialdemocratico diventò , soprattutto ad opera di Lenin (che cambiò nome al suo partito, chiamandolo „comunista") simbolo di cedimento (i „socialtraditori"), nel migliore dei casi di interventi volti solamente a migliorare la società capitalista . Questa accezione negativa fu accentuata in Italia dopo la scissione di Palazzo Barberini del 1947 („I socialisti del dollaro"). Il termine „socialista" rimase ad indicare quei partiti operai che, senza accettare i metodi e gli obiettivi della Terza Internazionale comunista, puntavano tuttavia ad una radicale trasformazione della società. Col crollo del sistema sovietico e dei partiti comunisti, i termini socialista e socialdemocratico sono tornati praticamente ad identificarsi, in quanto tutti tendenti alla trasformazione graduale della società con metodo democratico.

499 Si ricordi, ad esempio, la polemica tra Saragat e Rosselli, in Francia, durante il periodo dell'esilio.

richiamarsi al socialismo europeo, e mondiale, si potrebbe aggiungere, sta a dimostrare il carattere fortemente internazionalista della sua posizione, secondo la migliore tradizione del socialismo italiano; la sottolineatura, poi, del principio di libertà è perfettamente coerente con le battaglie civili da anni condotte da questa intrepida figura di socialista, sempre a fianco di chi soffre, in qualunque parte del mondo, sempre pronta ad intervenire con atti concreti e con proposte.

Pia Locatelli nacque in una famiglia numerosa e religiosa il 13 agosto 1949, in un paesino del bergamasco, Villa D'Almé, di cui il padre fu sindaco democristiano, il primo dopo la Liberazione[500]. Un padre non sempre presente a causa dei suoi impegni di lavoro e di amministratore. *Ma quando aveva tempo ci intratteneva con le lezioni di solfeggio. Eravamo così tanti da sembrare un'orchestra*[501]. La madre, donna attivissima, aveva la passione del lavoro a maglia e l'amore per la lettura, che trasmise ai suoi figli: *Stava seduta in giardino su*

---

500 Isaia Luigi Locatelli (1912-1974), figlio del sacrista del paese, operaio e poi caporeparto al Linificio della cittadina, Cavaliere della Repubblica, fu sindaco democristiano di Villa d'Almé dal 1946 al 1960. Il Locatelli, inoltre, fu catechista della parrocchia, fabbriciere, suonatore di trombone nella locale banda musicale e direttore della corale parrocchiale, ruolo, quest'ultimo, poi passato al figlio Giuseppe. Per rendere omaggio a quell'uomo di così grandi risorse e di inesauribili energie, che ha lasciato una testimonianza di alto valore civile ed umano, la sua città, l'11-6-2005, gli ha intitolato il parchetto pubblico „delle Ghiaie".

501 Pia aveva 8 sorelle e 3 fratelli, di cui uno si farà sacerdote, mons. Giacomo Locatelli, diventato prevosto di San Pellegrino Terme (BG). Una sorella di Pia, Rosaria, sarà a sua volta sindaco di Villa d'Almé per due mandati (dal 23-4-1995 al 14-6-2004). Successivamente diventerà consigliere provinciale del PD (Partito Democratico).

una seggiolina e sferruzzava sempre con un libro sulle gambe. Ma sapeva giocare anche alle mamme con noi, recitando la parte della nonna.

Pia fece tesoro della robusta educazione ricevuta e lo dimostrò nel corso dei suoi studi, brillantemente conclusi, che furono anche gli anni in cui giunsero a maturazione i suoi due più grandi amori.

Il primo è quello realizzato con la sua adesione al socialismo, che sarà intensa ed irreversibile. Cresciuta in una famiglia riformista e democratica che potremmo definire anche „pia" (il nome impostole forse non è casuale), la sua scelta fu, almeno in parte, in controtendenza rispetto alle idee che circolavano in casa, considerato che il socialismo della Locatelli, pur ancorato alla più genuina tradizione, sarà intriso di laicismo, inteso nel senso più nobile del termine, come dimostrano le numerose battaglie progressiste che la vedranno in prima linea in tutte le latitudini.

Nel 1973 aderì al PSI. Era il PSI di De Martino[502], il PSI che da tempo aveva rotto col frontismo, che aveva superato la fase del centrosinistra e che era alla ricerca di una sua propria identità. Quella ricerca finì con lo sboccare nel craxismo, che la Locatelli probabilmente non condivise per intero, visto che aderì a quella che poteva

---

502 Francesco De Martino (1907-2002), professore universitario di Diritto Romano, dopo essere stato un esponente del Partito d'Azione, nel 1947, assieme al suo partito, confluì nel PSI, di cui in seguito divenne vicesegretario, con segretario Nenni. Fu, a sua volta, segretario del PSI dal 1972 al 1976, quando venne sostituito da Craxi. Nell'ultimo periodo occupò nel partito una posizione centrista, fra gli autonomisti e la sinistra interna.

considerarsi l'unica opposizione interna, la „sinistra" guidata da Lombardi[503] e poi da Signorile[504].

L'altro suo grande amore fu quello per il marito, l'imprenditore tessile Angelo Jack Zaninone, originario di Vertova, un altro paesino della provincia di Bergamo[505]. E fu proprio nel Consiglio Comunale di quella cittadina, a partire dal 1980, che Pia fece le sue prime esperienze istituzionali, per passare poi (1990) all'impegno politicamente più prestigioso di consigliere del capoluogo, dove divenne anche capogruppo consiliare del PSI[506], una posizione che le darà la

---

503 Riccardo Lombardi (1901-1984), ingegnere, già leader del Partito d'Azione, aderì al PSI nel 1947, diventandone uno dei principali esponenti. Dopo la scissione del PSIUP, divenne leader della sinistra interna del PSI. Fu fautore della politica detta „di alternativa" e teorico delle *riforme di struttura*. Fu presidente del PSI per un breve periodo, dal 16-8-1980 al 13-3-1981.

504 Claudio Signorile (n. 1937), docente di Storia moderna e contemporanea, dopo essere stato segretario della FGSI (Federazione Giovanile Socialista Italiana), divenne uno dei principali esponenti della sinistra del PSI, di cui assunse la guida dopo il ritiro di Lombardi. Fu vicesegretario del PSI nel primo periodo della segreteria Craxi. Dopo lo scioglimento del PSI fondò il movimento di Unità Socialista e, successivamente, quello di Alleanza Riformista, ambedue dissoltisi in altre formazioni.

505 I due non hanno avuto figli. Tuttavia Pia ha cresciuto i figli di una sorellastra del marito, morta improvvisamente: *È stata una bella esperienza, ma ho fatto i salti mortali per lavorare e riuscire a non perdere i contatti con l'esterno: sono stati anni d'inferno.* Attualmente ha oltre 50 tra nipoti e pronipoti. Il marito morì prematuramente, dopo ventotto anni di vita matrimoniale.

506 *Protestavo sempre perché gli uomini facevano le riunioni politiche di sera.*

possibilità di fare il balzo verso incarichi nazionali e internaziona-li[507].

Nel 1988 fu chiamata a far parte, per conto dell'ONU, degli osserva-tori internazionali per lo svolgimento del plebiscito su Pinochet[508] e nel 1989 per le successive prime elezioni democratiche[509]. Fu pro-prio Pia Locatelli a ricordare in un intervento alla Camera dei de-putati, il 13 settembre 2013, a quarant'anni dal colpo di Stato che abbatté la presidenza del socialista Salvador Allende, quei giorni:

> *[...] Oggi ricordiamo tutte le migliaia di persone uccise, scomparse, torturate: lavoratori, intellettuali, dirigenti sindacali, donne e uomini, ragazzi e ragazze uccisi, desaparecidos, torturati, segnati per sempre nella loro vita, quando riuscirono a tenersela stretta e a non morire[...]*
>
> *Ero parte degli osservatori internazionali del plebiscito ed è stata una delle esperienze politiche più intense ed emozionanti della mia vita, che ha segnato il mio impegno negli anni successivi, accentuandone il carattere internazionale[...]*

---

507 Dal 1992 al 1997 fu anche membro del Consiglio di Amministrazione dell'Università di Bergamo.

508 Il 30-8-1988 i cittadini cileni, dopo 15 anni di dittatura militare, furono chiamati dalla Giunta Militare, a decidere se confermare o meno il dittatore Pinochet come Capo dello Stato per altri 8 anni. La *Concertazione dei partiti per la democrazia*, una coalizione di centrosinistra, riuscì a far prevalere i "NO" col 55,99 % dei voti.

509 Il 14-12 1989 ebbero luogo le elezioni presidenziali. Prevalse il centro-sinistra, il cui candidato, il democristiano Patricio Aylwin (n. 1918) fu eletto col 55,17 % dei voti.

Pia fece parte anche della delegazione in Sudafrica per le prime elezioni del dopo *apartheid*, in seguito alle quali fu eletto presidente Nelson Mandela[510]. Dirà in un'intervista del dicembre 2013, fra l'altro:

> *Ho incontrato Mandela due volte nella mia vita. La prima in Portogallo [...]. La prima impressione che ho avuto è stata quella di conoscerlo da sempre. Lui si è accorto della mia emozione e mi ha sorriso. Gli sono corsa incontro e l'ho abbracciato [...].*
>
> *Poco tempo dopo sono andata con una delegazione dell'Internazionale a fare l'osservatrice in occasione delle prime elezioni libere in Sudafrica [...].*
>
> *Io credo che la prima eredità che Mandela ci lascia sia la testimonianza della sua capacità di resistenza. Ventisette anni in prigione gestiti senza cedere non è qualcosa che tutti riescono a fare, soprattutto se la si coniuga, nel frattempo, alla capacità di costruire un progetto futuro che poi ha realizzato. Ha saputo andare oltre il dolore, costruendo un progetto per il suo Paese assieme ai suoi stessi persecutori. Una grandezza incredibile.*

A dare sempre più peso al suo ruolo contribuivano non solo le innate qualità intellettive, le notevoli capacità di lavoro e la determinazione con cui portava avanti le sue idee, ma anche gli studi che

---

510 In seguito alle prime elezioni libere in Sudafrica, tenutesi il 27-4-1994 e vinte dall'ANC (African National Congress) col 62,6 %, il successivo 10/5 Nelson Mandela fu eletto Presidente. Pia Locatelli fece parte anche della delegazione di osservatori per l'elezione del Parlamento serbo dell'11-5-2008.

aveva fatto. Pia si era infatti laureata in Lingue e Letterature Straniere (1973) e successivamente anche in Economia (1990), ed era
anche poliglotta. Dopo la prima laurea, si diede alla carriera scolastica e divenne insegnante di Lingua e letteratura inglese, fino al
1982; dopodiché decise di entrare nell'azienda tessile di famiglia,
che si occupava prevalentemente di abbigliamento tecnico sportivo
ed aveva circa 2000 dipendenti. Dopo una prima fase in cui praticamente avviò e sviluppò il settore commerciale dell'azienda, ne
divenne amministratrice delegata.

Le tematiche che maggiormente interessavano Pia erano la tutela
delle donne e l'internazionalismo socialista. La sua preparazione e
la già notevole esperienza la portarono ad occupare, dal 1992 al
1999, la carica di vicepresidente dell'Internazionale Socialista Donne[511].

Nel novembre 1992 a Le Hague, in Olanda, fu tra i fondatori del
PSE (Partito Socialista Europeo)[512].

---

511 L'Internazionale Socialista Donne riunisce tutte le organizzazioni
femminili dei partiti affiliati all'Internazionale Socialista. Oggi conta 162
organizzazioni in tutto il mondo. Suoi principali obiettivi sono:
promuovere l'uguaglianza dei sessi, combattendo ogni forma di
discriminazione; rafforzare e coordinare le relazioni fra i suoi membri;
favorire i rapporti con altri raggruppamenti progressisti che si battono
per la parità di genere; elaborare progetti per superare ogni forma di
discriminazione verso le donne e le ragazze; lavorare per la pace, la
sicurezza e i diritti di tutti.

512 Il PSE sostituì la precedente Confederazione dei Partiti Socialisti
della Comunità Europea, fondata nel 1973. Nel 1992 per l'Italia
firmarono Bettino Craxi (PSI), Achille Occhetto (PDS) e Carlo Vizzini
(PSDI). Nel Parlamento Europeo, dal 2009, il PSE ha dato vita
all'Alleanza Progressista dei Socialisti e dei Democratici. Dal 2012
presidente del PSE è Sergej Stanišev, ex Primo Ministro della

Mentre i socialisti europei si riorganizzavano, quelli italiani naufragavano, travolti da una crisi di insolite proporzioni. Il loro 47°
congresso, svoltosi a Roma l'11 e il 12 novembre 1994 fu anche l'ultimo e si concluse con la deliberazione di scioglimento del partito[513].
Il 13 novembre la maggioranza di Del Turco e Boselli che aveva vinto il congresso col 63,26%, trasformatasi in Assemblea Costituente,
decise di dar vita ad un nuovo organismo denominato SI (Socialisti
Italiani), che si collocò nell'area di centro-sinistra[514] e che ben presto aderì all'Internazionale Socialista e al PSE. A questo raggruppamento aderì Pia Locatelli, diventandone ben presto uno dei leader
più prestigiosi e componente del suo Consiglio Nazionale[515]. Fece
infatti parte della delegazione del SI al 2° congresso del PSE (6/8
marzo 1995)[516], intervenne al Consiglio Nazionale del SI, riunitosi il

Bulgaria, eletto al congresso di Bruxelles con il 91 % dei voti dei 350
delegati dei 34 partiti socialisti europei. Presidente del PSE Donne dal
2004 è l'ungherese Zita Gurmai.

513 Al congresso partecipò Pia Locatelli, che intervenne il 12-11-1994
facendo rilevare, tra l'altro, come, tra i 600 delegati, appena 50 fossero
donne.

514 La minoranza craxiana invece costituì il PSR (Partito Socialista
Riformista), capeggiato da Enrico Manca (presidente)e Fabrizio
Cicchitto (segretario). Dopo varie vicende fatte di fusioni e di scissioni,
una parte di questo raggruppamento finirà per approdare nell'area di
centro-destra. Altri gruppi entreranno nei DS (Democratici di Sinistra)
ed altri addirittura in FI (Forza Italia).

515 Il Consiglio Nazionale del SI, cui partecipò anche la Locatelli, si riunì
per la prima volta il 14-12-1995.

516 Il congresso si svolse a Barcellona. Della delegazione del SI
facevano parte, oltre la Locatelli, Ottaviano Del Turco, Elena
Marinucci, Riccardo Nencini, Mario Zagari, FabioFabbri, Giampiero

14-12-1994 in prossimità delle elezioni regionali[517] e partecipò al congresso del SI dell'8/10 dicembre 1995, il primo dopo la costituzione del partito che più direttamente si richiamava alla tradizione del PSI e in cui si confermò la leadership di Enrico Boselli[518].

La vicenda del SI si concluse, a Fiuggi, il 10 maggio1998, col congresso costitutivo che diede vita allo SDI (Socialisti Democratici Italiani), un nuovo soggetto politico socialista che riuniva tutti i socialisti che si collocavano nello schieramento di centro-sinistra[519],

---

Orsello e il vicepresidente del PSE Mario Didò.

517 Alle elezioni regionali del 23-4-1995 il SI partecipò a liste comuni con Alleanza democratica e Patto Segni, con cui aveva costituito il Patto dei Democratici, che raccolse il 4,2 % dei voti ed elesse 33 consiglieri regionali, in maggioranza socialisti. Il Patto si sciolse poco dopo le elezioni.

518 Enrico Boselli (n. 1957) aderì al PSI nel 1979. Fu segretario nazionale della Federazione Giovanile Socialista e vicepresidente della YUSI, l'Internazionale dei giovani socialisti. Fu presidente della Regione Emilia-Romagna dal 1990 al 1993, anno in cui entrò nella Direzione del PSI, con Giorgio Benvenuto segretario. Dopo lo scioglimento del PSI fu il primo segretario del SI, carica che mantenne fino al 1998, quando divenne Presidente dello SDI, il nuovo partito in cui era confluito il SI. Dopo la confluenza (Costituente Socialista) dello SDI nel PS (Partito Socialista), in seguito al deludente risultato delle elezioni politiche del 13-14 aprile 2008, il giorno successivo Boselli lasciò la guida del PS. Nel dicembre 2010 lascerà anche il partito.

519 Lo SDI nacque dalla confluenza di 4 raggruppamenti socialisti: 1) Il SI (Enrico Boselli), che ne era stato il promotore. 2) Il PSDI diretto da Gianfranco Schietroma, che dal 5-1-2001 diventerà vicepresidente dello SDI.

3) L'ala sinistra del PS, guidata da Ugo Intini ed Enrico Manca (l'ala destra, con leader Gianni De Michelis, rimarrà per il momento col centro-destra).4) Alcuni gruppi laburisti, autodefinitisi Laburisti

allora al governo, sotto la guida di Romano Prodi. Presidente ne fu eletto Enrico Boselli. Pia Locatelli entrò a far parte della Direzione e dell'Esecutivo nazionale del nuovo partito, con l'incarico prima di responsabile nazionale delle donne e poi del settore internazionale.

Gli impegni politici di Pia, sia a livello nazionale che internazionale[520], tutti vissuti con grande impegno e partecipazione, non le consentivano più di occuparsi con la necessaria assiduità dell'azienda di famiglia. Sicché decise di venderla, ma facendo in modo di onorare in altro modo la memoria del marito. All'uopo, fu costituita, il 1° maggio del 2000, la *Fondazione A.J. Zaninoni*, attenta soprattutto alle tematiche del lavoro e delle pari opportunità. La fondazione, presieduta dalla stessa Locatelli, *ha lo scopo di dare continuità alla presenza non conformista e stimolante di A.J. Zaninoni, imprenditore, fondatore del gruppo „Jack Better" che opera nel settore tessile-abbigliamento, attraverso un'attività di promozione culturale e di formazione riferita a tutti i livelli professionali – dalle mansioni operaie a quelle imprenditoriali – a partire dall'ambito territoriale dove lo stesso ha operato, la Valle Seriana e la Bergamasca, fino alla internazionalizzazione della sua attività.*

Autonomisti, contrari all'ingresso dei Laburisti, guidati da Valdo Spini, nei DS (Democratici di Sinistra).

520 Dal 1996 partecipava alle riunioni della Commissione sulla condizione della donna, facente capo all'ONU. Era componente della Commissione permanente delle donne del PSE. Faceva parte (1997-2003), come incaricata delle relazioni internazionali, della Commissione Nazionale delle Pari Opportunità presso la Presidenza del Consiglio.

Lo SDI aveva intanto debuttato alle elezioni europee del 1999, in cui aveva ottenuto un modesto 2,1 % e due deputati[521]. Neanche la seconda prova fu soddisfacente: la lista presentata, alle politiche del 2001, assieme ai Verdi, detta „Il girasole", non ottenne che il 2,2%, senza poter dunque accedere alla ripartizione dei seggi proporzionali. Ma lo SDI, grazie alle candidature nei collegi uninominali, ottenne comunque 9 deputati e 6 senatori.

A ridare fiato e prestigio ai socialisti dello SDI intervenne, qualche tempo dopo, un avvenimento che ebbe larga risonanza, e non solo in Italia. Il congresso dell'Internazionale Socialista Donne (che di poco precedeva, come di consueto, quello dell'Internazionale Socialista) il 25 ottobre 2003 elesse Pia Locatelli presidente[522], nonché componente dell'Esecutivo dell'Internazionale.

All'approssimarsi delle elezioni europee del 12 e 13 giugno 2004 i partiti del centro-sinistra, SDI compreso[523], accettarono la propo-

---

521 Enrico Boselli e Claudio Martelli. Il quale ultimo in seguito lasciò lo SDI e passò al PS di De Michelis (che non aveva ottenuto alcun seggio) e di conseguenza fu escluso dal gruppo parlamentare del PSE, che non ammette socialisti alleati con la destra.

522 La proposta era stata fatta congiuntamente da Enrico Boselli, presidente dello SDI e da Piero Fassino (n. 1949), segretario dei DS dal novembre 2001, a nome dei due partiti italiani aderenti all'Internazionale. Il congresso dell'Internazionale si svolse a San Paolo del Brasile dal 27 al 29 ottobre 2003 sul tema: *Il governo giusto e responsabile del mondo, la partecipazione politica e la mondializzazione governata dai cittadini.* I lavori furono aperti dal presidente brasiliano Carlo Da Silva „Lula". La Locatelli successe nella carica alla deputata spagnola (PSOE) Dolors Renau, eletta nel XVII congresso di Parigi il 5-11-1999.

523 Lo SDI aderì all'appello di Prodi in occasione del suo 3° congresso tenuto a Fiuggi dal 2 al 4 aprile 2004.

sta di Prodi di presentarsi sotto un unico simbolo, quello dell'Ulivo. Vennero dunque presentate le liste „Uniti nell'Ulivo", che ottennero il 31,08 % dei voti e 24 seggi su 78, di cui due andarono allo SDI, che venne rappresentato al Parlamento di Bruxelles da Ottaviano Del Turco[524] e da Pia Locatelli[525]. La Locatelli fu chiamata a far parte della *Commissione per i diritti della donna e l'uguaglianza di genere* e della *Commissione per l'industria, la ricerca e l'energia*[526]. Come sempre per tutti gli incarichi ricoperti, il suo impegno nel Parlamento europeo (2004-2009) fu a tutto campo, come dicono i numeri: 17 interventi in seduta plenaria, 3 relazioni come relatore ufficiale, 2 proposte di risoluzione, 3 dichiarazioni scritte, 18 interrogazioni parlamentari.

Nel 2005 Pia fu incaricata da Romano Prodi, che aveva vinto le primarie per la leadership del centro-sinistra, di coordinare il programma di politica estera dell'Unione[527] per le imminenti elezioni politiche del 9 e 10 aprile 2006.

Intanto, dopo una fallimentare alleanza con i radicali, nello SDI si fece strada l'esigenza di ricomporre la cosiddetta *diaspora socialista*,

---

524 Ottaviano Del Turco (n. 1944), ex segretario aggiunto della CGIL, era stato l'ultimo segretario del PSI. Lascerà il suo incarico di parlamentare europeo (1-5-2005) dopo la sua elezione a Presidente della Regione Abruzzo. Gli subentrerà (24-5-2005) Vincenzo Lavarra (DS).

525 Pia venne eletta nella circoscrizione Nord-ovest, in sostituzione di Michele Santoro, che optò per un'altra circoscrizione.

526 Fu anche presidente della delegazione per le relazioni con l'assemblea parlamentare della NATO.

527 „L'Unione" era la denominazione adottata dai partiti della coalizione di centro-sinistra, poi vincitrice delle elezioni politiche del 2006.Fu ufficialmente costituita il 10-2-2005 e cessò di esistere l'8-2-2008, dopo la caduta del 2° governo Prodi.

294

che vedeva gli ex militanti del disciolto PSI sparsi in gruppi e gruppetti, spesso avversi l'uno all'altro. Il 5° congresso del partito (13-15 aprile 2007), rifiutata[528] l'adesione al costituendo PD (Partito Democratico)[529], deliberò di adoperarsi per costruire una forza autenticamente socialista, che riunisse i pezzi sparsi del PSI e del PSDI e che si collocasse nel PSE e nell'Internazionale.

Il 14-7-2007, anniversario della presa della Bastiglia e della fondazione della II Internazionale, ebbe luogo la manifestazione di apertura della *Costituente Socialista*, avente lo scopo appunto di realizzare quell'auspicata unificazione[530]. Il 25 successivo si insediò il comitato promotore per la fondazione del nuovo soggetto politico, denominato PS (Partito Socialista)[531]. Nel comitato promotore campeggiava la prestigiosa figura della Presidente dell'Internazionale Socialista Donne, Pia Locatelli[532]. Dopo la conferenza programma-

528 Con l'eccezione di „Alleanza Riformista" (gruppo capeggiato da Del Turco) e dei „Socialisti liberal per il Partito Democratico" (leader Claudio Nicolini), che invece aderirono al Partito Democratico.

529 Il Partito Democratico fu fondato il 14-10-2007 dalla confluenza dei Democratici di Sinistra, di „Democrazia è Libertà-La Margherita" e di altri gruppi minori. Primo segretario ne fu Walter Veltroni.(n. 1955).

530 La manifestazione fu introdotta dall'intervento di Pia Locatelli. Al progetto aderirono: lo SDI (Enrico Boselli e Ugo Intini), il Nuovo PSI (Gianni De Michelis e Mauro Del Bue), „I Socialisti" (Bobo Craxi e Saverio Zavettieri), l'Associazione per la Rosa nel Pugno (Lanfranco Turci), l'Associazione Socialismo è Libertà (Rino Formica), l'ex DS Roberto Barbieri, l'ex DL Cinzia Dato, Democrazia e Socialismo (Gavino Angius e Valdo Spini).

531 Il 7-10-2009 riassumerà lo storico nome di PSI (Partito Socialista Italiano).

532 Gli altri componenti erano: Gavino Angius, Enrico Boselli, Roberto Barbieri, Bobo Craxi, Cinzia Dato, Mauro Del Bue, Gianni De Michelis,

tica del PS del 5 e 6 ottobre 2007, il processo costituente dovette effettuare una pausa forzata, a causa dell'improvvisa caduta del governo Prodi e delle conseguenti elezioni anticipate del 13 e 14 aprile 2008, alle quali il PS partecipò da solo, al di fuori di ogni coalizione, con candidato presidente Enrico Boselli[533].

Il meccanismo della legge elettorale, a suo tempo varata dal centro-destra, detta *porcellum*, impedì al PS (0,97 % alla Camera e 0,87 % al Senato), come anche ai due partiti comunisti[534], di ottenere una rappresentanza parlamentare. Di conseguenza, per la prima volta nella storia della Repubblica, si ebbe un Parlamento senza socialisti e senza comunisti. Il deludente risultato delle elezioni (vinte dal centro-destra) spinse Boselli a rassegnare le dimissioni. Il congresso di fondazione del PS fu fissato per i giorni dal 4 al 6 luglio 2008 a Montecatini.

Rino Formica, Franco Grillini, Ugo Intini, Alberto Nigra, Gianfranco Schietroma, Valdo Spini, Lanfranco Turci, Roberto Villetti, Saverio Zavettieri.

533 I socialisti di Bergamo avevano proposto la candidatura di Pia Locatelli.

534 Partito della Rifondazione Comunista e Partito dei Comunisti Italiani.

Al congresso furono presentate tre mozioni[535] e Pia Locatelli[536] fu candidata alla segreteria del PS:

> *Lo faccio perché ritengo che sia il momento di scompigliare i giochi. I socialisti in questi anni non hanno avuto slancio, si sono lasciati condizionare dal ricordo di Tangentopoli e non hanno avuto il coraggio a sufficienza di proporsi come forza socialdemocratica e laica sul modello del socialismo europeo raccolto nel PSE. Credo sia il momento di ricominciare. Voglio essere una Epinay[537] per la sinistra italiana.*

Se eletta sarebbe stata una delle pochissime donne[538] a guidare un partito italiano; ma, alla fine, su ogni altra considerazione, prevalse

---

535 Le tre mozioni erano: 1) *Progetto e ricambio* (Angelo Sollazzo), che rappresentava la sinistra interna. 2) *Prima la politica* (Mauro Del Bue), che propose la candidatura di Pia Locatelli. 3) *Un nuovo inizio del Partito Socialista*, che presentò la candidatura di Nencini.

536 Il 27 giugno 2008 l'Internazionale Socialista Donne, riunita al congresso di Atene, aveva riconfermato all'unanimità Pia Locatelli come sua presidente, per un secondo ed ultimo mandato, secondo lo Statuto dell'Internazionale. Per l'occasione Pia dichiarò : *Sono contenta di questa rielezione all'unanimità. Il mio lavoro nell'Internazionale Socialista servirà anche a rafforzare i socialisti italiani che sono molti di più dell'1% preso alle ultime elezioni. Auspico anche che questa mia rielezione possa servire per la mia candidatura alla segreteria nazionale del PS, il cui congresso si terrà a Montecatini dal 4 al 6 luglio.*

Nel 2008 Pia aveva pubblicato, assieme alla socialista e psicologa austriaca Imtraut Karlsson (n. 1944), il volumetto *I primi cento anni. Breve storia dell'Internazionale Socialista Donne.*

537 Il Congresso di Epinay (11/14-6-1971), un sobborgo a nord di Parigi, dei socialisti francesi, fu caratterizzato dalla conquista della leadership da parte di Francois Mitterrand, che seppe rilanciare il socialismo francese.

lo spirito unitario e il 5-7-2008 Pia ritirò la propria candidatura a favore di quella di Riccardo Nencini[539], che fu eletto all'unanimità segretario nazionale del PS. Il 27 luglio successivo il Consiglio Nazionale elesse presidente del partito Pia Locatelli[540].

Nencini cercò di realizzare un clima di distensione col PD, ma ciò fu reso impossibile dalle modifiche apportate alla legge elettorale per il Parlamento europeo, in cui fu inserito, mediante un'intesa tra il PD e il centro-destra, lo sbarramento al 4 %. Il PS si vide dunque costretto a coalizzarsi, in vista appunto delle europee del 6 e 7 giugno 2009, con forze affini[541], con cui costituì la lista denominata Sinistra e Libertà, che però non riuscì a superare lo sbarramento del 4 %, avendo ottenuto solo il 3,13 % dei voti.

La mancata rielezione fu in seguito compensata, almeno per Pia Locatelli, dalla notizia che il 4-11- 2009 le era stato conferito dall'europarlamento, il premio come *Migliore Parlamentare dell'anno* per il

---

538 In precedenza c'erano riuscite solo Adelaide Aglietta (Partito Radicale) e Grazia Francescato (Verdi).

539 Riccardo Nencini, giornalista e scrittore, laureato in Scienze Politiche e in Lettere *honoris causa*, è stato deputato, assessore regionale e Presidente del Consiglio Regionale della Toscana, europarlamentare e senatore. È stato riconfermato segretario nel congresso del PS/PSI dell'11-7-2010. Nel 2013 è stato nominato viceministro nel governo Renzi.

540 Lo rimase fino al 2010. Attualmente è componente del Consiglio Nazionale del PSI.

541 Movimento per la Sinistra (Nichi Vendola), Verdi (Grazia Francescato), Sinistra Democratica (Claudio Fava), Unire la Sinistra (Umberto Guidoni).

settore „Ricerca e Innovazione"[542]. Questo il commento a caldo dell'interessata: *Sono davvero soddisfatta per questo riconoscimento che fino all'ultimo non sapevo se mi sarebbe stato assegnato.*

Un personaggio della preparazione e dell'impegno della Locatelli, in particolare nel campo delle pari opportunità e in quello della ricerca scientifica, non poteva essere ignorato; ed infatti alla brillante dirigente socialista non mancarono i riconoscimenti negli anni seguenti[543]. Ma certamente quello che più di ogni altro la gratificò, anche perché fu la prima ad ottenerlo, fu la sua storica elezione a Presidente onoraria dell'Internazionale Socialista Donne, avvenuta nella prima giornata (29-8-2012) del XX congresso dell'organizzazione, tenutosi a Città del Capo, in Sudafrica[544].

542 Il premio, organizzato dalla rivista del Parlamento europeo, viene conferito annualmente a un parlamentare che si sia distinto per il suo lavoro in uno dei 12 settori in cui è stata divisa l'attività del Parlamento stesso. Per ciascuno dei 12 settori sono fatte tre *nomination* da parte di organizzazioni esterne al Parlamento. Per ogni terna i deputati in carica scelgono, mediante votazione, quello che ritengono meritevole del premio, il cui nominativo viene reso noto solo con la premiazione stessa.

543 Nel 2010 fu chiamata a presiedere il gruppo di lavoro per la *Predisposizione della proposta italiana per il prossimo 8° Programma Quadro europeo in un'ottica di genere*, per promuovere l'applicazione della politica di pari opportunità nei settori scientifico e tecnologico.

Nel 2011 la Commissione Europea la incaricò di dirigere un gruppo di esperti chiamati a valutare il *Progetto europeo di ricerca sulla metrologia*. Nel settembre 2011 fu chiamata a far parte del Comitato scientifico della *Fondazione Nilde Jotti*, avente lo scopo di coltivare nelle giovani generazioni i valori di libertà, solidarietà e giustizia sociale e di favorire un loro avvicinamento alla politica.

544 A succedere a Pia Locatelli alla presidenza dell'Internazionale Socialista Donne fu eletta la deputata marocchina Ouafa Hajji,

Intanto il segretario Nencini aveva preso a tessere la sua tela per riportare i socialisti in parlamento. Il suo progetto si concretizzò alfine con la firma, nell'ottobre 2012, assieme a Pier Luigi Bersani[545] (PD) e a Nichi Vendola[546] (Sinistra Ecologia Libertà) della *Carta d'intenti* che diede vita alla coalizione di centrosinistra denominata *Italia. Bene Comune*, in vista delle elezioni politiche del 24 e 25 febbraio 2013. Il PSI, al fine di superare lo sbarramento previsto dalla legge elettorale[547], presentò i suoi candidati, quasi ovunque, nelle liste del PD ed ottenne l'elezione di 4 deputati, fra cui Pia Locatelli, eletta nella circoscrizione Lombardia, e 2 senatori[548]. I parlamentari aderirono alla componente socialista del gruppo misto. Pia Locatelli entrò a far parte della Commissione Affari Esteri e Comunitari, partecipando anche al Comitato permanente sull'Africa e all'intergruppo „Salute globale e diritti delle donne".

La solida preparazione, l'instancabile volontà, la passione e l'entusiasmo con cui questa donna con la politica nel sangue si è dedicata alla causa del socialismo gradualista[549], correndo da una parte al-

---

membro dell'Ufficio Politico dell'USFP (Unione Socialista delle Forze Popolari).

545 Pier Luigi Bersani (n. 1951), laureato con lode in Filosofia, è stato più volte ministro. Dal 2009 al 2013 è stato segretario nazionale del PD.

546 Nicola Vendola (n. 1958), laureato in Lettere, è presidente della Regione Puglia e del partito „Sinistra Ecologia Libertà".

547 Per i partiti non coalizzati lo sbarramento previsto era del 4 % per la Camera e del 3 % per il Senato.

548 I quattro deputati erano: Raffaele Di Gioia, Marco Di Lello, Pia Locatelli e Oreste Pastorelli, tesoriere del PSI. Al Senato andarono il segretario Riccardo Nencini e Fausto Guilherme Longo, architetto urbanista di San Paolo del Brasile (circoscrizione Sud America).

549 Netta la scelta della Locatelli per il socialismo riformatore: *L'estensione consensuale della democrazia, attraverso i benefici del*

l'altra del mondo, dovunque potesse dare il suo contributo, ebbero un ennesimo riconoscimento con l'assegnazione del premio *Opencamera 2013*[550], in qualità di prima classificata come migliore deputata. Questa la motivazione: *Pia Locatelli, Partito Socialista Italiano, riesce a dire cose profonde e mai banali nei pochissimi minuti a disposizione del suo gruppo (una componente del Misto). Si vede tutta la sua esperienza precedente anche in ambito internazionale. Grandissimo acquisto della XVII legislatura.*

Le battaglie intraprese da Pia nella sua lunga carriera politica sono numerose e toccano varie problematiche, che riguardano principalmente i diritti civili, in particolare delle donne, e la politica estera, settore in cui è certamente una specialista, anzi una delle migliori specialiste italiane. Tutte queste problematiche, spesso assai diverse fra loro, affrontate sempre con concretezza e determinazione, hanno un comune denominatore che le unisce: quello della laicità. Pia è, infatti, uno spirito libero che ragiona senza pregiudiziali, senza preconcetti, senza enfasi parolaia, ma con lucidità e razionalità: con laicità, appunto.

> *Non solo reputo necessario questo impegno per la laicità, ma ritengo possa riportare l'orgoglio di quel filo rosso che ha sempre contraddistinto l'iniziativa socialista sui temi della libertà.*

---

commercio equo, dell'informazione, dello sviluppo, è alternativa alla sua esportazione sulla canna dei fucili.

550 Hashtag creato il 29-7-2011 dal giornalista ed ex deputato Andrea Sarubbi (n. 1971), inventore di una comunicazione continua in tempo reale di quanto accade alla Camera. Suo l'annuncio della motivazione.

La regina delle sue battaglie può considerarsi quella per le *pari opportunità*, per le quali la Locatelli ha chiesto più volte di istituire un ministero apposito, senza il quale non ci possono essere *l'attenzione e gli impegni necessari a portare avanti tempestivamente efficaci politiche di genere e delle pari opportunità.*

A proposito della violenza sulle donne[551] ha espresso soddisfazione per i risultati della „Conferenza di Istanbul[552], imperniata essenzialmente su tre cardini: *prevenzione* (della violenza) *protezione* (delle donne) *e punizione* (dei colpevoli):

> *Prevenire la violenza contro le donne è possibile attraverso l'educazione, introducendo nelle scuole di ogni ordine e grado specifici progetti e corsi di educazione all'affettività e alle relazioni, e nelle università la promozione e il sostegno degli studi di genere.*

Si è detta, inoltre, assolutamente contraria ad ogni attenuante per i misfatti contro le donne:

> *Attenuanti perché l'uomo era innamorato della bambina. Attenuanti perché il marito era ubriaco. Attenuanti perché la donna fino ad un attimo prima aveva lasciato intendere che ci stava. Attenuanti perché la vittima non si è difesa abbastanza.*
>
> *Basta. Bisogna dire, urlare, affermare una volta per tutte che uno stupro non può avere attenuanti. MAI.*

---

551 *La violenza alle donne è l'espressione estrema della disuguaglianza, è la lotta della mia vita.*

552 Convenzione del Consiglio d'Europa dell'11-5.2011 sulla prevenzione e la lotta contro la violenza nei confronti delle donne e la violenza domestica. Già ratificata dal Parlamento italiano.

In particolare, sul femminicidio ha fatto rilevare *l'efferatezza delle violenze. Soprattutto è aumentata la caratterizzazione di donne uccise in quanto donne. Non sono omicidi casuali: si tratta di uccisioni di donne soprattutto per mano di persone molto vicine a loro, come per esempio l'ex marito o l'ex compagno.*

Il femminicidio, sostiene con sdegno Pia, *veniva e tuttora viene considerato un fatto privato e soprattutto un fatto di donne; per questo non ha assunto nell'opinione pubblica la drammaticità di cui è carico. Finalmente se ne sta prendendo coscienza: la violenza contro le donne è un fatto pubblico e soprattutto riguarda e coinvolge gli uomini perché è causato dalla loro incapacità di riconoscere ed accettare la libertà femminile.*

In occasione della „Giornata internazionale tolleranza zero verso le Mutilazioni Genitali Femminili", ha espresso la sua indignazione contro la *tragica crudele pratica* dell'infibulazione, sollecitando tutti gli organi dello Stato a fare quanto possibile contro quella

> *pratica basata su norme sociali che violano gravemente i diritti umani di donne e bambine ed ha un impatto devastante sulla loro salute fisica e psichica.*

Nell'ambito dell'Internazionale Socialista Donne, si è impegnata , e si impegna, perché i Paesi che non l'hanno ancora fatto ratifichino il *Protocollo di Maputu*[553].

---

553 Il *Protocollo di Maputu* è un trattato sui diritti delle donne adottato dall'Unione Africana l'11-7-2003 a Maputu (Mozambico). È composto di 32 articoli che impegnano i Paesi che lo ratificano ad adeguarvi la propria legislazione, introducendovi una serie di diritti delle donne, fra cui quello all'integrità psicofisica e di conseguenza la condanna delle mutilazioni genitali femminili.

E non trascura nemmeno la lotta contro il fenomeno dei matrimoni precoci, che registra oggi nel mondo 60 milioni di spose-bambine fra gli otto e i dodici anni, sollecitando le autorità ad adoperarsi *per eliminare questa piaga che consiste in una specie di pedofilia legalizzata* in varie parti del mondo, anche portandola in discussione all'ONU.

Per restare nel campo delle giovanissime, a proposito delle cosiddette *baby prostitute* Pia non ha mancato di stigmatizzare il linguaggio che spesso viene usato nei loro confronti: *baby escort, ragazze doccia, prostitute bambine, puttanelle, sono solo alcuni degli aggettivi con cui vengono definite coloro che non sono altro che ragazzine di 14, 15, al massimo 16 anni finite in un giro più grande di loro, vittime di individui senza scrupoli.* E poiché spesso accade che le madri sono definite *complici e colpevoli,* mentre dei padri quasi non si parla, Pia puntualizza:

> La realtà purtroppo è che gli stereotipi di genere sono tutt'altro che debellati e che l'idea della donna adescatrice e puttana fa parte ancora dell'immaginario collettivo, dimenticando che lo sfruttamento della prostituzione è un reato. Non solo, ma in base alla legge di ratifica della Convenzione di Lanzarote[554], per la protezione dei minori contro lo sfruttamento e l'abuso sessuale, andare con dei minori rientra nella pedofilia (reato ancora più grave), tanto più che le vittime, e

---

554 La *Convenzione di Lanzarote* (isola delle Canarie) del Consiglio d'Europa, entrata in vigore il 1° luglio 2010, riguarda la protezione dei minori contro lo sfruttamento e l'abuso sessuale. Punisce i reati di adescamento di minorenni, di istigazione e apologia di pratiche di pedofilia e di pedopornografia, di abusi sessuali e di prostituzione infantile. L'Italia l'ha ratificata con la legge 17-2-2012.

ripeto vittime, hanno meno di 16 anni. Diciamolo
chiaramente, altrimenti meglio il silenzio.

Nel corso della sua instancabile battaglia per i diritti civili, Pia Locatelli non ha mai mancato di prendere posizioni nette: sulla „pillola del giorno dopo" perché rientra, sostiene, *nel diritto all'autodeter-*
minazione e alla salute della donna; in difesa della legge 194 sull'IVG
(Interruzione Volontaria della Gravidanza), cui spesso viene con-
trapposto il diritto all'obiezione di coscienza: *l'esercizio dell'obiezione*
di coscienza non deve impedire l'applicazione della legge 194 in tutte le sue
parti, mettendo in discussione la prestazione del servizio della IVG, come
avviene sempre più spesso e costringendo le donne a mendicare il proprio
diritto ad interrompere, in sicurezza e legalità, una gravidanza non volu-
ta; sulla Ru 486[555] che *resta una valida alternativa all'aborto chirurgico,*
perché meno traumatica. Ed è davvero senza senso la battaglia di retro-
guardia che si sta combattendo in Italia per impedirne l'uso; sulla fecon-
dazione eterologa, esultando per la dichiarazione di incostituzio-
nalità della „Legge 40": *Una legge oscurantista che ci ha messo per lungo*
tempo fuori dall'Europa, che ha costretto, chi poteva economicamente per-
mettersclo, a viaggi all'estero per aggirarne i divieti, che ha pesato sul cor-
po di tante donne, costrette a sottoporsi a numerosi e invasivi interventi
a causa dell'assurdo divieto di produzione di più di tre embrioni; per il "testamento biologico", in modo che chi abbia espresso la propria volontà in materia sanitaria in modo incontrovertibile, possa essere
certo che essa sarà rispettata quando non sarà più in grado di ma-
nifestarla: *Così come il soggetto capace ha la possibilità di rifiutare ogni*

---

555 Medicinale per l'interruzione farmacologica della gravidanza da
    utilizzare solo in ambito ospedaliero e con obbligo di ricovero.

tipo di intervento medico sanitario, compresi l'alimentazione, l'idratazione o i mezzi di respirazione artificiali, allo stesso modo ciò deve essere consentito al paziente non più capace; sulle coppie di fatto, per le quali una legge va fatta e subito, in modo da stabilire regole e diritti; sulle unioni civili, per le quali ha sottolineato la necessità di uno strumento per regolare i rapporti tra persone che convivono, indipendentemente dal loro sesso; sul „divorzio breve", necessario anche per snellire le procedure, visti i tempi lunghi previsti dalla legge del 1974, che suggeriscono di abolire il periodo di separazione, per poter accedere direttamente al divorzio: infatti nel 98 % dei casi, dopo aver dichiarato la separazione, le coppie continuano per la loro strada. Non c'è probabilità di riconciliazione; sul doppio cognome, a proposito del quale la nuova legge afferma la piena uguaglianza di entrambi i genitori e consente a una coppia di dare ai propri figli e alle proprie figlie solo il cognome della madre; sulla legge contro l'omofobia, che è un atto di civiltà.

E, ancora, sulla formazione culturale e professionale, la prof.ssa Locatelli si è compiaciuta del fatto che, nel 2014, dopo anni di tagli, si torna ad investire sulla scuola e quindi sul futuro dei nostri giovani; a proposito della drammatica situazione creatasi nelle carceri italiane a causa del sovraffollamento ha detto, nel giugno 2014: A questo punto non vedo altra soluzione per lo svuotamento delle carceri che l'amnistia. È una conclusione alla quale sono arrivata dopo un lungo percorso e ragionamento e dopo aver letto più volte il messaggio del Presidente Napolitano alla Camera; sulla condizione dei migranti, dopo la visita in Sicilia del giugno 2014, ha lanciato un grido di allarme: La visita ci ha consentito di toccare con mano la gravità della situazione. Non si può, *infatti, parlare di emergenza immigrazione dagli scranni parlamentari, senza aver visto da vicino le condizioni dei migranti.*

L'altro campo in cui maggiormente si è spesa Pia Locatelli, *da sempre interessata alla politica internazionale e ai movimenti femminili nel mondo*, è quello della politica estera. Innumerevoli sono stati gli interventi da lei effettuati sulle più svariate problematiche, sia come vicepresidente, poi presidente ed infine presidente onoraria dell'Internazionale Socialista Donne, per cui la vediamo ora a sostenere Ségoulene Royal, ora a dar man forte a Luis Zapatero; sia come dirigente socialista, sia come parlamentare europea e poi nazionale. Ha partecipato a molte missioni all'estero. Solo nell'ultimo periodo l'abbiamo vista in Algeria, per discutere della legislazione a favore delle donne; a New York, alla riunione annuale delle donne con incarichi istituzionali; a Zagabria, a vent'anni dalla *guerra dei Balcani*, per partecipare a un convegno regionale per studiare forme di „compensazione" per le vittime femminili; a Città del Messico, alla riunione del Consiglio dell'Internazionale Socialista Donne e dell'Internazionale Socialista; a Sana'a, per partecipare ad un seminario con le donne costituenti dello Yemen, al fine di contribuire al processo di democratizzazione di quel Paese, supportandole nella stesura della nuova costituzione; a Kigali, in Ruanda , ad un *summit* mondiale di donne parlamentari di tutto il mondo.

La generosa attività dell'esponente socialista si è esplicata sia nelle aule parlamentari, con proposte di legge, mozioni, risoluzioni, interpellanze, interrogazioni, interventi in aula e in commissione; sia al di fuori di esse, nel partito, nell'Internazionale, nella società civile, nella stampa, nella radio, in televisione, nella comunicazione online, con interviste, discorsi, conferenze, convegni, missioni, sempre in prima linea in difesa della giustizia e della libertà, in Italia e fuori...

Che dire, in conclusione, di questa vulcanica „donna del socialismo"? Cosa ci si può aspettare ancora da lei? Direi che quello che abbiamo raccontato è solo l'antefatto: il bello deve ancora venire...

Vera Lombardi

Il socialismo [non può] essere disgiunto da una piena attuazione della democrazia, dal rispetto della persona umana, dalla partecipazione attiva dei cittadini alla vita politica.

Vera Lombardi

Nonostante l'aspetto di donna fragile, quasi minuta e bisognosa di protezione, Vera Lombardi fu una donna forte e determinata, che seppe affrontare, con garbo e con fermezza nello stesso tempo, nel corso della sua lunga vita, problematiche diverse, relative alla sua triplice militanza: nella politica, nella scuola, nella società. Vi riuscì perché la sua azione fu sempre supportata da una grande forza morale e da una naturale inclinazione a servire la causa del progresso umano.

Essa considerò, come effettivamente è giusto, il partito come un mezzo pratico per realizzare l'idea; per cui, quando riteneva uno strumento politico non più idoneo rispetto al fine che si proponeva, lo lasciava al suo destino. I cambiamenti di tessera, però , non debbono far pensare, almeno in questo caso, ai cosiddetti „salti della quaglia", cui la politica moderna ci ha abituati.

Infatti, nella vita e nell'attività di Vera Lombardi c'è stata una coerenza di fondo, un sogno da realizzare che rimase sempre lo stesso: il socialismo. Per questo la sua opera merita di essere ricordata ed additata come esempio di grande umanità, di intima coerenza, di passione disinteressata.

Anche se in lei c'era un innato senso della giustizia, molto probabilmente una grande influenza nella sua formazione dovette esercitarla anche l'ambiente familiare, ricco di tradizioni socialiste.

Vera nacque a Napoli l'11 aprile 1904 da Giovanni Lombardi[556], un noto esponente del socialismo meridionale, criminologo e docente universitario, e da Rosa Pignatari, nipote[557] e sorella[558] di deputati socialisti, la quale fece parte, in gioventù, del gruppo di traduttori delle opere di Marx e di Engels, pubblicate dalle edizioni dell'*Avanti!* e che, nel secondo dopoguerra, si dedicò alla traduzione della *Storia del movimento operaio* in tre volumi, che copre il periodo 1830-

---

556 Giovanni Lombardi nacque a Rutino, in provincia di Salerno il 4 febbraio 1872. Socialista di orientamento riformista, nel 1915 fu membro della Giunta Provinciale Amministrativa di Napoli; nel 1919 fu eletto deputato nel collegio di Trani-Corato, in Puglia. Ripresentatosi nel 1921 non fu riconfermato. Nel 1922 aderì al Partito Socialista Unitario di Turati e Matteotti. Nel 1924, in pieno clima di violenza fascista, fu candidato non eletto alle politiche ed ebbe come compagno di lista Bruno Buozzi. Nel 1944 venne indicato dal CLN di Napoli (di cui poi divenne presidente) come sindaco della città, ma il comando militare alleato non accolse la richiesta. Nel 1946 fu eletto (9.561 preferenze) all'Assemblea Costituente, dove fece parte della delegazione socialista nella Prima Sottocommissione della *Commissione dei 75*, assieme a Lelio Basso e a Pietro Mancini. Alla sua morte (Napoli, 29-10-1946), fu sostituito da Leonetto Amadei nella sottocommissione e da Luigi Renato Sansone nel seggio alla Costituente. Per la sua attività politica era stato arrestato due volte: nel 1921 e nel 1945. Egli non poté svolgere in pieno la sua attività di avvocato penalista, poiché le sue idee, visto il clima politico del tempo, gli alienavano i clienti. Si diede perciò allo studio della criminologia, pubblicando diversi volumi e monografie, di cui alcuni sequestrati dal fascismo. Nelle sue opere egli sostiene che lo studio della storia, della filosofia e della sociologia porta alla conclusione che il reato è un fenomeno sociale.

557 Rosa Pignatari era nipote di Ettore Ciccotti (1863-1939), studioso del mondo antico, che dopo un'iniziale simpatia per il mazzinianesimo e per l'irredentismo, aderì al socialismo, da cui si staccò nel 1915, in quanto interventista. Fu deputato nel 1900-1904, nel 1909-1913 e nel 1913-1919. Senatore dal 1924.

1953, dello storico francese Edouard Dolléans (1877-1954). Dal loro matrimonio nacquero altri tre figli: Nora, Elda e Franco[559], ai quali Vera rimase sempre affettuosamente legata.

Studiò al liceo *Umberto* di Napoli, quando imperava un modo di insegnare cattedratico e autoritario e il sapere era nozionistico, come racconterà più tardi: *Studiavamo la letteratura sui manuali di storia letteraria, concepita, come la storia, in modo idealistico, come un processo che si svolgeva nella sfera delle attività dello spirito, senza nessun rapporto con la realtà sociale*. La storia si fermava all'epoca del colonialismo, si leggeva pochissimo dai testi letterari, si ignorava *ciò che avveniva intorno a noi, non dico nella società, ma nella cultura*. Buio completo sui fermenti letterari contemporanei e su ciò che avveniva all'estero. Una scuola mummificata, potremmo dire, più informativa che formativa. La coscienza di tali pesanti insufficienze peserà certamente molto sulle scelte di metodo e di sostanza che Vera metterà in atto, quando diventerà a sua volta insegnante.

---

558 Il fratello Aldo Enzo Pignatari (1897-1969), avvocato, fu eletto deputato all'Assemblea Costituente (nel XXVII collegio – Potenza) per il PSIUP; aderì alla scissione di palazzo Barberini e perciò passò (3-2-1947) al gruppo parlamentare del neocostituito PSLI.

559 Franco Lombardi (1906-1989) si laureò in legge nel 1928; ottenne la libera docenza in Filosofia morale nel 1933; nel 1935 pubblicò il volume *Il mondo degli uomini*; nel 1943 divenne professore di Storia della filosofia e nel 1956 di Filosofia morale all'Università di Roma. Durante la sua ricca carriera accademica ottenne ampi riconoscimenti nazionali ed esteri. Antifascista da sempre, partecipò alla lotta clandestina e militò nel PSI, in cui fu vicino alla posizioni di Sandro Pertini, fino alla scissione di Palazzo Barberini.

Ottenuto il diploma, Vera si iscrisse all'Università di Napoli, alla facoltà di Lettere e Filosofia, dove si laureò in Filosofia e Storia. Non poté però ancora insegnare, essendo in vigore il divieto fascista per le donne di insegnare Storia e Filosofia (le due materie erano state abbinate) nei licei[560]. La Lombardi tornerà, come insegnante, nel suo liceo *Umberto* solo quando, caduto il fascismo, il divieto sarà rimosso. Si rivelerà, prima ancora che insegnante colta e sollecita degli altri, maestra di vita per generazioni di napoletani.

Durante quegli anni Vera partecipò a molti incontri di antifascisti che si svolgevano in case private, ma anche in libreria o al bar. Durante l'attività cospirativa avveniva anche lo scambio, fra gli antifascisti, di libri e materiali clandestini sulla politica interna e internazionale, sulla guerra di Spagna, sull'Unione Sovietica. La Lombardi seppe così fin da allora dei processi staliniani[561] e del regime autoritario che era infine scaturito dalla rivoluzione sovietica, per cui si fece strada in lei la consapevolezza che il socialismo non poteva vivere senza una reale democrazia partecipativa. Non divenne però mai un'anticomunista, perché aveva davanti a sé il quadro dell'antifascismo militante: da un lato gli intellettuali che si limitavano a riunirsi e che si adagiavano su una specie di resistenza passiva, dall'altro il PCI che, col sacrificio di numerosi suoi militanti di

---

560 Era precluso alle donne anche l'insegnamento di Diritto ed Economia negli istituti tecnici.

561 Le cosiddette *purghe staliniane*, verificatesi nell'URSS nella seconda metà degli anni '30, volute da Stalin. Esse travolsero, anche mediante l'eliminazione fisica, in seguito a processi pilotati, non solo comuni cittadini considerati ostili al regime, ma anche comunisti, fra cui eminenti esponenti della rivoluzione bolscevica, come Lev Kamenev, Grigorij Zinov'ev e Nicolaj Bucharin.

tutte le categorie sociali, si impegnava nell'organizzazione della lotta per abbattere il regime, insomma si preparava all'azione. E l'azione principale, nella Resistenza meridionale, furono le *quattro giornate di Napoli*[562].

Nel 1943 i suoi genitori, ormai anziani e molto provati, accolti da alcuni parenti, si stabilirono a Roma. Vera li raggiunse il 17 luglio di quell'anno e l'intera famiglia dovette subire i morsi della fame. Il fratello Franco, antifascista e marito di una donna ebrea, Iole Tagliacozzo, aveva affittato un appartamento a „Monte Verde" (quartiere residenziale) in cui fece nascondere la moglie. Sua sorella Nora aveva sposato il fratello della cognata, Enzo Tagliacozzo e i due, nel 1939, erano riparati a Londra, dove Enzo trovò lavoro alla BBC: da *Radio Londra* trasmetteva bollettini per l'Italia. Nel 1940 i due si trasferirono in USA, dove Nora curava una trasmissione radiofonica diretta agli italiani, cui trasmetteva messaggi antifascisti.

---

562 Dal 27 al 30 settembre 1943 ebbe luogo l'insurrezione popolare di Napoli, con cui comuni cittadini, con l'apporto di truppe italiane fedeli al Regno del Sud, riuscirono a liberare la città dalla feroce occupazione nazista; sicché quando, il 1° ottobre 1943, vi entrarono le truppe alleate, la trovarono completamente libera. Per questo Napoli, prima grande città europea ad insorgere con successo contro l'occupante tedesco, fu insignita della medaglia d'oro al valor militare. Questa la motivazione ufficiale: *Con superbo slancio patriottico sapeva trovare, in mezzo al lutto ed alle rovine, la forza per cacciare dal suolo partenopeo le soldatesche germaniche sfidandone la feroce disumana rappresaglia. Impegnata un'impari lotta col secolare nemico, offriva alla Patria, nelle „Quattro Giornate" di fine settembre 1943, numerosi eletti figli. Col suo glorioso esempio additava, a tutti gli Italiani, la via verso la libertà, la giustizia e la salvezza della Patria.*

Vera rimpianse sempre di non aver partecipato alla lotta armata, per la quale si riteneva particolarmente idonea, grazie alla saldezza del suo sistema nervoso. Una volta, tornando da Parigi con del materiale di propaganda compromettente, fece appena in tempo a sistemarlo fra due fette di pane, in modo tale da farlo apparire come un *sandwich*, prima di subire, con fredda impassibilità, una minuziosa perquisizione del bagaglio.

Ritornata a Napoli (1944) Vera si iscrisse al PSIUP (Partito Socialista Italiano di Unità Proletaria), nato dalla fusione, avvenuta a Roma il 23-8-1943 tra il PSI, il MUP[563] e l'UP[564]. Entrò poi nel Comitato Direttivo della Federazione socialista di Napoli e fu anche nominata presidente della Commissione Femminile.

Caduto il fascismo, all'interno del partito socialista si aprì un acceso dibattito fra le sue diverse anime, quella massimalista e quella riformista in particolare, fra i dirigenti che avevano scelto l'esilio e quelli che erano rimasti in patria, ecc.; ma, fondamentalmente, fra i due schieramenti che rappresentavano due visioni diverse circa la collocazione strategica del partito: da una parte quella detta fusionista o filocomunista, o semplicemente unitaria, che privilegiava l'unità del proletario di fronte ai tentativi, sempre più evidenti, di

---

563 Il MUP (Movimento di Unità Proletaria per la repubblica socialista) era un movimento politico sorto a Milano il 10-1-1943 con leader Lelio Basso. Ne facevano parte, tra gli altri, Carlo Andreoni, Lucio Luzzatto, Corrado Bonfantini, che durante la Resistenza organizzerà le brigate partigiane *Matteotti*, e Domenico Viotto.

564 UP (Unità Proletaria) era un movimento giovanile antifascista di orientamento europeista e federalista, con leader Giuliano Vassalli, di cui facevano parte Mario Zagari, Tullio Vecchietti e Leo Solari, che Nenni definirà *i giovani turchi*.

restaurazione del vecchio ordine sociale, e che dunque erano favorevoli ad una stretta alleanza col PCI, che rappresentava una buona fetta della classe operaia; dall'altra parte quella che andava formando una coalizione che si definiva autonomista, la quale accettava, in varia misura, l'alleanza col PCI, ma nella salvaguardia dell'autonomia ideologica e politica del PSIUP e di una strategia coerentemente democratica che fosse in sintonia col socialismo europeo che si andava riorganizzando dopo la bufera della guerra. Quest'ultimo schieramento comprendeva i riformisti della prima generazione (Modigliani, D'Aragona), radunati attorno alla risorta rivista di Turati *Critica Sociale* e quelli della seconda (Saragat) e un nuovo gruppo o corrente che prendeva nome dalla rivista, attorno alla quale era nato e a cui si richiamava politicamente: *Iniziativa Socialista*, diretta da Mario Zagari. Ad esso aderì Vera Lombardi, contraria allo stalinismo, alla concezione dell'URSS come „Stato guida", alla struttura centralizzata e burocratica del partito comunista, ma non per questo moderata o anticomunista, anzi saldamente collocata in una posizione classista. La corrente di *Iniziativa* sul piano interno affermava che *la piena autonomia del Partito socialista è condizione essenziale per garantire la continuità della vita democratica del paese*, per cui diceva sì all'alleanza col PCI, ma nella piena autonomia socialista; sul piano internazionale la corrente sosteneva che, *di fronte alla minaccia di una nuova frattura, la funzione del Partito socialista è quella di rafforzare la coscienza internazionale dei lavoratori e di promuovere un'azione comune dei socialisti per impedire l'affermarsi di politiche nazionalistiche, per ostacolare ogni blocco di potenze [...].Per la realizzazione di tali fini deve quanto prima essere creata una nuova Internazio-*

nale socialista. Insomma, la corrente si poneva su un terreno decisamente classista, ma altrettanto decisamente respingeva ogni sudditanza ideologica o politica nei confronti del PCI.

Le contrapposte tesi emersero con nettezza nel congresso di Firenze (11-16 aprile 1946), in cui *Iniziativa Socialista*, in quell'occasione alleata col gruppo centrista di Pertini-Silone, riportò il 40,6% dei voti. L'approssimarsi delle votazioni per il referendum istituzionale e per l'elezione dell'Assemblea Costituente (2-6-1946) sconsigliava fratture traumatiche; il congresso si chiuse dunque con un compromesso: un esponente della „sinistra", Nenni, presidente del partito; un esponente degli autonomisti, Ivan Matteo Lombardo, segretario politico.

Il problema era però solo rinviato. Il successivo congresso (Roma, 9-13 gennaio 1947) dovette registrare una grave frattura fra le due anime del socialismo italiano. La „sinistra" prevalse e deliberò di riprendere la vecchia denominazione di PSI[565]. La maggioranza degli autonomisti, invece, decise di lasciare il partito, mediante la cosiddetta *scissione di Palazzo Barberini,* che diede vita ad un nuovo partito socialista. Ad aderirvi, guidate da Giuseppe Saragat, furono la corrente di *Iniziativa Socialista* (Mario Zagari, Matteo Matteotti, Giuliano Vassalli, Vera Lombardi), quella di *Critica Sociale* (Giuseppe Modigliani, Ugo Guido Mondolfo, Ludovico D'Aragona, Alessandro Schiavi, Giuseppe Faravelli, Antonio Greppi) e la grande maggioranza della Federazione Giovanile, con alla testa il segretario

---

565 La proposta fu fatta dall'ex segretario nazionale Olindo Vernocchi (1888-1954).

Leo Solari[566]. Vera aderì al nuovo partito *con l'illusione che sarebbe stato il partito sinceramente rivoluzionario vagheggiato da „Iniziativa socialista".*

Il nuovo partito, il PSLI (Partito Socialista dei Lavoratori Italiani) si dichiarava classista ed aveva come base ideologica il marxismo, ma intendeva operare in completa autonomia.

La prima Direzione Nazionale del nuovo partito, inizialmente guidato da una segreteria collegiale[567], vide tra i suoi componenti Vera Lombardi. Organo di stampa del PSLI diventò *L'Umanità*, anch'essa diretta da un triumvirato[568].

Tuttavia *Iniziativa Socialista*, che rappresentava l'ala sinistra della nuova formazione e che aveva dato il maggior apporto numerico alla scissione, si rivelò debole dal punto di vista organizzativo, tanto che l'afflusso di nuovi iscritti nell'arco di pochi mesi riuscì a spo-

---

566 Leo Solari (1916-2009), avvocato, scrittore, saggista, comandante partigiano, partecipò alla fondazione del MUP, poi fusosi col PSI. Nel 1944 fu tra i fondatori della Federazione Giovanile Socialista, di cui dopo la Liberazione, divenne segretario, dirigendone anche la rivista *Rivoluzione Socialista*. Nel 1947 partecipò alla scissione di Palazzo Barberini e divenne membro della Direzione del PSLI. Nel 1948 si ritirò dall'attività politica. Rientrò nella socialdemocrazia nel 1958 ed entrò nel C.C. del PSDI e in quello della UIL (Unione Italiana del Lavoro). Nel 1959, assieme a Matteo Matteotti, Mario Zagari ed altri, diede vita al MUIS, poi confluito nel PSI, del cui C.C. entrò a far parte .Da allora intraprese varie battaglie per i diritti civili.

567 Giuseppe Faravelli, Alberto Simonini, Giuliano Vassalli. Gli altri membri della Direzione erano: Saragat, Martoni-Castiglioni, Spalla, U.G. Mondolfo, Schiavi, Viotto, Guazza, Pietra, Zagari, Bonfantini, Dagnino, M. Matteotti, Valcarenghi, Chignoli, Tolino, Russo.

568 Matteo Matteotti, Giuseppe Saragat e Paolo Treves.

stare a destra l'asse del partito[569]. Infatti, dopo l'estromissione dal governo di PCI e PSI, nel maggio 1947, nel dicembre successivo il PSLI[570] decise di entrare nel governo centrista, accettandone la politica economica e il principio cosiddetto *di solidarietà democratica*, destinato a rivelarsi ben presto altro non essere che un'alleanza contro le sinistre.

La svolta a destra del PSLI provocò un'emorragia di esponenti della sua ala sinistra, a cominciare da molti giovani socialisti[571]. Anche Vera Lombardi lasciò il partito, profondamente delusa della incipiente mutazione genetica della socialdemocrazia.

Seguiranno per lei anni di indipendenza politica e di dedizione ai problemi della scuola; l'attività scolastica la vide sempre impegnata in prima persona per un rinnovamento della didattica, per renderla scevra dal vuoto nozionismo e orientata invece a favorire il ragionamento, perché la scuola doveva essere – questa la sua convinzione - la sede principale per la formazione di una coscienza ci-

---

569 Il convegno del 13-9-1947 elesse una nuova Direzione con segretario unico Giuseppe Saragat. Vera Lombardi non ne faceva parte

570 Il 1° maggio 1951, in seguito alla fusione tra PSLI e PSU (Partito Socialista Unitario, guidato da Giuseppe Romita), il partito che ne derivò assunse la denominazione di PS-SIIS (Partito Socialista - Sezione Italiana dell'Internazionale Socialista). Col congresso di Bologna (3-6 gennaio 1952) il partito assumerà definitivamente il nome di PSDI (Partito Socialista Democratico Italiano).

571 Alla fine del 1947 Vera Lombardi (affiancata da Carlo Mauri, Francesco Castaldi, Placido Valenza) tenne a Napoli un corso di cultura politica organizzato dalle locali federazioni giovanili del PSLI e del Pd'Az. Vera Lombardi fu anche uno dei fondatori del circolo *Carlo Pisacane*.

vile, affinché i giovani potessero vivere la vita da protagonisti, diventando cittadini padroni del loro destino.

Dopo avere insegnato negli istituti *Eleonora Pimentel Fonseca* e *Mazzini* di Napoli, Vera approdò definitivamente al „suo" liceo *Umberto*.

Nel gennaio 1951 la scena politica italiana fu agitata dalla rottura col loro partito di due deputati comunisti di Reggio Emilia[572]: Aldo Cucchi[573] e Valdo Magnani[574], in dissenso col loro partito, accusato di essere influenzato dallo stalinismo. A loro avviso, la sinistra doveva distaccarsi dal cosiddetto *socialismo reale* dell'URSS e delle *democrazie popolari* e rifiutare la dottrina dello „Stato guida"; essi au-

---

572 I due, il 25-1-1951, si dimisero dal PCI, che respinse le dimissioni e li espulse. Spregiativamente furono poi detti *I Magnacucchi*.

573 Aldo Cucchi (1911-1983) aderì al PCI nel 1936. Tenente medico durante la seconda guerra mondiale, dopo l'8 settembre, passò alla Resistenza e divenne vicecomandante della divisione partigiana *Bologna*, ottenendo la medaglia d'oro al valor militare. Docente universitario e consigliere comunale di Bologna, nel 1948 venne eletto deputato per il PCI. Nel 1951, assieme a Valdo Magnani, lasciò il PCI e fu tra i fondatori del MLI e poi dell'USI. Nel 1956 aderì al PSDI.

574 Valdo Magnani (1912-1982), in gioventù influenzato dal socialismo prampoliniano, nel 1935 conseguì la laurea in Economia e Commercio e nel 1941 quella in Filosofia. Nel 1936 si iscrisse al PCI. Nel 1942, col grado di capitano, fu inviato in Jugoslavia. Nel 1943, dopo l'8 settembre, si schierò con la Resistenza iugoslava, come commissario politico della *Divisione Garibaldi* e meritò la medaglia di bronzo al valor militare. Nel 1947 divenne segretario provinciale del PCI di RE e nel 1948, grazie alle sue capacità oratorie, alla sua preparazione culturale e al suo passato di partigiano, fu eletto deputato. Uscito, assieme ad Aldo Cucchi, dal PCI, fu tra i fondatori del MLI e dell'USI. Confluito nel PSI, si schierò sulle posizioni di Lelio Basso. Deluso in seguito dalla politica del PSI, nel 1962 rientrò nel PCI. Si dedicò quindi con passione al mondo della cooperazione e nel 1977 divenne presidente della *Lega delle Cooperative*.

spicavano, invece, una sinistra impegnata a costruire il socialismo nella democrazia e un'Italia fuori dai blocchi contrapposti: posizioni, come si vede, assai vicine a quelle di Vera Lombardi.

Nel maggio 1951 ebbe luogo un incontro fra i due deputati ed altri esponenti politici provenienti dal socialismo „eretico" come Lucio Libertini[575], Giuliano Pischel[576], Vito Scarongella[577] e Vera Lombardi. Fu concordato di operare assieme per l'unificazione di tutti i socialisti in una organizzazione autonoma sia dai partiti non proletari, che dal PCI, manifestando qualche simpatia per il comunismo iugoslavo, già scomunicato dal *Cominform*[578]. A tal fine venne costituito il MLI (Movimento Lavoratori Italiani). Nel giugno successivo

575 Lucio Libertini (1922-1993) giovanissimo aderì alla Federazione giovanile del PSIUP e nel 1946 fu tra i fondatori della corrente di *Iniziativa Socialista*. Nel 1952 iniziò a collaborare a *Risorgimento Socialista*, di cui divenne direttore dal 18-12-1954 alla chiusura (marzo 1957). Fece parte della Direzione dell'USI, assieme alla quale confluì nel PSI, che lo cooptò nel suo C.C. Nel 1964 aderì alla scissione della sinistra del PSI e dunque al secondo PSIUP, per il quale nel 1968 fu eletto deputato. Scioltosi il PSIUP, aderì al PCI, divenendo membro del suo C.C. Per il PCI fu eletto deputato nel 1976 e senatore nel 1979, nel 1983 e nel 1987. Nel 1991 fu tra i fondatori di Rifondazione Comunista, per la quale nel 1992 fu rieletto senatore, e di cui fu dirigente fino alla morte.

576 Avvocato e saggista trentino, partecipò alla Resistenza nelle file di *Giustizia e Libertà*.

577 Vito Scarongella (1913-1987), pugliese, dopo aver lasciato il sacerdozio, si sposò con rito civile e si laureò, a Napoli, in Lettere e Filosofia. Aderì quindi al movimento liberalsocialista e, dopo il fascismo, entrò nel Pd'Az, assieme al quale, nel 1947, confluì nel PSI. Dopo la parentesi dell'USI, nel 1958 fu eletto deputato per il PSI (circoscrizione Bari-Foggia) e successivamente fu consigliere ed assessore del comune di Bari. Pochi anni prima della sua morte aderì al PCI.

iniziò le pubblicazioni il settimanale *Risorgimento Socialista* (16-6-1951/29-3-1957), fra i cui fondatori era anche Vera Lombardi, con direttore Lucio Libertini. Il MLI si collocò all'opposizione rispetto ai governi centristi a guida democristiana e si dichiarò per una politica estera di indipendenza sia dall'URSS che dagli USA, ribadendo che il capitalismo di stato sovietico non poteva considerarsi un regime socialista.

In occasione delle elezioni amministrative del 1952, essendo stata respinta la sua proposta di liste unitarie col PSI e col PSDI, il MLI si presentò da solo.

Il 28 e 29 marzo 1953 si tenne a Milano il 1° congresso dei socialisti indipendenti[579], conclusosi con la costituzione, mediante la fusione del MLI con altri gruppi[580], dell'USI (Unione Socialista Indipendente).

---

578 Il *Cominform* (Ufficio di Informazione dei Partiti Comunisti e Laburisti) fu costituito nel corso di una conferenza convocata da Stalin, tenuta in Polonia dal 22 al 27 settembre 1947. Esso aveva lo scopo di coordinare lo scambio di informazioni fra i partiti comunisti di vari paesi europei. Il 28-6-1948, per sopravvenuti dissensi tra Stalin e Tito, accusato di deviazionismo dal marxismo-leninismo, il partito comunista della Jugoslavia, considerato inquinato da trotzkismo e da bucharinismo, venne espulso. Il *Cominform* fu sciolto nel 1956.

579 Vi parteciparono 410 delegati di 80 federazioni.

580 Socialisti autonomisti usciti dal PSI nel gennaio1953 (come Giuseppe Garetto e Giuseppe Pera), ex membri del PSDI (come Carlo Andreoni e Lucio Libertini) e del PSU, esponenti del Gruppo Socialisti Cristiani (Gerardo Bruni), ex militanti del Pd'Az. (Mario Giovana).

Fu eletta una segreteria nazionale che comprendeva, oltre il leader Valdo Magnani, l'on. Aldo Cucchi, Riccardo Cocconi (ex PCI), Carlo Andreoni[581] e Vera Lombardi.

Alle elezioni politiche del 7 giugno 1953 lo 0,8% raccolto dall'USI[582], presente in 22 circoscrizioni su 31, fu determinante per impedire che scattasse la cosiddetta *legge truffa*[583].

L'8 aprile 1956 il Comitato Centrale dell'USI decise (48 voti a favore, 14 contrari e 2 astenuti) di appoggiare le liste del PSI alle imminenti elezioni amministrative[584]. Determinanti per questa scelta erano state le posizioni critiche assunte dal PSI sul regime sovietico, dopo il XX congresso del PCUS che aveva deciso la *destalinizzazione*.

Dopo i fatti di Polonia e di Ungheria e il congresso del PSI di Venezia del febbraio 1957, in cui era stata fatta una definita scelta autonomistica, il secondo congresso dell'USI[585], tenuto a Roma il 2 e 3

---

581 Carlo Andreoni (1901-1957) nel 1943, a Milano, fu uno dei fondatori del MUP e poi del PSIUP. Fu anche alla testa del movimento partigiano di Roma. Passò quindi al PSLI (nel 1948 fu direttore de *L'Umanità*) e poi all'USI.

582 L'USI non ottenne alcun seggio.

583 La legge n.148/1953, detta dai suoi critici *legge truffa*, era stata approvata dalla sola maggioranza centrista. Essa assegnava il 65 % dei seggi della Camera al partito (o coalizione di partiti) che avesse raggiunto il 50 % più uno dei voti validi. Fu abrogata il 31-7-1954.

584 In conseguenza di ciò l'on.Aldo Cucchi, seguito da pochi altri (Enrico Foggiani, Giancarlo Dotti, Carlo De Stefani, Romolo Trauzzi, Narciso Bianchi, Silvio Baruchello), decise di confluire nel PSDI.

585 Era allora segretario Carlo Andreoni, affiancato da una segreteria composta da Valdo Magnani, Giuliano Pischel e Lucio Libertini.

febbraio 1957, eletta la Direzione, di cui faceva parte Vera Lombardi[586], decise (240 voti a favore, 3 contrari, 6 astenuti) di confluire nel PSI.

Il 15-3-1957 le delegazioni del PSI (Nenni e Valori) e dell'USI (Magnani e Libertini) conclusero le trattative per la confluenza (24-3-1957), stabilendo la cooptazione di 6 rappresentanti[587] dell'USI nel C.C. del PSI, e di altri nelle federazioni e nelle sezioni. *Risorgimento Socialista* cessò le pubblicazioni.[588]

Dopo dieci anni dunque Vera ritornò alla „casa madre". Ma non era stata lei a modificare le sue convinzioni: il *rapporto segreto* di Krusciov e la *destalinizzazione*, i *fatti d'Ungheria*, avevano generato profonde riflessioni nella sinistra italiana, tra le quali, come già ricordato, una ripresa di autonomia nel congresso di Venezia del PSI nel 1957. Vera e i suoi amici erano stati lungimiranti.

Dunque Vera, ancora una volta esempio di onestà intellettuale, rigore morale e coerenza politica, continuò la sua attività nel PSI[589] e, nello stesso tempo, continuò ad occuparsi a pieno ritmo della sua attività professionale, sempre permeata delle sue profonde convin-

---

586 Gli altri componenti erano: Andreoni, Arrigoni, Boveri, Ferrari, Gagliardi, Giovana, Libertini, Magnani, Palmisciano, Panini, Paolino, Parolai, Petronio, Pischel, Ribalzi, Scarongella, Tumidei, Woditzka.

587 Lucio Libertini, Giuliano Pischel, Valdo Magnani,Vito Scarongella, Mario Giovana, Nino Woditzka.

588 Era uscito 274 volte.

589 Nel PSI si schierò con la sinistra lombardiana.

zioni. La sua attività di insegnante[590] (Storia, Filosofia, Pedagogia) colta e gentile, sempre pronta al dialogo con gli studenti, era ricca di soluzioni didattiche sperimentate sul campo, dirette a suscitare negli allievi una coscienza critica. Non mancavano neanche le proposte di riforma scolastica elaborate con il „Centro socialista di studi per i problemi del Mezzogiorno". La scuola non riusciva però ad esaurire la grande energia che albergava in quella donna apparentemente fragile e, del resto, la sua attività politica non si esauriva nelle cariche pubbliche o di partito, ma assumeva spesso la forma dell'impegno culturale, come ricerca, come analisi e come divulgazione[591].

L'11 ottobre 1964 fu tra i fondatori[592] dell'Istituto Campano per la Storia della Resistenza[593] (associato all'Istituto Nazionale per la Storia del Movimento di Liberazione), di cui divenne direttrice dal 1970 al 1977 e poi presidente fino alla morte. A Vera Lombardi fu successivamente intitolato l'Istituto, che intendeva rilanciare la cultura antifascista sotto il profilo della ricerca storiografica

---

590 In seguito vinse il concorso di ispettrice scolastica.

591 Nel 1964-65 fece parte della Commissione Cultura della Federazione napoletana del PSI.

592 Altri furono Clemente Maglietta, Mario Palermo, Ugo Gargiulo e Pasquale Schiano, che ne fu anche il primo presidente.

593 L'Istituto si occupa di ricerca scientifica, raccolta di fonti documentarie, attività di impegno civile; possiede oltre 200.000 volumi, 1400 fotografie e quasi 200 cassette. Comprende il *Fondo Giovanni Lombardi* e il *Fondo Vera Lombardi*.

Nel 1971 fondò l'*Associazione Risveglio Napoli*, che negli anni '70 e '80 fu un centro di attività della sinistra napoletana e un luogo di incontro degli intellettuali partenopei e che si avvalse anche della collaborazione di Fabrizia Ramondino[594], che lavorò in un asilo antiautoritario per i bambini dei vicoli. Vera fu anche tra le fondatrici della *Mensa Matteotti*, che raccoglieva circa 1000 bambini[595] e che era sostenuta da PSI e PCI.

Fu attiva anche nella prima esperienza dei *Maestri di strada,* un'associazione di volontariato che si propone il recupero della dispersione scolastica e formativa degli adolescenti e nell'*Associazione Quartieri Spagnoli*, organizzazione di volontariato dalle molteplici attività di prevenzione e recupero.

Iniziative tutte in cui politica e cultura si mescolano, esercitate sempre senza incrinature demagogiche o populiste, sostenute dalla sua fede nel socialismo, per la realizzazione degli ideali di libertà e di giustizia sociale.

Il congresso di Venezia del PSI del 1957 aveva suscitato grandi speranze, specie in chi, come Vera Lombardi, auspicava un socialismo nella democrazia, ancorato al classismo e all'internazionalismo. Le confluenze che aveva suscitato ne erano una prova tangibile[596].

---

594 Fabrizia Ramondino (1936-2008), figlia di un diplomatico, fu brillante e prolifica scrittrice napoletana dalla cultura cosmopolita, attivamente impegnata nel sociale.

595 Successivamente Geppino Fiorenza la trasformò in *Mensa dei bambini proletari*.

596 Dopo la confluenza dell'USI del marzo 1957, nel PSI confluì , nell'ottobre successivo, UP (Unità Popolare) che ottenne 6 posti nel C.C. del PSI (Piero Caleffi, Tristano Codignola, Edmondo Cossu, Pier

Da allora comunque cominciò, da parte del PSI, una marcia di avvicinamento verso il centro-sinistra e l'aria governativa, durante la quale parve affievolirsi la tensione ideale che aveva animato tanti militanti, per lasciare spazio all'accomodamento e al compromesso, che si risolvevano in uno spostamento verso le posizioni della socialdemocrazia italiana.

Ciò provocò una dura reazione nella sinistra del PSI, che nella sua maggioranza, il 10-1-1964, nel corso di un apposito convegno costitutivo, diede vita al PSIUP[597], decisamente ancorato all'opposizione dei governi di centro-sinistra[598]. Chi rimase nel partito si collocò su posizioni critiche, di fronte a quello che riteneva un lento, ma inesorabile declino degli antichi ideali.

E mentre la nuova politica socialista, dopo aver realizzato alcuni indiscutibili successi[599], prese ad arenarsi nelle sabbie mobili della palude centrista e conservatrice, cominciarono ad emergere feno-

---

Luigi Sagona, Paolo Vittorelli, Bruno Pincherle). Nel maggio 1959 confluì nel PSI anche il MUIS (Movimento Unitario di Iniziativa Socialista), nato da una scissione della sinistra socialdemocratica (Mario Zagari, Giuseppe Faravelli, Orlando Lucchi, Pasquale Schiano, Matteo Matteotti, Ezio Vigorelli). Anche dal PCI arrivarono adesioni importanti, come quelle di Loris Fortuna, Antonio Giolitti, Furio Diaz e Luciano Cafagna.

597 Il nuovo partito della sinistra socialista riprese il nome che il partito socialista aveva negli anni 1943-1947.

598 Alla scissione aderirono 25 deputati, 8 senatori, 11 consiglieri regionali, 700 sindacalisti, la maggioranza della Federazione Giovanile Socialista. Leader principali ne erano Tullio Vecchietti, Dario Valori, Lelio Basso.

599 Nazionalizzazione dell'energia elettrica, Scuola Media Unificata, Statuto dei Lavoratori, ecc.

meni di arrivismo e di personalismo. Né le cose migliorarono con la fusione tra socialisti e socialdemocratici, in seguito alla quale si costituì un partito bicefalo a tutti i livelli: il PSI-PSDI Unificati[600]. A questo eccessivo garantismo organizzativo faceva riscontro uno scarso amalgama ideologico: c'erano perciò tutte le premesse per un fallimento[601]. Dopo i primi entusiasmi si capì che la cosa non poteva funzionare e ciò fu comprovato anche dall'insuccesso del PSI-PSDI, appesantito dalla diarchia a tutti i livelli, alle elezioni politiche del 19-5-1968[602].

Il riflusso e la stagnazione del centro-sinistra, la sconfitta elettorale, il pluralismo ideologico che non consentiva risposte univoche, il cannibalismo degli apparati[603] finirono per togliere spazio alla politica come la intendevano personaggi del tipo di Vera Lombardi. Da

---

600 Segretari ne erano De Martino (PSI) e Tanassi (PSDI), con presidente Nenni. Nelle sezioni e nelle federazioni i direttivi era costituiti da quelli dei due partiti sommati assieme. Il simbolo era formato dai due simboli inseriti in un cerchio. L'*Avanti!* ebbe due direttori: Gaetano Arfé (PSI) e Flavio Orlandi (PSDI).

601 In quell'occasione si ebbe un'ulteriore scissione a sinistra da parte di militanti del PSI contrari alla fusione che costituirono il MAS (Movimento dei Socialisti Autonomi), con leader Luigi Anderlini, affiancato da Tullia Carettoni e Simone Gatto.

602 Il partito scese dal 18,63% che i due partiti avevano ottenuto separatamente nel 1963, al 14,5%.

603 Al congresso dell'ottobre 1968 si presentarono 5 correnti: *Autonomia* (Mancini-Ferri-Preti), *Rinnovamento* (Tanassi), *Riscossa Socialista* (De Martino), *Impegno Socialista* (Giolitti), *Sinistra Socialista* (R. Lombardi). In quell'occasione il partito riprese la sua antica denominazione di PSI, con la specificazione SIIS (Sezione Italiana dell'Internazionale Socialista). La vicenda si chiuderà nel 1969, con l'uscita della maggior parte degli ex socialdemocratici, che ricostituiranno il loro partito (inizialmente denominato PSU, poi di nuovo PSDI).

allora sarà uno stillicidio di grandi personalità del socialismo italiano che, in momenti diversi, lasceranno il partito[604].

Vera Lombardi, la socialista napoletana dai molteplici interessi, la militante sempre pronta a dare il suo contributo intelligente e appassionato, lucido e critico, alla vita politica, la donna forte e generosa che aveva speso l'intera sua vita per la costruzione di una società più giusta, la volitiva gentildonna che era per istinto riottosa verso ogni forma di compromesso, che a volte la politica impone, non si sentì di più oltre proseguire la sua militanza e nel 1968 lasciò il PSI.

Non abbandonò però la politica, almeno come la intendeva lei, che sosteneva che *la dimensione politica è prioritaria*, nel senso che essa deve influenzare tutte le altre attività. La Lombardi non concepiva la politica come un'eterna competizione per raggiungere posti di potere; l'aveva vissuta e la viveva piuttosto come una concezione del mondo che deve permeare l'intera esistenza: il lavoro, l'attività sociale e culturale, i rapporti interpersonali.

La coerenza di Vera Lombardi, infatti, non sta – occorre ribadirlo - nella tessere di appartenenza, ma nella fedeltà ad una visione del mondo, alla cui luce ella ha operato nei partiti in cui ha militato, ma soprattutto nelle attività che la videro in prima fila: l'insegnamento, l'antifascismo, le iniziative che la coinvolsero.

Nel lungo periodo che la vide lontana dalla politica dei partiti, non rimase inattiva: non si contano i suoi interventi, le conferenze, gli

---

604 Gaetano Arfé, Tristano Codignola, Antonio Giolitti, Alberto Jacometti, Elio Veltri.

articoli. Fra le sue opere ci piace ricordarne due in particolare, perché rappresentano i suoi principali interessi, l'una il mondo della politica e della storia fra di loro intrecciati, l'altra il mondo della scuola cui aveva legato la sua vita:

Alle radici del nostro presente: Napoli e la Campania dal Fascismo alla Repubblica (1943-1946);

La scuola non statale nel progetto di riforma presentato dal ministero della P.I. al Consiglio Superiore.

Il PSIUP, che aveva avuto un buon inizio carico di entusiasmo e di qualche successo, concluse la sua parabola rapidamente. Non avendo conseguito, alle elezioni politiche del 7-8 maggio 1972, alcun seggio alla Camera[605], nel corso del congresso straordinario del 13-7-1972 decise di confluire nel PCI[606]. Ma una minoranza si pronunciò per la continuità del partito e fondò il Nuovo PSIUP[607]. Nel dicembre dello stesso anno il Nuovo PSIUP si fuse col movimento di Alternativa Socialista[608], dando vita al PdUP (Partito di Unità Prole-

---

605 Al Senato si era presentato assieme al PCI. Alla Camera ottenne appena l'1,94 %, non raggiungendo il *quorum* in nessuna circoscrizione.

606 La maggioranza di sinistra (Vecchietti,Valori, Libertini, Corallo) ottenne il 67,08 % dei voti congressuali e decise la confluenza nel PCI; una minoranza di destra (Avolio, V. Gatto) che ebbe l'8,46 %, confluì nel PSI.

607 Questo gruppo, guidato da Vittorio Foa e Silvano Miniati, al congresso aveva ottenuto il 23,39 %.

608 A.S. era stata formata dall'ala sinistra dell'MPL (Movimento Politico dei Lavoratori) ed era guidata da Giovanni Russo Spena; essa raccoglieva i cattolici progressisti. La maggioranza dell'MPL, guidata da Livio Labor, era invece confluita nel PSI.

taria). Nel luglio 1974 il PdUP decise di fondersi col "Manifesto", formato da ex comunisti, a cui poi si aggiunse il "Movimento autonomo degli studenti"[609]. Il nuovo partito però durò poco e le due componenti, quella ex comunista e quella di matrice socialista, nel 1977 si separarono.

Il 13-4-1978 dalla confluenza degli ex PSIUP/PdUP con altri gruppi minori nacque DP (Democrazia Proletaria)[610], con leader Mario Capanna.

E fu proprio Mario Capanna, in occasione delle elezioni comunali[611] a Napoli, ad invitare Vera Lombardi, che aveva allora già 83 anni!, a capeggiare la lista di DP. Nel 1987 dunque Vera tornò alla vita politica attiva nelle file di un partito. La lista di DP ottenne 10.130 voti, pari all'1,45 %, che le fecero conquistare 1 seggio sugli 80 del Comune di Napoli. La politica aveva ormai subito mutazioni genetiche, lontane dalle esperienze da lei vissute, ma Vera fu eletta (1987-1993) ed esercitò il suo mandato come sempre, con passione e con amore per la sua città.

Il 7 giugno 1991 ebbe luogo a Riccione l'ultimo congresso di DP che deliberò lo scioglimento del partito e la confluenza con l'ala del PCI che era stata contraria allo scioglimento (3-2-1991) di quest'ultimo. Da quella confluenza nacque il PRC (Partito della Rifondazio-

---

609 Il „Manifesto" era guidato da Lucio Magri e Rossana Rossanda; il movimento degli studenti da Mario Capanna.

610 Alle politiche del 1983 DP ottenne l'1,47 % dei voti e 7 deputati. In quelle del 1987 l'1,66 % e 8 deputati.

611 Esse si sarebbero tenute il 14-15 giugno 1987, contestualmente alle elezioni politiche.

ne Comunista): fu questa l'ultima sigla sotto cui Vera continuò a svolgere la missione politica che si era data.

Morì nella sua Napoli il 26 ottobre 1995. La camera ardente, ornata da tante bandiere rosse, fu allestita presso la sala comunale *Santa Chiara*, dove numerosi compagni, amici ed estimatori le vollero rendere l'estremo omaggio. Altrettanto commossa e partecipe fu la folla intervenuta, l'indomani, ai suoi funerali, come lo fu quella che presenziò alla sua commemorazione in Consiglio Comunale. Le sarà intitolata una strada della sua Napoli.

La sua poliedrica attività, sia come ideatrice od organizzatrice di iniziative culturali o sociali, sia come insegnante, sempre protesa a sperimentare e ad innovare, sia come militante impegnata nella politica attiva, ricoprisse o no cariche pubbliche o di partito, fu sempre guidata da un solo ideale: il riscatto della classe lavoratrice, per una società libera e giusta, autenticamente socialista, diversa sia dal modello socialdemocratico, incapace di modificare la struttura sociale esistente, che da quello del comunismo burocratico, soffocatore della libertà.

> *Ho continuato a battermi, nelle organizzazioni politiche in cui ho militato, per una prospettiva socialista, per la democrazia interna, per il rispetto delle libertà individuali, per il riconoscimento dei diritti della persona umana. (V.L.)*

Rosa Luxemburg

La libertà è sempre e soltanto la libertà di chi la pensa diversamente.
Rosa Luxembourg

Sembra incredibile, eppure è così : ci fu chi la chiamò *Rosa la Sanguinaria*! Costui o era in assoluta malafede e si proponeva solo di sporcare la limpida immagine di una coerente socialista rivoluzionaria, che in tutta la sua vita, interamente votata alla causa degli oppressi, non fece mai male ad alcuno; oppure conosceva ben poco di una donna che, oltre ad essere dotata di un'acuta intelligenza, era di una sensibilità e di una dolcezza d'animo che in pochi esseri umani[612] si può riscontrare. Rosa Luxemburg, politicamente irre-

---

612 Da piccola insegnava a leggere e a scrivere ai poveri e agli analfabeti che frequentavano la casa dei genitori. Tutta la sua famiglia l'amava perché era allegra, vivace, sveglia, affettuosa, capace di suscitare simpatia. A cinque anni sapeva leggere e scrivere ed era la gioia di suo padre, che l'ammirava molto.

prensibile e umanamente delicata, era capace di commuoversi fino alle lagrime per i maltrattamenti inflitti a un animale, di contemplare con trasporto infinito le bellezze della natura[613] o di scrivere al suo compagno parole come queste: *Mio caro, mio amato. Tu non sei qui in questo momento, ma tutta la mia anima è piena di te, ti stringo.*

Trotskj scrisse di lei: *Era una donna piccola, e all'apparenza pure malaticcia, ma con un volto nobile e occhi bellissimi che irradiavano intelligenza.*

Eduardo Galeano[614]: *La migliore eredità di Rosa sta nell'idea che libertà e giustizia sono due fratelli siamesi.*

E Bertolt Brecht[615]: *Un'ebrea polacca che combatté in difesa dei lavoratori tedeschi/uccisa/ dagli oppressori tedeschi.*

Rosa Luxemburg (in polacco Roža Luksemburg) nacque il 5 marzo 1871 a Zamosc[616] (centro agricolo del distretto di Lublino), nella Polonia russa, da un'agiata famiglia ebraica non osservante[617]. Figlia

---

613 In carcere faceva collezione di foglie e di fiori. Aveva un amore viscerale per la natura.

614 Giornalista, scrittore e saggista uruguaiano, nato nel 1940, fra i più autorevoli della letteratura latinoamericana.

615 Brecht le dedicò anche questo epitaffio: *Ora è sparita anche la Rosa rossa/Non si sa dov'è sepolta/ Siccome ai poveri ha detto la verità/I ricchi l'hanno spedita nell'aldilà.*

616 Durante la seconda guerra mondiale, i nazisti lo ribattezzarono Himmlerstadt.

617 La famiglia non aveva particolari contatti con la comunità ebraica. In casa non si parlava l'yiddish, ma il polacco, e si conoscevano bene il tedesco e il russo, lingua ufficiale dell'impero zarista.

di Eliasz (1830-1900), un agiato commerciante di legname che aveva studiato in Germania, e di Line Lowestein (1835-1897), sorella di un rabbino, donna di buone letture, Rosa era la più giovane di cinque fratelli[618].

Nel 1873 la famiglia, volendo dare ai bimbi una solida cultura, si trasferì a Varsavia, dove, all'età di appena cinque anni, Rosa contrasse una malattia[619] che la trattenne a letto un anno intero e che, mal curata, le causò una deformazione all'anca che la rese per sempre un pò claudicante. Sin dall'adolescenza Rosa, ragazza non attraente, piccola di statura, espresse una forte personalità libertaria, insofferente di ogni forma di autoritarismo, e un sentimento di profonda rivolta contro le sofferenze, le iniquità, le ingiustizie. Lei stessa aveva esperienza diretta di quelle ingiustizie in quanto faceva parte del popolo russo oppresso dall'autocrazia zarista, del popolo polacco, soggetto ai dominatori russi, della minoranza ebraica, da tutti calpestata. Nel 1884 fu iscritta al Liceo[620] femminile della città, dove nel 1886 venne in contatto con la formazione clandestina di ispirazione socialista rivoluzionaria *Proletariat*[621], alla quale

618 Mikolaj (1855-1940), Chana (1857-1934), Maksymilian (1860-1943), Jozef (1866-1943), Rosa (1871-1919).

619 Una precoce sciatica, curata per tubercolosi ossea.

620 In quel tipo di scuola gli ebrei non erano ammessi, ma qualche eccezione era fatta per le ebree. Inoltre la politica zarista di russificazione si faceva particolarmente sentire nell'educazione pubblica: era assolutamente vietato, anche in privato, l'uso della lingua polacca e tutti dovevano parlare la lingua dell'assolutismo: il russo.

aderì l'anno dopo, iniziando un'attività di agitazione fra gli studenti.

Le idee della Luxemburg non passarono però inosservate, tanto
che, nonostante l'alto rendimento scolastico, a conclusione dei suoi
eccellenti studi (1887), il consiglio d'istituto non le assegnò la con-
sueta medaglia d'oro *a causa del suo atteggiamento ribelle nei confronti
delle autorità*. Negli anni seguenti Rosa si immerse nello studio delle
opere di Marx e di Engels. Nel 1889, però , riprese la repressione
contro il *Proletariat* e l'*Unione dei Lavoratori polacchi* (un altro gruppo
rivoluzionario, fondato nel 1889), con un'ondata di arresti che mi-
nacciarono anche Rosa, molto attiva nei circoli rivoluzionari. Fu allora lo stesso leader Kasprzac ad insistere perché Rosa si mettesse
in salvo, per proseguire i suoi studi all'estero, da cui meglio avrebbe potuto servire la causa. Con l'aiuto di Kasprzac, la giovane lasciò
dunque Varsavia e varcò la frontiera austro-ungarica nascosta in
un carro da fieno, per poi raggiungere la Svizzera, abbandonando
così famiglia, affetti, sicurezze.

Appena diciottenne, dunque, Rosa si ritrovò sola a Zurigo, senza
però per questo scoraggiarsi. Zurigo era allora il luogo di ritrovo

---

621 Gruppo socialista polacco sorto nel 1882, che diffuse le idee del
    marxismo in Polonia. Influenzato successivamente da gruppi populisti
    russi e abbandonatosi a metodi cospirativi, fu dissolto dalle repressioni
    zariste; · venne ricostituito nel 1886, come *Lega operaia polacca*
    dall'operaio socialdemocratico, originario di Poznan, Marcin Kasprzac
    (1860-1905), con cui Rosa strinse una stretta collaborazione.
    Kasprzac morirà impiccato nel corso della rivoluzione russa del 1905.
    Nel 1892, quando Rosa era già all'estero, il gruppo del Proletariat si
    fuse con altri gruppi rivoluzionari dando vita al PPS (Partito Socialista
    Polacco), la cui ala destra porterà poi il partito verso posizioni
    nazionaliste, assolutamente non condivise da Rosa.

preferito dagli emigrati russi e polacchi e la sua università era una specie di scuola superiore per giovani rivoluzionari idealisti, tutti protesi a dibattere su Marx, Bakunin, Blanqui, sulle lotte della socialdemocrazia.

Nel 1890 si iscrisse alla Facoltà di filosofia, seguendo anche corsi di matematica e di scienze naturali, per la passione che suscitava in lei il mondo degli uccelli e delle piante, che rimasero, per tutto il corso della sua vita, l'oasi in cui amava rifugiarsi, nei momenti più bui. Nel 1892 passò alla facoltà di Diritto e Scienze politiche, per dedicarsi agli studi di diritto pubblico e principalmente di economia, interessandosi in particolare ai classici: Smith, Ricardo, Marx. Il suo maestro, l'economista austriaco Julius Wolf (1862-1937), parlerà di lei come della *più dotata fra i miei allievi di Zurigo*. Prese il suo dottorato in economia nel 1897, con una tesi[622] intitolata *Lo sviluppo industriale della Polonia*, pubblicata l'anno successivo da un editore di Lipsia.

Gli anni universitari erano stati anche quelli della formazione teorica e dell'impegno politico nel movimento operaio di Zurigo.

Nel 1892 era stato fondato a Parigi il PSP (Partito Socialista Polacco) che privilegiava come obiettivo politico l'indipendenza e l'unificazione dei territori polacchi allora sotto il dominio di Russia, Ger-

---

622 La tesi era stata preparata prevalentemente a Parigi, dove si era intrattenuta per alcuni mesi e aveva conosciuto i capi del movimento operaio francese Edouard Vaillant (1840-1915), Jean Allemane (1843-1935) e Jules Guesde (1845-1922). Nella tesi sosteneva che lo sviluppo economico della Polonia era strettamente dipendente dal mercato russo. Di conseguenza Rosa si opporrà ai nazionalisti polacchi.

mania ed Austria-Ungheria, ed era perciò improntato ad un deciso nazionalismo. Un giovane esule socialista lituano, Leo Jogiches[623], ma di sentimenti internazionalisti, aveva perciò finanziato la rivista *Sprawa Robotnicza* (La causa operaia), apparsa a Parigi nel luglio 1893, della quale, a partire dal 1894, la Luxemburg, che per questo si recò spesso a Parigi, divenne l'animatrice, con lo pseudonimo di R. Krszynska. La rivista assunse un orientamento decisamente internazionalista, assai diverso da quello del PPS, in quanto si proponeva di favorire la crescita del movimento socialista polacco in piena collaborazione con i lavoratori russi, assieme ai quali lottare contro il capitalismo e l'autocrazia zarista, senza accennare alla questione dell'indipendenza polacca, che era invece il principale obiettivo del PPS. L'inevitabile scontro frontale avvenne in occasione del III congresso della Seconda Internazionale, che si tenne proprio a Zurigo dal 6 al 12 agosto 1893. Il gruppo ruotante attorno alla rivista volle parteciparvi come frazione del socialismo polacco, sollevando per-

---

623 Leo Jogiches, conosciuto anche con lo pseudonimo di Leon Tyzka, era nato a Vilnius, in Lituania, il 17-7-1867. Giovanissimo, dopo un'iniziale vicinanza ad un gruppo populista, si orientò verso il marxismo e aderì ad un circolo socialdemocratico, dedicandosi alla pubblicazione e diffusione di letteratura marxista, e per questo successivamente fu costretto all'esilio. Nel 1893 ebbe un ruolo fondamentale nella costituzione del SDKP, assieme alla Luxemburg, che aveva conosciuto nel 1890 a Zurigo. I due si innamorarono e il loro amore durò quasi tutta la vita. Partecipò alla rivoluzione russa del 1905, ma nel 1906 fu arrestato a Varsavia e condannato a otto anni di lavori forzati. Riuscito ad evadere, riparò in Germania, da dove continuò a dirigere il partito. Pacifista ed internazionalista come Rosa, nel 1914 si oppose alla guerra e partecipò alla fondazione della *Lega di Spartaco*. Sarà assassinato a Berlino il 10-3-1919, a causa delle sue indagini sull'omicidio di Luxemburg e di Liebknecht

ciò le proteste dei delegati del PPS che chiesero, ed ottennero, l'invalidazione della delega rilasciata alla Luxemburg. L'allora ventiduenne e sconosciuta Rosa, racconta il presidente del congresso Vandervelde[624], *si alzò fra i delegati in fondo alla sala e salì su una sedia per farsi sentire meglio*, col proposito di smascherare il sostanziale nazionalismo dei dirigenti del PPS, ben mimetizzato da una fraseologia marxista. Divenuta ormai insanabile la rottura, un gruppo di giovani emigrati rivoluzionari[625], orientati piuttosto verso l'unità fra tutti i lavoratori dell'impero russo, per la comune lotta contro il capitalismo russo-polacco, diede vita clandestinamente, nel marzo 1894, alla *Socialdemocrazia del Regno di Polonia* (PSDK, poi SDKPiL, con l'aggiunta *e di Lituania*), cioè della zona polacca di dominio russo, con organo ufficiale *Sprawa Robotnicza*, in aperta polemica con i rivali del PSP, da Rosa[626] definiti *socialpatrioti*[627].

Se la Luxemburg era il cervello del nuovo partito, la capacità organizzativa era di Leo Jogiches, studente anch'egli all'università di Zurigo.

---

624 Emile Vandervelde (1886-1938), socialista belga, fu tra i fondatori (1885) del Partito Operaio Belga, di cui divenne il teorico, propugnatore della lotta di classe e dell'internazionalismo, e il leader. Fu anche Presidente del *Bureau* dell'Internazionale Socialista, deputato, ministro, presidente del Partito Socialista Belga (1933-1937).

625 Rosa Luxemburg, Leo Jogiches, Julian Marchlewski, Adolf Warszwaski.

626 Rosa farà parte del gruppo dirigente del partito fino alla guerra mondiale.

627 La correttezza di questa definizione sarà confermata nel primo dopoguerra, quando nella Polonia, divenuta unita e indipendente, fu proprio il leader dell'ala destra del PSP, il maresciallo Iozef Klemens Pilsudski (1867-1935) ad instaurare una dittatura di tipo fascista.

I due si erano incontrati a Zurigo tra la fine del 1890 e l'inizio del 1891 e fra di loro era sorto un amore che durerà a lungo, fino al 1906, quando saranno entrambi arrestati a Varsavia. Sebbene Leo Jogiches possa senz'altro essere considerato l'amore della sua vita, il rapporto di Rosa con l'amato fu non solo profondo, ma anche tormentato, per la notevole diversità fra le loro due personalità[628]. Lo si può dedurre dalle circa 900 lettere che Rosa indirizzò a Leo[629], in cui si mescolano i due elementi che la univano al giovane lituano: l'attività politica e l'amore. Rosa propendeva per una relazione che desse luogo ad una fusione totale con l'amato, voleva che la passione politica e quella amorosa si intrecciassero in modo inestricabile. Questo bisogno di assoluto si scontrava però con la personalità di Leo, uomo piuttosto introverso e chiuso. Leo amava Rosa, ma la sua struttura caratteriale gli impediva di aprirsi con l'amata, di esprimere apertamente il suo amore, la sua tenerezza, le sue emozioni; il che poteva anche essere scambiato per freddezza. Rosa si rendeva conto di non riuscire a penetrare nell'animo dell'uomo amato, ma anche di non essere compresa da Leo per il suo amore assoluto, totalizzante. Nonostante queste barriere l'amore fra i due continuò per quindici anni[630].

---

628 Nei primi anni della loro relazione Rosa certamente fu influenzata dalla personalità di Leo, più anziano di lei per età e per esperienza rivoluzionaria, cui chiedeva spesso consigli e pareri, ma non ne divenne mai succube.

629 Quelle di Leo a Rosa sono andate perdute.

630 Nella primavera del 1907 fu Rosa a rompere quell'unione, forse a causa di un breve rapporto di Leo con un'altra donna, dopo la sua fuga dal carcere. In ogni caso Rosa non sopportava più i silenzi e la freddezza di Leo, le chiusure di quell'uomo tanto amato, ma così poco

Se in quel congresso di Zurigo dell'Internazionale Rosa era ancora una giovane sconosciuta, le cose erano già cambiate alla vigilia del successivo congresso di Londra (27 luglio-I agosto 1896), preceduto dalla pubblicazione di alcuni articoli, che avevano avuto larga eco, sulla massima rivista teorica marxista *Die Neue Zeit* (Il Tempo Nuovo)[631], diretta da Karl Kautsky. Al congresso Rosa, ormai internazionalmente conosciuta, ottenne un parziale successo: le posizioni del PPS furono respinte a favore di una generica risoluzione per l'auto-determinazione delle nazioni[632], ma nell'ambito della lotta al capitalismo mondiale, per *la realizzazione dei fini della socialdemocrazia internazionale*. Il congresso, inoltre, nonostante l'opposizione del PPS, riconobbe la SDKP quale membro dell'Internazionale.

Il pensiero della Luxemburg, in effetti, era tutto incentrato sull'internazionalismo: *L'affratellamento internazionale dei lavoratori è per*

---

disponibile ad aprire il suo animo e la sua intimità. Leo non accettò la fine del rapporto e più volte cercò di fare cambiare idea a Rosa, ma inutilmente. La collaborazione politica fra i due rimase comunque immutata.

631 La rivista, fondata nel 1882, uscì fino al 1917. Un articolo di Rosa Luxemburg era stato pubblicato anche dalla *Critica Sociale* di Turati e Kuliscioff. La posizione della Luxemburg non fu condivisa da Antonio Labriola.

632 Su questo tema, con la Luxemburg, secondo cui la lotta contro il capitalismo era più importante della lotta per l'indipendenza, che si sarebbe conquistata solo tramite una rivoluzione in Russia, Germania e Austria-Ungheria, era entrato in polemica anche Lenin, per il quale la lotta per l'indipendenza delle varie nazionalità dell'impero avrebbe potuto indebolire molto l'opprimente regime zarista. Questa polemica, però, non impedirà a Lenin di inviare a Rosa il suo libro *Materialismo ed empiriocriticismo*, che lei recensirà l'8 ottobre 1909 su *Die Neue Zeit*.

me ciò che c'è al mondo di più sacro e di più nobile; è il mio ideale, la mia fede, la mia patria. Preferirei morire piuttosto che essere infedele a questo ideale.

Terminati i suoi studi universitari come *Doctor juris publici et rerum cameralium*, non volendo più occuparsi soltanto di cose polacche e avendo posto al centro della sua analisi l'internazionalismo, decise di scegliere, per la sua attività militante, quello che era considerato, ed era, il centro politico e organizzativo dell'Internazionale e cioè la socialdemocrazia tedesca. In quel momento essa era all'avanguardia del movimento operaio, essendo il meglio organizzato partito socialista d'Europa, considerato anche il custode, con Kautsky, Bebel e Liebknecht[633], dell'interpretazione autentica del pensiero di Marx e di Engels.

Per evitare un più che probabile pericolo di espulsione dalla Germania, che difficilmente concedeva il permesso di residenza a socialisti stranieri, Rosa decise di aggirare l'ostacolo sposando, del tutto fittiziamente, un cittadino tedesco. La sua amica Olympia Lubeck le propose il proprio figlio Gustav Lubeck, che accettò di sposarla. La sbrigativa cerimonia[634] ebbe luogo nel municipio di Basilea nella primavera del 1897; l'anno dopo, il 16 maggio 1898, Rosa Luxemburg, acquistata così la cittadinanza tedesca, si stabilì a Ber-

---

633 Wilhelm Liebknecht (1826-1900) fu uno dei fondatori della socialdemocrazia tedesca e della Seconda Internazionale. Fu anche stretto collaboratore di Marx e di Engels, direttore del *Vorwarts!* (Avanti!) e deputato.

634 Il divorzio fra i due protagonisti di quel "matrimonio bianco" ebbe luogo nel 1903.

lino, nonostante il parere contrario di Leo, probabilmente geloso. Il 24 successivo incontrò Ignaz Auer (1846-1907), dirigente della socialdemocrazia tedesca[635], cui aderì, e fu subito impiegata per la campagna elettorale in Slesia, terra di alta presenza polacca, in cui tenne diversi comizi, rivelandosi ottima oratrice. Il partito ottenne un buon successo ed anche la popolarità di Rosa cominciò a crescere, tanto che le arrivarono offerte di collaborazione da parte di vari giornali socialisti di Dresda: quella donna così magra, così minùta, affascinava e stupiva i suoi ascoltatori con la sua intelligenza, con la sua passione, con la sua indomabile volontà. Divenne amica di Kautsky e di sua moglie, entrò in intimità con Auguste Bebel, Paul Singer[636], Franz Mehring[637] e soprattutto con Clara Zetkin, importante esponente della socialdemocrazia tedesca che dirigeva il giornale femminile *L'Uguaglianza*. Quando iniziò la sua attività nell'SPD, i dirigenti del partito, che ne apprezzarono subito la preparazione politica e l'ardore rivoluzionario, cercarono di avviarla al lavoro politico fra le donne, secondo un costume diffuso in tutta

---

635 Padri della socialdemocrazia tedesca sono considerati Karl Marx, August Bebel, Carl Wilhelm Tolcke, Ferdinand Lassalle e Wilhelm Liebknecht. Il partito fu fondato in occasione del congresso di Gotha (22-27 maggio 1875), con la fusione tra l' *Associazione Generale degli Operai Tedeschi* e il *Partito Socialdemocratico dei Lavoratori* da cui sorse il *Partito Socialista dei Lavoratori* (SAP), che nel 1890 assunse la denominazione di SPD, che ancora conserva..

636 Copresidente, assieme ad August Bebel, della SAP/SPD dal 1892 al 1911.

637 Franz Mehring fu un politico, scrittore, critico letterario e storico marxista tedesco. Fece parte dell'ala sinistra dell'SPD, fu membro della Lega Spartachista e poi del Partito Comunista di Germania. Scrisse, fra l'altro, una celebre *Storia della socialdemocrazia tedesca*.

l'Internazionale. Rosa rifiutò di essere relegata entro un orizzonte così definito, anche se fu sempre a fianco della sua amica Zetkin, personalità del resto anch'essa assai forte, nelle lotte per l'emancipazione femminile. Rosa, comunque, non rinunciò mai alla sua femminilità, alla sua capacità di gioire e di soffrire, di amare la vita in tutte le sue manifestazioni, di amare l'intera umanità, al cui riscatto dedicò la sua esistenza.

In poco tempo, grazie alle sue conoscenze dottrinali e al suo temperamento combattivo, acquisì un posto importante fra gli esponenti della socialdemocrazia tedesca.

Quando Rosa arrivò in Germania era in pieno svolgimento un dibattito ideologico a cui partecipavano i maggiori pensatori del socialismo internazionale: Parvus[638], Kautsky, Bebel, Zetkin, Pleklanov, Labriola, Guesde, Jaurés. Esso era stato suscitato dalla pubblicazione sulla *Neue Zeit* di una serie di articoli, poi rielaborati e raccolti in volume col titolo *Le condizioni del socialismo e i compiti della socialdemocrazia,* del dirigente socialdemocratico tedesco Eduard Berstein[639].

---

638 Alexander Gelfand, meglio conosciuto come Parvus (1867-1924) fu un teorico marxista di origine russa. Aderì all'SPD, attacco il revisionismo di Bernstein e fu vicino alla Luxemburg, che aveva conosciuto in Svizzera. Fu anche vicino a Trotsky, che però ruppe con lui nel 1914, quando, all'interno dell'SPD, si schierò per la guerra.

639 Eduard Bernstein (1850-1932) fu un politico e scrittore tedesco, membro dell'SPD. Sviluppò una propria teoria revisionista che mirava a realizzare il socialismo mediante riforme graduali, senza bisogno di ricorrere alla violenza rivoluzionaria. Fu membro del Parlamento tedesco dal 1902 al 1928.

Berstein, partendo dal fatto che da un ventennio non si erano verificate in Europa crisi economiche, aveva ritenute superate molte previsioni di Marx[640], indicando nelle riforme approvate per via parlamentare la strada di un continuo progresso democratico che gradualmente sarebbe approdato al socialismo, evitando la fase rivoluzionaria: *Lo scopo finale è nulla, è il movimento che è tutto.*

La Luxemburg si schierò subito a fianco di Kautsky, allora ritenuto il massimo custode dell'ortodossia marxista, e la sua risposta non si fece attendere. Con una serie di articoli pubblicati sullo stesso giornale, nel 1899 raccolti nell'opuscolo *Riforma sociale o rivoluzione*, attaccò le posizioni revisioniste di Bernstein. Le crisi del capitalismo – ella sostenne – sono organiche al sistema capitalistico. Esse esplodono quando la tendenza all'espansione della produzione si scontra con la limitata capacità di assorbirla. La ricerca di nuovi mercati darà luogo all'imperialismo e al militarismo, che ne è il braccio armato da impiegare all'esterno nella politica di potenza e all'interno nella repressione. Quando il sistema capitalistico avrà creato un mercato mondiale e non ci sarà più per esso possibilità di espansione si entrerà nel periodo delle crisi capitalistiche finali.

All'alternativa posta dai revisionisti „O riforme o rivoluzione", lei rispondeva: „Sia le riforme che la rivoluzione". La lotta per le riforme – sosteneva – deve mirare al miglioramento dell'esistenza dei lavoratori, alla protezione del lavoro, all'allargamento dei diritti democratici all'interno dello Stato borghese; ma le lotte quotidiane

---

640 Le intuizioni di Marx relative a situazioni rivoluzionarie derivanti da crisi militari troveranno riscontro nella rivoluzione russa, in quella cinese e in quella vietnamita.

devono essere legate allo scopo finale, cioè alla conquista del potere politico per la creazione di una società socialista.

La rivoluzione sarebbe avvenuta al momento della crisi finale del capitalismo, che poteva anche assumere la forma, oltre che della crisi economica prevista da Marx, anche quella della crisi politica causata da una guerra[641].

Nel periodo 1902- 04, Rosa lavorò alla *Gazeta Ludowa* (Giornale del popolo) di Poznan, nella Polonia tedesca, dove, accompagnata da alcuni membri dell'SPD, soggiornò dall'8 al 25 maggio 1903 per meglio organizzare la pubblicazione del nuovo giornale socialista in lingua polacca.

I suoi continui attacchi al militarismo e all'imperialismo finirono per attirare l'attenzione delle autorità governative che, nel gennaio 1904, le fecero infliggere la sua prima condanna al carcere: tre mesi per lesa maestà. Nello stesso anno partecipò al congresso di Amsterdam dell'Internazionale Socialista (14-20 agosto 1904), dove ebbe un memorabile scontro oratorio col prestigioso esponente del socialismo francese Jean Jaurés. La controversia, che riguardava il ministerialismo e la collaborazione delle classi, mantenne però toni molto amichevoli, in quanto Rosa ammirava molto il grande oratore e il profondo pensatore che era Jaurés.

La domenica del 22-1-1905, a San Pietroburg, la polizia zarista sparò sulla folla che chiedeva riforma atte a sollevare le masse popolari dall'indigenza in cui vivevano. Fu il colpo decisivo che diede ini-

---

641 Queste posizioni furono portate da Rosa anche in congressi dell'Internazionale: in quello di Parigi del 1900, in cui fu relatrice sul tema della guerra e in quello di Stoccarda del 1907.

zio al disfacimento dell'impero russo. Un moto di indignazione si diffuse in tutto il paese. Scoppiarono agitazioni anche a Varsavia e a Riga. In quell'occasione, Rosa Luxemburg si schierò col partito bolscevico, allora in contrasto con menscevichi e socialrivoluzionari e soprattutto cercò di appoggiare in tutti i modi il partito socialdemocratico di Polonia e di Lituania (SDKPiL). Non riuscendo a lasciare la Germania, scrisse per esso un gran numero di opuscoli. Sul finire del dicembre 1905, finalmente attraversò la frontiera con documenti falsi, si recò in Polonia per partecipare al movimento rivoluzionario e raggiunse Leo Jogiches che era alla testa del partito socialdemocratico polacco. Ma il 4 marzo 1906 fu fermata, per la sua attività rivoluzionaria, e rinchiusa nella prigione di polizia di Varsavia in una cella senz'aria e senza igiene. Era malata e ciò fece aggravare le sue condizioni fisiche, ma non si perse mai di coraggio, fino a quando, grazie al certificato di una commissione medica, ottenne di essere messa in libertà provvisoria.

Si recò quindi in Russia, dove rimase alcuni mesi, durante i quali scrisse l'opuscolo *Sciopero di massa, partito politico e sindacati*. In esso sottolineava l'importanza del momento della spontaneità nell'azione delle masse, che si muovono quando sussistono sia le condizioni oggettive che la loro disponibilità all'azione. Questo, appunto, era stato l'insegnamento della rivoluzione russa, che nessun partito aveva ordinato, ma che era scoppiata spontaneamente, perché le masse avevano avvertito la necessità di reagire alla situazione che la guerra russo-giapponese, le tristi condizioni di vita e la volontà repressiva del governo avevano creato. Non si poteva però - aggiungeva – proclamare a freddo uno sciopero di massa, né attendere passivamente che si realizzasse spontaneamente: spettava al partito sollecitare l'iniziativa offensiva e lo sviluppo della coscienza delle masse, sfruttando tutte le occasioni che le contraddizioni del capitalismo, specie nella sua fase imperialista, avrebbero offerto. Rosa era convinta che *i passi falsi compiuti da un reale movimento operaio siano storicamente più utili della presunta infallibilità del miglior comitato centrale.* Questa tesi si poneva in contrasto con la visione leninista del partito, che voleva composto da rivoluzionari di professione e rigidamente strutturato, ma anche con quella dei maggiori leader della socialdemocrazia tedesca August Bebel e Karl Kautsky, per il suo attacco alla burocrazia sindacale.

Queste tesi raccolsero qualche successo[642] al VII congresso internazionale di Stoccarda (18-24 agosto 1907), ma non all'interno della socialdemocrazia tedesca. Per questa impostazione Rosa sarà accusata dai comunisti, specie nell'era staliniana, di „spontaneismo" e di sottovalutazione della funzione dei gruppi dirigenti. Si tratta, viceversa, di una teoria dell'organizzazione diversa da quella leninista, in quanto la dirigenza non è considerata come separata dalla massa, che deve invece guidare verso uno sbocco politico, e deve essere sempre soggetta al controllo dal basso.

Il 12 dicembre 1906 Rosa subì la sua seconda condanna, questa volta a Weimar: due mesi per „incitamento all'odio di classe".

---

642 Fece adottare la cosiddetta „mozione di Stoccarda" (firmata anche da Lenin e da Martov) che considerava un dovere dei lavoratori e dei loro rappresentanti in parlamento, *se tutti i mezzi messi in opera non fossero riusciti ad impedire il conflitto armato, di utilizzare la crisi economica e politica generata dalla guerra per sollevare le masse popolari in vista del rovesciamento del dominio della classe capitalista.*

Nel 1907 Rosa partecipò , a Londra, al V congresso del POSDR (dal 30-4 al 19-5 1907), assieme a Leo Jogiches, col quale, nello stesso periodo, venne meno, ferma restando la solidarietà politica, il rapporto sentimentale.

Nell'ottobre dello stesso anno iniziò i suoi corsi di economia politica alla scuola quadri del partito[643], a Berlino. Dalla sue lezioni scaturì l'opera incompiuta *Introduzione all'economia politica*, pubblicata postuma e, soprattutto, il suo più impegnativo lavoro, quello che la farà collocare fra i più grandi teorici marxisti, *L'accumulazione del capitale* (1913), libro volto a spiegare l'inesorabile evoluzione del capitalismo verso la sua fase imperialistica.

Connessa ai suoi studi sull'imperialismo, sulla guerra che esso comportava e sulla strategia che il movimento operaio avrebbe dovuto adottare per impedirla, fu la sua costante e ferma battaglia per la democrazia di partito e contro la burocratizzazione, che la portò a volte a scontrarsi con Lenin, ed anche con i vertici della socialdemocrazia tedesca[644].

---

643 La SPD aveva aperto una scuola socialista frequentata da operai, dirigenti, casalinghe, intellettuali, sindacalisti. Rosa vi lavorò dal 1907 al 1915 e fu riconosciuta unanimemente come la migliore insegnante. Con la sua preparazione, la sua intelligenza, la sua passione, affascinava l'uditorio sempre interessato alle sue lezioni.

644 Quanto fossero profetiche le sue parole lo confermeranno la degenerazione del centralismo leninista nello stalinismo e la paralisi della socialdemocrazia che aveva consegnato ogni iniziativa nelle mani dell'apparato.

Sempre nel 1907 fiorì una nuova relazione sentimentale di Rosa, con Kostya Zetkin[645], il figlio della sua cara amica Clara. Il giovane aveva quasi vent'anni meno di lei, che lo ospitava durante i suoi studi di medicina a Berlino. La relazione durerà fino al 1915, quando Rosa sarà arrestata per la sua attività pacifista ed antimilitarista. Un rapporto molto affettuoso la unirà in seguito ad Hans Diefenbach[646]

Negli anni che seguirono sempre più andava evidenziandosi la posizione di sinistra rivoluzionaria di Rosa all'interno della socialdemocrazia tedesca. Posizione che però ebbe scarsa fortuna in un partito che pure era considerato il migliore del socialismo mondiale, il partito che aveva il crisma ufficiale del marxismo, poiché lo stesso Engels, fino alla sua morte nel 1895, lo aveva considerato come il suo proprio partito; dopo di lui Kautsky veniva considerato il „papa del marxismo", il teorico ufficiale dell'ortodossia della socialdemocrazia tedesca. In un tale partito si era creato, fortissimo, il mito dell'unità: infrangerne la disciplina sarebbe stato considerato un peccato capitale. Finché la Luxemburg e Kautsky furono alleati nella lotta comune contro il revisionismo di Bernstein e della destra, la sinistra poteva apparire maggioritaria; ma quando, a partire dal 1910, avvenne la rottura della „sinistra" con il cosiddetto „centro marxista" di Kautsky, in particolare sulla questione del-

---

645 Konstantin Zetkin detto Kostya (1885- 1980) era nato a Parigi da Ossip e Clara Zetkin. Nel 1891 si trasferì in Germania con la famiglia. Studiò prima economia e poi medicina. Durante il nazismo andò esule in Francia. Nel 1945 si trasferì in USA e quindi in Canada.

646 Hans Diefenbach (1884-1917), medico socialista, fu forse il suo ultimo amore.

l'utilizzo dello sciopero di massa come strumento[647] rivoluzionario, la sinistra rivoluzionaria si ritrovò largamente minoritaria all'interno del partito, avendo di fronte non solo il „centro" kautskyano, ma anche una „destra" che poteva contare sull'appoggio dei sindacati e su quello dell'apparato, sempre più da essa controllato prima con la segreteria Auer e poi con quella Ebert.

Nonostante tutto, la sinistra non cessò di manifestare la sua attiva presenza nel partito, soprattutto con gli scritti di Rosa Luxemburg e di Franz Mehring e con l'appoggio del movimento giovanile animato da Karl Liebknecht[648], oltre che in tutte le assisi congressuali

647 Di Kautsky Rosa rifiuta la posizione, considerata deterministica, secondo cui il socialismo è inevitabile. Kautsky è perciò accusato di considerare slegata la meta del socialismo dall'agire quotidiano della classe operaia. Nella sua visione dunque - secondo Rosa - il vero obiettivo, resta indeterminato e proiettato in un futuro troppo vago e lontano. Di inevitabile, invece, c'è solo il crollo del capitalismo, giunto al suo sviluppo ultimo, l'imperialismo, e del suo alleato, il militarismo, che porterà alla guerra fra paesi capitalisti per appropriarsi con la forza di interi continenti; la forza militare sarà utilizzata anche come strumento di concorrenza fra i diversi imperialismi per il possesso di aree ancora non controllate. Sarà dunque la guerra a rendere necessaria la rivoluzione, che le masse inizieranno spontaneamente, se consapevoli che la scelta finale sarà: *socialismo o barbarie*.

648 Karl Liebknecht (1871-1919) era figlio di Wilhelm, uno dei fondatori dell'SPD. Divenuto avvocato, si trasferì dalla natìa Lipsia a Berlino, dove aprì uno studio legale. Nel 1900 si iscrisse all'SPD e fu presidente dell'Internazionale Socialista Giovanile dal 1907 al 1910. Per un suo scritto, *Militarismo e antimilitarismo*, nel 1907 fu arrestato e imprigionato per 18 mesi a Glatz, in Slesia. Si schierò con l'ala sinistra del partito e nel 1912 venne eletto deputato. Si oppose alla guerra e fu critico verso le posizioni moderate di Kautsky. Alla fine del 1914 fu uno dei fondatori della *Lega di Spartaco*. Fu arrestato e inviato come militare sul fronte orientale. Rifiutatosi di combattere, dovette prestare servizio seppellendo i morti. Per ragioni di salute poté ritornare in

locali, nazionali e internazionali. Ma ormai la burocrazia di destra dilagava nell'SPD; essa riuscì a togliere ai dirigenti di sinistra la possibilità di collaborare alla stampa di partito, tanto che la Luxemburg, Mehring e Karski-Marchlewski[649] fondarono, nel 1912, un bollettino *Sozialdemokratische Korrespondenz* (Corrispondenza Socialdemocratica)[650].

Negli anni seguenti si intensificò l'impegno di Rosa per sollecitare una generale e cosciente mobilitazione delle masse popolari contro l'imperialismo, contro la guerra che già si profilava all'orizzonte,

---

Germania nell'ottobre 1915. Il primo maggio 1916, a causa della sua partecipazione ad una manifestazione contro la guerra fu condannato a due anni e mezzo di carcere, poi portati a 4 anni e un mese, per alto tradimento. Venne rilasciato, in seguito ad un'amnistia, nell'ottobre 1918. Riprese dunque la sua attività, come leader della Lega.

Il 9 novembre 1918 proclamò, da una balconata del Castello di Berlino, la *freie sozialistische republik* (libera repubblica socialista). Alla fine del 1918 partecipò alla fondazione del KPD. In seguito all'insurrezione del gennaio 1919 fu rapito, insieme a Rosa Luxemburg, dai militari dei „corpi franchi", portato all'Hotel Eden di Berlino, interrogato e torturato per diverse ore e quindi ucciso, il 15 gennaio 1919.

649 Julian Baltazar Marchlewiski, noto anche con lo pseudonimo di Karski (1866-1925), fu un rivoluzionario marxista polacco. Nel 1893 fu uno dei fondatori della SDKP. Prese parte alla rivoluzione russa nei territori polacchi e nel 1906 si unì ai bolscevichi. Dopo il fallimento della rivoluzione, emigrò in Germania, dove aderì all'SPD, divenendo uno dei leader della sua ala sinistra. Come economista esperto in agricoltura partecipò alla stesura del programma bolscevico per i contadini.

650 Dal dicembre 1913 al gennaio 1915 Rosa Luxemburg ebbe come segretaria Mathilde Jacob (1873-1943), dattilografa e stenografa, che fu anche sua ammiratrice, amica e confidente e che le fu fedele anche oltre la morte. Grazie a lei Rosa, quando era in prigione, poté tenere i contatti con i suoi amici politici ed avere notizie della sua gatta Mimì.

per la rivoluzione socialista, per la democrazia interna. La destra interna burocratizzata della SPD cercò di isolarla nel partito, mentre le autorità cercarono di neutralizzarla imbastendo contro di lei una serie di processi. Nel 1913, in un comizio a Francoforte sul Meno, Rosa fece appello al rifiuto del servizio militare. Per questo appello, il 20 febbraio 1914 venne denunciata per *incitamento a disobbedire alle leggi e alle disposizioni dei superiori* e fu condannata a un anno di carcere. Un altro processo sarebbe dovuto iniziare contro di lei nel luglio successivo, per avere denunciato pubblicamente i maltrattamenti che i soldati subivano da parte dei superiori. Ma migliaia di ex soldati si offrirono spontaneamente di testimoniare a suo favore e ciò indusse le autorità militari a sospendere definitivamente il processo.

Il 29 e 30 luglio 1914, partecipando al Bureau dell'Internazionale Socialista, Rosa si rese conto di quanto il nazionalismo si fosse infiltrato nell'organizzazione socialista e che esso, ad un certo punto, si sarebbe rivelato più forte della solidarietà internazionale.

Il radicato spirito unitario della socialdemocrazia tedesca difficilmente avrebbe tuttavia consentito una più accentuata azione frazionistica, e ancor meno una scissione. Lo si vide, allo scoppio del conflitto mondiale, col voto favorevole dato, il 4 agosto 1914, ai crediti di guerra, dalla SPD, giungendo così al naturale sbocco della sua politica precedente, mentre per tutta la Germania aleggiava lo spirito sciovinista creato dalla stampa nel paese. La classe operaia tedesca era contro la guerra, e in questo senso rimase compatta fino alla sua vigilia, seguendo peraltro quanto andava predicando la stampa socialdemocratica e la stessa direzione del partito, che si erano pronunciate contro un eventuale conflitto. L'improvviso[651] voto del 4 agosto rivelò invece non solo la profonda integrazione dei vertici socialdemocratici nella società tedesca, ma anche lo spirito di disciplina delle masse e la debolezza della sinistra. Lo stesso Liebknecht, che ne era uno dei più prestigiosi leader, votò a favore perché temette che un voto difforme dal gruppo parlamentare potesse isolarlo dalle masse[652].

Fu questa anche l'occasione in cui, ancora una volta, si manifestarono la coerenza, il coraggio, la fede e la determinazione di Rosa Luxemburg nel riprendere a ritessere la tela del movimento socialista internazionalista, nonostante l'amarezza di avere assistito alla capitolazione della socialdemocrazia tedesca e al crollo dell'Internazionale[653]. Tuttavia la sua fede nell'internazionalismo rimarrà

---

651 La riunione del gruppo parlamentare socialdemocratico si tenne in fretta e furia e il destino del socialismo venne deciso in pochi minuti: la maggioranza del gruppo si espresse a favore del voto per i crediti di guerra. L'ala sinistra, stupita e disorientata, benché contraria, optò per la disciplina di partito. Il primo a pentirsi e quindi a rompere la disciplina, sarà Karl Liebknecht. Infatti, al secondo voto in merito, il 2 dicembre 1914, votò contro. Nel febbraio 1915 saranno in due, Liebknecht e Otto Ruhle (1874-1943), mentre in trenta usciranno dall'aula. Nel dicembre 1915 ventidue deputati SPD votarono contro e venti si astennero. Altri seguiranno.

652 Solo la prima volta. Nel dicembre ruppe la disciplina di partito e prese a votare contro, portandosi dietro, in seguito, anche altri deputati socialdemocratici. L' *Avanti!* del 5-12-1914 lo definì *l'uomo che, solo fra tutti, ha ricordato, con il suo voto contro i crediti militari, che il socialismo non è morto*. Il 27-1-1916 fu espulso dal gruppo socialdemocratico.

sempre salda: *La Patria dei proletari, alla quale la difesa di tutte le altre è subordinata, è l'Internazionale Socialista.*

La stessa sera del 4 agosto si riunirono, in casa sua, per organizzare la resistenza contro la politica di guerra della socialdemocrazia, alcune persone,che saranno poi il nucleo del movimento spartachista[654]: oltre Rosa, Hermann Duncker[655], Julian Marchlewski, Franz Mehring, Ernst Meyer, Wilhelm Pieck[656]. Il 10 settembre successivo

653 Nel suo congresso di Basilea (4-25 novembre 1912) l'Internazionale aveva proclamato, in un celebre manifesto contro un'eventuale guerra, adottato all'unanimità: *Al momento che si annunzierà l'ordine di mobilitazione, noi proclameremo lo sciopero generale senza limite, alla proclamazione della guerra risponderemo con l'insurrezione armata. Sarà la rivoluzione sociale...*Le cose andarono diversamente: quasi tutti i partiti socialisti, con rare eccezioni (fra cui il PSI) si schierarono con i propri governi. Non solo la socialdemocrazia tedesca accettò la guerra, ma anche quella austriaca. Il partito laburista inglese accettò di entrare nel governo di unità nazionale, come anche la SFIO (Sezione Francese dell'Internazionale Operaia), nonostante l'assassinio (31-7-1914), per mano di un nazionalista, del suo leader, pacifista convinto, Jean Jaurés. La coalizione nazionale formatasi in Francia, cui aderirono tutti i partiti, su appello del presidente Raymond Poincaré, fu detta *Union sacrée* (Unione sacra).

654 Nelle settimane successive si unirono altri, fra cui Martha Arendsee, Kate Duncker, Leo Jogiches, Karl Liebknecht, August Thalheimer, Paul Lange, Jacob Walcher.

655 Hermann Duncker (1874-1960) nel 1893 aderì all'SPD, schierandosi con la sinistra del partito. Nel 1919 partecipò alla fondazione del KPD. Durante il nazismo esulò in Danimarca e poi negli USA. Nel 1947 si trasferì nella Repubblica Democratica Tedesca e insegnò all'università di Rostock.

656 Wilhelm Pieck (1876-1960) nel 1895 entrò nell'SPD, divenendo un esponente della sua ala sinistra. Fu tra i fondatori della Lega di Spartaco e poi del KPD (Partito Comunista Tedesco). Durante il nazismo emigrò prima in Francia e poi in URSS. Nel 1935 divenne

Rosa Luxemburg, Franz Mehring, Clara Zetkin e Karl Liebknecht, inviarono una dichiarazione di dissociazione dalla guerra ad alcuni giornali socialisti svedesi, italiani e svizzeri: era una presa di distanza dai vertici SPD, i quali avevano precedentemente criticato la Seconda Internazionale. Il gruppo[657] così formato prese il nome di *Gruppo Internazionale*. Esso si opponeva alla politica di collaborazione col governo imperiale, rimanendo però ancora all'interno del partito.

Il 19 febbraio 1915 Rosa, mentre si apprestava a partire per l'Olanda per partecipare ad una conferenza internazionale delle donne, fu arrestata in esecuzione della sentenza dell'anno precedente. Rimase in carcere [658]fino al 18 febbraio 1916 e all'uscita fu accolta calorosamente dalle operaie di Berlino.

Il 15 aprile 1915 uscì la rivista *Die Internationale* (L'Internazionale), diretta dalla Luxemburg (ancora in carcere) e da Mehring, fondata per combattere la politica del partito, in nome dell'internazionalismo. Di essa uscì però un solo numero, essendo stata proibita dal-

---

segretario del KPD e, dal 1938 al 1943, del Comintern. Dopo la guerra fu tra i fondatori della SED (Partito Socialista Unificato Tedesco), nato dalla fusione tra SPD e KPD della zona orientale della Germania. Dal 1949 alla morte fu presidente della RDT.

657 Nei giorni successivi si aggiunsero altri: Martha Arendsee, Heinrich Brandler, Otto Gabel, Leo Jogiches, Karl Liebknecht, ecc.

658 Durante i 12 mesi passati nel carcere di Berlino scrisse un opuscolo, *La crisi della socialdemocrazia*, contro la guerra e contro la politica del gruppo dirigente. Appena uscita dal carcere, nel 1916, lo fece stampare in Svizzera, usando lo pseudonimo di Junius. L'opuscolo, conosciuto anche come *Junius Phamphlet*, esalta l'internazionalismo proletario contro l'imperialismo delle grandi potenze.

l'autorità, e contro i suoi direttori fu iniziato un nuovo processo per alto tradimento[659].

Il 1° gennaio 1916 si riunì a Berlino una conferenza degli sparsi gruppi socialdemocratici rivoluzionari tedeschi, la quale decise di darsi un collegamento nazionale e di dotarsi di un organo autonomo. Il primo numero fu la „lettera politica"[660] del 27-1-1916 recante la firma Spartacus, che poi designò l'intero gruppo come *Gruppo Spartachista*.

Nel corso dei mesi successivi la Luxemburg preparò la piattaforma politica (praticamente quella proposta nel celebre *Junius Pamphlet*) dell'organizzazione che stava nascendo sotto la sua guida, sostenuta anche dall'azione parlamentare di Liebknecht e dall'indubbia capacità organizzativa di Jogiches. Nel marzo 1916 Rosa prese posizione nei confronti di 18 deputati socialdemocratici dell'opposizione interna centrista, che avevano votato contro il bilancio statale. Essi, sosteneva Rosa, dovevano scegliere: o porsi a fianco dei traditori del socialismo e dell'Internazionale e farsene complici o distaccarsene.

---

659 Contro la rivista si pronunciò anche la Direzione dell'SPD, che accusò i suoi redattori di avere *diffamato il partito* e di aver tentato *di infrangerne l'organizzazione e la capacità di azione*. Una rappresentanza del *Gruppo Internazionale* (Ernst Meyer e Berta Thalheimer) partecipò alla conferenza di Zimmerwald (5-8 settembre 1915). La conferenza inviò espressioni di simpatia nei confronti di Liebknecht, della Luxemburg e della Zetkin.

660 Così furono chiamati gli opuscoli divulgativi del gruppo, poiché ognuno di essi iniziava come una lettera: *Cari compagni, per vostra informazione...*

Il 19 luglio 1916 Rosa, assieme a Mehring, venne sottoposta alla *custodia di sicurezza* e rinchiusa per due mesi nel carcere di Berlino; a fine settembre fu portata in una sala di polizia piena di insetti, buia e senz'aria. Un mese dopo fu trasferita nella fortezza di Wronke, in Posnania, nel cui cortile poteva passeggiare. Nel luglio 1917 fu portata a Breslavia, in Polonia, senza il diritto di uscire dalla sua cella. Uscirà in seguito alla rivoluzione, il 9 novembre 1918.

Durante questo periodo, in cui anche Liebknecht[661] era in carcere, il Gruppo Spartaco veniva diretto da Leo Jogiches, ottimo organizzatore. Dalla prigione Rosa riusciva a inviare i suoi scritti che venivano pubblicati in fogli stampati clandestinamente, come *lettere di Spartaco*.

In quegli anni di solitudine e di sofferenza, mentre la tragedia della guerra incombeva sul mondo, mentre il popolo era attanagliato dalla fame e dalla miseria e il socialismo internazionale sembrava distrutto e impotente, Rosa non si perse mai d'animo. Volontà e coraggio sembravano sostenere il suo corpo esausto, come si può vedere dalle lettere inviate a Mathilde Wurm, a Sonia Liebknecht, a Louise Kautsky, a Clara Zetkin. Leggeva opere della letteratura francese, inglese, tedesca, russa, scriveva un'opera sull'economia nazionale, un'altra sulla storia della Polonia; ma non tralasciava di

---

661 Durante una manifestazione di massa contro la guerra (I maggio 1916) il deputato spartachista, pur indossando l'uniforme militare, gridò: *Abbasso la guerra! Abbasso il governo!* E venne immediatamente arrestato. Fu poi condannato a due anni e mezzo di prigione *per tradimento in tempo di guerra congiuntamente a disubbidienza aggravata e a resistenza contro i poteri dello Stato.* In secondo grado la pena fu aumentata a 4 anni e un mese.

tenersi informata sugli avvenimenti del mondo e sulle vicende del movimento operaio internazionale. Era convinta che la crisi mondiale si sarebbe conclusa o con la vittoria della borghesia, il che avrebbe comportato una nuova corsa agli armamenti e una nuova guerra mondiale, o con la vittoria della rivoluzione, che avrebbe portato al potere la classe operaia, aprendo il futuro al socialismo e ad un'era di pace tra i popoli.

Il 1917 fu un anno cruciale sia per la guerra tra l'Intesa e gli Imperi centrali, che per il movimento socialista internazionale.

Il 2 marzo lo zar Nicola II, in seguito alla *Rivoluzione di febbraio*, fu costretto ad abdicare e la Russia divenne una repubblica. Il Governo Provvisorio, composto di liberali e socialisti di destra, decise di proseguire la guerra, ma i Tedeschi riuscirono a penetrare nel territorio russo.

In Germania appariva sempre più evidente che la direzione di destra dell'SPD aveva portato il partito a rinnegare i principi basilari su cui era sorto: l'internazionalismo, l'ostilità alla guerra, la lotta di classe. All'interno del suo gruppo parlamentare, e ancor di più nella base socialista, si era sempre di più evidenziata un'opposizione di centro, che pur differenziandosi dalle posizioni rivoluzionarie degli spartachisti, si era schierata per la pace e non tollerava più il proseguimento del massacro. Per tutta risposta la maggioranza socialdemocratica di destra, nel marzo 1917, espulse gli oppositori alla guerra dall'SPD. I dissidenti, fra cui i cosiddetti *revisionisti* seguaci di Bernstein e i *centristi* che si riconoscevano in Karl Kautsky, recependo il crescente malcontento degli operai, il 9 aprile 1917 fondarono l'USPD (Partito Socialdemocratico Tedesco Indipendente), sotto la guida di Hugo Haase[662]. Il nuovo partito chiedeva la fine immediata della guerra, in ciò concordando con gli spartachisti[663]. La *Lega di Spartaco*, che fino ad allora non aveva operato una scissione, decise, non senza lacerazioni[664], avendo a lungo polemizzato con i „centristi", di aderire all'USPD, di cui divenne l'ala sinistra, pur mantenendo la sua autonomia. Gli spartachisti, comunque, non si consideravano allora un'unica organizzazione, ma una federazione di gruppi locali.

Nel maggio successivo gli USA entrarono in guerra a fianco dell'Intesa.

In Russia, con la *Rivoluzione di ottobre*, il potere fu assunto dai bolscevichi (comunisti), guidati da Lenin, che decisero di uscire dalla

---

662 Hugo Haase (1863-1919), politico e giurista socialdemocratico dell'ala revisionista dell'SPD, nel 1897 fu eletto deputato. Nel 1911 divenne presidente (assieme a Bebel) del partito e nel 1912 del suo gruppo parlamentare. Di fronte alla guerra assunse posizioni pacifiste e nel 1917 fu eletto presidente dell'USPD. Durante la rivoluzione tedesca del novembre 1918 formò un governo provvisorio assieme al leader dell'SPD Ebert; ma, indignato per la dura repressione dei rivoluzionari, alla fine del 1918 lasciò il governo. Fu assassinato in un attentato organizzato da un malato di mente.

663 All'USPD facevano capo forti nuclei di operai rivoluzionari e la maggioranza degli operai berlinesi. Per distinguersi dall'USPD, l'SPD da allora muterà la sua denominazione in MSPD (Partito Socialdemocratico Tedesco di Maggioranza).

664 Le sezioni di Brema, Amburgo, Francoforte sul Meno, Dresda e Duisburg decisero di non aderire all'USPD.

guerra. Le trattative con la Germania si conclusero il 3 marzo 1918, col *Trattato di Brest-Litovsk*, in Bielorussia[665].

La rivoluzione russa diventò subito il centro delle preoccupazioni di Rosa Luxemburg[666]. Prima delle giornate dell'ottobre russo, essa previde che l'alternativa per la rivoluzione era *o la controrivoluzione o la dittatura del proletariato*. Tuttavia rimproverava a Lenin e ai bolscevichi di contrapporre la dittatura alla democrazia; per lei infatti *la dittatura consiste nel modo di applicare la democrazia, non nella sua abolizione*. La dittatura deve essere l'opera della classe operaia e non di una piccola minoranza di dirigenti che comanda a suo nome.

La Luxemburg riconosceva ai bolscevichi *il merito immortale nella storia, di avere preso la testa del proletariato internazionale conquistando il potere politico e ponendo nella pratica il problema della realizzazione del socialismo*, mentre i socialdemocratici tedeschi si erano resi complici del militarismo del loro governo. Rosa riteneva però che l'unica possibilità di salvezza per la rivoluzione russa poggiasse sull'eventualità che il proletariato europeo, stimolato dal suo esempio, si sollevasse a sua volta. Altrimenti il governo bolscevico sarebbe stato costretto a commettere degli errori che non sarebbero andati in direzione del socialismo. Rosa criticava in particolare l'abolizione delle libertà democratiche: senza elezioni generali, libertà di stam-

---

665 La Lussemburg si dichiarò contraria a questo trattato, principalmente perché, a suo avviso, esso significava un enorme rafforzamento della politica imperialistica tedesca, il che comportava maggiori difficoltà per un'eventuale rivoluzione in Germania.

666 Il suo scritto *La rivoluzione russa* fu pubblicato postumo nel 1922 da Paul Levi, nuovo leader degli spartachisti dopo l'arresto di Leo Jogiches (10-3-1919).

pa e di riunione illimitata, libero confronto delle opinioni nelle pubbliche istituzioni, la vita si spegne e l'unico elemento attivo rimane la burocrazia. Rosa riconosceva che il dominio eccessivo del partito bolscevico era, in buona misura, dovuto alle pressioni della violenta guerra civile in corso in Russia; ma riteneva pericoloso per la rivoluzione se esso si fossero orientato a fare della sua tattica un sistema teorico da trasferire al proletariato internazionale come modello di tattica socialista.

Intanto la rivoluzione ribolliva in Germania e cominciava l'agonia della monarchia. Dapprima fu costituito un governo parlamentare, poi fu annunciata una democratizzazione della vita politica e fu proclamata la libertà di riunione. Il 28 ottobre fu accordata un'amnistia a tutti i prigionieri politici.

Il forte malumore contro la guerra, che ormai serpeggiava in tutta la Germania stremata e in particolare fra le truppe, esplose ai primi di novembre del 1918. I primi a sollevarsi furono i marinai delle navi ancorate a Kiel, sul Baltico. Essi si ribellarono contro il proseguimento della guerra, occuparono le navi ed elessero dei consigli degli operai e dei soldati. La rivoluzione si estese poi a tutta la Germania e portò alla proclamazione della repubblica.

Il 9 novembre dal balcone del parlamento il vicesegretario socialdemocratico (SPD) Philipp Scheidemann[667] proclamò la *repubblica de-*

---

667 Philipp Scheidemann (1865-1939) fu un esponente dell'SPD. Nel 1903 fu eletto deputato. Fece parte dell'ala destra del partito, facente capo a Friedrich Ebert, che sosteneva lo sforzo bellico durante la I guerra mondiale. Nell'ottobre del 1918 fece parte, come ministro senza portafoglio, del governo parlamentare di Max von Baden. Dopo che Ebert divenne capo del governo, il 9 novembre 1918,

mocratica tedesca; poco dopo Karl Lieknecht[668] proclamò dapprima dal Tiergarten[669] e poi al castello di Berlino una *libera repubblica socialista tedesca*. Lo stesso giorno la Luxemburg venne rilasciata e l'indomani arrivò a Berlino, dove fu accolta dai suoi amici con grande entusiasmo. L'11 novembre la *Lega di Spartaco* venne costituita come organizzazione a livello nazionale, intendendo con ciò anche prendere le distanze dall'USPD. La Luxemburg assunse la direzione del giornale del movimento, non ancora organizzato in partito autonomo, *Die Rote Fahne* (La bandiera Rossa), nel cui primo numero tracciò il programma della rivoluzione: disarmo delle classi dominanti; creazione della "guardia rossa"; convocazione del parlamento degli operai e dei soldati; collettivizzazione di banche, miniere e grandi industrie; iniziative da prendere con altri partiti socialisti per un'internazionalizzazione della rivoluzione. Non mancava inoltre di denunciare il comportamento di Ebert, leader dell'SPD e nuovo capo del governo, succeduto a Max von Baden il 9-11-1918, che manteneva in piedi il vecchio sistema capitalista.

Ma la controrivoluzione non stava a guardare. A Berlino, ad esempio, il comitato direttivo dei consigli degli operai e dei soldati, così come la redazione del *Rote Fhane* vennero arrestati; lo stesso accadde a Liebknecht il 7 dicembre 1918. La casa di Rosa Luxemburg era

---

Scheidemann proclamò la repubblica tedesca. Divenuto a sua volta Capo del Governo Provvisorio (Ebert Presidente della Repubblica), fu poi nominato cancelliere il 13-2-1919. Si dimise il 20-6 successivo. Durante il nazismo fu esule a Copenaghen.

668 Liebknecht era stato rilasciato il 23-10-1918. Arrivò a Berlino l'8 novembre, dove assunse subito la direzione della Lega Spartachista.

669 Quartiere centrale di Berlino.

circondata dalla polizia e lei ogni notte cambiava albergo. Spesso la notte non dormiva, ma la sua energia e la sua lucidità sembravano inesauribili. Intanto si ingrossava il movimento rivoluzionario e le masse chiedevano la socializzazione della produzione, mentre centinaia di migliaia di operai manifestavano per le strade di Berlino. La sfida tra rivoluzione e controrivoluzione era ormai aperta. La divisione tra le forze che si richiamavano al socialismo (SPD – USPD – KPD) farà pendere la bilancia dalla parte della controrivoluzione.

Spartacus convocò un congresso, che si svolse dal 30 dicembre 1918 al I gennaio 1919, da cui nacque il KPD (Partito Comunista Tedesco)[670]. Il congresso riuniva pochi elementi eterogenei, fra cui molti giovani, facili a lasciarsi trasportare da orientamenti estremistici. Accadde dunque che mentre il programma predisposto dalla Luxemburg fu approvato all'unanimità, fra gli applausi, la proposta di Rosa e della dirigenza di partecipare alle elezioni per l'elezione dell'Assemblea Nazionale, fissate per il 19 gennaio, fu respinta con 23 voti a favore e 62 contro. Una tale decisione significava la rinuncia a utilizzare la campagna elettorale per consolidare il nuovo partito, ma anche la possibilità di cadere nella trappola di uno scontro aperto che le forze reazionarie stavano ormai cercando. Quello di Rosa fu l'ultimo discorso della sua vita.

---

670 Il nuovo partito fu formato dai membri della *Lega di Spartaco* e da quelli dell' *Internationale Kommunisten Deutschlands* (Partito Comunista di Germania).

Il 6 gennaio 1919, traendo spunto dalla provocatoria destituzione del capo della polizia di Berlino, membro dell'USPD, migliaia di persone, di cui molte vicine all'USPD, si riversarono per le strade della capitale tedesca protestando contro il provvedimento del ministro della Difesa Noske (SPD). Alle manifestazioni, dominate da elementi della sinistra USPD, si unirono i comunisti e le mobilitazioni si trasformarono in insurrezione, con le parole d'ordine: disarmo della controrivoluzione, armamento del proletariato, unità d'azione di tutti i rivoluzionari, elezioni per il rinnovo dei consigli di soldati ed operai. Le vie di Berlino videro sorgere le barricate e scorrere il sangue. Ma la reazione governativa ebbe la meglio. L'11 gennaio Rosa scrisse il suo ultimo articolo: *L'ordine regna a Berlino*.

La stampa borghese intanto lanciava sempre più violenti incitamenti alla repressione dei moti ed anche all'assassinio di Rosa e Karl. Corpi franchi di volontari dipendenti dal ministro Noske[671] furono fatti affluire a Berlino. Ma Rosa si rifiutò di lasciare la capitale per mettersi in salvo. Per coerenza col suo insegnamento – era una rivoluzionaria che era riuscita a fondere concretamente militanza attiva e impegno teorico - decise di rimanere in mezzo ai pericoli di un'insurrezione che considerava velleitaria e suicida, che non solo non aveva voluto, ma di cui aveva denunciato i pericoli.

---

671 Gustav Noske (1868-1946) fu un esponente della destra dell'SPD. Deputato dal 1905, ministro della Difesa dal 1919 al 1920. Come ministro incoraggiò l'azione di gruppi paramilitari nazionalisti per contrastare il comunismo in Germania. Nel 1944 venne arrestato dalla Gestapo con l'accusa di aver partecipato all'attentato a Hitler del 20-7-1944. Finita la guerra, fu liberato dalle truppe alleate.

Il 15 gennaio 1919 Rosa e Karl, vissuti per alcuni giorni in totale clandestinità, si trovavano in una casa al n. 53 della Via Manneheim, dove si erano nascosti con falsi documenti. Alle nove di sera, un reparto di soldati della divisione di cavalleria della guardia li arrestò[672] e li condusse all'hotel Eden, sede del loro comando, dove furono interrogati e torturati per diverse ore. Dopo di che i due furono scortati, in stato d'incoscienza, fuori dall'edificio dai soldati dei cosiddetti *Freikorps* (Corpi liberi). Karl fu ucciso per primo. Poi fu la volta di Rosa che, ormai moribonda, col cranio fracassato da vari colpi inferti col calcio di un fucile, venne ufficialmente condotta in carcere su una jeep militare, ma, lungo la strada, fu assassinata a freddo con un colpo di pistola al cervello e il suo corpo gettato nel canale Landwehr, dove sarà rinvenuto il 31 maggio 1919[673].

Franz Mehring la definì *il cervello più geniale fra gli eredi scientifici di Marx e di Engels.*

Quando Lenin seppe della sua morte disse: *...era ed è rimasta un'aquila.*

E Gyorgy Lukàcs: *la sola discepola di Marx che abbia prolungato realmente l'opera della sua vita.*

Per Clara Zetkin *in Rosa Luxemburg l'idea socialista era dominante e potente passione della mente e del cuore [...]. Con forza di volontà, altrui-*

---

672 Con loro era Wilhelm Pieck, che però riuscì a fuggire.

673 Nel maggio 2009 il settimanale *Der Spiegel* ha messo in dubbio che le spoglie attualmente sepolte in un cimitero di Berlino siano quelle di Rosa Luxemburg. I reali resti della Luxemburg si troverebbero, secondo il giornale, presso l'Istituto di medicina legale dell'ospedale *Charité* di Berlino.

smo e dedizione, per i quali le parole sono troppo deboli, ha impegnato tutto il suo essere e tutto ciò che aveva da offrire per il socialismo.

Nel 1926, a Berlino, a Rosa e Karl venne dedicato un monumento di Ludwig Mies van der Rohe[674], poi distrutto dai nazisti.

Sulla sua vita è stato girato, per la regìa di Margrete von Trotta, un film intitolato *Rosa Luxemburg*, con protagonista Barbara Sukova, premiata per la migliore interpretazione femminile al Festival di Cannes del 1986.

La brillante teorica marxista che si batté contro il revisionismo e criticò Lenin e la sua incipiente dittatura, l'instancabile attivista del socialismo, la pacifista che passò molti anni in carcere durante la guerra, l'appassionata ecologista innamorata delle piante e degli animali, la lucida profetica avversaria della globalizzazione capitalistica, rimase sempre fedele a se stessa. La sua vita e il suo pensiero si potrebbero riassumere in queste sue parole:

> *Bisogna abbattere un mondo, ma calpestare un verme per arbitrio è un delitto imperdonabile.*

---

674 Ludwig Mies van de Rohe (1886-1969) fu un grande architetto e designer tedesco. Fu uno dei maestri del *Movimento Moderno*, i cui esponenti improntarono i loro progetti a criteri di funzionalità.

Lina Merlin

Son socialista, ma socialista per davvero, io.
Lina Merlin

È un destino, il suo, a cui Lina Merlin non potrà mai sottrarsi: quello, cioè, di essere ricordata come colei che fece chiudere le... case chiuse. Eppure il suo è un curriculum umano e politico di tutto rispetto, che ha al suo attivo una storia intensa ed affascinante, dominata dalla coerenza, da una coerenza assoluta, aliena dai compromessi degradanti che a volte la vita o la politica possono imporre.

Angelina Merlin, detta Lina, nacque a Pozzonovo di Padova, paese vicino a Monselice, il 15 ottobre 1887. Era figlia di Fruttuoso Merlin, segretario comunale, e di Giustina Poli, insegnante, che ebbero, oltre lei, altri nove figli. Per sollevare la numerosa famiglia sia dal punto di vista economico che da quello, diciamo così , organizzativo, Lina e il fratello Mario, di un anno più giovane di lei, furono accolti a Chioggia dalla nonna materna Elisabetta Mariotti e dal suo secondo marito dottor Angelo Favaro, che li circondarono d'amore e assicurarono loro un'infanzia serena. Fra i suoi ascendenti, Lina poteva annoverare, dal lato paterno, un conte ungherese, Alessandro Barbarano, e dal lato materno un bisnonno carbonaro, Carlo Poli, e il di lui figlio Francesco Poli[675], nonno di Lina, sempre tenuto d'occhio dalla polizia asburgica per le sue aperte manifestazioni patriottiche.

Fin da bambina Lina manifestò le qualità che l'avrebbero caratterizzata per tutta la vita: un'intelligenza vivace e una grande forza di volontà, unitamente ad un carattere forte e determinato a non cedere a prepotenze e sopraffazioni.

Terminate le scuole inferiori, volendo conseguire il diploma magistrale come la madre, si iscrisse ad una scuola privata di Chioggia gestita da religiose, l'Istituto delle Suore Canossiane. Finiti gli studi, per ottenere il diploma di maturità magistrale dovette sostenere gli esami, da privatista, nel 1905, alla scuola normale femminile *Erminia Fuà Fusinato* di Padova.

Dopo un soggiorno a Grenoble, nella cui università frequentò un corso di letteratura francese per stranieri, e qualche anno di insegnamento nel Piovese, nel 1909 si iscrisse alla facoltà di Lingue a Padova, dove si trasferì l'anno dopo, avendo ottenuto una catte-

---

675 Francesco Poli morì giovane, lasciando 7 figli, di cui la maggiore era la madre di Lina, Giustina Poli. La moglie Elisabetta Mariotti successivamente si risposò con Angelo Favaro. Morto quest'ultimo, si trasferì a Padova.

dra di maestra elementare, che le assicurava un reddito sicuro. A Padova la raggiunse la sua famiglia, reduce da una serie di dolori, quali la morte di quattro figli in tenera età e la perdita del lavoro del padre, non troppo resistente alla tentazione di annegare i dispiaceri in un bicchiere di vino. A Padova le cose si aggiustarono: anche la madre Giustina ottenne una cattedra di insegnante elementare, mentre il padre Fruttuoso svolgeva pratiche semplici di consulenza legale per chi non poteva permettersi un avvocato.

Gli anni dunque per Lina trascorsero relativamente sereni, fra studio e lavoro, e nel 1914 si laureò in Lingua e Letteratura Francese, preferendo però rimanere ad insegnare nelle scuole elementari.

Nello stesso anno scoppiò la prima guerra mondiale, nella cui fase iniziale l'Italia, già membro della Triplice Alleanza, assieme a Germania e Austria-Ungheria, proclamò la sua neutralità. In questo periodo, l'opinione pubblica italiana si divise fra coloro che, per motivi diversi, erano assolutamente contrari all'ingresso in guerra (socialisti, cattolici e liberali giolittiani), largamente maggioritari fra la popolazione e in Parlamento; e, dall'altra, coloro che andavano predicando la necessità dell'intervento italiano, però a fianco dell'Intesa (Inghilterra, Francia e Russia) o a fini prevalentemente imperialistici, come i nazionalisti, o a fini patriottici, per riunire Trento e Trieste, ancora appartenenti all'Austria, alla madre patria italiana. Sulle posizioni di questi ultimi (radicali, repubblicani, socialriformisti) si schierò Mario Merlin, contrariamente alla sorella Lina, assolutamente contraria alla carneficina in corso in Europa, che con l'intervento si sarebbe bagnata anche di sangue italiano. Fu allora che Mario coniò per la sorella Lina il curioso epiteto di *pace-fondaia*.

La guerra[676] se, come previsto, si rivelò una tragedia per la gioventù europea, fu particolarmente disastrosa per la famiglia Merlin. Nel periodo bellico Lina perse tre fratelli:

Umberto, morto di tisi nel 1916, Mario che nel 1917 cadde alla Bainsizza[677] e Carluccio, morto nel 1918, avendo avuto i polmoni distrutti dai gas asfissianti[678].

Possiamo facilmente immaginare il dolore di Lina di fronte a queste disgrazie, dolore che rinsaldò la sua profonda vocazione pacifista. E proprio sul terreno del pacifismo essa si era incontrata col PSI, unico partito a mantenere, per tutto il corso del conflitto, una profonda ostilità verso la guerra. Nel frattempo, vicino alla sua casa, si era trasferita la famiglia del medico socialista Dante Gallani[679], il cui figlio maggiore Mario intrecciò legami di amicizia col coetaneo Nino Merlin, il fratello superstite di Lina: i due condivide-

---

676 L'immane conflitto era scoppiato il 24-7-1914 con la dichiarazione di guerra dell'Impero austro-ungarico al Regno di Serbia. L'Italia entrò in guerra, a fianco dell'Intesa, il 24-5-1915. La guerra si concluse l'11-11-1918.

677 L'altopiano della Bainsizza fu teatro dell'undicesima battaglia dell'Isonzo (17-31 agosto 1917) fra l'esercito italiano e quello austro-ungarico. A Mario Merlin, intelligente e colto avvocato, caduto in combattimento, *ridotto a brandelli dal cannone austriaco*, venne conferita la medaglia d'oro al valor militare.

678 Dopo queste disgrazie a Lina rimasero solo la sorella Letizia e il fratello Nino, unico maschio superstite, tornato dal fronte nel 1919, che diventerà dentista.

vano posizioni antimilitariste, simpatie per il PSI e la scelta di iscriversi in Medicina a Padova.

L'amicizia tra i due giovani divenne poi anche amicizia fra le due famiglie e condivisione di ideali politici. Le elezioni del 16 novembre 1919, le prime dopo la fine della guerra, segnarono un trionfo per il PSI, premiato dagli elettori per la sua coerente avversione alla guerra. Esso ottenne 156 deputati, fra cui Dante Gallani[680], che diede vita al settimanale socialista *L'eco dei lavoratori*, cui prese a collaborare, anche nella redazione e nell'amministrazione, sempre più attivamente, Lina Merlin[681]; nello stesso anno 1919 Lina si iscrisse al PSI, al cui interno si batté da subito per la costituzione di una sezione femminile:

---

679 Dante Gallani era nato a Bagnolo di Po il 14-9-1878 e si era laureato in medicina all'Università di Padova. Svolgeva la sua opera politica nel Polesine, dove organizzava leghe braccantili. Nel 1922 si trasferì a Padova, dove la sua casa fu assaltata dai fascisti. Dal primo matrimonio aveva avuto tre figli: Mario, comandante degli *Arditi del popolo*, che ebbe ripetuti scontri coi fascisti e alla fine riparò in URSS, Alcide, appena diciassettenne, che emigrò anch'egli all'estero, dove troverà la morte, e Corrado, il più giovane, che morirà nel campo di sterminio nazista di Mauthausen.

680 Gallani ottenne ben 93.922 voti. Sarà riconfermato anche nelle elezioni del 1921 e in quelle del 1924, rimanendo deputato fino al 9-11-1926, quando sarà dichiarato decaduto, dalla Camera, ormai dominata dai fascisti, assieme a tutti i deputati antifascisti aventiniani. Nel 1924 Lina Merlin era segretaria del Comitato Elettorale del partito socialista veneto, benché fosse allora esclusa, come tutte le donne, dal diritto di voto attivo e passivo.

681 Il suo primo articolo uscì il 2-7-1921. Negli anni '20 collaborò anche a *La Difesa delle Lavoratrici*, il periodico fondato nel 1912 da Anna Kuliscioff., con articoli sulla questione femminile, la prostituzione, il diritto di voto.

Quando la donna comprenderà ch'ella è parte non trascurabile della classe degli sfruttati, parteciperà alla lotta contro il regime che la opprime.

Poco dopo la sua iscrizione al PSI, fu incaricata di commemorare Rosa Luxemburg, assassinata a Berlino dai *freikorps*[682] ; nella stessa occasione Dante Gallani ricordò la figura di Karl Liebknecht, assassinato assieme alla Luxemburg. Gallani, alla fine dei lavori, si complimentò con la Merlin, con un certo trasporto romantico, che forse fece scoccare una scintilla: *Signorina, con quegli occhi e quella voce, lei può affascinare le folle*. La invitò inoltre a studiare Marx. Il consiglio fu seguito, anche se l'esperienza successiva farà dire alla Merlin:

Sono convinta che si può conoscere Marx e non essere socialisti, come si può essere socialisti senza conoscere Marx. E sono convinta pure di un'altra cosa ben più importante: per essere socialisti bisogna essere onesti.

Mentre il giornale si affermava sempre più, nella pianura padana dilagavano le squadre fasciste, le cui azioni intimidatorie contro le organizzazioni dei lavoratori, al servizio del padronato agrario, sempre più virulente, spinsero ancora di più Lina a schierarsi, senza esitazioni, dalla parte dei più deboli e a fare del socialismo la sua missione. Divenne perciò una collaboratrice di Giacomo Matteotti, al quale segnalava le varie violenze messe in atto dalle „spedizioni" fasciste della zona.

---

682 Corpi liberi, gruppi paramilitari a disposizione del ministro degli Interni Noske.

Nell'agosto del 1921 apprese dell'uccisione, per mano fascista, di un suo cugino appena diciassettenne, nel corso di una manifestazione antifascista a Solesino, in provincia di Padova. Nel dicembre dello stesso anno, mentre Lina era ospite del sindaco di Pozzonovo, si verificò un assalto fascista alla casa di quest'ultimo e i difensori colpirono a morte un giovane fascista assalitore. Nell'agosto del 1922 venne distrutta la sede del giornale, allocata presso la casa di Gallani, la cui moglie riportò un trauma. La situazione, ormai divenuta intollerabile, provocò anche la fuga all'estero del figlio di Gallani, Mario, giovane medico ed eroico antifascista. Il giornale non smise le pubblicazioni, ma dovette essere stampato clandestinamente a Venezia e a Treviso, mentre la solidarietà politica tra il deputato socialista e la sua fedele collaboratrice pian piano si allargava anche al piano affettivo.

Gli anni che seguirono furono segnati dall'intensificarsi della violenza fascista, specialmente dopo l'assassinio del leader socialista Giacomo Matteotti. Il delitto aveva provocato un'ondata di indignazione nell'opinione pubblica e un certo sbandamento del governo fascista, che tuttavia, superata la temporanea crisi, col *discorso del 3 gennaio* 1925 di Mussolini alla Camera, si trasformò in aperta dittatura. In quegli anni di fuoco Lina, sempre più determinata nella sua battaglia socialista, fu arrestata cinque volte.

Messi al bando tutti i partiti politici e abolite tutte le libertà, nel 1925, prendendo spunto dall'attentato Zaniboni[683]del 4 novembre

---

683 Tito Zaniboni (1883-1960), deputato del PSU (Partito Socialista Unitario) aveva organizzato un attentato per uccidere Mussolini. Secondo il suo piano avrebbe dovuto spargli con un fucile di precisione dalla finestra di un albergo situata proprio di fronte al

1925, una nuova ondata repressiva si abbatté sugli oppositori del regime.

Nel 1926 Lina Merlin, avendo rifiutata l'iscrizione obbligatoria al partito fascista, dichiarando di obbedire soltanto alla propria coscienza, venne privata del posto di maestra.

Dopo l'attentato di Bologna[684] la violenza fascista non ebbe più limiti. A Padova vennero affisse delle liste di antifascisti indicati come meritevoli di morte, dove comparivano i nomi di Lina Merlin e dei deputati socialisti Dante Gallani e Angelo Galeno.

Sia la Merlin che Gallani, non potendo più rimanere a Padova, fuggirono a Milano, dove però vennero arrestati con l'accusa di ricostituzione del partito socialista. Lina venne rinchiusa, per una settimana, nel carcere di *San Vittore* e poi trasferita a Padova, nella prigione dei *Paolotti*. Dopo il processo furono condannati entrambi al confino: Dante Gallani in Basilicata[685] e Lina Merlin in Sardegna per cinque anni, il massimo della pena.

Il trasferimento in Sardegna, come ulteriore vigliaccheria del regime, venne fatto fare alla Merlin, unica donna, assieme a 54 detenuti comuni. Fu trattenuta appena tre giorni a Nuoro, ritenuta troppo

balcone di Palazzo Chigi, da cui avrebbe parlato il Duce nell'anniversario della vittoria. La polizia, informata da un suo infiltrato, lo arrestò però prima che potesse mettere in atto il suo progetto. Zaniboni fu condannato a 25 anni di reclusione per „alto tradimento".

684 La sera del 31-10-1926, a Bologna, il quindicenne Anteo Zamboni sparò, senza colpirlo, al Duce e fu linciato sul posto dai fascisti.

685 A Marsico Nuovo, in provincia di Potenza.

affollata di sardisti[686] avversi al fascismo, per poi essere trasferita a Dorgali (NU), dove rimase solo tre mesi, perché, secondo i fascisti, era divenuta troppo popolare, e quindi fu mandata a Orune (NU), terra di pastori e infine a Nuoro .

Gli anni di confino furono, scriverà, *lunghi e dolorosi, perché il confino non è che una prigione all'aperto, dove si è costretti a subire la tortura morale di innumerevoli aguzzini e la doccia scozzese delle minacce e delle lusinghe.*

Ottenuta una riduzione della pena, grazie ad un'amnistia, il 24 novembre 1929 poté rientrare a Padova, dove però subì una nuova carcerazione a scopo intimidatorio. L'anno successivo, dunque, preferì stabilirsi a Milano, dove trovò lavoro come insegnante in scuole parificate e dando lezioni private; alloggiava presso il fratello Nino, divenuto dentista. A Milano si trasferì anche la famiglia Gallani, che si manteneva con il suo lavoro di medico. I due, incontratisi, dopo diversi anni di lontananza, in una riunione clandestina, anche se non furono mai persi di vista dalla polizia fascista, riuscirono a organizzare periodici incontri con elementi antifascisti.

Nel 1932 morì la moglie di Gallani, sicché l'anno successivo l'ex deputato socialista, all'età di 55 anni, poté unirsi in matrimonio con Lina Merlin, che ne aveva 46, coronando così un'unione ideale e sentimentale sorta anni prima e sempre rimasta viva[687].

---

686 Aderenti al PSD'Az (Partito Sardo d'Azione), partito autonomista fondato nel 1921 da Camillo Bellieni ed Emilio Lussu, ex combattenti della *Brigata Sassari*.

687 I due decisero di sostituire il tradizionale viaggio di nozze con il soggiorno di un mese a Santa Margherita Ligure.

Purtroppo tre anni dopo, Dante Gallani, *roso dal tarlo del dolore*, causato dalle precedenti tristi vicissitudini politiche e familiari, il 23 agosto 1936, cessò di vivere[688].

Lina continuò a collaborare con l'antifascismo cospirativo[689] e in particolare con i comunisti, assai meglio organizzati dei socialisti, mantenendo però ferma la sua fede politica:

> *Preferisco restare una buona socialista e attendere la resurrezione del mio partito.*

Nello stesso anno 1936 le era stata affidata, col consenso del padre della bambina, Franca Cuonzo[690], figlia di una sua cugina morta prematuramente di nefrite, che lei alleverà come una figlia. Fra le due ci sarà sempre un rapporto di intenso affetto.

---

688 A Rovigo, in Via Giuseppe Laurenti, si trova una targa commemorativa dedicata al deputato socialista e ai figli Mario e Corrado. La targa, dettata dal deputato socialista Alcide Malagugini (1887-1966) fu inaugurata l'11-6-1950. Essa così recita: „DANTE GALLANI/ medico deputato agitatore/accanto sempre agli umili/ribelle sempre al tiranno/ e MARIO e CORRADO/sull'esempio luminoso del padre/caddero per la libertà/il Polesine risorto/ne perpetua nel marmo il ricordo".

689 La sua casa in Via Catalani 63 era spesso luogo di convegni riservati di antifascisti. A questi incontri parteciparono anche esponenti socialisti di primo piano, come Sandro Pertini, Lelio Basso e Rodolfo Morandi: tutti e tre futuri segretari nazionali del PSI. In seguito Lina farà dono ai partigiani dei libri e della strumentazione medica del marito.

690 La professoressa di latino, greco e francese Franca Cuonzo Zanibon, figlia della cugina di Lina, Amelietta e di Antonio Cuonzo, originario di Bari, era rimasta orfana di madre a 12 anni. La bambina ribattezzò la famosa zia chiamandola *Mialina*. Sposerà Guglielmo Travaglia Zanibon, un editore musicale.

Gli anni che seguirono videro Lina impegnata nel suo lavoro di insegnante privata, nella crescita della amatissima nipote e nei fitti
contatti col mondo sotterraneo dell'antifascismo, mentre all'orizzonte già apparivano le date che dovevano segnare una svolta decisiva nella sua vita e in quella di tutti gli italiani: 1° settembre 1939
(inizio della seconda guerra mondiale); 10 giugno 1940 (ingresso in
guerra dell'Italia a fianco della Germania nazista); 25 luglio 1943
(fine del regime fascista e formazione del governo monarchico presieduto da Pietro Badoglio); 8 settembre 1943 (annuncio dell'avvenuta firma dell'armistizio fra l'Italia, spossata dalla guerra, e gli Alleati e immediata reazione tedesca, che promuove la formazione,
nella parte della penisola da essi occupata, dello stato fantoccio della Repubblica Sociale Italiana, guidata dal redivivo Mussolini, liberato dai suoi amici tedeschi).

Giunse allora, per le forze antifasciste, organizzate dal C.L.N.A.I.
(Comitato di Liberazione Nazionale Alta Italia) il momento di passare dalla fase cospirativa alla lotta clandestina e alla Resistenza
contro l'invasore nazista e contro i risorti fascisti „repubblichini".

In tale lotta, audace ed esaltante, in difesa della libertà, Lina Merlin
fu in prima linea, scrivendo sull'*Avanti!* clandestino e dedicandosi,
con cura particolare, alla lotta per una presa di coscienza delle donne. Fu dunque tra le fondatrici dei GDD (Gruppi di Difesa della
Donna)[691] che sorsero a Milano nel novembre 1943, per diffondersi

---

691 Prima grande organizzazione democratica femminile unitaria, aperta
a tutte le donne, senza discriminazioni sociali o politiche. I GDD, le cui
aderenti diedero un grande apporto alla Resistenza italiana come
gappiste, partigiane combattenti o staffette, furono ufficialmente
riconosciuti dal CLNAI nel 1944. Loro organo clandestino era *Noi*

rapidamente in tutta l'Italia occupata dai tedeschi, arrivando a contare circa 59.000 aderenti. Molteplici furono le loro attività: organizzazione di scioperi contro i nazifascisti, assistenza solidale alle famiglie delle vittime del regime, pubblicazione e diffusione di giornali, sabotaggio della produzione di guerra.

Anche il PSI cominciò a riorganizzarsi e Lina ne fu nominata rappresentante per la scuola nel CLN. Il giorno dell'insurrezione di Milano, organizzata in casa sua[692], guidò una rappresentanza della Resistenza, scortata dai partigiani della formazione *Rosselli*, incaricata di chiedere la resa del Provveditorato agli Studi, rapidamente ottenuta senza colpo ferire. Il 27 aprile 1945 fu nominata vice-commissaria all'Istruzione nel governo regionale lombardo e, in questa veste, ottenne la riammissione nei ruoli degli insegnanti che avevano chiesto il pensionamento per non piegarsi al governo di Salò.

Caduto definitivamente il fascismo si aprì il dibattito per la costruzione della nuova Italia democratica e tutti i partiti cercarono di riorganizzarsi per affrontare i nuovi problemi della ricostruzione. Il Consiglio Nazionale del PSIUP[693] si riunì a Roma dal 29 luglio al

---

donne. Dopo la guerra confluiranno nell'UDI (Unione Donne Italiane), grande organizzazione per l'emancipazione femminile, ufficialmente costituita il I ottobre 1945.

692 Erano presenti, fra gli altri, Lelio Basso, Rodolfo Morandi, Sandro Pertini e Claudia Maffioli, insegnante di Storia e Filosofia, figlia del deputato socialista Osvaldo Maffioli (XXIV legislatura 1913-1919).

693 Il partito socialista aveva adottato la denominazione di PSIUP (Partito Socialista Italiano di Unità Proletaria) nel convegno di fusione del 23 agosto 1943 fra PSI (segretario Giuseppe Romita), MUP (Movimento di Unità proletaria per la repubblica socialista) e UP (Unione Proletaria). Segretario era stato eletto Pietro Nenni e vicesegretario

1° agosto 1945 e, dopo un ampio dibattito a cui parteciparono tutte le anime del partito, elesse una Direzione Nazionale unitaria, con segretario generale Pietro Nenni, segretario Sandro Pertini e vicesegretari Lelio Basso e Luigi Cacciatore. Lina Merlin venne chiamata a farne parte con l'incarico di responsabile della Commissione Femminile[694]. In conseguenza del nuovo incarico si trasferì a Roma, dove entrò in contatto con la politica concreta, che le causò un certo disagio per le logiche di potere che qualche volta affioravano e che erano piuttosto lontane dalla sua formazione. Comunque non si risparmiò nella sua attività di propaganda e di organizzazione, girando tutta l'Italia, dovunque accolta con entusiasmo per la passione politica che sapeva comunicare agli altri.

Nel novembre dello stesso anno partecipò, in rappresentanza del PSIUP, al primo congresso internazionale delle donne democratiche, da cui sorse la FDIF (Federazione Democratica Internazionale Femminile), avente lo scopo principale di promuovere la realizzazione di una pace solidale e duratura[695]. Nel dicembre successivo vi-

Sandro Pertini.

694 Gli altri componenti della Direzione Nazionale eletta dal Consiglio Nazionale del luglio-agosto 1945 erano: Giuseppe Faravelli, Alberto Jacometti, Oreste Lizzadri, Foscolo Lombardi,Virgilio Luisetti, Carmine Mancinelli, Rodolfo Morandi, Giuseppe Saragat, Ignazio Silone e Olindo Vernocchi. L'unica donna a farne parte era appunto Lina Merlin.

695 Al congresso, tenutosi a Parigi, parteciparono per l'Italia, anche rappresentanti dell'UDI, dell'AFI (Alleanza Femminile Italiana), della Fidapa (Federazione Italiana Donne Arti Professioni Affari), del CIF (Centro Italiano Femminile), della FILDIS (Federazione Italiana Laureate e Diplomate Istituti Superiori), del Movimento Federalista Europeo, della CGIL, dell'ANPI e di vari partiti italiani (DC, PCI, Pd'Az, PLI, PRI, Sinistra Cristiana, Part. Dem. Del Lavoro).

sitò varie città venete per commemorare Anna Kuliscioff, morta vent'anni prima (27-12-1925). Ebbe così modo di tornare nella sua Padova, dove ebbe occasione di rivedere tanti vecchi compagni, ma anche di incontrare ambienti in cui facevano capolino astuzia e carrierismo, cose assai lontane dalla sua concezione della politica come servizio.

Il XXIV congresso del PSIUP, svoltosi a Firenze dall'11 al 16 aprile 1946, la riconfermò nella Direzione[696], come rappresentante delle donne socialiste. Successivamente venne candidata all'Assemblea Costituente[697] e fu una delle 21 donne elette ed una delle due socialiste[698] elette nell'importante consesso. Fu poi chiamata a far parte della *Commissione dei 75*, incaricata di redigere la bozza della nuova Costituzione, partecipò ai lavori della terza sottocommissione sui diritti e doveri economico-sociali e venne scelta come relatrice sul

---

696 Presidente del partito fu eletto Pietro Nenni, segretario Ivan Matteo Lombardo, vicesegretario Foscolo Lombardi. Facevano parte della Direzione anche Lelio Basso, Luigi Cacciatore, Rodolfo Morandi, Alberto Jacometti, Luigi Chignoli, Sandro Pertini, Ignazio Silone, Aldo Valcarenghi, Mario Zagari, Giuseppe Saragat, Alberto Simonini, Matteo Matteotti per i giovani e Oreste Lizzadri per la CGIL.

697 Fu eletta nel collegio unico nazionale. Le elezioni si svolsero il 2-6-1946 contestualmente al referendum costituzionale, che stabilì la forma repubblicana dello Stato.

698 L'altra era Bianca Bianchi. Il PSIUP ottenne 4.758.129 voti (20,68%) e 115 seggi su 556, classificandosi come secondo partito, dopo la DC. Il primo presidente dell'Assemblea Costituente fu il socialista Giuseppe Saragat, a cui successe, dopo la scissione socialista di Palazzo Barberini (11-1-1947) e le conseguenti dimissioni di Saragat (6-2-1947), il comunista Umberto Terracini (eletto l'8-2-1947)..

tema *Le garanzie economiche e sociali della famiglia.* L'impronta più duratura nel testo definitivo della Carta Costituzionale la Merlin la lasciò nell'art. 3, che sancisce la pari dignità sociale e l'eguaglianza dei cittadini davanti alla legge, facendovi inserire la locuzione *senza distinzione di sesso*, che praticamente avrebbe costituito la base giuridica per il raggiungimento della piena parità di diritti fra uomo e donna, uno degli obiettivi principali della sua azione politica.

Il ciclo positivo per il PSIUP, iniziato con la fine della dittatura, fu interrotto dal congresso nazionale svoltosi a Roma dal 9 al 13 gennaio 1947, caratterizzato dalla scissione detta *di Palazzo Barberini* che promosse la nascita del PSLI (Partito Socialista dei Lavoratori Italiani), guidato da Giuseppe Saragat. Il PSIUP riprese il vecchio nome di PSI ed elesse una nuova direzione più a sinistra della precedente, in cui la Merlin, fu riconfermata[699].

Il 1947 fu per Lina Merlin un anno di intenso impegno come membro della Costituente, come responsabile della sezione femminile del PSI, come membro della sua Direzione[700]. Ma fu anche un anno in cui la sua adesione ideale al socialismo e la sua passione politica

---

699 Segretario fu eletto Lelio Basso e vice Foscolo Lombardi. Ne facevano parte: Pietro Nenni, Gaetano Bertelli, Agostino Bonfiglio, Amerigo Bottai, Luigi Cacciatore, Vannuccio Taralli, Michele Giuia, Alberto Jacometti, Cesare Lombroso, Lucio Luzzatto, Oreste Lizzadri, Giacomo Mancini, Rodolfo Morandi, Nicola Perrotti, Giuseppe Romita, Piero Rossi, Renato Sansone e Giusto Tolloy.

700 Benché interamente immersa nell'impegno politico, Lina non trascurò mai alcuni aspetti molto femminili della sua personalità, come l'eleganza nel vestire e nella scelta dei suoi numerosi cappellini. Non le facevano difetto, inoltre, il sorriso e l'allegria.

scevra da ogni interesse materiale vennero a scontrarsi con la realtà della politica di ogni giorno, fatta non solo di grandi ideali, ma anche di piccoli compromessi, di ambizioni personali, qualche volta di arrivismo e di carrierismo. Una realtà che la donna generosa e volitiva che era sempre stata non riuscì mai a digerire, sicché, quando la misura fu colma, lo scontro col gruppo dirigente del partito divenne aperto, frontale. Non poteva però vincerlo quello scontro, nonostante la sua notevole forza d'animo e la sua determinazione. Ed infatti, in occasione del XXVI congresso del PSI, tenutosi a Roma dal 19 al 22 gennaio 1948, fu sollevata dall'incarico di responsabile femminile ed estromessa dalla Direzione. Ciò però non influì affatto sulla sua attività politica, anzi le consentì, invitata più o meno da tutte le federazioni del partito, di girare tutta l'Italia, in particolare quella meridionale, mai visitata prima.

Il 18 aprile 1948 PSI, PCI ed altri raggruppamenti minori, alle elezioni del primo parlamento dell'Italia repubblicana, si presentarono assieme nel Fronte Democratico Popolare[701] e Lina Merlin fu eletta senatrice nel collegio di Adria (Veneto)[702].

---

701 Le elezioni furono vinte dalla DC. Il FDP ottenne al Senato il 31,08 % dei voti e 72 senatori, a cui si aggiunsero altri 45 assegnatigli in base alla III disposizione transitoria e finale della Costituzione, per un totale dunque di 117 senatori su 343. La sconfitta pesò maggiormente sui socialisti, nel cui gruppo si iscrissero solo 41 dei 117 senatori del Fronte. Fra i socialisti usufruirono di quella norma transitoria Pietro Mancini, Rodolfo Morandi, Tito Oro Nobili, Sandro Pertini, Giuseppe Romita.

702 Al Senato ebbe l'incarico di Segretaria dell'Ufficio di Presidenza e fu chiamata a far parte della IV Commissione *Istruzione Pubblica e Belle Arti*.

Fu la prima donna della storia d'Italia a prendere la parola nell'aula del Senato con un'interrogazione a proposito di uno scontro tra polizia e braccianti del Polesine. A quella terra che anche il marito, da medico e da socialista, aveva tanto amato, e che ella chiamerà *il mezzogiorno del settentrione*, Lina si dedicherà con grande passione, come aveva fatto suo marito, girandola in lungo e in largo. Sarà, per questo, soprannominata *la Madonna Pellegrina Socialista*. Fu sempre vicina a quelle popolazioni, colpite da molte alluvioni e protagoniste di numerosi scioperi, causati dalla disoccupazione e dalla miseria. Non si contano i discorsi pronunciati, al Senato e nei comizi, e gli ordini del giorno da lei presentati sull'argomento[703]. Al punto che quando il presidente[704] le dava la parola, i colleghi mormoravano: *Ecco il Polesine*.

La sua attività di parlamentare si estendeva però ad altre problematiche, come quelle della scuola, della pace, dei diritti civili. Sua l'iniziativa contro la *clausola di nubilato* nelle assunzioni, che consentiva il licenziamento delle donne che si sposavano o che rimanevano incinte, quella per evitare che i figli delle carcerate nascessero in carcere, quella per il ricovero gratuito delle puerpere non abbienti e perché nei certificati non comparissero la paternità e la maternità, fonti di gravi umiliazioni per i figli nati fuori del matri-

---

703 Molto nota è una foto che ritrae la senatrice in stivaloni di gomma, mentre si prodiga nel dare aiuto alla sua gente durante l'alluvione del 1951 ad Adria.

704 Alla presidenza del Senato, nella I legislatura, si alternarono, nell'ordine, Ivanoe Bonomi, Enrico De Nicola, Giuseppe Paratore e Meuccio Ruini.

monio[705], quella per l'eliminazione di ogni differenza giuridica fra figli adottivi e figli propri.

Ma la proposta per cui quella donna libera e ribelle, ironica ed attiva, coraggiosa e tenace, più fermamente si batté, quella per la quale il suo nome è consegnato alla storia della Repubblica, e che è nota come *legge Merlin*, fu la proposta di legge presentata il 6 agosto 1948 per l'*abolizione della regolamentazione della prostituzione, lotta contro lo sfruttamento della prostituzione altrui e protezione della salute pubblica* in Italia, e la conseguente chiusura delle „case di tolleranza". Lina Merlin iniziava così una battaglia di grande civiltà, assestando un primo scossone ad un sistema arcaico e maschilista.

Nonostante l'iniziativa della Merlin avesse il sostegno, almeno teoricamente, di un largo schieramento politico, con esclusione della destra, e fosse in linea con l'orientamento dell'ONU, di cui l'Italia aspirava a far parte, il cammino della proposta fu lungo e tormentato e destinato a scontrarsi con i falsi miti delle *case chiuse* e con gli enormi interessi della lobby dei tenutari. In ogni caso, però , il dibattito da essa aperto entrò nelle case, nelle famiglie, tra le femministe, e fece emergere rivoltanti ipocrisie e interessati moralismi. In particolare in Parlamento e sulla stampa la Merlin fu oggetto di attacchi ingiuriosi e di allusivi sarcasmi.

---

705 Nei vari documenti anagrafici e in varie certificazioni, accanto allo spazio da riempire col nome del genitore („figlio di...") appariva la sigla „NN", che significava „Non noto" o anche *nomen nescio* (non so il nome, ovvero Non Nominato), una specie di „marchio" di illegittimità, che indicava i figli di genitori non identificati. Questo „marchio" era abbastanza diffuso, visto che i figli adulterini erano considerati per legge *non riconoscibili*.

Il suo testo si proponeva di eliminare ogni forma di schedatura e qualsiasi tipo di sfruttamento della prostituzione e mirava alla tutela della dignità della donna. L'obiezione principale, frutto della più evidente malafede, sosteneva che la Merlin volesse abolire con una legge il *mestiere più antico del mondo*, facendola passare, nel migliore dei casi, per una visionaria. In realtà la proposta della Merlin mirava ad abolire non la prostituzione, ma la regolamentazione di essa da parte dello Stato, che si era fatto così ruffiano e sfruttatore. Contro di Lina si scatenarono soprattutto i tenutari e i lenoni che traevano lucrosi profitti da quella che in realtà era una vera e propria riduzione in schiavitù. Ma la volitiva e battagliera senatrice non si fece intimidire. Nonostante gli anonimi insulti, gli scherni negli spettacoli, gli attacchi della stampa maschilista e reazionaria, seppe ribattere in modo efficace alle battute[706], non sempre cavalleresche, che le venivano rivolte e riuscì a far approvare la proposta, a larga maggioranza, dal Senato[707]. Ma quando la proposta Merlin passò alla Camera, la fine della legislatura ne impedì l'approvazione definitiva e la proposta decadde, vanificando quanto già fatto.

---

706 La Merlin, sempre agguerrita e determinata, era dotata di una particolare vena ironica. Ad una distinta signora che in pubblico le aveva chiesto, quasi per metterla in difficoltà: *Insomma! Lei vuol chiudere quelle case, ma se mio figlio ha determinati bisogni, che devo fare?* rispose: *Trovi la figlia di una sua carissima amica che abbia gli stessi bisogni.*

707 La proposta fu approvata il 7-10-1950 con 177 voti a favore e 67 contrari. Sempre nel 1950 la Merlin, assieme alle on.li Este De Ida, Angela Cingolati Guidi, Maria Federici, Maria Jervolino ed altre, fondò il CIDD (Comitato Italiano Difesa morale e sociale della Donna), che aveva lo scopo di organizzare l'accoglienza ed il reinserimento nella vita sociale delle ex prostitute. Il CIDD si avvaleva di personale laico molto qualificato. La Merlin ne fu vicepresidente fino al 1963.

Nel 1951 Lina fu eletta, e vi rimase fino al 1955, consigliere comunale di Chioggia[708], la città di cui era originaria sua madre, chioggiota purosangue, e in cui passò, nella casa dei nonni materni, assieme al fratello Mario[709], i suoi primi vent'anni e dove aveva fatto gli studi per diventare maestra[710].

Alle elezioni politiche del 7-6-1953, alle quali il PSI partecipò con liste autonome, Lina Merlin fu rieletta al Senato[711], fu riconfermata Segretaria alla Presidenza e nella Commissione *Pubblica Istruzione* ed entrò anche nella X Commissione *Lavoro-Emigrazione-Previdenza Sociale*. Non appena aperta la nuova legislatura, ripresentò il suo progetto sulle *case chiuse*.

Approvata al Senato, nel 1955, dalla Prima Commissione in sede deliberante[712], la proposta fu trasmessa alla Camera.

---

708 Lina Merlin era stata eletta consigliere anche a Rovigo, ma optò per Chioggia. Dopo la disastrosa alluvione del 1951 (84 morti e 180.000 senza tetto), sostenne la necessità della bonifica integrale del territorio.

709 La casa si affacciava sul *Corso del Popolo*. Ancor oggi vi è una lapide che ricorda l'eroico capitano Mario Merlin (1889-1917), medaglia d'oro al Valor Militare nella *Grande Guerra*.

710 Il 21-5-2014 la Città di Chioggia, con una deliberazione della Giunta Municipale (n.107/2014), ha intitolato una piazza alla Merlin con il seguente toponimo: „Lina Merlin – (1887-1979)".

711 Il PSI ottenne un relativo successo: alla Camera il 12,70 % e 75 deputati su un totale di 590, al Senato

l'11,90 % e 26 senatori su 237. La Merlin era stata presentata nei collegi di Adria, Padova e Rovigo. In quest'ultimo fu eletta.

712 La proposta fu approvata all'unanimità il 21-1-1955.

Nello stesso anno 1955 fu pubblicato dalla Merlin, in collaborazione con la giornalista Carla Barberis[713], sua intima amica, il libro *Lettere dalle case chiuse*, una selezione delle numerose lettere che la senatrice riceveva, da ogni parte d'Italia, dalle prostitute; lettere che offrono uno spaccato desolante della vita che quelle donne conducevano nelle *case di tolleranza*: un vero grido di dolore che saliva da quelle che Lina, con un certo pudore, chiamava *quelle sventurate*, condannate a una vita di depravazione e di umiliazione, vittime del duplice sfruttamento dei tenutari e dei „protettori", mentre lo Stato lucrava su quella nuova forma di schiavitù[714]: *Non chiamatele prostitute; sono donne che amano male perché furono male amate.* (L.M.)

Intanto alla Camera dei deputati le cose si trascinavano ancora per le lunghe, facendo persino rischiare all'Italia una multa, da parte

713 Carla Barberis (Barberis era il nome di sua madre) in realtà era Carla Voltolina (1921-2005), giornalista e partigiana. Nel 1943, a 22 anni, si era unita alla Resistenza, come staffetta nelle formazioni *Matteotti*. Per la sua attività di combattente sarà decorata con la *Croce di Guerra*. A Milano incontrò Sandro Pertini inviatovi dal C.L.N. Dopo due anni di convivenza, finita la guerra, l'8 giugno 1946 i due si sposarono e si trasferirono a Roma. Iscrittasi all'albo dei giornalisti, Carla collaborò a *Il Lavoro* di Genova e a *Noi Donne*. Cessò l'attività giornalistica nel 1972, quando Pertini fu eletto Presidente della Repubblica. Riprese poi gli studi interrotti per la guerra e nel 1974 si laureò a Firenze in Scienze Politiche e Psicologia. Ispirò la costituzione (23-9-2002) della Fondazione *Sandro Pertini*.

714 In Italia le „case" autorizzate erano 560 per un totale di 2700 prostitute schedate. Ogni ragazza „riceveva" da 30 a 50 clienti al giorno. Le „prestazioni" andavano da 5 minuti nei bordelli di infima qualità, per un prezzo equivalente a 2,4 euro, fino ad un'ora nei „casini" di lusso (48 euro).Lo Stato italiano incassava circa 1,1 milioni di euro l'anno.

delle Nazioni Unite[715], di cui essa era entrata a far parte il 14-12-1955. Il rischio di una nuova decadenza della proposta di legge per fine legislatura non era affatto da escludere, se non ci fosse stato l'impegno di altre parlamentari, in particolare della deputata democristiana Gigliola Valandro (1909-1985), sincera abolizionista per motivi anche religiosi che così si espresse:

> *E a ciascuna di quelle nostre sorelle, infelici più che colpevoli, diciamo:- Finalmente sei libera, va', sii felice e non peccare più.*

Una ricerca statistica effettuata su 350 prostitute dai 15 ai 46 anni, rilevava che il 23 % di esse era composto di insufficienti mentali, il 19,7 % di ritardate mentali, il 6,8 % di deboli mentali, lo 0,8 % di imbecilli, il 12,5 % di psicopatiche e solo il 29,4 % di normali. A commento di questi dati, da lui riportati, il deputato dc Beniamino De Maria (1911-1994) in un suo intervento alla Camera fece rilevare come una società che si riteneva civile, anziché tendere la mano a quelle infelici, per curarle e proteggerle, aveva creato per loro la regolamentazione del ratto e della corruzione. E come di quelle persone, deboli e miserabili, vere e proprie schiave sessuali, abusava invece la cattiveria umana.

Man mano che l'approvazione si avvicinava, il dibattito si faceva più serrato e più virulente diventavano le resistenze di una società, ancora nel suo intimo maschilista e reazionaria, che non si rassegnava a perdere il suo divertimento, non accorgendosi di compro-

---

715 La Dichiarazione Universale dei Diritti dell'Uomo prevede, tra l'altro, *la repressione della tratta degli esseri umani e dello sfruttamento della prostituzione.*

mettere, assieme alla dignità umana di quelle vittime, la propria. Alle varie „osservazioni" rispose il noto giornalista Enzo Biagi che rilevò come la lotta degli abolizionisti, guidati dalla Merlin, tendesse ad *una causa giusta, contro un'istituzione vergognosa: lo sfruttamento di tante donne niente affatto „allegre".*

La proposta alla fine fu approvata, il 20-2-1958, a scrutinio segreto (385 voti a favore e 115 contrari) e divenne la legge n. 75/1958, pubblicata sulla G.U. n. 55 del 4-3-1958 ed entrata in vigore il 20-3-1958[716]. Erano stati necessari dieci lunghi anni di battaglie nelle aule parlamentari, sulla stampa e nel Paese per introdurre in Italia una norma di grande civiltà, il cui merito va soprattutto alla senatrice socialista Merlin, che si era battuta con grande determinazione contro radicate tradizioni e contro un giro d'affari enorme[717]. Essa era stata contrastata, scrisse la stessa Merlin, *dai viziosi e dai trafficanti del vizio, ma apprezzata per la sua validità morale e sociale dagli italiani intelligenti ed onesti.*

Le critiche e i mugugni non cessarono, e forse non cesseranno mai nell'attuale sistema sociale[718], rasentando a volte il limite dell'insul-

---

716 Il ministro della Giustizia Guido Gonella (DC) inviò alla senatrice socialista la prima copia della Gazzetta Ufficiale in cui fu pubblicata la legge.

717 La legge introdusse anche un'importantissima clausola: la creazione di un Corpo di Polizia femminile, che comporterà l'ingresso ufficiale delle donne nella Polizia di Stato.

718 *Questa vergogna* (la prostituzione) *la dobbiamo al sistema economico oggi in vigore, all'esistenza della proprietà privata. Quando sparirà per sempre la proprietà privata, sparirà il commercio della*

to. Hanno contato, nel fare quella legge, si chiedeva retoricamente, ad esempio, un critico impietoso, *gli isterismi pudibondi di vecchie dall'irrequieta menopausa?*

Tagliò corto la Merlin in una conferenza stampa tenuta dopo l'approvazione definitiva della legge: *La mia legge non pretende di abolire la prostituzione e il vizio, antichi quanto il mondo: vuole solo abolire la re-golamentazione statale della prostituzione, che è immorale e indegna di un Paese civile. Non è ammissibile che le donne traviate vengano tesserate e schedate come le bestie: questo è contrario alla Costituzione e contrario alle norme che regolano l'ingresso di una nazione all'ONU (...).*

Nello stesso anno 1958, il 25-5, ebbero luogo le nuove elezioni per il rinnovo del Parlamento[719] e questa volta Lina Merlin, a 71 anni, fu candidata alla Camera nella X circoscrizione (Verona-Padova-Vicenza-Rovigo), risultando eletta[720] per la quarta volta, con 7786 voti di preferenza. Fece parte della XIV Commissione *Igiene e Sanità Pubblica.*

Intanto aumentavano i dissapori tra lei e la Federazione del PSI di Rovigo, dove alcuni esponenti del suo stesso partito mostravano un atteggiamento ostile nei suoi confronti. Ad un certo punto Lina, insofferente verso lo strapotere dell'apparato, non riuscì più a sopportare *gerarchi e gerarchetti, rigurgito di quei tempi* , che erano riusciti a stancarla mandandola in giro qua e là per il collegio, senza te-

---

donna (Alessandra Kollontaj).

719 Il PSI ottenne alla Camera il 14,23 % e 84 deputati su 596; al Senato il 14,08 % e 35 senatori su 246.

720 La Merlin era stata candidata anche nel difficile collegio senatoriale di Rovigo, in cui non fu eletta.

ner conto che si trattava di una donna anziana che tanto aveva dato al partito e alla patria. Divenuto insanabile il contrasto con la Federazione, Lina rimase tuttavia nel partito, ma questa situazione non poteva durare. Un intervento critico della Merlin nei confronti della gestione della Federazione le costò il deferimento ai probiviri, disinvoltamente comunicato alla stampa. Era davvero troppo e Lina Merlin, una socialista pura e senza macchia, si vide costretta a restituire la tessera:

> *Per risparmiare a me una immeritata umiliazione e al Partito la vergogna di porre sotto giudizio chi aveva dato oltre 42 anni di vita al socialismo.*

A incancrenire ulteriormente la situazione si aggiunsero l'offerta pervenutale dell'iscrizione in una sezione fuori della provincia di Rovigo, la terra dei suoi avi materni, di suo marito e dei figli di lui vittime del fascismo, e la proposta fattale di candidarsi in un altro collegio per le prossime elezioni. Un vero oltraggio per l'anziana signora, venuta al partito quando le donne non potevano essere elette, né votare, e dunque assai lontana da ogni meschina ambizione.

Non valsero a farla recedere dal suo intento neanche le affettuose parole del segretario del partito Pietro Nenni. La battagliera signora non ne poteva più, disse, di *fascisti rilegittimati, analfabeti politici e servitorelli dello stalinismo.*

Lina Merlin rimase al suo posto in Parlamento fino alla fine della legislatura, aderendo al gruppo misto della Camera (25-10-1961), senza tuttavia rinunciare alla sua incrollabile fede nel socialismo, e non si ripresentò, come indipendente, nonostante vari inviti, alle successive elezioni del 1963[721].

Decise piuttosto di ritirarsi dalla vita politica e di trasferirsi a Milano, dove trascorse alcuni anni nella *Casa della laureata* della F.I.L.D.I.S.

Nel 1972 ritornò a Padova, dove visse per qualche anno, assieme alla nipote Franca nella casa della centralissima *Piazza dei Signori*. Successivamente si allocò nella Casa di Riposo *Nazareth* di Padova.

Tornò per un momento alla ribalta nel 1974, quando, inspiegabilmente, a 85 anni, prese posizione a favore dell'indissolubilità del matrimonio ed entrò poi a far parte del Comitato Nazionale per il referendum abrogativo della legge sul divorzio, presieduto da Gabrio Lombardi (1913-1994), giurista e politico cattolico. La Merlin motivò la sua posizione col timore che il divorzio avrebbe potuto spingere molti uomini a cercare altre compagnie, incrementando così indirettamente la prostituzione.

Morì il 16 agosto 1979. Secondo la sua volontà fu cremata e tumulata al Cimitero monumentale di Milano, nella stessa tomba del marito. Con lei si spegneva un'antifascista della prima ora, una „Madre" della Repubblica, una donna coraggiosa che si era battuta con grande determinazione per gli ideali di libertà e di giustizia in cui credeva, mantenendo un rapporto onesto e pulito con l'impegno politico e partitico.

---

721 Nel febbraio 1963 fu chiamataa far parte della Commissione di inchiesta sulla mafia.

La sua autobiografia, intitolata *La mia vita*, scritta a quasi 80 anni per esortazione della amata nipote Franca, è una palpitante testimonianza d'amore, di volontà, di passione politica, di dedizione alla causa del socialismo. Essa sarà pubblicata dieci anni dopo la morte, per iniziativa della senatrice socialista Elena Marinucci[722], che la ebbe appunto dalla nipote di Lina, la menzionata Franca Cuonzo Zanibon.

In occasione del 25° anniversario (16-8-2004) della scomparsa di Lina Merlin, su iniziativa dell'Associazione Culturale regionale veneta *Moderata Fonte*[723], presieduta dalla storica Anna Maria Zanetti[724], la Città di Padova ha promosso alcune lodevoli iniziative:

A) Ha realizzato un convegno di studi sulla figura umana e politica della parlamentare veneta.

---

722 Elena Marinucci, avvocato e insegnante di diritto, è nata a L'Aquila il 18 agosto 1928.È stata senatrice nella IX, X e XI legislatura per il PSI (1983/1994). È stata sottosegretario alla Sanità nei governi Goria I, De Mita I, Andreotti VI e Andreotti VII (30-7-1987/17-6-1992). È stata anche europarlamentare e Responsabile femminile nazionale del PSI.

723 L'associazione *Moderata Fonte*, costituita nel 1989 e intitolata all'omonima letterata veneziana (1555-1592), si prefigge di valorizzare la cultura delle donne del passato e del presente.

724 La Zanetti, storica, giornalista ed esperta di comunicazione pubblica, vive a Padova ed ha pubblicato, fra l'altro, due libri sul movimento femminista: *Una ferma utopia sta per finire* (1998) e *Le ragazze di ieri* (2000); ha inoltre curato il volume *La Senatrice Lina Merlin, un pensiero operante* (2006).

B) Ha consegnato alla nipote-figlia della Senatrice una targa commemorativa[725] della Merlin, ora apposta nella casa di Piazza dei Signori, già da lei abitata.

C) Ha intitolato a Lina Merlin un giardino pubblico che trovasi dietro la Basilica del Santo in Padova.

Il 1° giugno 2006 il sindaco di Padova ha inaugurato un busto della Merlin.

Nell'aprile 2009, nella sede della Provincia di Treviso, è stato proiettato un documentario dal titolo *Lina Merlin la Senatrice-Una madre della Repubblica,* curato da Anna Maria Zanetti, che ha anche ricordato ai presenti la figura dell'insigne parlamentare.

Nel 2011 Maricla Boggio[726] ha messo in scena il testo teatrale *La Merlin,* premiato dalla Presidenza del Consiglio dei Ministri

---

725 „Qui visse Lina Merlin – 1887-1979"

726 Maricla Boggio (n. 1937), scrittrice, drammaturga e giornalista, è autrice di numerose opere, per le quali ha avuti ampi riconoscimenti. Nel 2006 è stata nominata *Cavaliere dell'Ordine al merito della Repubblica Italiana.*

Anna Maria Mozzoni

...i diritti e le libertà ottenuti in dono sono illusori
Anna Maria Mozzoni

A qualcuno potrà sembrare un po' arbitrario l'inserimento di Anna Maria Mozzoni in questa raccolta di „Donne del socialismo", soprattutto perché non ci fu, da parte sua, una vera e propria militanza nel movimento socialista organizzato, col quale anzi, in più di un'occasione, entrò in polemica. Ma anche perché la sua formazione non fu propriamente socialista, fu piuttosto influenzata dagli ideali mazziniani, garibaldini e democratici in genere, che ella ereditò dalla sua famiglia, ben salda nelle sue radicate posizioni risorgimentali ed antiaustriache.

Tuttavia, a parte il fatto che tale formazione fu comune a molti socialisti famosi ed autorevoli, compresi lo stesso padre fondatore del socialismo italiano, Filippo Turati e il famoso leader socialista Pietro Nenni, non si può dimenticare il contributo che, come vedremo, la Mozzoni diede alla maturazione del socialismo italiano.

Bisogna inoltre considerare che la sua appassionata attività, tutta diretta al riscatto della condizione femminile, la sua fermezza nel predicare ed operare per l'assoluta parità tra uomini e donne erano dirette a raggiungere un obiettivo politico per lei fondamentale e dunque autonomo, che richiedeva un'autonoma organizzazione. Queste premesse in qualche modo la costrinsero ad agire ai margini delle varie correnti politiche democratiche alle quali si accostò nel corso della sua vita, a seconda delle esigenze strategiche della sua battaglia principale, che era quella femminista.

Ella comunque ebbe coscienza dello stretto legame tra la lotta per l'emancipazione femminile e il movimento postrisorgimentale per la conquista di sempre nuovi diritti, in particolare quello delle donne ad avere una giusta collocazione nel mondo del lavoro. Fu quindi sempre vicina a coloro che si battevano per risolvere la cosiddetta questione sociale, ma rimase sempre convinta che l'emancipazione femminile non poteva essere la diretta e fatale conseguenza del raggiungimento di altri obiettivi, quali potevano essere l'unità e l'indipendenza della patria per i mazziniani, la democrazia per i radicali, la conquista del potere per il riscatto del lavoro per i socialisti. Fu soprattutto questo a impedirle, in certo qual modo, di integrarsi nel partito socialista, in cui prevalevano le idee della Kuliscioff. In realtà, per la Mozzoni, la più grande questione sociale era la necessità della conquista di un nuovo e libero ruolo della donna nella società, che doveva essere opera delle donne stesse, piuttosto che un magnanimo dono della società maschilista.

I socialisti si battevano per il riscatto dell'intera classe lavoratrice, il che comportava anche la lotta a favore delle donne e dei bambini, delle donne lavoratrici in particolare, contro i pesanti orari di lavoro, le retribuzioni, a parità di lavoro, più basse di quelle degli uomini; essi chiedevano anche protezioni contro gli infortuni e misure a tutela della maternità.

Il movimento femminista di estrazione prevalentemente borghese chiedeva piuttosto l'inserimento nelle istituzioni, per far sì che la donna fosse padrona del proprio destino.

Dunque la sua lotta era indirizzata all'ottenimento del diritto all'istruzione superiore, all'ingresso nelle professioni; esso perciò si batteva per il riconoscimento alle donne dei diritti civili e politici, principalmente del diritto di voto.

Il merito della Mozzoni sta principalmente nell'aver capito, fra i primi in Italia, che l'oppressione delle donne non si poteva combattere solo con i miglioramenti materiali, ma anche e soprattutto con riforme più radicali riguardo alla famiglia, alla società, ai rapporti con l'altro sesso, cambiando la mentalità e combattendo i pregiudizi cristallizzatisi nei secoli.

Anna Maria, anagraficamente Marianna, nacque il 5-5-1837 a Rescaldina (Milano), dove aveva terre il padre Giuseppe Mozzoni, fisico e matematico, sperimentatore interessato alla teosofia e allo spiritismo. La madre, Delfina Piantanida, proveniva dalla borghesia milanese ed era anch'essa proprietaria di terre sempre nel milanese, a Cuggiono. Ambedue erano di ascendenze nobili, ma di modesta ricchezza.

La soffocante presenza del maschilismo allora imperante, il pregiudizio antifemminista, a cui non si sottraeva neanche la sua colta e patriottica famiglia, la Mozzoni li subì sulla sua pelle, da bambina. Infatti, nonostante il relativo benessere di cui godeva la sua famiglia, progressista ed impregnata di ideali laici e risorgimentali, il padre, allo scopo di poter assicurare ai due figli maschi più grandi una migliore istruzione, mandò Anna Maria a studiare nel collegio della Guastalla, meta prediletta soprattutto dalle giovani nobili, ma di scarsi mezzi, nel quale aleggiava un'atmosfera di cupo conservatorismo austriacante con forti venature reazionarie e si impartiva un'educazione ultraclericale.

La ragazzina vi rimase dal 1842 al 1851, riportandone una profonda avversione per il conformismo bigotto che vi si respirava.

Ritornata a casa, reagendo con uno scatto d'orgoglio, in ciò sostenuta dalla madre, decise di costruirsi da sé un libero percorso culturale, attingendo, da autodidatta, alla ben fornita biblioteca di famiglia. Tra le sue letture preferite gli illuministi, i romanzieri dell'Ottocento, Parini, Mazzini. E, ancora, George Sand[727] (1804/1876),

---

727 Il suo vero nome era Amantine Dupin. Fu autrice di numerosi romanzi, novelle e drammi, tutti messi all'Indice nel 1863. Simpatizzò inizialmente col socialismo, per avvicinarsi successivamente al repubblicanesimo moderato. Ebbe relazioni sentimentali con lo scrittore Alfred de Musset e col musicista Frideryk Chopin.

la prolifica scrittrice francese, anticonformista antesignana del femminismo e Charles Fourier (1772-1837), il socialista „utopista" che propugnava la parità tra uomo e donna e che sosteneva che il capitalismo aveva ampliato il divario tra i pochi che hanno molto e i molti che hanno poco.

La sua cultura fu dunque impregnata di uno spirito completamente laico, che rinnegava ogni „infallibilità": quella del papa, ma anche quella di Mazzini, anche se si inserì attivamente nel movimento repubblicano-democratico, dedicandosi ai temi dell'emancipazione femminile e dell'uguaglianza dei diritti tra donne e uomini e rifiutando recisamente la diffusa convinzione che il ruolo della donna fosse esclusivamente quello domestico.

Divenne ben presto un'agitatrice politica capace di criticare anche i leader dell'area progressista. A Mazzini e ai suoi seguaci contestò energicamente l'idea che la donna fosse fatta per la famiglia, idea conservatrice che di fatto l'escludeva dalla vita sociale. Ancora più aspra fu la sua polemica con Proudhon[728], per certe idee arretrate, di cui egli era portatore, fino al punto di considerare le donne esseri inferiori mentalmente e moralmente, escludendole quindi da ogni ruolo attivo nella società. Occorreva dunque una lotta tenace contro tale pregiudizio, per arrivare all'uguaglianza fra i sessi e al riconoscimento dei diritti naturali.

---

728 Pierre-Joseph Proudhon (1809-1865), politico anarchico francese, sostenitore della tesi secondo cui la *proprietà è un furto*. La sua opera principale fu *Filosofia della miseria* (1846), cui Marx, da lui definito *massone ebreo*, replicò col suo *Miseria della filosofia* (1847).

La Mozzoni espose le sue tesi nel suo primo libro sull'argomento[729], *La donna e i suoi rapporti sociali*, pubblicato nel 1864[730] e dedicato alla madre[731], a cui riconosceva il grande merito di averla allevata nel libero pensiero; in esso rivendicava, per le donne, il diritto di voto, la facoltà di accedere a tutte le professioni e la riforma del diritto di famiglia; esortava le donne a reagire a tutte le oppressioni, ad operare per cambiare le cose, giacché *l'iniziativa di ogni redenzione incombe all'oppresso medesimo.*

Analoghe posizioni espresse nel successivo libro *La donna in faccia al progetto del nuovo codice civile italiano*, pubblicato a Milano nel 1865, in occasione del progetto di riforma presentato in Senato dal ministro Pisanelli, che manteneva, sotto l'influenza di antichi pregiudizi, la supremazia del marito sulla moglie[732].

A proposito delle scuole professionali allora riservate alle ragazze, scrisse nel saggio del 1866 *Un passo avanti nella cultura femminile.*

---

729 Il suo primo scritto in assoluto fu una commedia in francese, *La Masque de fer, comédieen trois actes*, pubblicata nel 1855.

730 Nel gennaio 1865 fu ripubblicato a puntate sul giornale repubblicano *L'Unità italiana*, diretto dal patriota Maurizio Quadrio (1800-1876). Esso può essere considerato il manifesto del femminismo italiano.

731 *A Te, che il comun pregiudizio non dividesti che alla donna interdice il libero pensiero.*

732 Sullo stesso argomento, il 2 aprile 1865, tenne la sua prima conferenza pubblica, la prima in assoluto di una donna italiana. Il saggio della Mozzoni sul codice civile fu pubblicato a puntate, nei mesi di febbraio e marzo 1865, dal primo periodico femminile italiano di orientamento laico e progressista *La Voce delle donne*, che ospiterà anche altri suoi interventi, fra cui *L'istruzione nelle campagne* (1867).

Tesi e progetto. La Mozzoni, ormai autorevole leader del movimento di emancipazione, anche culturale, delle donne, vi sostenne la necessità di inserire fra le materie di studio le lingue straniere, le scienze e la storia dell'emancipazione femminile nel mondo, per incrementare la formazione di cittadine dell'Italia moderna, consapevoli del loro ruolo nella società e dei loro diritti.

Nel 1867, in seguito all'impresa garibaldina fallita a Mentana, criticò il filopapista Napoleone III nel *pamphlet* intitolato *Il Bonapartismo in Italia. Memoria*, in cui analizzò con acutezza gli instabili equilibri del Secondo Impero. In esso già si intravvedevano le basi politiche su cui poggiavano le sue convinzioni: libertà, giustizia, unità, indipendenza, democrazia, razionalità, emancipazione.

Nel 1870 tradusse *The subjection of women* di John Stuart Mill[733], il filosofo ispiratore del suffragismo, che esortava le donne all'azione politica e all'uso della petizione popolare, strumento che spinge necessariamente ad organizzarsi intorno a particolari tematiche e ad instaurare un libero e paritario confronto col parlamento e coi partiti politici.

Nello stesso anno fu chiamata ad insegnare filosofia morale nel Liceo Femminile *Maria Gaetana Agnesi* di Milano, dove conobbe Maria

---

733 Economista britannico (1806-1873), studioso di Adam Smith e di David Ricardo. La sua dottrina economica è esposta nella sua opera più importante, *Principi di economia politica* (1849). Nel *Saggio sulla libertà* (1859), sostiene il diritto di ogni individuo a perseguire come crede la sua felicità, purché ciò non causi danno ad alcuno. Nel saggio *Sull'asservimento delle donne* (1869) si schiera per la parità dei sessi e per il suffragio universale.

Antonietta Torriani[734], insegnante di letteratura, con la quale intrecciò un'amicizia profonda e duratura; assieme ad essa, nel 1871, tenne diverse conferenze a Genova, Firenze e Bologna. Nel periodo immediatamente successivo la vediamo principale ispiratrice della rivista femminile *La donna*[735] e redattrice de *La Roma del popolo*[736].

Nel 1877 partecipò al Congresso di Ginevra, avente l'obiettivo di abolire[737] la regolamentazione statale della prostituzione, e fece parte della commissione giuridica, assieme a Joe Nathan[738] (1848-1881). In tale occasione la Mozzoni pronunciò un breve discorso sul problema della ricerca della paternità. Nello stesso anno, presso la Società Democratica di Milano, tenne una conferenza, *Del voto politico alle donne*, in cui evidenziava i limiti, sul tema del suffragio universale, del governo della sinistra costituzionale capeggiato dal Depretis, insediatosi l'anno prima.

Sempre nel 1877, in occasione delle discussioni sulla possibile riforma della legge elettorale amministrativa, stilò una *Petizione per il*

---

734 La Torriani (1840-1920), in arte „Marchesa Colombi", scrisse romanzi, racconti, libri per fanciulli. Il romanzo più noto: *Un matrimonio in provincia* (1885). Sarà la prima giornalista del *Corriere della Sera*.

735 Periodico emancipazionista (1868-1891), fondato da Gualberta Alaide Beccari, (1842-1906), fervente mazziniana. Vi si rivendicava, fra l'altro, la partecipazione delle donne alla vita politica e l'abolizione della prostituzione di stato.

736 Rivista politica fondata a Roma da Giuseppe Mazzini nel 1871 e diretta da Giuseppe Petroni. Ne uscirono 56 fascicoli.

737 La battaglia sarà vinta, nel 1958, dalla senatrice socialista Lina Merlin.

738 Nel 1866 fece parte del corpo dei volontari garibaldini che combatté in Tirolo contro gli austriaci. In seguito fu attivissimo oppositore della regolamentazione della prostituzione.

voto politico alle donne, che non giunse a buon fine, nonostante il sostegno in Parlamento del suo grande amico deputato Salvatore Morelli (1824-1880).

Nel 1878 rappresentò l'Italia[739] al *Congresso internazionale per i diritti delle donne*, tenutosi a Parigi, nel quale, il 25 luglio, pronunciò il discorso inaugurale.

Nel 1879 fondò a Milano, assieme a Paolina Schiff[740] (1841-1926), la *Lega promotrice degli interessi femminili*[741], collegata al movimento socialista; essa poi si diffuse in varie parti d'Italia, mediante una costante azione di sensibilizzazione nelle grandi città ed anche in molti piccoli centri. Nello stesso anno entrò nella *Lega della demo-*

---

739 Vi partecipò sia come delegata dell'*Associazione democratica* di Milano che come rappresentante ufficiale del ministro della Pubblica Istruzione Francesco De Sanctis, al quale poi consegnerà un rapporto scritto sullo svolgimento del Congresso.

740 Già assistente universitaria di Felice Cavallotti, divenne poi docente di Lingua e letteratura tedesca all'università di Pavia. Femminista, pacifista e instancabile organizzatrice, nel 1893 aderì al partito socialista.

741 La Lega ebbe un'autonoma struttura ed operò come forza politica e come organizzazione sindacale. Fu sciolta nel 1998 in seguito ai fatti di Milano.

crazia[742], assieme a Jessie White Mario[743] e a Gualberta Alaide Beccari[744]

Sotto l'influenza di Fourier, la Mozzoni aveva individuato nel lavoro e nell'istruzione[745] la chiave dell'emancipazione femminile, e si
era avvicinata ad Agostino Bertani[746] (1812-1886),

leader e fondatore della estrema sinistra parlamentare. Ma, forse
un pò delusa delle cautele dell'Estrema sui temi a lei cari, nel 1883,
si accostò ai socialisti Filippo Turati, Anna Kuliscioff e Costantino

---

742 La *Lega della democrazia*, sorta attorno alla figura di Giuseppe
Garibaldi, intendeva unificare le varie correnti repubblicane, radicali e
democratiche in genere presenti in Italia, attorno ad alcuni punti
qualificanti come il suffragio universale, l'abolizione del giuramento di
fedeltà al re, la laicizzazione dello Stato. Famoso per veemenza il suo
Comizio dei comizi, tenuto a Roma, nella ferma convinzione che il
suffragio femminile era la chiave di volta per la conquista della libertà.

743 Jessie W. Mario (1832-1906), inglese naturalizzata italiana, fu
patriota, scrittrice e filantropa.

744 La Beccari (1842-1906) fu femminista e scrittrice di novelle e
commedie. Fondò il periodico „*La Donna*".

745 Mozzoni riteneva ormai maturi i tempi per una riforma radicale
dell'educazione femminile, tale da consentire alle donne l'ingresso nel
mondo del lavoro e nella vita sociale della nazione. L'istruzione, in
sostanza, avrebbe garantito, a suo avviso, alle donne l'autonomia e
l'indipendenza economica.

746 Nel 1885 la Mozzoni si recò, assieme all'on. Bertani, a Portoferraio,
dove, per aver tentato di uccidere il re Umberto I, scontava l'ergastolo
l'anarchico Giovanni Passannante, ed ebbe modo di verificare le
disumane condizioni di vita che gli erano state riservate. Tale
situazione suscitò grande scalpore nell'opinione pubblica, anche per la
denuncia fattane dalla Mozzoni sull'*Italia del popolo* e su *Il
Messaggero*. Il Passannante, infatti, sarà sottoposto a visita medica e
internato in un manicomio.

Lazzari, assieme ai quali, nel 1889, fonderà la *Lega socialista* milanese, divenendo anche collaboratrice della prestigiosa rivista socialista *Critica Sociale* e della *Rivista critica del socialismo*. La Mozzoni aveva compreso che le donne in fabbrica erano retribuite con bassi salari perché prive di qualsiasi tutela. Da qui la necessità, per le lavoratrici, di aderire al socialismo, come sostenne nel saggio *Alle fanciulle*, diretto alle giovani donne di tutte le condizioni sociali. Ma fu sempre attenta al modo di inserire la tematica relativa all'emancipazione femminile nella più generale questione sociale.

Della vita privata di Anna Maria si sa ben poco. Si sa che ebbe una figlia, Bice Mozzoni, che portava il suo cognome, o perché figlia sua naturale o perché figlia di suoi amici e da lei adottata, e che la ragazza, si laureerà in giurisprudenza a Roma nel 1897. Si sa anche che nell'estate 1886, a 49 anni, sposò, in una chiesa di Rescaldina, Francesco Simoni, figlio adottivo del conte Malatesta Covo, di circa dieci anni più giovane di lei, che il matrimonio durò solo sette anni, e che la sua fine comportò fastidiosi strascichi giudiziari.

Dopo un periodo di relativo silenzio, dovuto forse a vicende familiari riguardanti i rapporti con la madre e con i fratelli, la ritroviamo nel 1890, impegnata, quale militante del Partito Operaio Italiano, alla costruzione di un nuovo soggetto politico socialista. È dell'ottobre 1890 la sua condivisione del *Saluto dei socialisti italiani* inviato da Turati[747] al congresso di Halle della socialdemocrazia tede-

---

747 Con lo stesso Turati, nello stesso periodo, inaugurò la Casa del popolo di Milano. Suo un appassionato appello alle operaie: *Non accettate protezione, esigete giustizia.*

sca, allora avanguardia del proletariato militante, tutta protesa alla realizzazione di una nuova società.

Su impulso della *Lega socialista* milanese, nell'intento di superare il radicalismo aclassista borghese e l'economicismo degli operaisti, si riunì, nei giorni 2 e 3 agosto 1891 il *Congresso Operaio Italiano*, alla presenza di 250 delegati che rappresentavano 450 associazioni operaie. Le principali deliberazioni adottate esprimevano la volontà di costituire, in un nuovo congresso, che si sarebbe tenuto a Genova il 14 e 15 agosto dell'anno seguente, un partito socialista, denominato Partito dei Lavoratori Italiani e di nominare una *Commissione* avente lo scopo di predisporre un progetto del programma ed uno dello statuto che sarebbero stati adottati dal nuovo partito. La *Commissione*, avente sede a Milano, ultimato il suo lavoro, si sarebbe trasformata in *Comitato Centrale Provvisorio*.

L'inserimento della Mozzoni nello storico organismo politico[748] sta a testimoniare del grande prestigio che la stessa si era guadagnata

---

748 Della *Commissione* facevano parte, oltre la Mozzoni, Enrico Bertini, Silvio Cattaneo, Carlo Cremonesi, Giuseppe Croce, Costantino Lazzari, Antonio Maffi. In una conferenza tenuta nel maggio 1891 a Cremona, dov'era stata chiamata dal locale Comitato Operaio Socialista, sostenne la necessità di dar vita ad un quotidiano a diffusione nazionale, non dottrinario e gradualista, a sostegno di un socialismo democratico e pluralista.

sul campo[749]. Essa dunque può considerarsi la prima dirigente donna del partito socialista.

Però, quando nel 1892 si riunì il congresso di Genova, la Mozzoni, già critica per lo scarso attivismo dei socialisti verso la questione femminile, non aderì al nuovo partito, con grande delusione della Kuliscioff[750].

Il motivo lo espose lei stessa in una conferenza tenuta nel marzo 1892, in cui sostenne che i socialisti sono convinti che il problema femminile si risolverà da solo, quando sarà risolto quello della questione economica e sociale, in maniera quasi automatica, come se l'emancipazione dei lavoratori portasse con sé quella delle donne. Ciò contrastava con le sue convinzioni, secondo cui l'emancipazione doveva essere il frutto di una lotta autonoma delle donne stesse.

In effetti Bissolati aveva scritto: *la proposta femminista ha lo scopo di attribuire maggiori diritti alla donna, entro la cerchia delle forme di proprietà e di famiglia borghese. Dunque il movimento femminista è un movimento conservatore. Quand'anche raggiungesse i suoi fini, non avrebbe ottenuto altro che interessare attivamente un maggior numero di persone*

---

749 Nel 1892 pubblicò lo scritto *I socialisti e l'emancipazione della donna*, nel quale, ricordando come gli uomini del Risorgimento, orgogliosi dei conquistati diritti di libertà, non avessero poi ritenuto di condividere quelle conquiste con le donne, in realtà si rivolgeva a quei socialisti convinti che la risoluzione della questione economica automaticamente comportasse anche il riscatto delle donne.

750 Fra le due donne, ambedue decise e carismatiche, non scorrerà grande simpatia, poiché la Kuliscioff indicava non nel voto, ma nella parità sul lavoro la via principale per l'emancipazione femminile.

alla conservazione degli attuali ordinamenti sociali. All'opposto, la lotta di classe porta con sé una vera elevazione della donna....

La Mozzoni, invece sosteneva che *l'emancipazione femminile è la suprema, la più vasta e radicale delle questioni sociali, capace di unire le donne di tutti i ceti per la causa della loro libertà e del loro riscatto.*

Cominciò dunque a farsi strada in lei il dubbio se il partito socialista fosse realmente capace di farsi carico, senza se e senza ma, della questione femminile, ritenendola parte fondamentale della questione sociale. L'ultima sua partecipazione all'interno del movimento socialista organizzato fu la sua partecipazione, assieme a Rosa Genoni[751] (1867-1954) al congresso dell'Internazionale Socialista, tenutosi a Zurigo nell'agosto 1893[752].

Il dissenso esplose in maniera assai evidente nel 1898 e la oppose soprattutto alla Kuliscioff, più ortodossamente allineata alle posizioni del partito, in particolare riguardo alle tesi sostenute a proposito della legislazione a tutela del lavoro femminile, argomento che stava molto a cuore ai socialisti, anche per le loro prossime iniziative parlamentari.

La Mozzoni, che dal 1894 si era trasferita a Roma, il 7 marzo 1898 espose il suo punto di vista sull'organo socialista *Avanti!*, con un articolo significativamente intitolato *Legislazione a difesa delle donne*

---

751 Famosa stilista italiana, instancabile attivista contro la guerra, giornalista socialista. Suoi erano gli austeri tailleur preferiti da Anna Kuliscioff.

752 Nel settembre dello stesso anno il Partito dei Lavoratori Italiani deciderà di chiamarsi Partito Socialista dei Lavoratori Italiani. Nel gennaio 1895, al congresso clandestino di Parma, assumerà il nome definitivo di Partito Socialista Italiano.

lavoratrici. *"Dagli amici mi guardi Iddio!"* , nel quale sosteneva che ogni norma limitativa riguardo al lavoro delle donne, anche se avesse avuto lo scopo di sottrarla al lavoro notturno, pesante, straordinario, in realtà avrebbe potuto legittimare differenze salariali e tendere a ricacciare la donna nella famiglia, impedendone sostanzialmente il libero sviluppo della personalità e dunque la reale emancipazione. *Non accettate protezioni*, scriveva, *ma esigete giustizia.*

Le replicò la Kuliscioff, con un altro articolo intitolato *In nome della libertà delle donne. „Laissez faire, laissez aller"*, in cui praticamente l'accusava di liberismo e di convergenza coi padroni, contrari ad ogni regolamentazione, per poter rimanere con le mani libere.

In realtà principale obiettivo politico della Mozzoni restava il diritto di voto alle donne. Inoltre la Mozzoni respingeva decisamente la morale corrente, secondo la quale la presunta inferiorità biologica della donna rendeva quest'ultima predisposta al solo ruolo di „angelo del focolare", e il suo ingresso nel mondo del lavoro era considerato una minaccia alla sua stessa moralità!

Questo ipocrita principio però non valeva per le operaie, il cui lavoro era funzionale alla produzione capitalista. In questo quadro il principale obiettivo per il movimento femminista e per la Mozzoni restava il diritto di voto, fondamentale perché le donne potessero entrare a pieno titolo nelle istituzioni, eleggere i propri rappresentanti ed essere esse stesse eleggibili.

Tale obiettivo sembrò che stesse per diventare concreto quando fu presentato, dal deputato repubblicano Roberto Mirabelli[753], un progetto di legge sul suffragio universale maschile e femminile; il che spinse la Mozzoni a promuovere, assieme a Teresita Sandeschi Scelba[754] un'*Alleanza femminile per il suffragio*, diffusasi poi in varie città italiane.

A tal proposito, nel marzo 1906, fu presentata in Parlamento una nuova *Petizione delle donne italiane al Senato del Regno e alla Camera dei Deputati, ai sensi dell'art. 57 dello Statuto fondamentale del Regno*, firmata da venti donne prestigiose, fra cui Teresa Labriola[755] (1864-1941) e Maria Montessori[756](1870-1952). La petizione era stata stilata da Anna Maria Mozzoni e inviata a tutti i partiti politici e ai singoli parlamentari. Attorno ad essa si costituirono diversi comitati per il voto alle donne, inducendo così le firmatarie a darsi un'organizzazione stabile, onde poter svolgere un'azione coordinata e continuativa. Sorse così il *Comitato nazionale per il voto alla donne* con sede a Roma, il quale si diede uno statuto in cui era prevista la sua indipendenza da qualsiasi fede religiosa o politica; inoltre esso si assunse il compito di promuovere iniziative per il voto e di costituire comitati in tutte le città italiane. Si sviluppò quindi un'attività di rivendicazione che si presentava chiaramente interclassista. Il mo-

---

753 Roberto Mirabelli (1854-1930), irredentista repubblicano, fu deputato nel 1890-1892 e dal 1897 al 1913. Il suffragio universale fu uno dei punti cardine della sua battaglia politica.

754 Medico. Impegnata nella lotta femminista. Dal 1962 al 1969 fu presidente del Consiglio Nazionale delle Donne Italiane.

755 Figlia del famoso filosofo marxista Antonio. Docente universitaria.

756 Famosa pedagogista. Prima donna laureata in medicina.

vimento ebbe successo principalmente tra le donne della borghesia, molto meno fra le operaie, anche per la „prudenza" del Partito Socialista, che temeva l'immaturità politica delle donne, spesso *soggette all'influenza clericale*.

Del resto, la stessa petizione, scegliendo di operare con una tattica gradualista, rivendicava i diritti politici per alcune categorie di donne[757], quelle impegnate, a determinati livelli, nella vita sociale del Paese, lasciando di fatto fuori le masse di donne contadine ed operaie e suscitando la critica di autorevoli donne socialiste[758]. Comunque, nel 1907, tutto terminò con un rinvio e non se ne fece niente.

A Roma la Mozzoni aveva mantenuto i contatti col mondo socialista, anche scrivendo sull'*Avanti!*, tanto che partecipò , come invitata, al IX congresso socialista di Roma (7-10 ottobre 1906). In esso, a proposito della questione femminile, prevalsero le tesi della Kuliscioff, con cui essa era in forte dissenso, e ciò contribuì ad allontanarla dall'attività militante nel movimento socialista.

---

757 Vi si affermava la necessità del diritto di voto alle donne, non solo perché trattavasi di cittadine che pagavano *tasse e imposte*, ma anche perché esse erano *produttrici di ricchezza economica* che collaboravano, *coll'opera e col denaro*, al *funzionamento dello Stato*.

758 Argentina Altobelli, nota esponente socialista, su *La Squilla* del 17 marzo 1906 scrisse in proposito: *Una concessione del voto alle sole donne istruite sarebbe antipatica e incivile, come tali sono del resto tutti gli strappi alla giustizia*.

L'ultimo suo intervento significativo può considerarsi il saluto al primo Congresso delle donne italiane, di cui si disse fiera, considerandole quasi le sue eredi spirituali[759].

La separazione, operante dal 1911, delle donne socialiste[760] dal resto del movimento femminista italiano contribuì ad isolare la Mozzoni e a risospingerla verso le posizioni patriottico-risorgimentali delle sue origini. Per questo, forse, alla vigilia della prima guerra mondiale, assunse posizioni vicine all'interventismo democratico di stampo mazziniano .

Morì nella solitudine del Policlinico di Roma a 83 anni, il 14 giugno 1920.

L' *Avanti!*, il 18 successivo, le dedicò un necrologio dal titolo:

La oscura fine di una illustre femminista

Alla prima alba di lunedì 14, è morta al Policlinico, in età di anni 83, la signora Anna Maria Mozzoni, vedova Malatesta, che fu a suo tempo, se non la prima, certo una delle più geniali e più amabili assertrici dei diritti e

759 Il congresso si tenne a Roma dal 23 al 30 aprile 1908. Vi parteciparono operaie e intellettuali, cattoliche e repubblicane, borghesi e socialiste. Temi in discussione furono: il diritto all'istruzione, la tutela della maternità, la patria potestà, il diritto di voto, il divorzio, l'insegnamento della religione cattolica nelle scuole.

760 Nel 1907 ebbe luogo, su iniziativa di Clara Zetkin, la prima conferenza delle donne dell'Internazionale Socialista. Nel 1911 in Italia scese in campo, per il voto alle donne, anche Anna Kuliscioff, con il *Comitato socialista per il suffragio femminile*. In quella occasione la Kuliscioff dovette constatare una certa ostilità perfino in Turati, che temeva che la richiesta del suffragio universale per le donne potesse rallentare la concessione di quello maschile. Ma nel 1912 Turati cercherà di ottenere che il voto fosse esteso alle donne.

della emancipazione femminile in Italia. A Milano, dove svolse quarant'anni fa la sua migliore attività e la sua più utile propaganda, era assai conosciuta. Fu grande amica di Agostino Bertani, col quale collaborò intensamente alla compilazione del Codice di Sanità e nei primi albori del movimento socialista fu una delle poche personalità che ne seppero comprendere e coraggiosamente difendere le ragioni. Invecchiata e ormai al di fuori della vita militante, aderì alla guerra più forse per atavica tradizione della famiglia, patriottica fin dai tempi della dominazione austriaca in Lombardia, che per convinzione, ma rispettò il contegno dei socialisti coi quali mantenne sempre buoni rapporti di amicizia e di stima. Si è spenta oscuramente, ma le tracce della sua opera di un tempo restano incancellabili nella storia della causa femminile e la sua memoria rimane simpatica ed indelebile nell'animo dei vecchi amici che le sopravvivono.

La sua vita, in ogni caso, era stata coerente cogli ideali di uguaglianza per cui si era sempre battuta con un'attività frenetica. Scrisse saggi, articoli, opuscoli politici, libri; organizzò circoli e leghe, tenne conferenze, ispirò riviste; ma il suo sogno principale, il voto alle donne italiane, sarà realizzato solo nel 1946.

Ségolène Royal

Essere socialisti vuol dire mantenere vivo in sé uno spirito di rivolta. E porre il progresso sociale al centro di ogni decisione politica: il progresso sociale per tutti e il rispetto per ciascuno.

Ségolène Royal

Nell'art. 5 del Manifesto del Partito Socialista francese si legge:

I socialisti considerano importanti vittorie i diritti e le libertà conquistati dalle donne. [Il PS]

partecipa alla lotta per eliminare le discriminazioni che esse subiscono. Il nostro partito mette in atto, attraverso il suo Statuto e all'interno delle sue strutture e nella sua pratica, un'eguaglianza sempre più reale tra i nostri aderenti e le nostre aderenti.

Di questa raggiunta uguaglianza, la vita e la carriera politica di Sé-golène Royal sono fra le testimonianze più conosciute ed ammira-te.

Marie-Ségolène Royal (questo il suo nome completo) è la quarta di otto figli, di cui tre femmine e cinque maschi[761], tutti nati dal ma-trimonio, celebrato alla fine degli anni 1940, tra il tenente-colon-nello dell'artiglieria di marina Jacques Antoine Royal[762]ed Hélène Dehaye (n. 1916), una donna appassionata di botanica, presto dive-nuta insofferente dell'autoritarismo militaresco del marito[763]. Ségo-lène nacque a Ouakam, alla periferia di Dakar, in Senegal[764], il 22

---

761 Nell'ordine: Marie Odette, Marie Nicole, Gérard, Marie Ségolène, Antoine, Paul, Henry e Sigisbert. Il nome Marie imposto alle tre ragazze era da attribuirsi al clericalismo conservatore del colonnello Royal.

762 J.A. Royal (1920-1982) era figlio del generale di brigata Florian Royal. Un cugino di Ségolène è il generale Benoit Royal, autore di un libro sull'etica del soldato francese. Ambiente familiare dunque, quello di Ségolène, alquanto militarista. Jacques Royal si era arruolato nell'esercito poco prima della seconda guerra mondiale; nel 1940 venne catturato e rimase prigioniero in Prussia per quasi tutta la durata della guerra. Nella seconda metà degli anni '40 fu inviato in Indocina, dove divenne un fervente anticomunista. Inizialmente sostenitore di De Gaulle, divenne infine sostenitore dell'estrema destra francese. Morì nel 1982, per un tumore ai polmoni.

763 Questo conservatorismo di destra avrà come contraccolpo di spingere la più piccola delle sue figlie su posizioni ideologiche diametralmente opposte.

764 Il Senegal, divenuto colonia francese nel 1659, fu uno dei principali centri dell'Africa occidentale della tratta degli schiavi. Nel 1960 ottenne la piena indipendenza. Primo presidente (1960-1980) della Repubblica del Senegal fu il socialista e poeta Léopold Senghor (1906-2001).

settembre 1953 e passò l'infanzia all'interno della caserma militare francese di stanza in quella parte d'Africa.

Nel 1960 la famiglia – Ségolène aveva appena sette anni – si trasferì nella Martinica, nelle Piccole Antille, nel cui capoluogo Fort-du France, la piccola venne istruita dalle suore della congregazione di *Saint-Joseph de Cluny*. Quattro anni dopo il colonnello Royal venne congedato dall'esercito e la famiglia fece ritorno in Francia, stabilendosi nel piccolo comune di Chamagne in Lorena, di cui Jacques, intanto datosi al commercio, divenne vicesindaco. Inizialmente Ségolène, studentessa modello, frequentò la scuola media inferiore nella vicina città di Charmes, stabilendosi infine a Epinal, per completare gli studi secondari, secondo i voleri del padre, presso una rigida scuola femminile gestita dalle suore, il liceo privato di *Notre-Dame*, dove la giovane si diplomò in Scienze Economiche nel 1971.

Fu allora che avvenne la prima frattura col padre, che per i suoi figli immaginava un futuro secondo cui *i ragazzi dovevano fare i soldati e le ragazze dovevano sposarsi*. Lei, invece, voleva proseguire gli studi, iscriversi all'università. Perciò lavorò prima come libraia in Lorena e, nell'estate 1971 a Dublino, come "ragazza alla pari".

Intanto la crisi, da tempo latente, tra il padre, irascibile e autoritario, che aveva imposto in casa un pesante regime patriarcale, e la madre giunta al colmo della sopportazione e non più in grado di vivere in quella condizione di sottomissione, esplose in maniera virulenta e i due si separarono[765]. Gli otto figli seguirono tutti la madre, che si stabilì nella natìa Nancy.

E appunto all'università di Nancy si iscrisse Ségolène (*Diritto e Scienze Economiche*). A Nancy c'era anche un corso preparatorio per entrare all'*Istituto di studi politici* di Parigi e lei colse al volo l'occasione. Arrivata nella capitale, assieme al suo compaesano Guillome de Chanlaire, di origini nobili, ma di sinistra, si iscrisse a *Scienze Politiche*, conseguendo la laurea nel 1978.

Quell'anno per la Royal, già venticinquenne, fu un anno di svolta: si iscrisse, assieme a Guillome, al Partito Socialista[766], ma da lì a poco le loro strade si separeranno; si distaccò simbolicamente e definitivamente anche dalle sue origini, decidendo di ripudiare il nome Marie, quasi un distintivo religioso-familiare appiccicato dal padre alle tre figlie; decise, infine, di iscriversi alla prestigiosa ENA (Scuola Normale d'Amministrazione). Vi riuscì al secondo tentativo, entrando così nel corso *Voltaire*. Fra gli allievi c'erano François Hollande, futuro Presidente della Repubblica, e Dominique de Villepin, futuro Primo Ministro di Chirac.

Dei due *stages* previsti dal corso, il primo lo fece in Martinica; il secondo, insieme con Hollande, a Chanteloup-les Vignes, nella periferia di Parigi. Fu lì, di fronte ai gravi problemi dell'immigrazione, che i due scoprirono la loro comune vocazione per una società più

---

765 Il colonnello non volle mai concedere il divorzio alla moglie, per non pagarle il sostentamento. La signora dunque, per mantenersi, dovette fare dei lavori, fino a quando ricevette un'eredità.

766 Alla sezione del VI *arrondissement* (distretto) di Parigi. Dirà in seguito: *Io sono approdata al socialismo venendo dal femminismo e dalla ribellione contro la posizione subalterna assegnata alle donne.*

giusta e solidale e che il loro sodalizio, nel frattempo non più solo politico, si consolidò . Alla fine del corso (1980), Hollande andò alla Corte dei Conti, mentre la Royal optò per la carriera di magistrato al Tribunale Amministrativo di Rouen prima e di Parigi poi[767]. Le loro strade sembrarono dunque separarsi, ma fu il partito a farli incontrare. Da compagni di lotta politica divennero anche compagni di vita: dalla loro libera convivenza nasceranno quattro figli[768].

In vista delle elezioni del 26 aprile 1981, la Royal venne "arruolata" – col compito di raccogliere dati e rapporti - come collaboratrice per la campagna elettorale, in cui il PS[769] schierò , come candidato alle presidenziali, il proprio segretario François Mitterrand, che finirà

---

767 Nel 1994, già deputata all'Assemblea Nazionale e consigliere al Consiglio generale delle Deux-Sévres, supererà l'esame per diventare avvocato ed entrerà nello studio Teigen.

768 Thomas (n.1984), avvocato, che si è occupato del sito internet e della campagna elettorale della madre (presidenziali 2007) e di quella del padre (presidenziali 2012); Elise Clémence (1986), medico; Julien (1987), cineasta; Flora (1992),studentessa in psicologia. Della mancanza di formale unione, civile o religiosa, la Royal dirà: *Per me , essere di sinistra significa essere molto liberale fra persone adulte consenzienti*. E, a sua volta, Hollande: *Non sposarsi significa scegliere di riflettere ogni mattina sul proprio status di coppia*. Non era raro che coppie di socialisti decidessero di non formalizzare la loro unione. Si pensi al caso di Rosa Luxemburg e Leo Jogiches e a quello di Maria Giudice e Carlo Civardi.

769 Il PS francese, con segretario Mitterrand era il risultato di un processo di unificazione, in varie tappe, delle disperse forze socialiste, conclusosi nel 1971: la SFIO (Sezione Francese dell'Internazionale Operaia), l'UCRG (Unione dei club per il Rinnovamento della Sinistra) di Alain Savary, l'UGCS (Unione dei Gruppi e Club Socialisti) di Jean Poperen, il CIR (Convenzione delle Istituzioni Repubblicane) di Francois Mitterrand.

per prevalere (51,7 %) sul principale antagonista, il presidente uscente, il liberale Valéry Giscard d'Estaing (48,2 %). Il consigliere speciale del neopresidente Mitterrand[770], Jacques Attali[771], che aveva apprezzato molto l'impegno profuso nella campagna elettorale dalla Royal e dal suo compagno Hollande, li chiamò entrambi all'Eliseo, come consiglieri speciali del Presidente. Dal 1982 al 1984 Ségolène ebbe il compito di seguire i problemi della gioventù e dello sport. Nel 1982 Attali la incaricò di seguire i lavori del G7 e in particolare le affidò il compito di stilare i resoconti delle riunioni preparatorie con le delegazioni straniere.

Nel 1983 Segolène affrontò la sua prima campagna elettorale da candidata alle elezioni municipali a Trouville-sur-Mer, in Normandia, per la lista *Union de la gauche*. La lista fu sconfitta, ma Ségolene fu eletta consigliere comunale d'opposizione[772].

---

770 Segretario del partito divenne Lionel Jospin (n. 1937) e capo del governo Pierre Mauroy (1928-2013). Il 22 maggio 1981 Mitterrand sciolse il parlamento e, alle elezioni del 21-6-1981 i socialisti conquistarono la maggioranza assoluta dei seggi.

771 Jacques Attali (n.1943) intellettuale, filosofo, storico, economista, socialista, plurilaureato, professore universitario, autore di oltre 50 libri, incominciò a collaborare con Mitterrand nel 1973. Sua la la celebre frase:
Il vincitore di tutte le guerre è quello che non le fa, o almeno che non combatte sul proprio territorio.

772 Sarà presente a 12 sedute su 39, facendo 8 interventi in aula. Non avendo la possibilità materiale, dati i suoi impegni, di dedicare il giusto tempo al Comune, ma forse anche per non aver trovato nella zona adeguati sostegni per una sua eventuale candidatura alle imminenti elezioni politiche del 16-3-1986, si dimetterà dal Consiglio Municipale prima della fine della legislatura.

Dal 1984 al 1988 le furono affidati, nell'ambito dello *staff* del Presidente, gli *affari sociali* (famiglia, immigrazione, associazionismo), ed anche il lavoro di preparazione dei *summit*. Gli onerosi impegni di lavoro non influiranno, però , sulla sua relazione con Hollande, come dimostra la nascita dei suoi primi tre figli in questo periodo.

L'8 maggio 1988 Mitterrand batté (54,02 %) il suo sfidante gollista Jacques Chirac (45,98 %) ed ottenne la rielezione all'Eliseo[773]. Il giorno dell'investitura per il suo secondo settennato, la Royal gli chiese che le venisse assegnata una circoscrizione in cui potesse candidarsi alle legislative del mese seguente. Le fu affidata la seconda circoscrizione delle Deux-Sévres, zona di campagna della Francia centro-occidentale, assai difficile da espugnare per la sinistra.

Ma la Royal, con una vigorosa campagna elettorale, condotta, con impegno e determinazione, "porta a porta", riuscì a farcela (50,57 %)[774].

---

773 Il PS attraversava allora un periodo di instabilità interna. Nel gennaio 1991, subirà una scissione guidata dal leader della sinistra interna Jean-Pierre Chevenement, che darà vita al Movimento dei cittadini (oggi Movimento Repubblicano e Cittadino). Nel gennaio 1992 il segretario Pierre Mauroy fu sostituito da Laurent Fabius.

774 Anche Hollande riuscì ad essere eletto. Nel marzo 1989 la Royal fu eletta anche consigliere municipale di Melle (Deux-Sévres) e nel 1992 consigliere regionale di Poitou-Charentes, carica che lasciò prestissimo per entrare nel governo Bérégovoy.

Il nuovo governo presieduto da Michel Rocard[775], nel maggio 1991 sarà sostituito da quello guidato da Edith Cresson[776], la quale, a sua volta, dovrà lasciare il posto di Primo Ministro, nell'aprile 1992, a Pierre Bérégovoy[777]. E fu proprio nel governo presieduto da quest'ultimo che Ségolène (39 anni, incinta per la quarta volta) fece la sua prima esperienza di ministro, come titolare dell'*Ambiente*. Durante il suo ministero si dedicò particolarmente al problema della raccolta e dello smaltimento dei rifiuti, a quello dell'inquinamento visivo e sonoro, ai problemi legati all'acqua, al recupero del paesaggio, mediante l'operazione *Salviamo i nostri paesaggi, gustiamo i loro prodotti*. Fu in questo periodo che nacque la sua ultimogenita Flora. In quell'occasione Ségolène si fece riprendere dai giornalisti in

775 Michel Rocard (n.1930), laureato in Lettere alla Sorbona, ha frequentato l'Istituto Superiore di Studi Politici e la Scuola Nazionale d'Amministrazione. Iscrittosi giovanissimo alla SFIO, lasciò il partito nel 1959 per aderire al PSA (Partito Socialista Autonomo), poi confluito nel PSU (Partito Socialista Unificato), di cui è stato segretario nazionale dal 1967 al 1973. Nel 1975 è entrato nel PS, rifondato nel 1971 da Mitterrand. È stato più volte deputato, nazionale ed europeo, e ministro. Nel 1993 è stato, per un breve periodo, segretario nazionale del PS.

776 Edith Cresson (n.1934) è stata l'unica donna Primo Ministro della Francia. Dal 1979 al 1981 è stata membro della segreteria del PS, dal 1979 al 1981deputata europea e nel 1981 deputata all'Assemblea Nazionale, quindi ministro agli Affari Europei nel governo Rocard. Nel 1995 ha fatto parte della Commissione Europea.

777 Pierre Bérégovoy (1925-1993), ferroviere, aderì alla SFIO nel 1945 per poi passare al PSU (Partito Socialista Unificato) nel 1959. Dal 1969 divenne molto vicino a Mitterrand. Fu ministro nel 2° e 3° governo Mauroy, e in quelli di Rocard, Fabius e Cresson. Fu eletto deputato nel 1886, nel 1989 e nel 1993. Morì suicida.

ospedale, assieme alla sua bambina, per dimostrare che si può conciliare la maternità anche con responsabilità di alto livello.

Nel marzo 1993 si tennero le elezioni legislative e il crollo del PS andò oltre le peggiori aspettative: esso passò da 279 a soli 67 deputati[778], ma la Royal venne rieletta (53,4 %), sempre a Deux-Sèvres[779], risultando la socialista confermata con il miglior risultato.

Il governo Bérégovoy dovette dunque dimettersi e la direzione dell'esecutivo passò al centro-destra, dando così vita alla prima *coabitazione*[780]

I socialisti si ripresero però alle elezioni anticipate del giugno 1997, ottenendo 250 deputati. Fra di essi Ségolène Royal, di nuovo confermata, che però, poco dopo, si dimise (4-7-1997) per entrare nel nuovo governo formato dal socialista Lionel Jospin[781], come ministro delegato all'*Insegnamento Scolastico*, sotto la supervisione del

---

778 Segretario del PS fu eletto Lionel Jospin, cui nel novembre 1994 successe Henri Emmanuelli. Nello stesso anno 1994 Ségolene Royal fu eletta presidente del Consiglio Nazionale del PS, il „parlamentino" socialista. Si dimise dalla carica nel gennaio 1995. Il suo gesto voleva significare una presa di distanza dai cosiddetti *elefanti* (notabili) del PS, protagonisti di un eterno frazionamento del partito.

779 Dal 2 aprile 1992 era anche consigliere regionale delle Deux-Sèvre.

780 Per *coabitazione* nella politica francese si intende una situazione in cui la maggioranza parlamentare e il Capo dello Stato appartengono a schieramenti politici diversi. Il termine fu coniato dal nuovo Primo Ministro, il conservatore Eduard Balladur (n. 1929).

781 L'incarico gli era stato conferito dal presidente gollista Chirac, costretto dal voto popolare alla cosiddetta *coabitazione*. Il governo Jospin introdusse la settimana lavorativa di 35 ore, il PACS (Patto Civile di Solidarietà) sulle unioni civili fra omosessuali e la Copertura Sanitaria Universale. Segretario del partito divenne Francois Hollande.

ministro dell'Educazione Claude Allegre (n. 1937), membro dell'Accademia delle Scienze. Durante il suo mandato la Royal si dedicò particolarmente all'aiuto ai bambini svantaggiati o in difficoltà scolastica, mediante la creazione di fondi sociali per gli scolari, come quello per le mense scolastiche; pose le lingue straniere come priorità fin dalla scuola materna; promosse la lotta contro la violenza nelle scuole, introdusse la distribuzione gratuita nei licei della *pillola del giorno dopo*.

In questo periodo tuttavia la Royal perse (1998) il suo seggio di consigliere generale di Deux- Sevres.

Nel marzo 2000, in seguito ad un rimpasto, divenne ministro delegato alla *Famiglia* e all'*Infanzia*, presso il ministro del Lavoro e della Solidarietà[782], prima Martine Aubry e poi Elisabeth Guigou[783]. In questo nuovo ruolo, Ségolène ingaggiò una lotta senza tregua contro la pedofilia; mediante la *Circolare Royal* incentivò la difesa dei diritti del bambino e la lotta contro i reati sessuali, anche lanciando una grande campagna pubblicitaria di sensibilizzazione sul tema delle violenze sessuali sui bambini; si batté per facilitare le adozioni internazionali.

---

782 Nel marzo 2001 le sue competenze si estenderanno anche alle *Persone disabili*.

783 Elisabeth Guigou è nata a Marrakech nel 1946. Laureata in Lettere è specializzata in letteratura americana. Dopo aver aderito al PSU, successivamente passò al PS. È stata ministro della Giustizia nel governo Jospin. Deputata socialista nel 1997, nel 2002 e nel 2007. In occasione del rimpasto, rientrarono nel governo Laurent Fabius e Jack Lang.

Nonostante i successi del governo Jospin, il PS si presentava allora fortemente indebolito dalle divisioni interne, che si erano ripercosse anche sul governo; sicché, quando, nell'aprile 2002, si tennero le nuove elezioni presidenziali, a fronteggiare l'uscente presidente Jacques Chirac, sostenuto dai partiti che avrebbero dato vita all'UMP ("Unione per la Maggioranza Presidenziale", poi divenuta "Unione per un Movimento Popolare"), raggruppamento di centro-destra, si presentò il Primo Ministro in carica Lionel Jospin e con loro altri 14 candidati, per lo più del variegato mondo della sinistra francese. Il responso delle urne fu disastroso per il PS: al 1° turno il proprio candidato si classificò terzo, senza quindi poter andare al ballottaggio che si tenne, invece, fra Chirac e il candidato nazionalista Le Pen[784], presentato dal Front National. Al PS non restò dunque altro da fare che appoggiare al 2° turno Chirac (rieletto con l'82%), per evitare una deriva antidemocratica alla Repubblica[785]. Il governo Jospin rassegnò dunque le dimissioni[786] e le elezioni legislative del giugno successivo confermarono la caduta verticale di consensi per il PS, che perse 100 seggi[787]. Ma la Royal ancora una

---

784 Jean Marie Le Pen (n. 1928) era il leader del partito di estrema destra „Fronte Nazionale", da lui fondato nel 1972. Più volte candidato alla presidenza della Repubblica, nel 2002 arrivò al ballottaggio col 16,86 %, piazzandosi secondo, davanti al socialista Jospin, allora Primo Ministro. È stato deputato nazionale nel 1956 e più volte deputato europeo. Il 15-1-2001 ha lasciato la presidenza del FN in favore della figlia Marine.

785 Il mandato presidenziale era stato abbreviato da sette a cinque anni.

786 Fu sostituito da quello presieduto da Jean-Pierre Raffarin, dell'UMP.

787 Al congresso di Digione del PS del maggio 2003 Francois Hollande fu riconfermato alla carica di Segretario del partito.

volta fu rieletta (nella II circoscrizione delle Deux-Sevres). Fra le sue proposte di legge di quel periodo, sono da ricordare le due rispettivamente intitolate *Prevenzione delle violenze contro le donne* e *Lotta contro l'utilizzazione commerciale e degradante del corpo umano nella pubblicità*[788].

Nel 2004 il PS ritornò a vincere: alle elezioni regionali del marzo 2004 la sinistra unita conquistò 20 regioni su 22[789]. La Royal, deputata del dipartimento delle Deux-Sèvres, compreso nella regione di Poitou-Charentes, aveva deciso di concorre all'ambita carica di governatore di quella regione ed aveva partecipato alla campagna elettorale con appassionato impegno, secondo il suo metodo, scandagliando l'intero territorio della regione e tenendo circa 250 riunioni pubbliche. Diventò così anche Presidente del Consiglio Regionale (governatore) della Regione (2-4-2004), già feudo del Primo Ministro di centro-destra in carica Jean-Pierre Raffarin (n. 1948), che era stato costretto a lasciare il vertice della regione, appunto perché chiamato alla guida dell'Esecutivo. La lista della Royal ottenne, infatti, il 55,10 % dei voti di fronte a quella guidata dal governatore uscente Elisabeth Morin-Chartier (UMP), "erede" di Raffarin, che raccolse solo il 36,20 % dei consensi.

---

788 Nel corso della sua intera attività parlamentare la Royal ha presentato ai governi 688 interrogazioni.

789 La Francia è divisa in 27 regioni: 22 nella Francia metropolitana e 5 oltremare. Queste ultime hanno 1 solo dipartimento (provincia), le metropolitane 96, per un totale di 101.

In quel momento Ségolène si trovò ad essere la sola donna di Francia ad esercitare le funzioni di governatore di una regione[790]; nello stesso periodo venne soprannominata "Zapatera"[791]. Divenne poi anche porta-voce dell'Associazione delle Regioni di Francia, fino al 2010, quando non si ripresenterà.

Nella gestione della Regione, la Royal applicò un rigoroso controllo della spesa pubblica, tanto che la sua politica fu assimilata piuttosto che a quella di quella di Zapatero, a quella del leader laburista britannico Tony Blair, che allora governava il Regno Unito. Il fatto di essere l'unica donna governatore la rese famosa in tutta la Francia e il suo nome cominciò a girare come possibile candidata socialista alle presidenziali del 2007, come rivelavano i numerosi sondaggi.

La nuova avanzata delle sinistre venne confermata alle elezioni europee del giugno 2004[792].

Al congresso di Le Mans del novembre 2005, il PS ricompose le divisioni interne[793], raggiungendo la piena unità. L'approssimarsi

---

790 Nel 2008 la socialista Marie-Marguerite Dufay (n. 1949) sarà eletta presidente del Consiglio Generale (governatore) della Franca Contea.

791 Nello stesso periodo il socialista José Luis Zapatero (n.1960), leader del PSOE (Partito Socialista Operaio Spagnolo), aveva portato il suo partito alla vittoria nelle elezioni politiche dell'11 marzo 2004.

792 Nel novembre 2004 il ministro Nicolas Sarkozy lasciò il governo per assumere la presidenza dell'UMP, a cui era stato eletto con l'85 % dei voti.

793 Una profonda divaricazione interna si era verificata a proposito del referendum confermativo sul trattato costituzionale europeo, per il quale i seguaci di Fabius e di Emmanuelli, minoritari nel partito guidato da Hollande, avevano votato contro. Vinse il NO.

delle nuove elezioni presidenziale pose ai socialisti il problema di predisporre la propria proposta, tanto più che, nel settembre 2006, Jospin annunciò di non volersi più ricandidare. Ségolène, subito dopo, annunciò di non volersi più ricandidare a deputato, essendo presidente del Poitou-Charente, in quanto voleva dimostrare coi fatti la sua contrarietà al cumulo delle cariche. Tanto che il PS designò a succederle nella candidatura Delphine Batho[794]. Ma quando si cominciò a parlare di elezioni presidenziali il nome della Royal venne fuori. Lei stessa dichiarò:

> Non escludo di essere candidata alle presidenziali, a patto che io sia messa nella condizione di battere la destra e che François mi sostenga.

Intanto si fece notare per un non-gesto: fu l'unica leader socialista ad essere assente alla commemorazione, per il decimo anniversario della sua morte, di François Mitterrand, a cui essa doveva l'inizio della sua carriera politica ed al quale era molto legata, mentre erano presenti tutti gli *elefanti* del partito, a cominciare dal suo compagno, nonché segretario del PS, Hollande, i quali non accolsero bene quell'assenza. L'episodio fa tornare alla memoria una frase della Royal: *Anche quando non dico niente, fa rumore.*

Quell'assenza non era certo uno sgarbo alla figura, ormai storica, di Mitterrand. Ségolène si era recata in Cile, per dare sostegno a

---

794 Delphine Batho, nata a Parigi nel 1973, è stata una leader degli studenti e attivista antirazzista. Nel 2007 è stata eletta nelle Deux-Sevres, al posto della Royal, e riconfermata nel 2012. È stata ministro delegato della *Giustizia* e poi ministro dell'*Ecologia*, dello *Sviluppo durevole* e dell'*Energia* nei governi socialisti guidati da Jean-Marc Ayrault.

un'altra donna socialista che lottava per la presidenza della Repub-blica[795].

Le primarie socialiste per la scelta del candidato alla presidenza della Repubblica furono fissate per il 16 novembre 2006. Ad affron-tare la Royal si presentarono due *elefanti*: Laurent Fabius e Domini-que Strauss-Kahn, entrambi sconfitti al primo turno da Ségolene Royal con un rassicurante 60,62 % contro il 18,54 % di Fabius[796] e il 20,84 % di Strauss-Kahn[797].

Cominciava allora la vera battaglia. A fronteggiarla l'UMP candidò il ministro degli interni Nicolas Sarkozy[798], un gollista conservato-

---

795 La Bachelet fu eletta e si insediò alla presidenza del Cile nel marzo 2006. Il suo primo provvedimento fu l'assistenza sanitaria gratuita per gli ultrasessantenni.

796 Laurent Fabius (n.1946) ha studiato alla *Scuola Normale Superiore*, all'*Istituto di Studi politici* di Parigi e alla *Scuola Nazionale d'Amministrazione*. Nel 1974 aderì al PS, lavorando a fianco di Mitterrand. È stato deputato della circoscrizione della *Senna Marittima* dal 1978, eletto poi in tutte le elezioni successive. È stato anche Ministro del *Bilancio*, dell'*Industria e ricerca*. È poi stato Primo Ministro (il più giovane della storia della Repubblica Francese). Nel 1988 e nel 1997 è stato Presidente dell'Assemblea Nazionale. Nel 1992 segretario del PS. È famoso per la sua eleganza.

797 Dominique Strauss-Kahn (n.1949), professore di macro-economia, è stato più volte ministro. È stato anche Direttore generale del FMI (Fondo Monetario Internazionale).

798 Nicolas Sarkozy (n. 1955), avvocato, nel 1976 aderì al RPR (Raggruppamento per la Repubblica), partito neo-gollista fondato da Jacques Chirac. È stato più volte deputato e sindaco di Neully-sur-Seine dal 1983 al 2002. È stato anche ministro del *Bilancio* e dell'*Interno*. Alle presidenziali del 2012 non è stato riconfermato, in

re. Fra gli altri concorrenti c'erano il centrista Bayrou[799] e il leader dell'estrema destra Lepen.

La Royal, che presentò il suo programma l'11-2-2007, condusse una campagna elettorale prevalentemente mediatica, riuscendo a piazzarsi seconda dopo il primo turno del 22-4-2007 col 25,87 % dei voti espressi, dopo Sarkozy (31,8 %).

Due settimane più tardi, il 6-5-2007, perse anche il secondo turno, avendo ottenuto il 46,94 % (16.790.440 voti), mentre Sarkozy ottenne il 53,06 % (18.983.138 voti). I socialisti non avevano potuto intercettare i voti centristi, mentre i nazionalisti avevano votato in massa per il conservatore Sarkozy.

La sera stessa della sua sconfitta, non ritenendo più oltre tollerabile l'infedeltà del compagno, annunciò la fine del sodalizio trentennale tra lei e Hollande: *Ho chiesto a François Hollande di lasciare l'appartamento, di vivere per conto suo la sua storia sentimentale, ormai conosciuta nei libri e nei giornali...*

Decise, inoltre, di concentrarsi nell'incarico di presidente di regione e anche di seguire più da vicino la vita interna di partito, e pertanto non si ricandidò alle imminenti elezioni legislative: esse furono tenute nel giugno successivo e confermarono l'orientamento non favorevole ai socialisti dell'elettorato. Tuttavia si ebbe un lieve

quanto sconfitto dal socialista Hollande.

799 François Bayrou (n.1951), professore di liceo, cattolico, è il leader dell'UDF (Unione per la Democrazia Francese), raggruppamento politico centrista. È stato più volte deputato e ministro della P.I.

incremento di voti per il PS. Questi i risultati: UMP 323 seggi, PS e alleati 205, PCF e alleati 18. Una più consistente avanzata socialista emergerà invece dalle elezioni municipali del marzo 2008.

Il 17 maggio 2008, all'approssimarsi del congresso del PS di Reims, fissato per il novembre di quell'anno, la Royal annunciò la propria candidatura alla carica di Segretario del partito.

Al congresso, la mozione da lei presentata, aperta ad un'eventuale alleanza coi centristi, era considerata la più moderata; essa raccolse il 29,1 % dei voti, seguita da quelle del sindaco di Parigi Bertrand Delanoe (25,2 %), di Martine Aubry (24,3 %) e del leader della sinistra interna Benoit Hamon (18,5 %). Non avendo nessuno conseguito la maggioranza, i delegati decisero di procedere alla votazione a due turni, per la quale, essendosi ritirato Delanoe, rimasero in lizza la Royal (42,9 %), la Aubry (34,5 %) e Hamon (22,6 %), che fu eliminato al primo turno e che chiese ai suoi sostenitori di votare per la Aubry al secondo turno.

La Royal, ritenuta dai più come probabile vincitrice, perse però il ballottaggio per una manciata di voti: 42 in meno della sua rivale. Il risultato causò qualche mugugno nel gruppo Royal e perciò il Consiglio Nazionale del Partito decise di organizzare il riconteggio di tutti i voti, alla fine del quale alla Aubry furono attribuiti non 42, ma 102 voti in più della Royal.

Per cui il CN convalidò l'elezione della Aubry col 50,04 % dei suffragi contro il 49,96 % della Royal. Quest'ultima ne prese atto e, per nulla scoraggiata, via internet, invitò i suoi sostenitori a organizzarsi per le elezioni presidenziali del 2012.

Essi raccolsero l'appello: all'inizio del 2009 fu creata la corrente *La Speranza a sinistra*, mentre restava in funzione l'associazione di sostegno *Desideri di futuro*[800]; Pierre Bergé[801] fondò l' *Associazione degli amici di Ségolène Royal*.

Pur senza avere cariche pubbliche nazionali, nel periodo successivo la Royal si comportò come la principale oppositrice di Nicolas Sarkozy, ad esempio, con l'*Appello del 14 febbraio* [2008] per una *vigilanza repubblicana*, pubblicato dal quindicinale *Marianne*.

Nel giugno 2009, nel corso del Consiglio Nazionale, Ségolène venne indicata dalla segretaria Aubry come vice-presidente dell'Internazionale Socialista, in rappresentanza del Partito Socialista francese: si trattava di una carica simbolica, che tuttavia contribuiva a conferire alla Royal una statura internazionale.

Il 1°ottobre 2009 i militanti socialisti del Poitou-Charentes confermarono, con l'83,77 % dei consensi, Ségolène Royal come capolista

---

800 L'associazione era stata creata nel dicembre 2005, in funzione della volontà della Royal di candidarsi alla presidenza della Repubblica nel 2007. *Desideri di futuro* è anche il nome di un „forum partecipativo" da lei lanciato su internet nel 2006, in cui si tengono molti dibattiti, aperti alla partecipazione dei cittadini"internauti", su vari argomenti, come la giustizia, il sistema carcerario, la scuola. Esso rappresenta una messa in pratica della *democrazia partecipativa* propugnata dalla Royal. *Desideri di futuro* è anche il titolo di un libro pubblicato dalla Royal nel 2006.

801 Pierre Bergé (n. 1930) è un ricco imprenditore dell'abbigliamento di lusso, sostenitore del PS e militante della causa omosessuale e della lotta contro l'AIDS.

alle elezioni regionali del 2010. La lista, oltre a militanti socialisti, fu aperta a esponenti di altri gruppi democratici e a sindacalisti. Al primo turno del 14-3-2010 essa arrivò in testa col 38,98 % dei voti, precedendo il suo avversario dell'UMP (29,45 %). Alleatasi alla lista *Europa Ecologia*, la compagine socialista stravinse al secondo turno, ottenendo il 60,61 % dei voti, sicché il 26-3-2010 Ségolène fu rieletta presidente della Regione.

Il 28 ottobre dello stesso anno Ségolène, a Lione, al termine degli stati generali della francofonia decentralizzata, in cui erano presenti 600 delegati, fu eletta all'unanimità alla presidenza dell'AIRF (Associazione Internazionale delle Regioni Francofone), che raggruppa 140 regioni di circa 30 Paesi di varie parti del mondo[802]. Il comunicato finale dell'importante consesso diceva, fra l'altro: *L'Associazione Internazionale delle Regioni Francofone (AIRF) è fiera ed onorata dell'elezione alla sua guida di Ségolene Royal, Presidente della Regione Poitou-Charentes, già ministro e candidata all'elezione presidenziale nel 2007.*

Concludendo il suo discorso d'insediamento la Royal disse: *Io m'impegno, finché sarò Presidente dell'AIRF, a costruire insieme una francofonia efficacemente impegnata in azioni comuni per l'educazione,*

---

802 Per l'occasione il presidente uscente Thierry Cornillet dichiarò, riferendosi alla Royal: *Questa elezione è il riconoscimento di un'autorità morale e dell'efficacia della sua azione nel difendere i valori dello sviluppo durevole e della diversità culturale.* La regione Poitou-Charentes, presieduta dalla Royal, intratteneva, da un certo tempo, un'attiva cooperazione con altre regioni francofone situate nel Québec, nel Sénégal, nel Vietnam e in India.

l'ecologia, il lavoro e la salute. Molto presto proporrò delle iniziative con-
crete alle regioni del mondo.

Il 20 novembre 2011 l'instancabile Ségolène annunciò l'intenzione
di partecipare alle primarie presidenziali del 2011 per la designazione del candidato socialista. Ma nel corso dei mesi successivi il
suo livello di popolarità si mantenne piuttosto basso, le intenzioni
di voto a suo favore, secondo i sondaggi, non crebbero, e i suoi sostenitori si assottigliarono. Nonostante ciò, ella dichiarò, il 17-7-
2011, di essere la più idonea a battere Nicolas Sarkozy.

I risultati del voto del 9-10-2011 dissero però un'altra cosa: alle primarie del PS la Royal (6,95 %) arrivò quarta dopo François Hollande, Martine Aubry (segretaria del partito) e Arnaud Montebourg[803]
e fu dunque eliminata. Al ballottaggio fra i primi due – anche col
sostegno della sua ex compagna - prevalse Hollande col 56 % dei
voti, diventando così il candidato ufficiale del PS. Sarà eletto Presidente della Repubblica al secondo turno (6-5-2012) col 51,6 % dei
voti.

Per nulla sfiduciata, nel giugno successivo Ségolène scese in campo
per partecipare alle elezioni per il rinnovo dell'Assemblea Nazionale, presentandosi nella prima circoscrizione di Poitou-Charentes.
Le venne assegnato, dalla Direzione del PS, il collegio di La Rochel-

---

803 Arnaud Montebourg (n.1962), eletto deputato nel 1997, si impegnò
nella lotta contro la corruzione. È stato il portavoce della Royal nelle
presidenziali del 2007. È stato nominato ministro dell'*Economia* del
governo Valls.

le[804], dove incontrò però l'ostilità del segretario federale Olivier Falorni[805], il quale avrebbe voluto le primarie per la scelta del candidato, avendo intenzione di candidarsi, nonostante il collegio fosse stato riservato alla Direzione. Espulso dal partito, si presentò , infatti, lo stesso, in contrapposizione alla candidata ufficiale del PS, nonché presidente della Regione, Ségolène Royal[806]. Dopo il primo turno rimasero in gara proprio la Royal col 32,03 % dei voti e lo stesso Falorni col 28,91 %: il duello finale si sarebbe dunque svolto tutto a sinistra, fra la rappresentante ufficiale del PS e il socialista dissidente. Questa circostanza attirò l'attenzione della stampa nazionale, anche perché, mentre il presidente Hollande sosteneva la Royal, la sua nuova compagna inviò a Falorni un *twitter* di incoraggiamento[807], quasi avesse voluto danneggiare, con questo gesto,

---

804 Il deputato uscente, Maxime Bono, sindaco di La Rochelle, aveva deciso di non ripresentarsi

805 Olivier Falorni (n.1972), professore di liceo di Storia e Geografia, discende da una famiglia italiana riparata in Francia durante il fascismo. Si iscrisse al PS nel 1999 e nel 2004 divenne segretario federale; dal 2001 è consigliere comunale di La Rochelle. Entrato in contrasto con la Royal, nel congresso di Reims del 2008, le mosse delle critiche – in occasione delle regionali del 2010 – riguardanti la composizione della lista. Dirà di se stesso: *Io non mi vedo né come un eroe, né come un farabutto*.

806 La Royal dichiarò in varie occasioni che, se eletta, si sarebbe candidata alla presidenza dell'Assemblea Nazionale.

807 L'incoraggiamento a Falorni fu inviato dalla signora Valérie Trierweller, giornalista di *Paris Match* e della televisione *Direst 8*, il 12-6-2012, fra i due turni delle elezioni legislative del 2012. Il gesto, amplificato dai media, provocò tensioni nel PS e disagio nei figli della coppia Hollande-Royal. La relazione della signora Valérie col Presidente cesserà ufficialmente il 25-1-2014.

quella che forse considerava ancora una rivale. L'UMP, a sua volta, felice di poter colpire un simbolo importante del socialismo francese, invitò i propri elettori a votare per Falorni. A nulla vale la dichiarazione della segretaria Aubry che Falorni, anche se eletto, non sarebbe stato ammesso nel gruppo parlamentare socialista. Falorni alla fine fu eletto coll'eclatante risultato del 62,97 %, mentre la Royal arrivò appena al 37,03 %.

Nell'aprile 2013 Ségolène è stata nominata[808] vicepresidente e portavoce della BPI (Banca Pubblica di Investimenti), un organismo di finanziamento e di sviluppo delle imprese, in particolare piccole e medie[809].

Appena insediato all'Eliseo, il presidente Hollande aveva nominato primo Ministro Jean-Marc Ayrault[810], ma i cattivi risultati delle elezioni municipali[811] del marzo 2014 lo hanno indotto ad un mutamento di rotta, cosicché alla carica di Primo Ministro è stato chia-

---

808 In quanto rappresentante delle regioni.

809 Nella sua forma attuale la BPI era stata creata dal governo Ayrault con una legge del dicembre 2012.

810 Jean-Marc Ayrault (n.1950), professore di Tedesco, è stato Primo Ministro della Francia dal 15-5-2012 al 31-3-2014. Iscrittosi al PS nel 1972, è stato sindaco di Saint-Herblain dal 1977 al 1982. Dal 1989 fino alla chiamata al governo è stato sindaco di Nantes. Deputato dal 1986, e sempre rieletto, dal 1997 ha ricoperto la carica di Presidente del Gruppo Parlamentare Socialista.

811 A Parigi tuttavia hanno vinto i socialisti, che hanno eletto sindaco Anne Hidalgo, la prima donna a guidare la capitale.

mato (31-3-2014), Manuel Valls[812]. Conosciuta la lista dei ministri (16 in tutto, di cui 5 donne) del nuovo governo, larga eco ha avuto la nomina (2-4-2014) a ministro dell'*Ecologia*, dello *Sviluppo sostenibile* e dell'*Energia* di Ségolène Royal, tornata così alla ribalta della politica nazionale, portando con sé una ventata d'aria fresca nella gestione della cosa pubblica e nel futuro del socialismo francese:

> *La politica deve partire dalla realtà della vita della gente, deve prestare attenzione alle lezioni che le vengono dal popolo, deve capire che i cittadini sono i soggetti più adatti per analizzare il loro modo di vivere e suggerire alla sinistra in base a quali valori muoversi.*
>
> *La sinistra deve dar loro modo di riprendere in mano le proprie vite. Ecco perché le libertà individuali richiedono solidarietà e garanzie collettive da costruire. (S.R.)*

---

812 Manuel Valls (n.1962), di origine spagnola, aderì al PS nel 1989, a 17 anni. È stato sindaco di Evry dal 2001 al 2012. È deputato dal 2002. Dopo essere stato consigliere speciale di Hollande durante la campagna presidenziale del 2012, entrò nel governo Ayrault come ministro degli *Interni*.

Dilma Rousseff

La mia missione è quella di sradicare la povertà.
Dilma Rousseff

A proposito del suo temperamento, considerato da alcuni un po' aggressivo, e della sua forte determinazione nell'esercizio del suo ruolo, Dilma Rousseff sa di essere considerata una donna dura, ma pensa di essere criticata non tanto per questa sua presunta durezza, ma soprattutto per il fatto di essere donna: *Sono una donna dura, circondata da uomini morbidi.*

Ma – è doveroso aggiungere – è anche una donna che, per scelta libera e consapevole, ha dedicato tutta la sua vita alla causa del socialismo, prima partecipando alla lotta armata contro la dittatura militar-fascista, per restituire il Brasile alla democrazia, e poi impegnandosi in un'azione costante per dare alla democrazia contenuti socialisti, nel pieno rispetto delle riconquistate libertà.

Dilma Vana[813] Rousseff nacque il 14-12-1947 a Belo Horizonte, capitale dello Stato del Minas Gerais dal 1897, anno in cui la città venne ultimata[814]. Suo padre era Pedro Rousseff[815], un immigrato bulgaro, e sua madre l'insegnante brasiliana Dilma Jane Coimbra Silva, proveniente da una famiglia di agricoltori[816]. Dal loro matrimonio, ce-

---

813 Il nome Vana le fu imposto in onore di una zia paterna scomparsa a 26 anni.

814 Il Brasile è una repubblica federale presidenziale, composta da 26 Stati più il Distretto Federale di Brasilia. Il Brasile è guidato da un presidente federale, che esercita il potere esecutivo ed è eletto ogni 4 anni a maggioranza assoluta al primo o, se necessario, al secondo turno fra i primi due classificati. Il potere legislativo spetta al Congresso, composto da Camera dei deputati (513 componenti, eletti ogni 4 anni in ogni Stato, in un numero proporzionale ai suoi abitanti), e dal Senato Federale (81 membri, eletti 3 per ogni Stato, che restano in carica 8 anni), che è rinnovato per un terzo in una elezione e per due terzi in quella successiva. In ogni Stato il potere spetta a un Governatore eletto ogni 4 anni. A capo dei Comuni sono i Prefetti, eletti dai cittadini ogni 4 anni.

815 Pedro Rousseff ((1898-1962) era un avvocato e imprenditore bulgaro. Rousseff, simpatizzante del movimento comunista bulgaro, nel 1928 sposò Evdokia Yankova, da cui ebbe il figlio Lyben-Kamen, morto nel 2008. Ma l'anno successivo divorziò e, per sottrarsi a possibili persecuzioni in patria, visto che il partito comunista era stato dichiarato illegale, decise di emigrare in Francia, dove rimase fino al 1944. Lo stesso anno si trasferì poi in Argentina e, poco tempo dopo, in Brasile, dove conobbe e sposò Dilma Silva, da cui ebbe tre figli. Si stabilì a Belo Horizonte, dove lavorò per l'impresa siderurgica *Mannesmann*, facendo nello stesso tempo investimenti immobiliari, creandosi così una buona posizione economica e lasciando alla sua morte ben 15 appartamenti.

816 La madre della presidente, assieme a sua sorella Arilda, di 12 anni più giovane, è andata ad abitare con la figlia, a Brasilia, nel *Palàcio da*

lebrato nel 1946, nacquero tre figli: Igor (n. 1947), Dilma e Zana Lùcia (1951-1976). Originaria dunque di una famiglia della media borghesia colta e progressista, Dilma visse in una casa spaziosa, studiando pianoforte e francese. Vinta l'iniziale ostilità della società
locale nei confronti degli stranieri, la famiglia prese a frequentare
ambienti raffinati. Dilma, incoraggiata dal padre, maturò allora
una grande passione per la lettura[817].

Dal 1952 al 1954 Dilma frequentò la scuola materna nel collegio *Isabela Hendrix* e, dal 1955 la scuola elementare nel collegio *Nostra Signora di Sion*, ambedue scuole private di orientamento cattolico di
Belo Horizonte.

Nel 1964 intraprese gli studi classici nel liceo pubblico *Collegio Statale Centrale*, dove entrò in contatto col movimento studentesco e
assunse posizioni di stampo socialista, cominciando così la sua formazione politica e potendo conoscere le opinioni avverse al colpo
di Stato militare che avrebbe dato origine alla dittatura[818]. Nel 1967

Alvorada, residenza del Presidente della Repubblica, inaugurato nel
1958. La signora in gioventù è stata una donna molto attraente ed
anche oggi non dimostra l'età che ha. È piuttosto vanitosa, le piace
prendersi cura di sé e frequenta assiduamente i saloni di bellezza. Per
il resto ha abitudini semplici e predilige il riso con fagioli.

817 Il libro che fu probabilmente decisivo per la formazione politica di
Dilma fu *Rivoluzione nella rivoluzione*, dello scrittore francese Régis
Debray (n. 1940).

818 Il 31-3-1964 i capi delle forze armate brasiliane, sostenuti da alcuni
governatori, in assonanza col *Piano Condor*, un accordo segreto fra le
dittature sudamericane per reprimere gli elementi progressisti del
continente, destituirono il laburista presidente Joao Goulart (1919-
1976), e insediarono al suo posto il generale Castelo Branco (1897-
1967), cui seguiranno altri dittatori fino al 1985, quando si ebbe il

entrò nel movimento di sinistra *Politica Operaia*, brevemente detto POLOP[819]. Il quale, successivamente, si divise in due tronconi: quello che riteneva opportuno battersi per ottenere la convocazione di un'assemblea costituente e quello che invece optava per la lotta armata, convinto che la dittatura non si sarebbe arresa tanto facilmente. Dilma aderì a quest'ultimo gruppo, che diede vita (1967) al COLINA (*Comando di Liberazione Nazionale*).

Nello stesso periodo conobbe un altro militante dello stesso movimento, lo studente in sociologia Clàudio Galeno de Magalhaes Linhares, di cinque anni più anziano di lei. Fra i due scoccò la fatale scintilla che, dopo un anno di fidanzamento, li portò al matrimonio, celebrato civilmente nel 1967. Benché ancora giovanissima, Dilma dimostrò subito doti di leader, riuscendo a imporsi in un ambiente costituito prevalentemente da uomini. Non pare tuttavia che abbia partecipato ad azioni armate, ma che si sia piuttosto affermata per la sua attività politica, curando i rapporti con i sindacati, tenendo lezioni di marxismo ai lavoratori. Imparò però ad usare le armi da fuoco, ad affrontare scontri con la polizia, a praticare la tattica della guerriglia. Il gruppo in cui operava Dilma era comunque composto, nello Stato di Minas Gerais, di alcune decine di militanti, con poche risorse e poche armi. La sua azione si era ri-

---

ritorno alla democrazia. Durante il ventennio furono eliminati molti diritti costituzionali, soppresse molte persone, censurata la stampa, sciolti i partiti politici.

819 POLOP, movimento di resistenza antifascista, era nata nel 1961 dalla fusione di vari gruppi giovanili socialisti, che si proponevano di elaborare un programma socialista per il Brasile, di organizzare i giovani operai e di operare col metodo della lotta di classe.

dotta, col tempo, a qualche assalto a banche per autofinanziarsi e a due attentati con l'uso di esplosivi, ma senza vittime. Nel 1969 Galeno e Dilma, che aveva appena 21 anni ed era al secondo anno di Economia[820], per sfuggire a un più che possibile arresto[821], si trasferirono a Rio de Janeiro, dove già si trovavano molti altri militanti del COLINA provenienti dal loro stesso Stato. Dopo essersi fatti ospitare da una zia di Dilma, a cui avevano fatto credere di essere in ferie, si trasferirono prima in un piccolo hotel e poi in un appartamento. Quando Galeno fu inviato, dal movimento, a Porto Alegre[822], Dilma rimase a Rio, sempre continuando a collaborare col gruppo, adoperandosi per il trasporto di armi e di denaro e partecipando a tutti gli incontri politici. In uno di essi conobbe l'avvocato Carlos Franklin Paixao de Araùjo, di 31 anni. I due si innamorarono a prima vista: la conseguente separazione tra Dilma e Galeno avvenne pacificamente, senza traumi, mentre Dilma iniziava una nuova relazione che sarebbe stata di lunga durata. I due si sposarono alla fine del 1969.

---

820 Molti anni dopo, nel gennaio 2008, quando era ministro della Casa Civile (Interni), con accanto il sindaco di Belo Horizonte e suo ex commilitone nella lotta rivoluzionaria Fernando Pimentel (ora membro, come lei, del Partito dei Lavoratori), nel corso di una sua visita alla sua UFMG (Università Federale di Minas Gerais), Dilma si emozionerà molto nel ricordare il sacrificio di 11 studenti caduti nella lotta contro la dittatura. Ricorderà pure di non aver potuto concludere, nel 1973, i suoi studi di Scienze Economiche in quella università, perché accusata di „sovversione dell'ordine pubblico".

821 I due erano ricercati dalla polizia, che aveva falcidiato il loro gruppo, ed erano ormai costretti a dormire tutte le notti in luoghi diversi.

822 Capitale dello Stato di Rio Grande do Sul, situato nell'estremo sud del Brasile.

Araùjo, figlio di un noto avvocato giuslavorista, allora militava nel PCB (Partito Comunista Brasiliano)[823] ed era piuttosto noto negli ambienti rivoluzionari[824], ma anche in quelli della polizia del regime, che l'aveva già arrestato nel 1964. Nel 1968 egli aveva costituito un gruppo armato, che poi si era fuso con il COLINA e con Avanguardia Popolare Rivoluzionaria (VPR)[825], guidata da Carlo Lamarca[826], dando vita ad una nuova formazione denominata Vanguardia Popular Revolucionària Palmares (VAR Palmares)[827], della cui iniziale Direzione facevano parte anche Lamarca e Arùjo, mentre Dilma ne era un'autorevole militante, tanto che si guadagnò il soprannome di *Joana d'Arc da subversao* (Giovanna d'Arco della sovversione), mentre i nomi finti di cui effettivamente si serviva erano *Stela, Vanda, Luisa*.

---

823 Il PCB fu fondato il 19-3-1922. Dopo aver subito la scissione dei troskisti (1937) e dei maoisti (1962), con la fine dell'URSS, nel 1992 cambiò il suo nome in Partito Popolare Socialista. Una minoranza decise però di rifondare il PCB.

824 Aveva conosciuto Fidel Castro ed Ernesto Che Guevara.

825 VPR era un'organizzazione di estrema sinistra che si era costituita nel 1966 con l'obiettivo di lottare contro la dittatura militare e di instaurare una società socialista.

826 Carlos Lamarca (1937-1971), ex capitano dell'esercito, era divenuto uno dei capi della VPR. Fu ucciso dai militari. Nel 2001 fu riabilitato e promosso simbolicamente colonnello. Alla sua vedova e ai suoi figli fu riconosciuta la qualifica di perseguitati politici.

827 VAR-Palmares, fondata nel luglio 1969, era un'organizzazione guerrigliera di estrema sinistra che praticava la lotta armata contro il regime militare e si proponeva l'instaurazione di una società socialista. La sua impresa più eclatante (18-6-1969) fu forse la sottrazione di 2 milioni e mezzo di dollari, ritenuti frutto di corruzione, a Adhemar de Barros, governatore dello Stato di San Paolo.

L'unità della nuova organizzazione non durò a lungo; agli inizi di settembre essa si scisse in due: da un lato quelli che erano per la lotta armata a tutto campo, dall'altro i cosiddetti "basisti" che ritenevano indispensabile un lavoro di massa. Con questi ultimi si schierò Dilma che, dopo la scissione fu inviata a San Paolo, col compito di custodire le armi del gruppo.

Ma il 16 gennaio 1970, mentre cercava di uscire senza dare nell'occhio da un locale in cui era entrata per incontrarsi con un altro militante, fu invece notata dalla polizia, che poco prima aveva operato un arresto nello stesso locale. Le furono trovate addosso delle armi, fu arrestata e portata nella sede della *Operacao Bandeirante* (Operazione Pioniere), brevemente Oban, l'efferato centro di tortura istituito dalla dittatura miltar-fascista[828]. Dilma fu torturata, con bastonature[829], col *pau de arara*[830] e con *l'elettroshock* per 22 giorni e poi

---

828 L'Oban era stata creata il 2-7-1969 a San Paolo.Ne facevano parte elementi dell'esercito, della polizia, civile e militare, e della polizia federale, col compito specifico di combattere la guerriglia in tutti i modi. La sua sede era al n.1030 di Via Tomàs Carvalhal, nella città di San Paolo. Uno dei suoi strumenti di tortura era la cosiddetta *Pianola de Boilesen*, una specie di tastiera che inviava scosse elettriche. Dilma fu torturata anche da agenti del DOPS (Dipartimento per l'Ordine Politico e Sociale).

829 Pugni e calci le deformarono la mandibola, tanto che fino ad oggi ha difficoltà a masticare. Quando uscì di prigione aveva anche una disfunzione alla tiroide ed era più magra di dieci chili.

830 Il *pau de arara* era una barra di ferro su cui il prigioniero veniva appeso con le caviglie legate ai polsi, a circa un metro da terra, fin quando il sangue non poteva più circolare. Questa tortura sembra sia stata usata dagli schiavisti portoghesi per gli schiavi ribelli e dai nazisti, che la chiamarono l'*altalena di Boger*, dal nome di colui che la applicò per primo.

condannata, per „sovversione", da un tribunale militare, a sei anni di reclusione, poi ridotti a due anni e un mese (ma ne aveva già scontati 3).

> Lo stress era feroce, inimmaginabile. Ho scoperto per la prima volta che ero sola. Ho affrontato la morte e la solitudine...[831]

Successivamente anche Araùjo fu arrestato. Dilma uscì dal presidio militare alla fine del 1972, privata per 18 anni dei suoi diritti politici.

Dapprima andò a passare un periodo con la sua famiglia per cercare di rimettersi in salute, poi rimase per un po' di tempo con una sua zia a San Paolo ed infine si trasferì a Porto Alegre, dove il marito stava scontando gli ultimi mesi di carcere, trovando alloggio presso i suoceri. Da quella casa, da cui si vedeva il carcere, Dilma andava spesso a trovare il marito e gli portava giornali e libri politici, camuffati da romanzi. Dopo la morte di Afranio Araùjo (1974), padre di Carlos, alcuni noti avvocati suoi colleghi riuscirono a farlo uscire una settimana dopo.

Dilma rimase dunque a Porto Alegre, dove il marito, ritornato all'avvocatura, sarebbe stato eletto tre volte deputato statale. In base ad un proprio decreto del 1969, la dittatura si prese su Dilma un'altra soddisfazione, facendola espellere di fatto dall'Università Fede-

---

[831] Nel dicembre 2006 la „Commissione per le Riparazioni per la Violazione dei Diritti Umani" accolse una sua richiesta, e di altri 18 ex prigionieri delle „agenzie" di San Paolo negli anni '70, e le fu assegnato un indennizzo, che per Dilma ebbe soprattutto un valore simbolico, per le sofferenze patite.

rale di Minas Gerais[832], in cui dunque non poté più riprendere gli studi. Si iscrisse perciò al corso di laurea in Scienze Economiche dell'Università Federale di Rio Grande do Sul.

Nel marzo 1976 nacque la sua unica figlia, Paula[833] e nel 1977 si laureò . La sua prima attività remunerata fu quella di stagista nella *Fondazione di Economia e Statistica*, istituita dal governo di Rio Grande do Sul.

Quando, nel 1965, la dittatura decise di sciogliere i partiti politici allora esistenti[834] in Brasile, volle creare una specie di bipartitismo fittizio, consentendo la presenza di due soli partiti: l'ARENA (Alleanza Rinnovatrice Nazionale), con la funzione di fare da supporto al governo dei generali, e l'MDB (Movimento Democratico Brasi-

---

832 L'Università aveva annullato tutti gli esami superati agli studenti militanti in organizzazioni di sinistra.

833 Paula Rousseff Araùjo è nata il 27-3-1976 a Porto Alegre (Rio Grande do Sul) e fa l'avvocato del lavoro. Il 18-4-2008, dunque a 32 anni, si è sposata con Rafael Covolo di 27 anni, amministratore di imprese e studente di diritto, da cui ha avuto il figlio Gabriel Rousseff Covolo, nato a Porto Alegre il 9-9-2010.

834 PTB (Partito Laburista Brasiliano), di centro-sinistra, PSDB (Partito Social Democratico Brasiliano), di centro-destra, UDN (Unione Democratica Nazionale). La vita politica brasiliana è caratterizzata dalla presenza di un gran numero di partiti politici, le cui sigle spesso non corrispondono alla loro effettiva collocazione nello scacchiere politico.

liano), una sorta di contenitore di istanze eterogenee[835] unite solo dall'esigenza di contrapporre un fronte unitario all'ARENA.

Dilma riprese cautamente, per questa via, l'attività politica, mantenendosi pertanto nella legalità, all'interno dell'*Istituto di Studi Politici e Sociali*, legato all'MDB, senza tuttavia iscriversi ad esso, limitandosi ad organizzare dibattiti[836]. Nel 1976 Dilma e suo marito sostennero il giornalista Glenio Peres, candidato del MDB al Consiglio Comunale. Ma quest'attività di prudente partecipazione alla vita politica non durò molto. Individuata come ex appartenente al CO-LINA e al VAR-Palmares, nel 1977 fu allontanata dalla fondazione di economia[837].

L'anno successivo si iscrisse all'Università Statale di Campinas, città dello Stato di San Paolo, con l'intenzione di conseguire un master in economia, ma non riuscì a completare gli studi. Nello stesso periodo prese ad incontrarsi e a scambiare opinioni con ex militanti della VAR-Palmares.

---

835 All'MDB avevano dato vita alcuni esponenti dei disciolti PTB (Partito Laburista Brasliano) e del PSDB (Partito Social Democratico Brasiliano). Ne facevano parte anche cattolici moderati e liberali, ma anche raggruppamenti di orientamento socialista come il Movimento Rivoluzionario 8 Ottobre. L'MDB servì comunque da rifugio a molti elementi di sinistra, altrimenti impossibilitati a svolgere attività politica.

836 Tennero conferenze nell'Istituto personalità come il sociologo Francisco de Oliveira (n. 1933), che sarà uno dei fondatori del PT (Partito dei Lavoratori), il filosofo e scienziato della politica Fernando Henrique Cardoso (n. 1931), che sarà due volte Presidente del Brasile (1995-2002), lo scrittore Francisco Weffort (n. 1937), che sarà segretario del PT negli anni '80.

837 Un giornale aveva pubblicato un elenco di 97 „sovversivi" infiltrati nella macchina pubblica.

Nel 1979, cedendo a proteste popolari, il governo revocò il bipartitismo e consentì il pluripartitismo. Allora l'MDB modificò la sua denominazione in PMDB (Partito del Movimento Democratico Brasiliano), mentre l'ARENA prese il nome di PDS (Partito Democratico Sociale)[838].

Sotto la presidenza dell'ultimo dittatore generale Figueiredo[839](1979-1985) cominciarono ad aprirsi spazi di democrazia e Dilma e Carlos Araùjo poterono collaborare con Leonel Brizola[840]e Alceu Collares [841]per la ricostituzione del disciolto PTB (Partito Laburista Brasiliano) che fu rifondato (1980) con il nome di PDT (Partito Democratico Laburista)[842]. Araùjo alle prime elezioni statali del

---

838 Nel 1993, in seguito alla fusione tra PDS e PDC (Partito Democratico Cristiano) sorgerà il PPR (Partito Progressista Riformatore).

839 Joao Baptista de Oliveira Figueiredo (1918-1999) partecipò al *golpe* del 1964 e fu capo dei servizi segreti. Nel 1979 abolì la censura, amnistiò i prigionieri politici e reintrodusse il pluripartitismo. Nel 1980 ristabilì l'elezione diretta dei governatori statali.

840 Leonel de Moura Brizola (1922-2004), ingegnere civile, fu uno dei più influenti uomini politici del Brasile contemporaneo. Lanciato in politica dall'ex presidente Getulio Vargas, fu governatore di due diversi Stati (Rio Grande do Sol e Rio de Janeiro), deputato statale e federale e sindaco di Porto Alegre. Fu anche presidente onorario dell'Internazionale Socialista. Costretto all'esilio dal *golpe* del 1964 divenne uno dei principali leader della Resistenza. Nel 1980 fondò il PDT (Partito Democratico Laburista).

841 Alceu de Deus Collares (n. 1927), avvocato, fu sindaco di Porto Alegre (1986-1989), governatore di Rio Grande do Sol (1991-1995) e 5 volte deputato federale.

842 Il Partito Democratico Laburista è l'unico partito brasiliano membro dell'Internazionale Socialista.

1982, fu eletto deputato del PDT dello Stato di Rio Grande do Sol[843] e fu anche candidato, ma senza successo, alla carica di sindaco di Porto Alegre.

A metà degli anni '80 Dilma ottenne il suo secondo lavoro come collaboratrice del gruppo del PDT all'Assemblea Legislativa dello Stato di Rio Grande do Sol. Nel 1985 lei e il marito si impegnarono a fondo per l'elezione a sindaco di Porto Alegre di Alceu Collares. Il quale, una volta eletto, nominò Dilma titolare della *Segretaria Municipale della Fazenda* (assessorato all'Economia), ruolo che mantenne fino al 1988, quando si ritirò per dedicarsi alla campagna elettorale di Areùjo che si candidava a sua volta a sindaco in occasione delle elezioni comunali di Porto Alegre.

Quando Alceu Collares fu eletto governatore dello Stato di Rio Grande do Sol (1990), indicò Dilma per la presidenza della *Fondazione di Economia e Statistica*, di cui lei era stata stagista negli anni '70. Vi rimase fino al 1993, quando fu nominata Segretaria statale per l'Energia, le Miniere e le Comunicazioni, carica mantenuta fino al 1994, anno in cui entrò in crisi il matrimonio con Araùjo[844].

Concluso il mandato di Alceu Collares (1995), Dilma lasciò gli incarichi politici e tornò alla Fondazione, dove pubblicò la rivista *Indicatori Economici*.

---

843 Sarà riconfermato anche nel 1986 e nel 1990.

844 Dilma aveva scoperto un'infedeltà del marito, che stava per avere un figlio da un'altra donna. Nel 1996 i due si riconciliarono e rimasero assieme fino al 2000, quando decisero di separarsi definitivamente, ponendo fine ad una relazione che durava da più di trent'anni..

Tornò a ricoprire la carica di Segretaria per le Miniere e le Energie quando si insediò (1999), come governatore di Rio Grande do Sol, Olìvio Dutra[845], membro del PT (Partito dei Lavoratori)[846]. Sotto l'impulso di Dilma la copertura energetica dello Stato, in pericolo di *black out* (come, del resto, tutto il Brasile), aumentò del 46 %. Nello stesso anno 1999 la coalizione PT-PDT che aveva eletto Dutra si ruppe e il PDT chiese ai suoi rappresentanti nel governo dello Stato di lasciare il loro incarico. Dilma, che dissentiva dalla decisione, si rifiutò, lasciò invece il PDT e aderì (2000) al PT, rimanendo nel governo.

Nel corso del 2002 Dilma si impegnò a fondo nel sostegno al candidato alle presidenziali del PT, Lula[847], soprattutto contribuendo va-

---

845 Olivio de Oliveira Dutra (n.1941), politico e sindacalista, è stato sindaco di Porto Alegre (1989-1992), governatore di Rio Grande do Sol (1999-2002) e ministro (2003-2005) col presidente Lula. Dutra apparteneva al PT (Partito dei Lavoratori), ma era stato eletto governatore col concorso dell'alleato PDT, in cui militava Dilma.

846 Il PT (Partito dei Lavoratori) è un partito di sinistra in cui militano socialisti di varia formazione, da quella cristiana a quella marxista, socialdemocratici all'europea, comunisti indipendenti. Organi dirigenti ne sono: il Congresso; il Direttivo (81 membri); l'Esecutivo Nazionale (18 membri). Esso fu fondato da Lula e da altri nel 1980. Alle elezioni pluripartitiche del 1982 ottenne il 3,5 % e 6 deputati. Nel 2003, quando Lula fu eletto presidente ottenne il 18,38 % dei voti e 91deputati su 513; nel 2006, rielezione di Lula, conseguì il 15,01 % e 83 deputati. Nel 2010, quando fu eletta Presidente del Brasile Dilma Rousseff, conseguì alla Camera il 16,9 % e 88 seggi e al Senato ottenne 11 dei 45 seggi in palio.

847 Luiz Inàcio Lula da Silva (n. 1945), di umili origini, era un ex operaio metallurgico poi divenuto sindacalista e quindi segretario nazionale del sindacato della sua categoria. Il 10-2-1980 fu tra i fondatori del PT, un partito progressista sicuramente inquadrabile nel movimento socialista

lidamente all'elaborazione del programma elettorale di Lula nel settore delle miniere e dell'energia.

Quando Lula, uscito vincitore, si insedio alla presidenza (1-1-2003)[848], avendo apprezzate le capacità operative e i concreti risultati conseguiti da Dilma in ambito statale[849] e la competenza dimostrata in seno alla commissione per il programma, la nominò Ministro delle Miniere e dell'Energia[850].

Una volta al vertice del ministero, Dilma si impegnò a fondo per evitare al Brasile il rischio di un black out, possibile fin dal 2009,

---

internazionale cui ha dato un originale apporto, ideale e pratico, con le sue politiche sociali nel periodo in cui ha governato (dall'1-1-2003) il Brasile con Lula prima e con la Roussef dopo. Nel 1982 Lula partecipò alla creazione del sindacato CUT (Centrale Unica dei Lavoratori). Alle elezioni politiche del 1986 fu eletto deputato federale. Nel 1989 si candidò alla presidenza del Brasile, ma non fu eletto. Riprovò anche nel 1994 e nel 1998, ma ancora con esito negativo. Nel 2002 fu eletto al ballottaggio (61,3 %) contro il candidato del PSDB (centro-destra) José Serra (n. 1942); il 29-10- 2006 fu riconfermato (60,83 %), battendo il candidato del PSDB Geraldo Ackimin (n. 1952). Nel giugno 2011, non potendosi candidare per la terza volta, indicò al suo partito come candidata alla presidenza il suo ministro Dilma Rousseff, che poi appoggiò con grande impegno per tutta la campagna elettorale.

848 Per la cerimonia dell'insediamento erano presenti, fra gli altri italiani, l'esponente socialista Bobo Craxi e il segretario della CGIL Sergio Cofferati. Nel suo discorso Lula disse, fra l'altro: *Non sono il prodotto di un'elezione, ma di una storia: sono qui per tutti quelli che hanno lottato senza riuscire a farcela.*

849 Il Rio Grande do Sul era uno dei pochi Stati del Brasile che non aveva sofferto il razionamento di energia.

850 Lula aveva conosciuto Dilma verso la fine del 2001 e subito le aveva chiesto se avrebbe accettato di essere ministro delle miniere e dell'energia, qualora egli fosse uscito vincitore dalle elezioni del 2002.

mediante investimenti urgenti nel campo dell'energia. Per portare avanti la sua politica, la Rousseff dovette scontrarsi con varie autorità, come l'ingegnere nucleare e docente universitario Luiz Pinguelli Rosa, presidente di *Eletrobàs*, ente coordinatore di tutte le aziende brasiliane del settore, come il professor Ildo Sauer e soprattutto come il ministro dell'Ambiente dello stesso governo, Marina Silva[851].

Nel 2003 Dilma lanciò il programma *Luz para todos* (Luce per tutti), avente l'obiettivo di poter rendere a tutti possibile accedere all'energia elettrica, promosse il controllo del prezzo del combustibile e la costruzione di gasdotti. Era completamente impegnata nel suo progetto, quando apprese della decisione del Presidente, favorevolmente colpito dal coraggio e dalla competenza con cui aveva gestito il suo Ministero, di chiamarla ad un altro incarico governativo di maggiore importanza, quello di Capo della Casa Civile[852].

---

851 Maria Osmarina Silva Vaz de Lima (n.1958), laureata in storia, ambientalista e pedagogista, è stata vicecoordinatrice della CUT. Nel 1986 si iscrisse al PT. Dopo essere stata consigliere (1988-1990) del Comune di Rio Branco, nel 1890 fu eletta deputato dello Stato di Acre. Nel 1994 fu eletta senatrice federale e nel 2003 divenne ministro dell'Ambiente, carica da cui si dimise il 13-5-2008 per dissensi sulla politica ambientale. Il 19-8-2009 lasciò il PT. Nel 2010 si candidò alla presidenza del Brasile per il Partito Verde Brasiliano, ma fu sconfitta da Dilma Rousseff. Lasciato anche il Partito Verde, fondò un proprio movimento, *Rede Sustentobilidade* (Rete della Sostenibilità). Nel 2014 è stata prima candidata alla vicepresidenza e poi alla presidenza del Brasile, ma è stata eliminata al primo turno.

852 Il posto si era reso vacante in seguito alle dimissioni del suo predecessore José Dirceu. Dilma Rousseff fu la prima donna a svolgere quel ruolo.

Il 21 giugno 2005 Dilma si insediò al Ministero della Casa Civile, praticamente una specie di Ministero degli Interni avente anche il compito di coordinare l'azione di governo e dei vari ministeri. Nel suo nuovo incarico Dilma si impegnò principalmente nella realizzazione del PAC (Programma di Accelerazione della Crescita), considerato essenziale per lo sviluppo economico del Brasile[853].

Intanto, avvicinandosi la fine del suo mandato, il presidente Lula cominciava a porsi il problema della sua successione, di individuare cioè quale fosse la persona più idonea ad assicurare al suo partito e al suo progetto politico la necessaria continuità.

Dopo un certo rallentamento, nel corso del 2009, del suo impegno, dovuto a motivi di salute[854], Dilma si era rimessa al lavoro, suscitando attorno a sé sempre maggiori consensi, sicché la Convenzione Nazionale del PT (13-6-2010), seguendo le indicazioni di Lula, la scelse come candidata presidente[855] del partito alle elezioni fissate

---

853 Dilma portò avanti anche il progetto *Luz para Todos* e quello *Mi casa, mi vida*, programma di costruzione di case popolari, e definì anche le regole per la ricerca di nuovi pozzi di petrolio, coordinando l'attività dell'apposita Commissione Interministeriale. Divenne anche Presidente dell'ente statale petrolifero *Petrobas*. Nel marzo 2010 Dilma e Lula lanciarono il PAC 2, che ampliava gli obiettivi del primo.

854 In un'intervista del 5-4-2009 Dilma annunciò che le era stato diagnosticato, in occasione di una mammografia di routine, un cancro linfatico, per cui si sarebbe dovuta sottoporre ad un trattamento di chemioterapia, con elevate probabilità di guarigione. Ai primi di settembre dello stesso anno, infatti, poté comunicare di essere guarita.

855 A favorire questa scelta, oltre al sostegno dichiarato di Lula, influì probabilmente il fatto che il PT era stato screditato da alcuni scandali in cui erano stati coinvolti alcuni suoi esponenti. La Rousseff, in effetti, rappresentava una garanzia di continuità con la politica di Lula e, nello stesso tempo, era una degli esponenti più stimati del Partito.

per il 3-10-2010. Come candidato vicepresidente venne designato Michel Temer[856], leader del PMDB (Partito del Movimento Democratico Brasiliano)[857]. La designazione obbligò Dilma, come prescrivono le leggi brasiliane, a lasciare l'incarico ministeriale (31-3-2010) A sostegno della candidatura Roussef-Timer si formò una larga coalizione di partiti: oltre il PT, si schierarono per la coppia il Partito del Movimento Democratico Brasiliano (partito del candidato vicepresidente), il Partito Comunista del Brasile, il Partito Socialista Brasiliano[858], il Partito Repubblicano Brasiliano, il Partito della Repubblica, il Partito Social Cristiano, il Partito Laburista Cristiano, il Partito Laburista Nazionale e il Partito Democratico Laburista.

---

856 Michel Miguel Temer Lulia (n. 1940), avvocato e costituzionalista, è il presidente del PMDB. È stato 6 volte deputato (1987-2010) e 2 volte Presidente della Camera (1997-2001 e 2009-2010).

857 Il PMDB nacque come MDB (1965-1979) quale unico partito d'opposizione tollerato dalla dittatura. Con l'introduzione del pluripartitismo si ridenominò PMDB. Può oggi considerarsi un partito di centro aperto al sociale. Ha espresso due presidenti del Brasile: Tancredo Neves (1910-1985), eletto nel 1982 e Itamar Franco (1930-2011), eletto nel 1990. A metà del 2002 si schierò con Lula. Alle elezioni del 2010, in cui fu eletta la coppia Rousseff (PT)-Temer (PMDB) alla Camera ottenne il 12,98 % e 78 seggi su 513 e al Senato il 14,1 % e16 seggi sui 49 in palio.

858 Il PSB, fondato nel 1946, fu sciolto dai militari nel 1965 e si ricostituì nel 1986. Nel 2002 e nel 2006 si schierò con la candidatura Lula e nel 2010 con quella della Rousseff. Nel 2014 ha deciso di correre con un proprio candidato, Eduardo Campos, morto in un incidente aereo. Di conseguenza ha dato il suo sostegno alla nuova candidata presidente Marina Silva (già candidata alla vicepresidenza con Campòs), poi eliminata al 1° turno.

A sostegno della candidatura di Dilma si pronunciarono anche l'attore portoricano Benicio Del Toro[859], la segretaria del Partito Socialista francese Martine Aubry e il famoso cineasta americano Oliver Stone[860]. Grande entusiasmo suscitò , inoltre, la candidatura di Dilma in Bulgaria, paese d'origine di suo padre.

La sua campagna elettorale si basò su un progetto di continuità con le linee maestre già tracciate da Lula nel decennio 2001-2010: lotta frontale contro la povertà, redistribuzione della ricchezza, certezze giuridiche per gli investitori stranieri e per l'iniziativa privata nazionale, rafforzamento dei vincoli di cooperazione diplomatica ed economica con tutte gli Stati latino- americani. Dilma si impegnò anche, in caso di vittoria, a fornire ai cittadini la giusta tutela sanitaria e una scuola di qualità e a proteggere i giovani e i bambini da ogni forma di violenza.

Al primo turno si presentarono 9 candidati, ma solamente 3 erano quelli che potevano avere qualche reale possibilità di essere eletti[861]: Dilma Roussef, che raccolse il 46,91 % dei consensi; l'economista

---

859 Benicio Monserrate Rafael Del Toro Sanchez (n. 1967) è un attore portoricano interprete di numerosi film e vincitore di vari premi, tra cui, nel 2000, l'Oscar per il miglior attore non protagonista per il film *Traffic* di Steven Sodorbergh.

860 Oliver Stone (n. 1946) è un grande regista, sceneggiatore, attore, produttore americano pluripremiato.

861 Gli altri erano: Plì nio de Arruda Sampaio (Partito Socialismo e Libertà, 0,87 %), José Maria Eymael (Partito Social Democratico Cristiano - 0,09 %), José Mariade Almeida (Partito Socialista Unito dei Lavoratori - 0,.8 %), Levy Fidélix (Partito Laburista Brasiliano del Rinnovamento - 0,06 %), Ivan Pinheiro (Partito Comunista Brasiliano - 0,04 %), Rui Costa Pimenta (Partito della Causa dei Lavoratori - 0.01 %).

José Serra (n. 1942), rappresentante del PSDB e candidato del blocco di centro-destra, che ebbe il 32,33 % ; Marina Silva, candidata del Partito Verde, che si fermò al 19,33 %. Non avendo nessun candidato ottenuto la maggioranza assoluta dei consensi[862], si andò ad una votazione di ballottaggio fra i primi due classificati: Dilma Roussef e José Serra, ex governatore dello Stato di San Paolo.

Il ballottaggio ebbe luogo il 31-10-2010 e registrò il trionfo della Rousseff[863] che ottenne il 56,1% dei consensi (Serra 43,9 %) e si insediò il 1° gennaio 2011. Per la sua elezione un peso notevole l'aveva certamente avuto l'impegno di Lula, il Presidente più popolare della storia del Brasile, osannato dai ceti popolari e dalla classe media[864]. Non va tuttavia sottovalutato il suo passato di coerente lottatrice per la democrazia e la giustizia sociale.

Dilma si trovò a governare un Paese che poteva contare su un immenso materiale umano e su grandi ricchezze naturali, che nel corso del primo decennio del 2000 era diventato la più forte economia dell'America Latina e l'ottava potenza economica mondiale. Non

---

862 Contestualmente si svolsero le elezioni legislative, in cui il PT ottenne il 16,87 % dei voti e 88 seggi sui 513 della Camera e 11 dei 49 seggi in palio del Senato. Il PDL (Partito Democratico Laburista), membro dell'Internazionale Socialista e alleato del PT di Lula, ottenne il 5,03 % e 28 seggi alla Camera e l'1,4 % e 2 seggi, sui 49 in palio, al Senato.

863 36a presidente del Brasile e prima donna a ricoprire quella carica. Un precedente di Capo di Stato donna del Brasile si potrebbe trovare in Maria I, regina del Regno Unito di Portogallo, Brasile e Algarves (1816).

864 Dopo 8 anni di presidenza, Lula aveva un indice di gradimento dell'80 %! Fra le altre cose, aveva tirato fuori dalla povertà 29 milioni di brasiliani.

mancavano, però, in seno alla società brasiliana, forti contraddizioni, quali le persistenti diseguaglianze sociali esistenti ancora nel suo seno.

Molte di queste vere e proprie ingiustizie erano state efficacemente contrastate dai governi di Lula, che aveva tratto fuori dalla soglia della povertà milioni di brasiliani e aveva dato un colpo decisivo al diffuso analfabetismo, impartendo al 90 % dei bambini un'istruzione di base. Si trattava dunque per Dilma[865] di proseguire per quella strada, che presupponeva l'impiego di enormi risorse, che potevano provenire sia da maggiori investimenti stranieri, sia da un più razionale sfruttamento delle immense risorse naturali del Paese, molte delle quali scoperte negli ultimi anni. Erano necessari anche una radicale riforma del sistema fiscale, un ampliamento dei servizi pubblici e una riforma dell'apparato burocratico centrale, per combattere la mala pianta della corruzione. Occorreva, infine, proseguire nello stile di governo di Lula. E, in effetti, nel suo discorso di festeggiamento della sua vittoria (31-10-2010), Dilma annunciò il suo proposito di eliminare la povertà e di far sì che i brasiliani avessero tutti pari opportunità di farsi strada nella vita:

> *Nel momento in cui una donna va a presiedere il*
> *Brasile, io assumo questo primo impegno:*

---

865 Dilma è contraria alla legalizzazione delle droghe, mentre appoggia le unioni civili fra persone dello stesso sesso, ritenendo che il matrimonio è una questione religiosa: *Io, come privata, non direi mai che cosa una religione debba fare o no.* Come militante di un partito, il PT, che si proclama socialista e social-democratico, è contraria alle privatizzazioni e alle dottrine neoliberiste, ma si dichiara favorevole all'iniziativa privata.

*onorare le donne brasiliane facendo sì che questo
evento possa ripetersi in tutta la nostra società.
L'uguaglianza fra uomini e donne nella società è un
principio essenziale della democrazia e mi piacerebbe
che i padri e le madri lo dicessero alle loro figlie, oggi
che una donna va al potere.*

*Riconfermo la mia promessa fondamentale, fatta
durante la mia campagna elettorale: sradicare la
miseria e dare pari opportunità a tutti e tutte i brasiliani.
Questa meta non sarà raggiunta solo per volontà del
governo. Per questo faccio appello alla nazione, ai
lavoratori, agli imprenditori, a tutte le persone che
hanno a cuore le sorti del nostro Paese... [...]*

*Il governo di Lula, caratterizzato da una grande
mobilità sociale, ha reso possibile un sogno che
sempre era sembrato impossibile.*

*Andiamo a realizzare molti nostri obiettivi sociali per
dare al popolo del nostro Paese la parte più importante
delle nostre risorse. Promisi un' ulteriore qualificazione
dell'educazione e dei servizi pubblici, una migliore
sicurezza pubblica e la lotta contro le droghe.
Riconfermo qui quegli impegni.*

Nel corso del suo quadriennio ci furono, da parte dell'opinione
pubblica e della stampa, momenti di critica o anche di contestazio-
ne al suo governo, ad esempio per la crescita dell'economia nel 2013
del 2%, rispetto al 7,5% del 2011, ma soprattutto per aver speso 11
miliardi di euro per accogliere la 20a edizione della Coppa del
Mondo di calcio, da cui per giunta il Brasile uscì sconfitto[866], men-

---

866 Nella partita di semifinale, giocata a Belo Horizonte l'8-7-2014, il
Brasile fu sconfitto dalla Germania per 7-1. Nella finale per il 3° e 4°

tre ancora migliaia di brasiliani vivevano nelle strade. Ma queste contestazioni non riuscirono a scalfire lo zoccolo duro dei sostenitori della Rousseff, che infatti è sempre apparsa in testa a tutti i sondaggi.

La Convenzione di Brasilia del PT (22-6-2014), per acclamazione unanime degli 800 delegati, infatti, la candidò per la seconda volta alla presidenza della Repubblica[867].

Fra i partiti coalizzati che si dichiararono[868] per Dilma, questa volta non figurava il moderato PSB (Partito Socialista Brasiliano), che aveva inteso presentare un proprio candidato nella persona del suo leader Eduardo Campos[869], il quale purtroppo perì il 13-8-2014 in un incidente aereo.

Dilma Rousseff, benché si trattasse di un suo avversario alle prossime elezioni, proclamò tre giorni di lutto in tutto il Brasile e dichiarò : *Il Brasile intero è in lutto. Perdiamo un grande brasiliano, un grande compagno.*

_____

posto, giocata a Brasilia il 12-7-2014, il Brasile fu sconfitto anche dai Paesi Bassi per 3-0, classificandosi quindi al 4° posto.

867 Candidato alla vicepresidenza ancora Michel Temer (PMDB).

868 La coalizione di Dilma *Con la forza del popolo*, comprendeva, oltre il PT e il PMDB del suo vice, altri 7 partiti, fra cui il PDT, unico partito brasiliano membro dell'Internazionale socialista.

869 Eduardo Campos (1965-2014) si era iscritto al PSB nel 1991 ed era stato deputato statale, federale ed infine governatore del Pernanbuco. Nel 2013 aveva lasciato lo schieramento capeggiato da Lula e Rousseff, alleandosi poi col raggruppamento *Rede Sustentobilidade*, fondato da Marina Silva . Il 14-4-2014 Campos annunciò la sua candidatura alla presidenza del Brasile, con sua vice l'alleata Marina Silva. I sondaggi lo davano al 9 %.

In seguito alla sua morte, il suo posto fu preso dalla sua vice designata Marina Silva[870]. Degli altri candidati l'unico che poteva impensierire Dilma era il senatore socialdemocratico Aecio Neves[871], leader dello schieramento conservatore, da tutti i sondaggi dato al terzo posto, dopo Dilma e Marina. Quest'ultima, in poche settimane, riuscì però a portare le intenzioni di voto a suo favore oltre il 30 %, mentre alcuni sondaggi la davano addirittura vincente al secondo turno.

Dilma poteva contare, oltre che sui risultati del suo governo in campo sociale, sul convinto sostegno dello stimato ex presidente Lula e di gran parte dei ceti polari e del ceto medio.

---

870 Vice di Marina Silva fu designato l'avvocato Luiz Roberto de Albuqueque (n.1963), deputato federale del PSB e capogruppo del suo partito alla Camera. La coalizione di Marina *Uniti per il Brasile*, comprendeva altri 5 partiti, oltre il PSB.

871 Aecio Neves (n.1960), economista, è leader del PSDB, nonché della coalizione di centro-destra. Candidato alla vicepresidenza con Aecio era l'avvocato e senatore Aloysio Nunes. La coalizione di centro-destra *Brasile, Cambia*, comprendeva, oltre il PSDB altri 8 partiti.

I risultati del primo turno[872], tenuto il 5-10-2014 rovesciarono in parte le previsioni: al primo posto si classificò , come da tutti previsto, Dilma Rousseff (41,6 %), seguita, però , nell'ordine, da Aecio Neves (33,55 %) e da Marina Silva (21,3 %), che fu quindi eliminata, come tutti gli altri candidati[873].

L'elettorato brasiliano volle che la partita decisiva si giocasse fra due forze conosciute, piuttosto che affidarsi ad una novità dai contorni incerti. La figura della Silva, già ministro di Lula e per 30 anno membro del PT, non riuscì a raccogliere attorno a sé il malcontento di varia origine. Ma il fatto che essa, dopo il primo turno che la vide esclusa, avesse dato indicazioni di voto a favore del candidato di centro-destra fece sì che la battaglia si svolgesse, in maniera serrata fra due schieramenti chiaramente delineati e alternativi tra loro: da un lato il centro-sinistra rappresentato da Dilma,

---

872 Conosciuti i risultati, Dilma volle ringraziare gli elettori e riconoscere l'apporto di Lula: *Voglio rivolgere un ringraziamento al leader del nostro partito, il compagno Lula, senza il quale non sarei qui dove sono.* Contestualmente alle elezioni presidenziali si svolsero altre consultazioni: 1) l'elezione dei 27 governatorati, che andarono 15 alla coalizione di Rousseff, 10 a quella di Neves e 2 a quelle di Silva. 2) l'elezione dei 513 deputati federali, di quali 285 furono conquistati dalla coalizione di Rousseff. Di questi, 70 appartenevano al PT e 19 al PDT. 3) L'elezione di 27 senatori su 81. Ne furono eletti 2 del PT e 4 del PDT. Nel complesso la coalizione di Rousseff poteva contare al Senato su 54 senatori su 81.

873 Luciana Genro (Partito Socialismo e Libertà – 1,55 %); Pastor Everaldo (Partito Social Cristiano – 0,75 %); Eduardo Jorge (Partito Verde – 0,61 %); Levy Fidelix (Partito Rinnovatore Laburista Brasiliano – 0,43 %); Zé Marì a (Partito Socialista dei Lavoratori Unificato – 0,09 %); Eymael (Partito Social Democratico Cristiano – 0,06 %); Mauro Luis Iasi (Partito Comunista Brasiliano - 0,05 %); Rui Costa Pimenta (Partito della Causa dei Lavoratori – 0,01 %).

che aveva dalla sua un partito ben strutturato, una larga alleanza, il prestigio di Lula e un'imponente serie di realizzazioni sociali, anche se ancora da completare; dall'altro un centro-destra, appoggiato anche da partiti denominati socialisti o socialdemocratici, ma il cui nome non coincideva per niente con il significato che certi termini hanno sempre avuto altrove, che poteva puntare su una certa stanchezza dell'elettorato, sulle ansie delle classi dirigenti, sull'indicazione della Silva.

La risposta sul futuro del Brasile e sulle sorti del socialismo nell'America latina la diedero le urne, il 26-10-2014, col voto di ballottaggio: Dilma Roussef 51,6 %, Aecio Neves 48,4 %.

> [...] *Voglio una presidenza migliore di quella che è stata sino ad ora [...]. La mia più profonda aspirazione è guidare nella forma più pacifica e democratica questo momento trasformatore.*

> [...] *Sono disposta ad aprire un grande spazio di dialogo con tutti gli attori della società per trovare soluzioni più rapide ai nostri problemi. L'appoggio che ho ricevuto in questa campagna mi dà l'energia per andare avanti con maggior dedizione. Oggi sono più forte, più serena e più matura per affrontare questo compito che mi è stato affidato.* (Discorso di vittoria di Dilma Rousseff – 26-10-2014).

Il capitalismo internazionale, la stampa borghese di tutte le gradazioni, comprese le testate più *liberal*, masticano amaro e parlano di vittoria risicata, Paese spaccato in due, borsa in discesa, real[874] in perdita, maggioranza parlamentare meno ampia, partiti che pretendono, deputati inaffidabili e chissà ancora che altro. La verità è

874 La moneta brasiliana.

che un grande movimento popolare, messo in moto da Lula, *il militante numero uno delle cause del popolo brasiliano*[875], continua la sua marcia verso il riscatto di milioni di miserabili, tenuti per secoli sotto i limiti di sopravvivenza, lasciati nell'ignoranza più totale, senza tutele assistenziali e senza avvenire. Verso il Socialismo.

875 Definizione di Dilma Rousseff.

Johanna Sigurdardottir

Una società che non utilizza le capacità intellettuali della sua popolazione femminile non è una società saggia.
Johanna Sigurdardottir

Quando, nel 2009, Johanna Sigurdardottir[876] diventò Primo Ministro della Repubblica Islandese, fu per un certo tempo al centro dell'attenzione dei media di tutto il mondo. Essi, dopo averne brevemente riepilogato la biografia ed aver accennato, più o meno sommariamente, alla politica che il suo governo intendeva adottare per affrontare i problemi dell'Islanda, si sollazzarono soprattutto ad evidenziare il fatto che si trattava del primo caso al mondo in cui una persona dichiaratamente omosessuale, lesbica nello speci-

---

876 Nella lingua islandese le persone vengono indicate col nome e, in luogo del cognome, col nome patronimico, formato dal nome del padre con l'aggiunta di un suffisso. Per cui Johanna Sigurdardottir, ad esempio, significa „Giovanna, figlia di Sigurdur".

fico, era diventata Capo di governo[877]. Nonostante l'ostentazione di modernità ed apertura mentale, l'aver così tanto sottolineato questo dato era invece il sintomo evidente di come ci fosse ancora molta strada da fare nel campo dei diritti civili, in quanto la circostanza era trattata come una „curiosità" degna di essere ricordata e data in pasto al pubblico.

Evidentemente i pruriti del bigottismo internazionale di tutte le latitudini e di tutti i regimi sono ancora ben lontani dai livelli di civiltà raggiunti dalla piccola isola del Nord Europa, in cui l'opinione pubblica, sia quella favorevole al governo di *Santa Giovanna*, come la premier è chiamata, che quella contraria, ritiene, come si legge in qualche articolo, più o meno che:

Alla nazione non interessa quel che il Primo Ministro fa nel suo letto, ma la politica che intende portare avanti. L'ex Primo Ministro, da parte sua, non ha mai nascosto né esibito la sua natura omosessuale, che lei vive in assoluta serenità e senza suscitare osservazioni e commenti di alcun genere, tanto meno morbosi o moralistici.

---

877 Capi di governo dichiaratamente omosessuali diventeranno anche Elio di Rupo (n.1951), ex Primo Ministro belga (2011-2014) e Xavier Bettel (n.1973), Primo Ministro del Lussemburgo dal 2013. Nel 2002, per un brevissimo periodo, Per-Kristian Foss (n.1950), Ministro delle Finanze della Norvegia, dichiaratamente gay e sposato con Jan Erik Knarbakk, esercitò le funzioni di Primo Ministro durante l'assenza del titolare Kjell Magne Bondevik (n.1947), in viaggio all'estero. Foss fu dunque il primo gay in assoluto al vertice di un governo, ma come „facente funzioni" e non come titolare.

Johanna Sigurdardottir è nata il 4 ottobre 1942 a Reykjavik[878], la capitale dell'Islanda[879], dal professore di chimica Sigurdur Egil Ingimundarson (1913-1978)[880] e dalla casalinga Karitas Guomundsdottir (1917-1997)[881]. Johanna studiò al Collegio Commerciale d'Islanda, una scuola professionale gestita dalla Camera di Commercio islandese, conseguendo il relativo diploma nel 1960. Dopodiché cominciò a lavorare come assistente di volo (1962-1971) per la compagnia aerea *Loftlidir*[882], poi diventata *Icelandair* e, dal 1971 al 1978, come

878 La città è la capitale di Stato più a nord del mondo. Fu fondata, nell'anno 874, dal navigatore norvegese Ingolfur Arnarson, che la chiamò Reykiavjk (Baia dei fumi), a causa dei fumi che sbucavano dalla terra intorno.

879 L'Islanda, dipendenza danese, divenne uno Stato indipendente (Regno d'Islanda) nel 1918 unito alla Danimarca dalla comune monarchia. Durante la seconda guerra mondiale, essendo stata la Danimarca occupata dall'esercito nazista, l'Islanda, dopo essersi separata, tramite referendum, dalla Danimarca, divenne una repubblica, mediante il plebiscito del 17-6-1944, anniversario della nascita del patriota Jon Sigurdsson (1811-1879) Primo Presidente della Repubblica fu Sveinn Bjornsson (1881-1952). L'Islanda il 30-3-1949 divenne membro della NATO, con la riserva che non avrebbe mai partecipato ad azioni di ostilità contro altri Stati.

880 Il padre Sigurdur, specializzato in ingegneria chimica, insegnò nelle scuole secondarie e all'università di Reykiavjk. Era stato parlamentare socialdemocratico (1959-1971) e Direttore della Sicurezza Sociale islandese. Tra i suoi ascendenti Johanna conta anche una nonna ex dirigente del sindacato delle donne non specializzate, che fu anche tra i fondatori del Partito Socialdemocratico Islandese.

881La coppia ebbe altri tre figli: Anna Maria (n. 1942), gemella di Johanna, Hildigunnur (n. 1950), Gunnar Egil (n.1950).

882 Compagnia aerea già nota come IAL (Islandesi AirLines), fondata il 10-3-1944. Il primo volo internazionale Reykiavjk-Copenaghen ebbe luogo il 17-6-1947. Nel 1979, in seguito ad una fusione, la compagnia assunse la denominazione di *Icelandair*.

impiegata in una impresa di Reykiavik, produttrice di imballaggi per l'esportazione del pesce.

Fin dall'inizio della sua vita professionale fu attenta ai problemi dei lavoratori e si impegnò nell'attività sindacale. Aderì dunque all'Associazione del Personale di Bordo, che fu poi chiamata a presiedere dal 1966 al 1969; dal 1974 al 1976, diventandone Presidente nel 1975, fece parte della Direzione dell'Associazione delle ex hostess. Dal 1976 al 1983 fu anche membro del comitato esecutivo dell'Unione dei Lavoratori del Commercio (1976-1983).

Intanto, il 28 febbraio 1970, Johanna aveva sposato il banchiere Torvaldur Steinar Johannesson (n. 1944), da cui in seguito divorziò [883].

Visto lo stretto legame esistente nei paesi nordici tra sindacati e movimento socialista, fu del tutto naturale l'adesione di Johanna al Partito Socialdemocratico Islandese[884], da molto tempo uno dei

---

[883] La coppia ebbe due figli: Sigurdur Egill Torvaldsson, nato nel 1972, e David Steinar Torvaldsson, nato nel 1977. Il divorzio ebbe luogo nel 1987; successivamente Johanna, presa coscienza del suo reale orientamento sessuale di lesbica, inizierà una relazione con Janina Leosdottir, anch'essa divorziata.

[884] Il partito socialdemocratico era stato fondato nel 1916 come proiezione politica dei sindacati ed aveva conquistato il suo primo deputato (Jon Baldvinsson) nel 1920. Era stato tre volte alla guida dell'esecutivo, sempre in governi di coalizione, resi indispensabili dal sistema elettorale proporzionale vigente in Islanda: la prima volta dal 1947 al 1949 con Stefàn Jonsson Stefànsson (1894-1980), già ministro degli Affari Sociali (1939-1941) e degli Esteri (1941-1942). Deputato nel 1934 e poi dal 1942 al 1953 e ambasciatore d'Islanda in Danimarca (1957-1965), Jonsson fu anche Presidente del partito dal 1938 al 1952; la seconda volta, dal 1958 al 1959, con Emil Jonsson (1902-1986), già ministro della Pesca e degli Affari Sociali e deputato

principali protagonisti della scena politica dell'isola[885], assieme ad altre tre fondamentali forze politiche, allora presenti nell'*Althing*[886]: Partito dell'Indipendenza[887], Partito Progressista[888], Partito Comunista[889].

dal 1934 al 1971, che fu anche Presidente del partito dal 1956 al 1968; la terza volta, dal 1979 al 1980, con Benedikt Sigurdsson Grondal (1924-2010), già ministro degli Esteri (1978-1980), deputato (1956-1982), leader del partito (1974-1980) e, infine, ambasciatore in Svezia e in Finlandia. Il partito socialdemocratico nel 1998 si fuse con altre formazioni di sinistra, dando vita all'Alleanza Socialdemocratica.

885 L'Islanda, indipendente dal 1944, è una repubblica parlamentare con a capo un Presidente, eletto ogni 4 anni a suffragio universale. Il potere esecutivo spetta al Primo Ministro, nominato dal Presidente, e al Governo, responsabili di fronte al Parlamento. Il potere legislativo spetta all'*Althing*, il Parlamento unicamerale eletto ogni 4 anni, attualmente composto da 63 membri. Al vertice del potere giudiziario sta la Corte Suprema. L'Islanda è divisa in 8 regioni, a loro volta divise in 23 contee, che comprendono vari enti locali amministrativamente indipendenti. L'Islanda non dispone di un proprio esercito, ma solo di un corpo di polizia e della guardia costiera.

886 L'*Althing* („Assemblea Generale" d'Islanda) è il Parlamento islandese, che si dice sia il più antico del mondo in attività, in quanto istituito nel 930. Di esso facevano parte i capi clan dell'era vichinga, che emanavano le leggi, dirimevano le dispute e nominavano giurie per le cause legali. Nel 2009 la prestigiosa carica di *ombudsman* è stata attribuita a Robert Spanò, avvocato e professore di diritto di origine italiana.

887 È un partito di centrodestra nato nel 1929 dalla fusione tra Partito Conservatore e Partito Liberale. È contrario all'adesione all'Unione Europea.

888 Inizialmente nato come partito agrario, sorto nel 1916 dalla fusione tra il Partito dei Contadini e i Contadini Indipendenti, è oggi un partito

La sua carriera di donna politica professionale ebbe inizio con la sua elezione all'*Althing* per la circoscrizione di Reykiavjk nel 1978[890]; da allora si fece ben presto conoscere come strenua combattente per la giustizia e per il rafforzamento delle tutele sociali, per cui sarà sempre rieletta in tutte le successive elezioni parlamentari. Nel corso della sua lunghissima carriera parlamentare ebbe numerosi incarichi.

È stata vicepresidente dell'*Althing* (1979, 1983-1984, 2003-2007[891]) e componente delle commissioni parlamentari Affari Esteri (1995-1996), Industria (1995-1999), Affari Costituzionali (1995-1997, 1999-2000, 2004-2007), Affari Generali (1996-1999), Economia e Commercio (1999-2007), Affari Sociali (2003-2007).

---

liberale di centro, membro dell'Internazionale Liberale.

889 Fondato nel 1930, in seguito alla confluenza di gruppi socialdemocratici di sinistra, nel 1938 si trasformò in Partito di Unità Socialista e, nel 1956, in Alleanza Popolare, che nel 1999 confluì in Alleanza Socialdemocratica.

890 Nelle elezioni del 25 giugno 1978 il Partito Socialdemocratico ottenne il 22,00 % dei voti e 14 seggi su 60 (Partito dell'Indipendenza 20 seggi; Partito Progressista 12; Alleanza Popolare 14).

891 Alle elezioni del 10-5-2003 Alleanza Socialdemocratica aveva ottenuto un grosso successo (31,0 % dei voti e 20 deputati su 63. (Pdl 20 seggi); P.P. 12; Sinistra-MV 5; Partito Liberale 4). Tale successo aveva consentito il ritorno di Johanna all'alta funzione nel 2003.

Ha fatto parte della delegazione islandese all'IPU[892] dal 1996 al 2003 e di quella all'OCSE[893] dal 2003 al 2007.

Le elezioni del 2007[894] videro il ritorno dei socialdemocratici al governo, in coalizione col Partito dell'indipendenza e Johanna, che in passato aveva ricoperto più volte la carica di Ministro degli Affari Sociali, nel periodo 8-7-1987/24-6-1994, in tre governi di coalizione presieduti da Thorsteinn Pàlsson[895], Steingrìmur Hermannsson[896] e

---

892 L'IPU (Unione Inter-Parlamentare), organizzazione per il dialogo parlamentare mondiale, fu fondata a Parigi nel 1889 da un gruppo di parlamentari di diversi Paesi. Essa lavora per la pace e la cooperazione fra i popoli e per l'affermazione della democrazia parlamentare. L'IPU, che lavora a stretto contatto con l'ONU, favorisce lo scambio di esperienze fra parlamentari di diversi Paesi, esprime la sua opinione su questioni d'interesse internazionale, difende e promuove i diritti umani.

893 L'OCSE (Organizzazione per la Cooperazione e lo Sviluppo Economico) fu costituita in seguito alla convenzione del 14-12-1960 firmata da 20 Paesi (fra cui Islanda e Italia), divenuti poi 34. Essa ha come obiettivi la crescita economica in base allo sviluppo sostenibile e il miglioramento dell'occupazione e del tenore di vita, favorendo gli investimenti e la competitività e mantenendo la stabilità finanziaria.

894 Alleanza Socialdemocratica ottenne il 26,8 % dei voti e 18 seggi su 63 e fu superata solo dal Partito dell'Indipendenza (36,6 % e 25 seggi). Seguivano Movimento Sinistra-Verdi (14,3 % e 9 seggi), P.P. (11,7 % e 7 seggi), Partito liberale (7,3 % e 4 seggi).

895 Thorsteinn Palsson (n.1947), leader del Partito dell'Indipendenza dal 1983 al 1991, più volte ministro e due volte ambasciatore, a Londra e a Copenaghen, è stato Primo Ministro d'Islanda dall'8-7-1987 al 28-9-1988.

896 Steingrìmur Hermannsson (1928-2010), ingegnere, più volte ministro, esponente del Partito Progressista, fu Primo Ministro dal 28-5-1983 all'8-7-1987.

Davìd Oddsson[897], nel periodo 24-5-2007/1- 2-2009 entrò nel governo di Geir Haarde[898]con lo stesso incarico. Gli anziani, i disabili, gli immigrati, i più sfortunati in genere trovarono in lei una costante sostenitrice. Laboriosa, fedele ai suoi principi e profondamente umana, avversa alla corruzione e al nepotismo, era ed è rispettata e amata dalla gente. L'impegno profuso come ministro degli Affari Sociali le valse il soprannome di *Santa Giovanna*[899]. Senza l'aiuto di una famiglia potente alle spalle, senza soldi, senza laurea, i suoi successi sono stati frutto esclusivo del suo impegno.

Nel 1994, dopo la sconfitta alle elezioni interne per la leadership del Partito Socialdemocratico, da lei commentata con la frase lapidaria *Verrà il mio momento!*, destinata ad entrare nel linguaggio comune islandese in senso scherzoso[900], decise di lasciare il partito per fondarne uno nuovo, denominato Partito della Nazione[901], che nel 1999

---

897 Davìd Oddsson (n. 1948), dottore in legge ed ex attore, già sindaco di Reykjavì k (1882-1991), esponente del Partito dell'Indipendenza, è stato Primo Ministro dal 31-4-1991 al 15-9-2004.

898 Geir Haarde (n.1951), economista e giornalista, già deputato (1987-2009), capogruppo parlamentare (1991-1998), Ministro delle Finanze (1998-2005) e degli Esteri (2005-2006), leader del Partito dell'Indipendenza (2006), è stato Primo Ministro dal 15-6-2006 all'1-2-2009. Nel 2009 si è ritirato dall'attività politica per motivi di salute. Alla guida del Governo gli succederà proprio Johanna Sigurdardottir.

899 Nei periodi in cui fu al governo Johanna colpì favorevolmente l'opinione pubblica per aver rifiutato la *limousine* di Stato con autista, preferendo guidare da sé la sua scassata *Mitsubishi*.

900 La frase è stampata in migliaia di magliette!

901 Il Partito della Nazione ebbe modo di partecipare ad un'unica tornata elettorale, quella del 1995, sufficiente però a far capire di quale prestigio personale godesse in Islanda Johanna Sigurdardottir, che ne era la presidente.. Il nuovo partito ottenne infatti, alla sua prima

si riconcilierà con la casa madre, dando vita ad una alleanza elettorale, Alleanza Socialdemocratica, divenuta nel 2000 un vero e proprio partito.

La nuova formazione, che fa parte dell'Internazionale Socialista e del PSE (Partito Socialista Europeo) nacque dalla fusione di quattro raggruppamenti di area progressista: il Partito Socialdemocratico, Alleanza Popolare, il Partito delle Donne[902] e il Movimento Nazionale guidato dalla Sigurdardottir. Al suo esordio in elezioni politiche la nuova socialdemocrazia ottenne il 26,8 % dei voti e 17 seggi su 63, qualificandosi da allora come la più credibile alternativa al centrodestra.

Alcuni deputati non condivisero la fusione – considerata troppo frettolosa – tra i quattro partiti di sinistra che erano confluiti in Alleanza Socialdemocratica e costituirono un loro raggruppamento denominato Movimento Sinistra-Verdi, che si collocò a sinistra della socialdemocrazia. Il partito è basato sui valori del socialismo,

apparizione sulla scena politica, il 7,2 % del voti e 4 deputati su 63, a fronte del vecchio Partito socialdemocratico che conseguì l'11,4 % e 7 seggi , di Alleanza Popolare che ebbe il 14,3 % e 9 seggi, di Alleanza delle Donne con il 4,9 % e 3 seggi. I partiti del centro destra conquistarono però una larga maggioranza col PdI che conquistò il 27,1 % e 25 seggi e il P. P. che conseguì il 23,3 % e 15 seggi.

902 Il Partito delle Donne era un partito femminista costituitosi nel 1982. Questi i risultati da esso conseguiti nelle varie consultazioni per l'elezione dell'*Althing*, alle quali partecipò fino alla confluenza in Alleanza Socialdemocratica: 1983: 5,5 % e 3 seggi; 1987: 10,1 % e 6 seggi; 1991: 8,3 % e 5 seggi; 1995: 4,9 % e 3 seggi.

del femminismo, della democrazia e dell'ambientalismo ed aderisce all'Alleanza della Sinistra Verde Nordica[903].

Intanto, il 15 giugno 2002 Johanna volle formalizzare la sua relazione con Jonìna Leosdottir[904], di dodici anni più giovane, contraendo con lei un'unione civile[905].

Nel periodo 2002-2003 il governo conservatore guidato da Davìd Oddson promosse una totale privatizzazione e liberalizzazione del sistema bancario islandese; a capo delle banche furono messi uomini di fiducia del Partito dell'Indipendenza e del Partito progressista, suo alleato di governo. Da allora le banche islandesi raccolsero straordinari successi, anche garantendo interessi e rendimenti elevati agli investitori, islandesi e stranieri; gli islandesi ebbero facile accesso ai mutui.

---

903 L'Alleanza della Sinistra Verde Nordica è un'organizzazione politica, costituita nel gennaio 2004, che raggruppa partiti di sinistra ed ecologisti dei Paesi nordici. Ne fanno parte, oltre Sinistra-Movimento Verde, il Partito popolare Socialista (Danimarca), Comunità Inuit (Groenlandia), Repubblica (Faer Oer), Alleanza di Sinistra (Finlandia), il Partito della Sinistra Socialista (Norvegia) e il Partito della Sinistra (Svezia).

904 Jonìna Leosdottir, nata il 16 maggio1954, laureata in Inglese e Letteratura ed ex giornalista ha scritto varie commedie, sette romanzi, due biografie e una raccolta di articoli già pubblicati in una rivista femminile. Ha scritto anche un libro sui suoi rapporti con Johanna. Ha un figlio nato nel 1981 da un precedente matrimonio, Gunnar Hrafn Jonssen.

905 Dal 1996 al 2010 in Islanda è stato in vigore l'istituto della unione omologata che riconosceva alle coppie omosessuali molti dei diritti attribuiti alle coppie eterosessuali unite in matrimonio. È stato abrogato dalla legge del 12-6-2010, entrata in vigore il 27-6-2010, che ha aperto il matrimonio alle coppie dello stesso sesso.

Ma, nel giro di qualche anno, la dissennata politica finanziaria, facilmente travolta dalla *crisi dei subprime*[906], portò le banche alla rovina, trascinando con sé anche i risparmiatori che avevano dato loro fiducia. Tanto che il nuovo premier Geir Haarde, che governava col sostegno della coalizione Partito dell'Indipendenza –Alleanza Socialdemocratica (Johanna ne faceva parte come ministro degli Affari Sociali), il 6-10-2008 rivolse in diretta TV un discorso alla nazione in cui annunciava il crack delle banche, concludendo con drammaticità: *Dio benedica l'Islanda.* I risparmiatori islandesi appresero così della loro rovina: chi aveva contratto mutui doveva restituire case e auto comprate a credito. Seguirono forti manifestazioni di protesta che durarono diversi mesi[907]. Il 9-10-2008 il governo del conservatore Haarde fu costretto a nazionalizzare le prime tre banche nazionali, a corto di liquidità e travolte dai debiti esteri. Ottenne una boccata d'ossigeno grazie ad un prestito del FMI[908], che aveva dato vita ad un piano di salvataggio di dieci miliardi di euro, onde evitare un collasso totale.

---

906 La crisi dei *subprime* (prestiti ad alto rischio finanziario concessi da parte degli istituti di credito) scoppiò in USA alla fine del 2006 e si ripercosse sull'economia mondiale.

907 Tali manifestazioni furono dette *la rivoluzione delle casseruole*, in quanto spesso i dimostranti battevano su pentole e padelle per far rumore. La corona (moneta islandese) aveva perso metà del suo valore in pochi mesi.

908 Il FMI (Fondo Monetario Internazionale) fu istituito il 27-12-1945 durante la conferenza di Bretton Woods (USA). Vi aderiscono oggi 188 Paesi. Esso ha lo scopo di promuovere la cooperazione monetaria internazionale, il commercio, la stabilità economica e gli aiuti ai Paesi in via di sviluppo.

Ma a pagare furono soprattutto i cittadini islandesi che, dopo anni di benessere, dovettero fare i conti con l'aumento dei prezzi dei generi alimentari del 73 %, la perdita dei risparmi, la disoccupazione oltre il 10 % , i tassi di interesse intorno al 18 %, cui risposero con quattro mesi di proteste, nonostante il maltempo e le cariche e i lacrimogeni della polizia, che sfociarono nelle dimissioni, ufficialmente date per motivi di salute, di Haarde e quindi del suo governo (26-1-2009). La destra conservatrice uscì dalla vicenda completamente screditata, mentre lanciava la sua ultima „invettiva" su Johanna: *È il socialismo incarnato.*

La scelta del presidente Grimsson,[909] per la nomina del successore, in favore di Johanna Sigurdardottir, fu del tutto naturale e quasi scontata. Infatti la ex hostess ed ex sindacalista, con trent'anni di esperienza politica e parlamentare, era l'unico leader, in quel periodo burrascoso per l'Islanda, ad avere un alto tasso di fiducia fra la gente, con gradimento addirittura in aumento rispetto al 2008 e arrivato al 73 %. Era stata, inoltre, l'unica, nel periodo dell'effimero boom, a mantenere i piedi per terra, continuando ad occuparsi di temi sociali e di economia reale, rimanendo sempre in prima linea nella difesa dei più deboli e dello Stato sociale e nella lotta per la parità di genere. Fu un momento storico per l'Islanda, frastornata dal tracollo economico che aveva colpito la vita della pacifica isola del Nord Europa, turbata dai tumulti di piazza mai prima registrati dalle cronache, per tutto ciò che Johanna, la prima donna a capeggiare il governo islandese, con i suoi 66 anni e con il suo ca-

909 Olafur Ragnar Grimsson (n.1943), ex professore universitario di Scienze politiche, è Presidente della Repubblica d'Islanda dall'1-8-1996 (5 mandati consecutivi).

schetto di capelli un tempo biondissimi, rappresentava di innovativo: una che si preoccupava della gente comune, che si impegnava nella difesa dei diritti sociali e di quelli delle minoranze.

La nomina (1-2-2009) arrivò dopo le formali consultazioni del Presidente coi cinque partiti[910] presenti nell'*Althing*, che lo portarono a decidere per un Governo di minoranza[911] formato da Alleanza Socialdemocratica, guidata da Iohanna, che sarebbe stata Primo Ministro, e dal Movimento Sinistra-Verdi, guidato da Steingrì mur J. Sigfusson[912]. Tale Governo aveva lo scopo di gestire l'emergenza, cioè di guidare l'Islanda fuori dalla bancarotta, e di preparare le

---

910 Partito dell'Indipendenza (25 seggi), Alleanza socialdemocratica (18), Partito Progressista (7), Movimento Sinistra-Verde (9), Partito Liberale (4).

911 Essendo di minoranza (nell'*Althing* aveva 27 seggi su 63) il Governo aveva bisogno dell'appoggio esterno del Partito Progressista, che fu concesso nella notte del 31-1-2009. Johanna aveva detto: *Ora abbiamo bisogno di un governo forte che funzioni con la gente*. Il governo era composto da 10 ministri, compresa la premier, di cui 4 socialisti (premier; Esteri; Industria Energia e Turismo; Affari e Sicurezza Sociale + Comunicazione), 4 Movimento Sinistra-Verdi (Finanze Pesca e Agricoltura; Sanità; Istruzione Scienza e Cultura; Ambiente) e 2 indipendenti (Commercio; Giustizia e questioni ecclesiastiche). I ministri erano 5 donne e 5 uomini. Il 1° governo Sigurdardottir ebbe breve durata: 98 giorni, dal 1°-2-2009 al 10-5-2009.

912 Steingrìmur Johann (n.1955), geologo, deputato del Partito Socialdemocratico dal 1983 ed ex ministro, nel 1999 rifiutò di entrare in Alleanza Socialdemocratica, il cui programma giudicava troppo liberale, e fondò un nuovo partito, il Movimento Sinistra-Verdi, di cui divenne presidente. Nel 1° governo Sigurdardottir fu nominato ministro delle Finanze, della Pesca e dell'Agricoltura. Nel 2° solo delle Finanze.

nuove elezioni per l'imminente primavera: *Tutti i ministri del mio governo dovranno lavorare presto e bene.*

Questa fu la prima dichiarazione di Johanna: *Cambieremo l'intero consiglio della Banca Centrale che ci ha lasciato questa drammatica eredità e vareremo un comitato per valutare l'adesione all'UE.* Parole coraggiose per un Paese che, per difendere la sua industria del pesce, si era arroccato in una posizione isolazionista. L'orientamento di Johanna era chiaro:

> *Questo esecutivo si baserà su nuovi valori sociali. Per
> il breve tempo che saremo in carica, la nostra enfasi
> sarà sull'assistenza alle aziende e alle famiglie.*

La posizione di premier aprì a Johanna anche le porte della leadership del suo partito: il 28 marzo 2009, un mese prima delle elezioni politiche, il congresso di Alleanza Socialdemocratica, con una votazione plebiscitaria[913], chiamò alla sua guida Johanna Sigurdardottir, che così successe nella carica a Ingibjorg Solrùn Gìsladottir[914].

---

913 Johanna ottenne il 98 % dei voti.

914 Ingibjorg Solrùn Gìsladottir (n.1954), proveniente dal Partito delle Donne, è stata leader di Alleanza Socialdemocratica dal 2005 al 2009. Conseguita in Islanda la laurea in Storia e Letteratura (1979), continuò gli studi a Copenaghen. Tornata in Islanda nel 1981, conseguì la specializzazione in Storia nel 1983.

Per il Partito delle Donne è stata consigliere comunale di Reykjavik dal 1982 al1988 e deputata dal 1991 al 1994. Nel 1994 divenne sindaco della capitale. Lasciò l'incarico nel 2003 per candidarsi come Primo Ministro per Alleanza Socialdemocratica, ma le elezioni furono vinte dal centrodestra. È stata Ministro degli Esteri (2007-2009) nel governo diretto da Geir Haarde.

Alle elezioni anticipate del 25 aprile 2009, per la prima volta nella storia d'Islanda, la sinistra ottenne la maggioranza assoluta (51,5 % dei voti e 34 seggi su 63) nell'*Althing*: Alleanza Socialdemocratica, divenuta primo partito, ottenne il 29,8 % dei voti e 20 deputati (+ 2), il Movimento Sinistra-Verdi il 21,7 % e 14 deputati (+ 5); il Partito dell'Indipendenza (23,7 %), ritenuto il principale responsabile del crollo finanziario, subì una dura sconfitta, passando dai 25 deputati che aveva a soli 16; il Partito Progressista (14,8 %) ottenne 9 seggi (+ 2); un nuovo raggruppamento, sorto sull'onda della protesta popolare, il Movimento dei Cittadini (7,2 %) conquistò 4 seggi, mentre il Partito Liberale non ottenne rappresentanza parlamentare.

Di conseguenza il Primo Ministro uscente, nonché leader del maggior partito islandese, ottenne il reincarico e formò il suo 2° governo[915], che entrò in funzione il 10 maggio 2009.

Tra le principali priorità del Governo il premier pose l'adesione all'Unione Europea.

Il 16 luglio 2009 il Parlamento, con 33 voti a favore e 28 contrari, autorizzò il Governo a intraprendere negoziati per l'ingresso dell'Islanda nell'UE. Il 23 luglio successivo la relativa richiesta fu ufficialmente presentata e il 24-2-2010 si ebbe il parere favorevole della Commissione Europea[916], che affermò che l'Islanda aveva i requisiti necessari per l'ingresso nell'UE, dando quindi avvio ai negoziati;

---

915 Il 2° governo Sigurdardottir (10-5-2009/23-5-2013) era composto di 12 ministri, compresa la Premier: 5 socialisti, 5 di Sinistra-Verdi e 2 indipendenti. Nel corso della legislatura subì diversi rimpasti: 2-9-2010, con 10 ministri (5 socialisti e 5 Sinistra-Verdi); 1-1-2011 (distribuzione uguale alla precedente); 31-12-2011 con 9 ministri (5 socialisti e 4 Sinistra-Verdi); 1-9-2012 con 8 ministri (4 socialisti e 4 Sinistra-Verdi).

essi furono iniziati il 27-7-2010 e proficuamente proseguiti fino al gennaio 2013, quando il governo islandese ne chiese la sospensione in vista delle elezioni politiche dello stesso anno. Il governo si trovò inoltre a dover fronteggiare la richiesta di Gran Bretagna[917] e Paesi Bassi diretta ad ottenere che l'Islanda garantisse i depositi effettuati nelle filiali delle banche islandesi nei due Paesi da loro cittadini, attirati dalla promessa di interessi altissimi, prima del crac. Si chiedeva praticamente che gli islandesi pagassero per i debiti di banche private. Due iniziative legislative del governo islandese, orientate al pagamento del debito agli investitori britannici e olandesi, non ebbero la firma del Presidente della Repubblica e, di conseguenza, furono sottoposte a referendum popolare, che le bocciò sonoramente. Ciò, ovviamente, provocò un calo di consensi verso il governo di sinistra.

Migliori furono i risultati nel campo dei diritti civili.

Il 12-6-2010 il parlamento islandese, all'unanimità, legalizzò il matrimonio omosessuale, superando così la legge sull'*unione omologata*. Il 27 seguente la legge entrò in vigore[918] e, lo stesso giorno, Johanna Sigurdardittir sposò, senza alcuna cerimonia particolare, la

---

916 La C.E, è un organo dell'UE, composto da un Commissario per ogni Paese membro e un Presidente, tutti nominati dal Consiglio Europeo e soggetti all'approvazione del Parlamento Europeo. La C.E. propone atti legislativi al Parlamento e al Consiglio; gestisce il bilancio dell'UE e attribuisce i finanziamenti; vigila sull'applicazione delle normative dell'UE; rappresenta l'UE nei rapporti internazionali.

917 Negli anni '70 del 1900 i rapporti tra Gran Bretagna e Islanda si erano incrinati a causa dell'espansione delle acque territoriali islandesi, adottata al fine di contrastare la concorrenza dei pescherecci inglesi. Tale periodo di tensione fu detto della *guerra del merluzzo*.

sua compagna Jonìna Leosdottir, facendo convertire il loro parte-
nariato registrato in matrimonio.

Il 31-7-2010 entrò in vigore la legge con cui si mise al bando la vendita della nudità femminile, con la conseguente chiusura di tutti
i locali di *striptease* (spogliarello) e di *lapdance* (danza erotica), nel
quadro dei provvedimenti diretti, disse il premier, alla *morte dell'industria del sesso*. E ancora: *I Paesi nordici sono in prima linea sulla parità delle donne, riconoscendo le donne come cittadine uguali e non come
materie prime per la vendita.*

Il femminismo, in effetti, fra i 320.000 abitanti dell'isola è molto
agguerrito, tanto che i parlamentari sono per quasi la metà donne[919].

A metà legislatura Iohanna tentò un primo bilancio dell'azione governativa:

> [...] *La protezione del nostro sistema di welfare è stata
> al centro delle nostre azioni. Come società abbiamo
> cercato di imparare dalla crisi. L'economia cresce
> ancora, la disoccupazione sta calando. Le parti sociali,
> con l'intervento del governo, hanno di recente stipulato
> nuovi accordi collettivi per i prossimi tre anni, che
> stanno dando risultati notevoli per i lavoratori
> dipendenti e garantendo la stabilità. Quindi siamo*

---

918 La nuova legge stabilisce che le unioni civili omosessuali, da tempo
esistenti in Islanda, possano essere mutate in matrimonio, mediante la
sola presentazione di una domanda, senza altre formalità..

919 L'Islanda ha avuto anche un Presidente della Repubblica donna,
Vigdìs Finnbogadottir, in carica dal 1980 al 1996, per quattro mandati
consecutivi.

fiduciosi che noi abbiamo spianato la strada per il reale miglioramento dell'economia globale nei prossimi anni.

[...] La rappresentanza femminile nelle posizioni manageriali e il divario salariale di genere sono problemi in cui abbiamo bisogno di fare progressi.

Una riflessione la dedicò alla sua lunga battaglia politica per la giustizia sociale:

[...] Io sono in politica perché credo che si possano compiere dei progressi e che le lotte dei diseredati stanno facendo avanzare la nostra società. Constatiamo oggi che, in tutto il mondo, le lotte popolari per godere di tutti i diritti umani stanno guadagnando slancio [...]. Ciò ci fa ben sperare per il futuro.

Il 4-10-2012, proprio il giorno del suo 70° compleanno, Johanna, Primo Ministro e leader del più grande partito islandese, quello socialdemocratico, diede l'ultima dimostrazione del suo disinteresse, annunciando che al termine della legislatura sarebbe andata in pensione:

C'è un tempo per tutto, anche per il mio tempo in politica, che è stato lungo e ricco di eventi [...]. Ora credo che sia giunto il momento di lasciare ad altri il testimone, che è passato a me a seguito dello schianto. Ho quindi deciso di lasciare la vita politica alla fine del mandato.

Non erano solo parole: il 2-2-2013, al congresso di Alleanza Social-democratica, rinunciò alla leadership del partito e il testimone passò al nuovo leader Arnason[920].

I governi conservatori, in particolare quelli presieduti da Oddsson dal 1991 al 2004, avevano attuato una politica accentuatamente neoliberista che aveva avvantaggiato i gruppi finanziari privati e che era poi esplosa nella crisi del 2008, causando continue dimostrazioni popolari, che avevano portato alle dimissioni del conservatore Haarde e del suo governo.

I successivi governi socialisti di Johanna Sigurdardottir tentarono di arginare le conseguenze del collasso finanziario. Lo fecero, dando la priorità alla salvezza dello stato sociale, proteggendo i gruppi più deboli, introducendo un'imposta sul reddito più progressiva, tagliando la spesa, ma preservando le prestazioni sociali. L'Islanda riemerse velocemente dalla crisi, riportando l'economia in crescita e la disoccupazione in calo.

Tuttavia gli islandesi non si sentirono soddisfatti nelle loro aspettative se, alle elezioni politiche del 27 aprile 2007, riconsegnarono clamorosamente il Paese al centro-destra[921], premiando i partiti che avevano sostenuto il governo che essi avevano cacciato via nel 2008-2009.

---

920 Arni Pàll Arnason (n.1966), laureato in legge nel 1997, ha studiato all'Università d'Islanda e al Collegio d'Europa. È deputato dal 2007 ed è stato ministro degli Affari Sociali (10-5-2009/2-9-2010) e degli Affari Economici (2-9-2010/31-12-2011) nel governo Sigurdardottir.

921 Nuovo premier divenne Sigmundur Davìd Gunnlaugsson (n.1975), presidente del Partito Progressista.

La coalizione di governo di sinistra ne uscì pesantemente battuta: i due partiti di governo ottennero assieme solo il 23,8 % dei voti[922], i partiti di centro-destra[923] vinsero col 51,1 % ed entrarono in parlamento due nuove formazioni: Futuro Luminoso[924] e il Partito Pirata[925], mentre scomparve il Movimento dei Cittadini.

Probabilmente influirono sul risultato elettorale alcune misure di austerità imposte dal FMI e soprattutto la prospettiva dell'ingresso in Europa, fortemente voluto dai socialdemocratici, ma in contrasto con la tradizione isolazionista islandese e col crescente euroscetticismo. Un certo ruolo lo ebbe anche l'annunciato ritiro di *Santa Giovanna*, tanto amata dagli islandesi.

La vittoria del centro-destra comunque riportò l'Islanda ai margini dell'Europa: il 22 agosto 2013 il nuovo governo sciolse il Comitato per i negoziati di adesione all'UE, ritenendo non vincolante il voto del parlamento del 16-7-2009.

Dopo aver lasciato la politica, Johanna e la sua compagna vissero appartate e lontane dai riflettori dei media. Le due parteciparono al

---

922 Alleanza Socialdemocratica ottenne il 12,9 % dei voti e 9 seggi (- 11) su 63; il Movimento Sinistra-Verdi il 10,9 % e 7 seggi (-7).

923 Il vero trionfatore fu il centrista Partito Progressista che ottenne il 24,4 % dei voti e 19 seggi (+10); l'alleato conservatore Partito dell'Indipendenza ritornò ad essere il primo partito col 26,7 % e 19 seggi (+3).

924 Futuro Luminoso, partito centrista, liberale ed europeista, era stato fondato nel 2012. Alle elezioni del 2013 ottenne l'8;2 % dei voti e 6 seggi.

925 Il Partito Pirata, fondato anch'esso nel 2012, propugna la democrazia diretta e la libertà di informazione. Ottenne il 5,1 % e 3 seggi.

WorldPride 2014, svoltosi a Toronto dal 20 al 29 giugno, nel corso del quale Johanna intervenne, come relatrice, alla Conferenza sui Diritti Umani, un raduno di attivisti, artisti, insegnanti, giornalisti, politici, studenti ed altri soggeti impegnati, nell'ambito della LGBT[926], nella lotta per l'affermazione dei diritti umani in tutto il mondo.

Successivamente la coppia partecipò al Gaypride[927] islandese svoltosi nell'agosto successivo[928].

La figura e l'azione di Johanna Sigurdardottir rimarranno nella storia del socialismo per l'intelligenza, il coraggio, il disinteresse, la coerenza e la modernità di una donna che ha dato il meglio di sé alla causa del lavoro, della giustizia sociale e dell'uguaglianza degli esseri umani.

---

926 LGBT è la sigla che indica le associazioni comprendenti L(esbiche), G(ay), B(isessuali), T(ransessuali).

927 Il GayPride (orgoglio gay) fa riferimento alla *parade* (marcia) „dell'orgoglio gay", che vuole affermare il diritto di tutti ad essere quel che si è.

928 Il GayPride islandese ebbe luogo a Reykjavì k per 5 giorni. Si tiene ogni anno dal 1999 ed è una delle feste estive più popolari. Essere gay o no in Islanda non importa a nessuno, perché tutti hanno ormai gli stessi diritti.

Helle Thorning Schmidt

In un mondo globalizzato, è necessario uno sforzo comune a livello europeo per garantire la sicurezza e la libertà dei nostri cittadini.
Helle Thorning-Schmidt

Molti ritengono, secondo un'interpretazione piuttosto rozza della dottrina socialista, che il fine del socialismo sia la „socializzazione dei mezzi di produzione e di scambio", la quale dovrebbe assicurare un'equa distribuzione della ricchezza e una sostanziale eguaglianza dei cittadini. Partendo da questo presupposto, viene da immaginare una società in cui la gente giri in tuta da operaio, magari con le mani unte di grasso e il casco di protezione in testa. Abbigliamento con cui, con ogni evidenza, stride la sofisticata eleganza di Helle Thorning-Schmidt, donna per di più assai bella e raffinata, al punto che la destra, probabilmente a corto di argomenti politici, le ha affibbiato il nomignolo di *Gucci rossa o Gucci-Helle*[929].

Le cose però non stanno così [930]. Una lettura più attenta della letteratura e della storia del movimento socialista ci dice che l'obiettivo finale del socialismo è alquanto più „spirituale", è cioè la liberazione dell'uomo, la fine di ogni *sfruttamento dell'uomo sull'uomo*, il libero sviluppo della sua personalità, una democrazia pienamente realizzata, quella che è stata definita *la socializzazione del potere*[931], è la ricerca della felicità a cui ogni essere umano deve avere diritto. Descrizione che i critici del socialismo si affretterebbero a definire utopica, qualora si riferisse ad una società cristallizzata, ben definita nei suoi contorni e sostanzialmente „completa"; ma niente affatto fantasiosa se invece essa serve ad indicare una linea di tendenza, nel divenire incessante dell'umanità e della sua storia.

In questo quadro di aspirazione alla giustizia per tutti e alla liberazione dal bisogno, ben venga la presenza, nelle file socialiste, di una donna che con la sua eleganza, fra l'altro nient'affatto chiasso-

---

929 La „definizione" fu suggerita alla stampa di destra dalle borsette firmate che Helle, alta, bionda, bella ed elegante, usa portare, per sottolineare il presunto contrasto tra l'eleganza di Helle e il suo ruolo di leader del Partito Socialdemocratico. *Gucci* è una casa di moda, fondata a Firenze nel 1921 da Guccio Gucci (1881-1953), molto conosciuta nel mondo dell'alta moda e degli articoli di lusso. L'aggettivo *rossa* si riferisce ad una famosa borsetta della casa italiana, ma allude anche alla collocazione politica dell'affascinante socialista.

930 In campo socialista non mancano certo donne belle ed eleganti, come la ginecologa Anna Kuliscioff e l'attrice Melina Mercouri.

931 L'espressione è del sociologo italiano Franco Ferrarotti (n. 1926).

sa, con la sua personalità, con la sua intelligenza, con i suoi successi e con i suoi insuccessi, sempre schierata a favore di tutte le lotte di liberazione, giunta alla guida della Danimarca, una nazione che le statistiche considerano fra le più"felici"[932], rappresenta un esempio e un modello per tutte le donne del mondo che ancora lottano per la loro liberazione non solo dal bisogno, ma anche dall'ignoranza e dal pregiudizio.

Helle Thorning-Schmidt è nata a Rodovre, un comune danese di circa 37.000 abitanti, situato nella regione di Hovedstaden, il 14 dicembre 1966, da Holger Thorning-Schmidt[933], un professore associato di matematica ed economia dell'università di Copenaghen e da sua moglie Gretel[934], funzionaria di una compagnia di assicurazione. I due divorziarono nel 1976, ma rimasero in buoni rapporti e furono sempre presenti nella vita dei loro figli, due dei quali andarono a vivere con la madre[935].

---

932 Secondo l'OCSE (Organizzazione per la Cooperazione e lo Sviluppo Economico) la Danimarca è prima al mondo per „equilibrio vita-lavoro" e quarta per „soddisfazione di vita" (dopo Svizzera, Norvegia e Canada).

933 Holger morì a 78 anni, nel 2010, per difficoltà respiratorie, a cui si era aggiunto un cancro alla prostata. Dopo il divorzio ebbe una seconda moglie, Lisbeth, ma mantenne un ottimo rapporto con i figli, che una volta alla settimana erano a pranzo a casa sua e spesso passavano le vacanze con lui. Era un uomo affascinante e pieno di vita.

934 Gretel (n.1937), dopo più di 30 anni di lavoro, è dal 2002 in pensione e vive nella sua casa di Ishoe. È molto orgogliosa della figlia divenuta Primo Ministro.

935 La sorella maggiore Melissa andò col padre, il fratello maggiore Henrik ed Helle, allora di dieci anni, rimasero con la madre in un

Helle passò la sua infanzia a Ishoj, un sobborgo di Copenaghen, di cui era originario il padre. A Ishoj fece i suoi studi elementari e medi, con ottimo profitto, e si diplomò nel 1985.

Fu proprio durante gli anni del liceo che ebbe i suoi primi contatti con la politica, partecipando a manifestazioni contro l'*apartheid*[936] e a favore di Nelson Mandela[937].

Iscrittasi alla facoltà di *Scienze Politiche* dell'università di Copenaghen, si laureò nel 1994. Intanto aveva conseguito un *master* in *Studi europei*, con specializzazione in *Politica e Pubblica Amministrazione*, presso il Collegio d'Europa a Bruges (Belgio)[938], grazie ad una borsa

---

appartamento vicino alla casa di Holger.

936 Per *apartheid* (separazione) s'intende la politica di segregazione razziale istituita, nel secondo dopoguerra, dai governi di etnia bianca in Sudafrica, fino al 1993, e condannata dall'ONU nel 1973 come *crimine internazionale*. Tale politica razzista cessò principalmente grazie alla lotta dell'ANC (*African National Congress*), movimento politico sudafricano plurirazziale, di orientamento socialista. Per estensione, col termine *apartheid* si suole in genere oggi indicare ogni forma di segregazione civile e politica a danno di altre etnie.

937 Nelson Rolihlahia Mandela (1918-2013) è stato un leader sudafricano anti-segregazionista che si batté a lungo contro l'*apartheid*. Nel 1942 aderì all'ANC, della cui ala armata MK (*Lancia della Nazione*) divenne leader nel 1961. Nel 1962 fu arrestato e rimase in carcere per 27 anni. *Nelson Mandela libero* divenne lo slogan di tutte le campagne anti-apartheid del mondo, come quella danese, alla quale partecipò la giovanissima Helle Thorning-Schmidt. Nel 1990 fu liberato e nel 1991 divenne presidente dell'ANC. Ottenne numerose onorificenze, fra cui, nel 1993, il Premio Nobel per la pace. Fu presidente del Sudafrica dal 27-4-1994 al 14-6-1999. Al suo funerale parteciparono numerosi capi di Stato e di Governo, fra cui Helle Thorning-Schmidt.

938 Il Collegio d'Europa è un istituto di studi europei, con sede a Bruges (Belgio)e a Natolin (Polonia), fondato nel 1949, a cui partecipano

di studio erogata dal Ministero degli Affari Esteri danese, che aveva diritto ad indicare un'unità nella prestigiosa Istituzione, per la quale fu selezionata appunto la Thorning-Schmidt. Fu proprio durante la sua permanenza in Belgio (1992-1993) che maturò la sua scelta socialista, sicché, al suo ritorno in patria, nel 1993, si iscrisse al Partito Socialdemocratico danese[939].

Dal 1994, poco dopo la laurea, fino al 1997 la troviamo, probabilmente grazie alla sua specializzazione e grazie anche alla sua perfetta padronanza dell'inglese e del francese, a capo della segreteria del gruppo socialdemocratico al Parlamento europeo. Successivamente, a Bruxelles, lavorò come esperta internazionale della LO (*Lands-organisationen*), la Confederazione Danese dei Sindacati[940].

---

annualmente circa 400 studenti, selezionati dai Ministeri degli Esteri di circa 50 Paesi, per ottenere il *master* in studi politici, legali e diplomatici. Fra i suoi ex allievi sono annoverati l'attuale leader socialdemocratica e Premier danese Helle Thorning-Schmidt e l'italiano Enzo Moavero Milanesi (n.1954), ex Ministro per gli Affari Europei nei governi Monti e Letta (2011-2014).

939 Il partito socialdemocratico danese, SD ovvero *Socialdemocratici*, nacque nel 1871 dalla fusione di vari gruppi locali. È un partito essenzialmente pragmatico, orientato più sulle concrete riforme economiche piuttosto che sui temi ideologici. SD ha lasciato la sua impronta su importanti riforme, come il sistema pensionistico nazionale. La fitta rete di protezione sociale così costruita è stata finanziata con un forte fiscalismo, il che ha finito col provocare un certo malessere e quindi un indebolimento della socialdemocrazia. Essa ha guidato il governo per la prima volta nel 1924 con Thorval Stauning (1873-1942). Nel secondo dopoguerra SD è stato, per molto tempo, il primo partito di Danimarca. SD fa parte del PSE (Partito Socialista Europeo) e dell'Internazionale Socialista.

940 LO è la più grande centrale sindacale danese ed organizza il 75 % dei lavoratori. Prima strettamente collegata a SD, si è di recente

Durante il periodo trascorso a Bruges, Helle aveva conosciuto un altro brillante studente, il britannico Stephen Kinnock[941], figlio del vecchio leader laburista Neil Kinnock[942] e di sua moglie Glenys, ex ministra britannica per l'Europa ed ex componente del Consiglio di Stato (2009-2010). I due si sposarono civilmente nel 1996 e dalla loro unione nacquero due figlie: Johanna (n. 1997) e Camilla (n. 2000)[943].

Nel 1999 Helle si mise in gioco in prima persona, candidandosi alle elezioni europee del 13 giugno di quell'anno. E fu un successo sia per il partito SD, che migliorò il suo risultato rispetto a quello delle

---

spostata su posizioni più autonome. Ne è attualmente leader Harald Boersting (n.1952).

941 Stephen Kinnock (n.1970) si è laureato in Lingue a Cambridge e ha conseguito un *master* nel Collegio d'Europa, dove ha conosciuto Helle. Ha lavorato come ricercatore presso il Parlamento Europeo. Dal 2009 lavora come direttore del World Economic Forum (organizzazione internazionale di collaborazione per il miglioramento ambientale del mondo), con sede a Ginevra. Nel 2014 è stato designato dal Partito Laburista britannico candidato alla Camera dei Comuni nel collegio di Averon (Galles) per le elezioni del 2015.

942 Neil Kinnock (n.1942), laureato in Scienze Industriali e Storia, fu eletto, per il *Labour Party* (Partito Laburista britannico) nel 1970, alla Camera dei Comuni, dove rimase fino al 1995. Dal 1978 al 1994 ha fatto parte del Comitato Esecutivo Nazionale del Partito Laburista, di cui nel 1988 è stato anche presidente. È stato inoltre segretario del partito, membro del governo ombra e vicepresidente dell'Internazionale Socialista (1982-1992). Dal 1995 al 2005 ha fatto parte della Commissione Europea. Nel 2005 la regina lo ha nominato membro della Camera dei Lords.

943 Helle vive a Copenaghen, assieme alle due figlie, mentre suo marito, per ragioni di lavoro, risiede a Davos, in Svizzera, ma passa ogni fine settimana con la famiglia.

precedenti elezioni del 1994, pur rimanendo invariato il numero dei suoi seggi, sia personale per Helle, che fu una dei tre eletti al Parlamento di Strasburgo. Si iscrisse, ovviamente, al gruppo parlamentare del PSE [944].

Nella sua nuova veste Helle fece parte, come vicepresidente, della delegazione europea nella Commissione mista UE-Lettonia; fu membro della Commissione Occupazione ed Affari Sociali e membro-sostituto della Commissione per l'Industria, il Commercio Estero, la Ricerca e l'Energia. Nel corso della legislatura si dimostrò deputata assai attiva e diligente, come dicono i seguenti numeri: 104 interventi in seduta plenaria; 4 relazioni in quanto relatrice ufficiale; 3 proposte di risoluzione; 2 dichiarazioni scritte; 30 interrogazioni parlamentari.

La ripresa di SD rispetto alle europee del 1999, già evidenziata dalle elezioni parlamentari del 2001[945], si manifestò con ogni evidenza in occasione delle elezioni europee del 2004. in cui SD balzò al pri-

---

944 Nel 1994 SD aveva ottenuto il 15,83 % dei voti e 3 seggi sui 16 spettanti alla Danimarca. Nel 1999 SD salì al 16,46 %, confermando gli stessi 3 seggi, di cui uno ricoperto da Helle Thorning-Schmidt. SD era al secondo posto, dopo il Partito Liberale, che aveva 5 seggi. Il PPS (Partito Popolare Socialista) nel 1999 ottenne il 7,11 % e 1 seggio.

945 Alle elezioni parlamentari del 20-11-2001, SD ottenne il 29,1 % dei voti e 52 deputati su 179, rimanendo comunque al secondo posto, dopo il Partito Liberale, che ebbe il 31,2 % e 56 parlamentari e il cui leader Anders Fogh Rasmussen (n.1953) divenne Primo Ministro. In quelle elezioni il PPS ottenne il 6,4 % e 12 deputati.

mo posto con un buon 32,65 % e 5 deputati, benché i seggi spettanti alla Danimarca fossero scesi da 16 a 14[946].

Al successo del partito socialdemocratico si accompagnò , ancora una volta, quello personale di Helle Thorning-Schmidt, che fu rieletta deputata europea. Ormai Helle era conosciuta non solo fra i socialdemocratici, non solo in Danimarca, ma in tutta Europa; non solo per la sua eleganza, così invidiata non solo a destra, ma anche per la sua preparazione, per la sua determinazione, per la sua salda fede socialista. Di conseguenza sembrò quasi naturale la sua decisione (2005) di lasciare il Parlamento europeo, i cui poteri non erano certo determinanti ai fini di provocare concreti progressi sociali, o almeno non lo erano quanto lo erano quelli dei parlamenti nazionali. Decise quindi di candidarsi alle elezioni per il rinnovo del *Folketing*, il parlamento unicamerale nazionale[947], fissate per l'8-2-2005. Questa volta però le cose andarono diversamente: alla vittoria personale della Thorning-Schmidt, che fu eletta, si accompagnò una sonora sconfitta dei socialdemocratici, che ottennero il 25,9 %

---

946 Il Partito Liberale (centrodestra) del premier Rasmussen, che governava la Danimarca in coalizione col Partito Popolare Conservatore, nelle elezioni europee del 13-6-2004 ottenne appena il 19,36 % dei voti e 3 deputati su 14 (2 in meno) e fu superato dal partito socialdemocratico SD che si classificò al primo posto col 32,65 % dei voti e 5 seggi (2 in più). Il PPS ebbe il 7,95 % e 1 seggio.

947 Il *Folketing* si compone di 179 membri di cui 2 spettanti alla Groenlandia e 2 alle isole Faer Oer, che godono di una particolare autonomia e di un largo potere di autogoverno. Esso esercita il potere legislativo, viene eletto ogni 4 anni, con il sistema proporzionale con sbarramento al 2 % e può sfiduciare il Governo. Capo dello Stato è un monarca costituzionale (attualmente la regina Margherita II). La Danimarca è suddivisa in 5 regioni che comprendono 98 comuni. Ciascun Consiglio Regionale è composto di 41 membri elettivi.

dei voti e 47 deputati, cioè 5 in meno della precedente legislatura[948]. L'insuccesso elettorale provocò uno sbandamento in seno alla socialdemocrazia, ancora una volta costretta dalle urne all'opposizione. Il leader del partito Mogens Lykketoft[949] si assunse interamente la responsabilità del crollo elettorale e, la sera stessa dello scrutinio, rassegnò le sue dimissioni. Nel suo discorso di rinuncia, la notte dell'8 febbraio 2005, egli auspicò che per la nuova *leadership* del partito, fossero gli iscritti a scegliere, mediante elezioni primarie di partito. Questa posizione fu fatta propria dal Comitato Esecutivo del partito, due giorni dopo.

Alle primarie socialdemocratiche si presentarono due candidati: Helle Thorning-Schmidt, in rappresentanza della corrente moderata di SD e il deputato Frank Jensen[950], che proponeva una linea più a sinistra. Il 12 aprile 2005, giorno delle primarie, Helle fu eletta presidente del partito socialdemocratico con 24.261 voti pari al 53,2 % (Jensen 21.348, paria al 46,8 %).

---

948 Anche i liberali subirono una sconfitta (29,0 % e 52 deputati, cioè 4 in meno), ma mantennero il primato, sicché premier rimase il liberale di centro-destra A.F. Rasmussen. Questi risultati erano probabilmente dovuti al successo della lista del Partito del Popolo Danese (estrema destra), che arrivò al 13,2 % e conquistò 24 seggi. Il PPS ebbe il 6,0 % e 11 seggi (1 in meno).

949 Mogens Lykketoft (n.1946), laureato in Economia, membro della Chiesa Luterana, era stato Ministro della Tassazione (1981-1982), delle Finanze (1993-2000) e degli Esteri (2001). Dal 2002 al 2005 era stato leader di SD. Dal 16-9-2011 è Presidente del *Folketing*.

950 Frank Jensen (n.1961), economista ed ex sindaco socialdemocratico di Copenaghen, è stato Ministro della Ricerca (1994-1996) e della Giustizia (1996-2001).

Un compito nuovo, difficile ma entusiasmante si pose allora per Helle, prima donna alla testa della socialdemocrazia danese: come riportare il suo partito ai successi di un tempo, come riportarlo alla guida della nazione.

L'occasione sembrò dargliela lo stesso premier A.F. Rasmussen. Questi aveva, infatti – la Costituzione danese lo consente – indetto elezioni anticipate, convinto di stravincere, visti i successi dal suo governo conseguiti: la disoccupazione ai minimi storici (3,3 %) e una buona crescita economica (3,5 %). Ma egli non riuscì a convincere gli elettori, timorosi che fosse messo in discussione lo Stato sociale, tanto faticosamente costruito. Egli infatti, il 13-11-2007, vinse, ma perdendo terreno[951].

Nel corso della campagna elettorale la Thorning-Schmidt si era opposta ai tagli fiscali promessi dal premier A.F. Rasmussen, perché ciò avrebbe potuto colpire lo Stato sociale, che lei voleva invece potenziare, volendo anzi combattere le crescenti disuguaglianze; un altro tema importante era stato quello relativo all'auspicabile incremento delle energie rinnovabili. Nonostante tutto, però , le cose non andarono molto bene per la socialdemocrazia, anche se la flessione fu molto contenuta (dal 25,9 % del 2005 al 25,5 % del 2007 e da 47 a 45 seggi). Il risultato non era certo di quelli che potevano scoraggiare una donna volitiva come Helle, la cui autorevolezza non fu

---

951 Il Partito Liberale, partito del premier, si classificò primo, ma con una perdita secca in percentuale (dal 29 % del 2005 al 26,2 %) e in seggi (da 52 a 46). A.F. Rasmussen mantenne la carica di Primo Ministro fino al 5-4-1999, quando si dimise in vista della nomina a Segretario Generale della Nato (1-8-2009/1-10-2014). Gli successe il compagno di partito Lars Lokke Rasmussen (n.1964).

affatto scalfita da quella flessione elettorale. Lei comunque intuì, anche leggendo i risultati degli altri partiti, che c'era stato uno spostamento a sinistra nell'elettorato[952], probabilmente desideroso di un'opposizione più ferma al governo di centro-destra e di maggiore unità a sinistra.

Per capire questa esigenza basta osservare attentamente il quadro politico danese di quel periodo.

A destra dello schieramento politico stavano i seguenti partiti, tuttora esistenti:

A) Partito Liberale, fondato nel 1870 dalla fusione di tre gruppi di "sinistra liberale", detto anche *Venstre* (sinistra), in quanto originariamente si contrapponeva alla destra conservatrice. Successivamente è passato su posizioni di centro-destra. Individualista e filoamericano, si basa principalmente sui valori di libertà.

B) Partito Conservatore, di destra moderata, fondato nel 1916, meno incline dei liberali a ridurre il ruolo dello Stato nella società. È filoamericano, favorevole alla NATO e all'UE.

C) Partito Popolare Danese, fondato nel 1995. È un partito di destra estrema, ostile all'immigrazione e contrario all'UE.

La sinistra, o meglio il centro-sinistra, presente in parlamento presentava la seguente composizione:

---

952 Il PPS era passato dal precedente 6,0 % al 13,0 %, raddoppiando così i suoi consensi, e da 11 deputati a 23.

A) Partito Socialdemocratico (SD), di cui si è detto. Ad esso, principalmente, si dovevano gli altissimi livelli di protezione sociale, che in atto tuttavia pongono grossi problemi di sostenibilità finanziaria.

B) Sinistra Radicale o Partito Social Liberale (RV). È una formazione di centro-sinistra, nata il 21-5-1905 da una scissione della sinistra liberale. È fautore di un liberalismo sociale, simile a quello dei radicali di sinistra francesi, e aderisce all'Internazionale Liberale.

C) Partito Popolare Socialista (SF), di orientamento socialista e ambientalista. Fu fondato, il 15-2-1959, da Axel Larsen[953], uscito dal Partito Comunista Danese, di cui era stato segretario (1938-1958), in polemica con l'invasione sovietica dell'Ungheria. Pur collocandosi a sinistra di SD e rimanendovi forte l'ispirazione marxista, si differenzia dal socialismo estremo e integra al suo interno elementi provenienti dal movimento femminista e da quello ambientalista. Aderisce all'Alleanza della Sinistra Verde Nordica.

D) Alleanza rosso-verde (ERG), sorta nel 1989 inizialmente come cartello elettorale fra tre partiti di estrema sinistra: i Socialisti di Sinistra (VS)[954], il Partito Comunista di Dani-

___

953 Axel Larsen (1897-1972) nel 1918 aderì alla socialdemocrazia danese, per passare, nel 1920, al partito comunista, dal quale fu espulso nel 1958 per aver criticato l'URSS e il comunismo, dopo l'invasione dell'Ungheria nel 1956. Nel 1959 fondò il Partito Popolare Socialista (SF).

954 Il partito „Socialisti di Sinistra" fu fondato nel 1967, in seguito ad una scissione dell'ala sinistra del PPS. Nel 1989 confluì in Alleanza rosso-

marca (DKP)[955] e il Partito Socialista dei Lavoratori (SAP)[956]. Aderisce al Partito della Sinistra Europea.

Da allora Helle si dedicò a questa nuova prospettiva, contattando gli altri leader interessati. Ottenne dunque l'adesione di Villy Sovndal[957] (Partito Popolare Socialista) e di Margrethe Vestager[958] (Sinistra Radicale)[959], dopodiché gli osservatori politici dovettero convenire sull'opportunità di tale strategia della leader socialdemocratica, dal momento che tutti i sondaggi le davano ragione. Helle così, in quanto leader del maggior partito d'opposizione, venne indicata dai media come leader dell'intera sinistra.

Le elezioni europee del 6-6-2009 registrarono una sostanziale parità fra le due potenziali coalizioni[960]. Ma la vera battaglia sarebbe stata quella per il rinnovo del *Folketing*, fissato per il 15-9-2011.

---

verde.

955 Il DKP era nato nel 1919 da una scissione dell'ala sinistra del partito socialdemocratico danese. Inizialmente aveva assunto la denominazione di Partito della Sinistra Socialista.

956 Comunisti trotskisti. Il SAP è la sezione danese della IV Internazionale.

957 Villy Sovndal (n.1952) è stato parlamentare dal 1994 al 2013 e leader del PPS (2005-2012).

958 Margrethe Vestager (n.1968), economista, è stata Ministro per L'Istruzione e gli Affari Ecclesiastici. È deputata dal 2001.Dal 2011 al 2014 è stata vicepremier, nonché Ministro dell'Economia e degli Interni nel governo di centro-sinistra presieduto da Helle Thorning-Schmidt. Nel 2014 è stata nominata Commissaria Europea per la Concorrenza.

959 Alla coalizione assicurò l'appoggio esterno anche la giovane e bella leader di estrema sinistra Johanne Achmidt Nielsen (n.1984), laureata in Scienze Sociali, detta dalla stampa *la regina dell'Alleanza rosso-verde*.

Durante la campagna elettorale ci fu il tentativo, non riuscito, di minare la credibilità della leader socialdemocratica con un'accusa di evasione fiscale, per non parlare delle ridicole critiche sul suo abbigliamento elegante,[961] argomento quest'ultimo ormai senza nessuna presa sull'elettorato. Helle, diventata molto popolare, soprattutto per la sua difesa del *welfare* e delle pensioni dalle ipotesi di tagli, si batté con tutta la sua energia e con tutta l'esperienza accumulata nella sua carriera, da donna determinata, da oratrice abile, stringente e soprattutto documentata, insuperabile nei dibattiti televisivi. Helle invitò l'elettorato a *dire addio a dieci anni di governo borghese che è arrivato a un punto morto e a prepararsi a un nuovo esecutivo e a una nuova maggioranza in Danimarca.*

I risultati delle urne confermarono i sondaggi e gli *exit poll*: la vittoria toccò alla coalizione di centro-sinistra che ottenne 89 seggi sui 179 del *Folketing*[962]. Il Primo Ministro uscente Lars Lokke Rasmus-

---

960 SD, classificatosi primo partito, ottenne il 21,49 % dei voti e 4 seggi sui 13 spettanti alla Danimarca. Il PPS il 15,87 % e 2 seggi.

961 In realtà la sua era un'eleganza discreta, fatta principalmente di *tailleur* , gonna o pantaloni con camicia. Per certa stampa Helle era troppo bella, troppo alta, bionda e alla moda per essere di sinistra e per guidare un governo! La *Gucci rossa*, appunto.

962 La coalizione di centro-sinistra nel suo complesso ottenne il 51,1 % dei voti, contro il 48,9 % delle liste facenti capo a L.L. Rasmussen. I socialdemocratici, classificatisi al secondo posto, dopo i liberali, ottennero il 24,9 % dei voti e 44 seggi (1 in meno); il PPS il 9,2 % e 16 seggi; la Sinistra Radicale (Partito Social Liberale) il 9,5 % e 17 seggi; Alleanza rosso-verde il 6,7 % e 12 seggi. A proposito di quelle elezioni si è parlato di „una vittoria delle donne", in quanto ben tre partiti dei quattro della coalizione vincente erano guidati da donne: i Socialdemocratici (Helle Thorning-Schmidt), i Social-Liberali (Margrete Vestager), i Rosso-Verdi (Johanne Achmidt Nielsen).

sen[963], la sera stessa dello scrutinio ammise la sconfitta ed augurò all'avversaria buon lavoro, aggiungendo una battuta, un po' ironica e un po' amara: *Fai attenzione alle chiavi dell'ufficio, perché le perdi sempre!*

Ben più entusiastico, ovviamente, fu il commento della bella vincitrice, che – visibilmente commossa - si rivolse ai suoi sostenitori in questi termini: *Ce l'abbiamo fatta! Oggi abbiamo scritto una pagina di storia!*

Il 16-9-2011 il Primo Ministro L.L. Rasmussen rassegnò le dimissioni nelle mani della regina Margherita[964] e rimase in carica per l'ordinaria amministrazione fino al 2 ottobre successivo, quando Helle Thorning-Schmidt, dopo le consultazioni di rito, fu nominata a sua volta Primo Ministro, diventando la prima donna chiamata a ricoprire questa carica in Danumarca[965], alla testa di una coalizione for-

---

963 L.L. Rasmussen aveva governato con una coalizione composta da liberali e da conservatori, con l'appoggio esterno, condizionante e determinante, del sempre più forte Partito del Popolo Danese, che nel 2011 si classificò al terzo posto, dopo liberali e socialdemocratici, col 12,3 % dei voti e 22 deputati. Nel 2011 il Partito Liberale ottenne 47 seggi e il Partito Popolare Conservatore 8.

964 Margherita II di Danimarca, figlia maggiore del Re Federico IX e della Regina Ingrid di Danimarca, nacque il 16-4-1940. Il 10-6-1967 sposò il diplomatico francese conte Henri de Laborde de Monpezat, da cui ebbe due figli: Cristiano (1968), erede al trono, e Joachim. Dopo la morte del padre, il 14-1-1972 gli succedette sul trono di Danimarca. Il Regno di Danimarca è una monarchia costituzionale. La monarchia danese è la seconda più antica del mondo attualmente regnante (dopo quella giapponese) e la più antica in Europa.

965 La Thorning-Schmidt è la 51a Primo Ministro della Danimarca.

mata da Socialdemocratici, Sinistra Radicale[966] e Partito Popolare Socialista, appoggiata dall'esterno dall'Alleanza rosso-verde.

Il nuovo Governo[967] risultò composto, oltre che dal Premier, da 11 ministri socialdemocratici, 6 social liberali (o radicali di sinistra), fra cui la loro leader Margrete Vestager (Vicepremier, Economia, Interni), 6 socialisti popolari, fra cui il loro leader Villy Sovndal (Esteri) [968].

Alla premier Thorning-Schmidt spettava il compito, non sempre facile, di tenere la barra dritta del suo governo, conciliando le aspettative dell'ala destra dello stesso, rappresentata dai social-liberali e quelle dell'ala sinistra, costituita dai social-popolari e dai rosso-verdi.

Il compito principale che si poneva davanti al nuovo governo era però quello di conciliare rilancio della crescita economica, mantenimento dello Stato sociale e stabilizzazione dei conti pubblici.

Con questi obiettivi, alla fine del 2011 fu approvato un programma che prevedeva la realizzazione anticipata di opere pubbliche già pianificate e l'avvio di nuovi interventi strutturali, al fine di incrementare l'occupazione, anche mediante accordi con le organizzazioni sindacali e con quelle imprenditoriali; inoltre fu approvata

---

966 Nel 2011 secondo partito della coalizione.

967 I ministri del nuovo governo di centro-sinistra avevano un'età media di 43 anni. I più giovani erano Thor Moger Pedersen di 26 anni (Fisco) e Astrid Krag di 28 (Sanità), ambedue del Partito Popolare Socialista.

968 Il governo Thorning-Schmidt 1° in seguito subirà tre rimpasti: il 16-10-2012, il 9-8-2013 e il 12-12-2013. Nei tre rimpasti il numero di ministri assegnato a ciascun partito della coalizione rimarrà invariato. Il 3-2-2014 nascerà il governo Thorning-Schmidt 2°.

una serie di provvedimenti, allo scopo di ottenere l'equilibrio di bilancio. Durante il primo anno del nuovo governo fu riveduta la troppo restrittiva legge sull'immigrazione, approvata dal precedente governo, della cui maggioranza aveva fatto parte parte, anche se solo con appoggio esterno, il Partito del Popolo Danese, di estrema destra. Fu anche elevato il limite di tassazione massima.

Il 16 gennaio 2012 ebbe inizio il semestre di presidenza danese dell'Unione Europea[969].

La Thorning-Schmidt espresse con chiarezza gli obiettivi che la presidenza danese si proponeva di realizzare. Occorreva anzitutto *assicurare un'economia europea responsabile*, che facesse i necessari sforzi per il risanamento delle economie, assieme alle opportune riforme; ma il risanamento non poteva *essere l'unico strumento da utilizzare per riportare l'Europa sulla strada giusta*. Occorreva *conciliare risanamento e crescita economica*, puntando con ciò alla creazione di nuovi posti di lavoro; doveva trattarsi, inoltre, di una crescita che fosse anche eco-compatibile, meta, questa, raggiungibile adottando nuove iniziative nel campo dell'efficienza energetica e delle energie rinnovabili; ma anche garantendo un'Europa sicura e stimolando così l'iniziativa privata.

> *In un mondo globalizzato, è necessario uno sforzo comune a livello europeo per garantire la sicurezza e la libertà dei nostri cittadini.*
> *Il nostro obiettivo è di traghettare in salvo la Danimarca attraverso la crisi con la nostra ricchezza e solidarietà sociale intatte. Non sarà facile. Ma possiamo farcela, se davvero lo vogliamo.*

---

969 La settima volta da quando la Danimarca entrò nell'UE, nel 1973.

La decisione, annunciata nell'ottobre 2013, di permettere alla banca di investimenti americana *Goldman Sachs*[970] di acquistare, per circa 1,5 miliardi di euro, il 18 % delle quote controllate dallo Stato dell'azienda energetica *Dong Energy*, l'azienda più grande della Danimarca nel settore dell'energia[971], fece traballare il governo. Tale decisione non solo fu disapprovata da una buona parte dell'opinione pubblica, ma provocò le dimissioni (30-1-2014) dal governo dei 6 ministri socialisti popolari, compresa la presidente Annette Vilhelsen[972], che vollero così manifestare il loro dissenso, assicurando però che non sarebbero passati all'opposizione.

La premier Thorning-Schmidt annunciò che il Governo avrebbe continuato a lavorare, ma fu costretta a formare, quattro giorni dopo, un nuovo esecutivo SD-RV senza il PPS. Si trattava praticamente di una „nuova partenza" i cui obiettivi dichiarati erano *più lavoro e welfare migliore* e provvedimenti a sostegno delle imprese.

---

970 The Goldman Sachs Group Inc. è una banca d'affari che si occupa essenzialmente di investimenti e di gestione dei risparmi. La sua sede legale è a New York. Tra i suoi ex consulenti il governatore della BCE (Banca Centrale Europea) Mario Draghi e l'ex Presidente del Consiglio italiano Mario Monti.

971 La vendita di quote di *Dong Energy* rientrava in una ristrutturazione predisposta dall'azienda nel febbraio 2013, per ridurre i costi e il debito e incrementare gli investimenti nel campo della ricerca petrolifera e gassifera..

972 Annette Vilhlsen (n.1959), membro del Parlamento, è stata Ministro degli Affari Economici e Commerciali (2012-2013) e degli Affari Sociali, dell'Infanzia e dell'Integrazione (2013-2014) nel governo Thorning-Schmidt. Dal 13-10-2012 è presidente del Partito Popolare Socialista, in sostituzione di Villy Sovndal.

Il primo „esame" da affrontare per la socialdemocrazia danese e per la sua leader furono le elezioni europee del 25 maggio 2014, notevolmente influenzate dalle vicende che avevano provocato la caduta del primo governo Thorning-Schmidt, alle quali si aggiunsero le voci secondo cui la premier, appoggiata da vari partiti socialisti europei, avrebbe lasciato il suo posto per candidarsi alla presidenza della Commissione Europea[973].

I risultati delle elezioni non furono incoraggianti, ma neanche catastrofici, se non per la forte affermazione della destra estrema del Partito del Popolo Danese che raddoppiò la sua rappresentanza nel Parlamento europeo, portandola da 2 a 4 seggi (sui 13 spettanti alla Danimarca) e classificandosi primo fra tutti i partiti danesi, col 26,6 % dei voti. Il partito socialdemocratico ottenne il 19,1 % dei voti (-2,4) e 3 deputati (-1), piazzandosi al secondo posto come partito[974].

L'ultima parola l'avranno le elezioni politiche della primavera 2015. Ma, comunque esse andranno, non interromperanno la marcia del

---

973 A questa carica fu poi eletto il democristiano lussemburghese Jean-Claude Juncker (n.1954). Successivamente Helle fu indicata come possibile Presidente del Consiglio dei Capi di Stato e di Governo dell'Unione. Tali voci furono smentite dall'interessata: *Disturbano il mio lavoro.*

974 Il Partito Liberale, che aveva a lungo guidato i governi danesi di centro-destra ed era allora il maggior partito d'opposizione, ottenne il 16,7 % (-3,5) e 2 seggi (-1); il PPS perse il 5,0 % e 1 seggio, il Partito Conservatore, alleato dei liberali, perse il 3,6 %, ma mantenne il suo unico seggio; la Sinistra Radicale, alleata di governo di SD aumentò i suoi voti del 2,2 % e mantenne il suo unico seggio.

socialismo danese e della sua brava leader verso una società sempre più giusta, libera e civile.

Elena Valenciano

In una gran parte del mondo le bambine e le donne devono combattere ogni giorno, ogni minuto, per la propria libertà e per la propria dignità.
Elena Valenciano

La scena che si presentò al telespettatore, quella sera del dicembre 1976, è di quelle che non si dimenticano, sia per la sua forte carica emotiva che per la sua palpabile valenza storica.

Si tiene a Madrid, dopo oltre trent'anni trascorsi in esilio a causa della longevità del fascismo spagnolo[975], il XXVII congresso del

---

975 Dopo la vittoria del Fronte Popolare in Spagna del 1936, alcuni generali si ribellarono al legittimo governo repubblicano, dando inizio ad una dura guerra civile che ebbe termine, con la sconfitta della Repubblica, il 1° aprile 1939, quando il *generalissimo* Francisco Franco, il *caudillo* capo del *pronunciamiento*, diede inizio ad un regime dittatoriale nazionalista e reazionario di tipo fascista. Il regime *franchista* ebbe termine solo con la morte di Franco, avvenuta il 20-11-1975. Dopo la guerra vennero giustiziati, imprigionati o condannati ai lavori forzati 1.345.000 repubblicani, una parte dei quali riuscì ad emigrare in Francia e in America latina.

PSOE[976]; la sala del teatro in cui si svolge, in un clima ancora per poco di semiclandestinità, è piena di delegati che ascoltano attenti il discorso di un intervenuto: è la voce della Spagna libera. Ad un certo punto, in fondo al corridoio centrale che divide la platea in due parti, appare una figura che lentamente si avanza verso il palco della presidenza; qualcuno riconosce quell'anziano signore dall'inseparabile basco...l'oratore si ferma, la platea si alza in piedi, completamente travolta da un'ondata di entusiasmo e di commozione, mentre da un microfono parte un grido che sembra esprimere tutto lo spirito dell'internazionalismo socialista: „Entra il compagno Pietro Nenni!". Segue un interminabile ovazione che, irrefrenabile, come l'acqua di un fiume in piena, scaturisce dal cuore dei congressisti.

Chi era, che cosa rappresentava per i socialisti spagnoli, per la Spagna democratica, l'anziano leader del socialismo italiano? Era il combattente della guerra di Spagna, era il Commissario politico di divisione della *Brigata Garibaldi*[977], era l'inviato dell'Internazionale Operaia Socialista a sostegno dei socialisti spagnoli, era colui che si era battuto strenuamente in tutte le sedi e in tutte le istanze per

---

976 Partito Socialista Operaio Spagnolo.

977 Il 27-10-1936 fu firmato a Parigi da PSI, PCdI e PRI l'atto costitutivo del *Battaglione Garibaldi* (con comandante il repubblicano Randolfo Pacciardi) che organizzava volontari antifascisti italiani, e che faceva parte delle *Brigate Internazionali*, composte da volontari provenienti da tutto il mondo, accorsi in aiuto della repubblica spagnola aggredita. La guerra di Spagna fu poi raccontata da Nenni nel suo libro *Spagna*. Assai toccante in esso il racconto dell'annuncio della caduta in combattimento di Fernando De Rosa, leader dei giovani socialisti italiani: *Fernando De Rosa ha muerto como muere un camarada* (Fernando De Rosa è morto come muore un compagno).

portare aiuto alla Repubblica spagnola, aggredita dalla reazione franchista e che aveva incarnato la visione profetica del suo amico e compagno Carlo Rosselli[978]: „Oggi in Spagna, domani in Italia"[979].

Quella presenza e quell'applauso erano il segno tangibile della fraterna solidarietà che univa i socialisti spagnoli e quelli italiani, che avevano contribuito concretamente alla lotta dei loro compagni, negli anni oscuri della dittatura franchista, per il ritorno della democrazia in Spagna[980].

---

978 Carlo Rosselli (1899-1937), storico, giornalista, politico antifascista, fu il fondatore del liberalsocialismo. Diresse, dal marzo al novembre 1926, assieme a Pietro Nenni, la rivista *Quarto Stato*. Nello stesso anno 1926, organizzò, assieme a Sandro Pertini e a Ferruccio Parri, la fuga in Francia del vecchio leader socialista italiano Filippo Turati. Per questo fu condannato a dieci mesi di reclusione, a cui la polizia fascista aggiunse poi tre anni di confino a Lipari, da dove Rosselli evase il 27-7-1929, riparando a Parigi, dove pubblicò il libro *Socialismo liberale*. Fu assassinato, assieme al fratello Nello, il 9-6-1937 a Bagnoles-de-l'Orne, da militanti della *Cagoule* (formazione fascista francese).

979 La frase fu pronunciata da Rosselli in un discorso alla radio di Barcellona il 13-11-1936: *È con questa speranza segreta che siamo accorsi in Spagna.*

980 Il contributo più sostanzioso era arrivato al PSOE, negli anni bui dell'esilio, dall'SPD (Partito Socialdemocratico Tedesco).

La presenza di Nenni e di altri prestigiosi leader del socialismo europeo, come Willy Brandt[981], Olof Palme[982] e Bruno Kreisky[983], voleva essere un forte incoraggiamento per le nuove battaglie che attendevano i socialisti e il loro giovane leader Felipe Gonzàlez[984] per la costruzione della nuova Spagna.

---

981 Herbert Ernst Karl Frahm (1913-1992) aderì all'SPD nel 1929. Dopo l'avvento di Hitler fuggì in Norvegia, dove assunse il nome di copertura di *Willy Brandt*. Fu poi reporter nella guerra civile spagnola. Dopo la II guerra mondiale, fu sindaco di Berlino Ovest dal 1957 al 1966, vicecancelliere dal 1966 al 1969 e cancelliere dal 1969 al 1974 della Repubblica Federale Tedesca. Dal 1976 al 1992 fu presidente dell'Internazionale Socialista e dal 1979 al 1983 membro del Parlamento europeo. Nel 1971 ottenne il premio Nobel per la pace.

982 Olof Palme (1927-1986) fu leader del Partito Socialdemocratico Svedese dei Lavoratori e primo Ministro della Svezia. Si oppose alla guerra del Vietnam, all'apartheid e agli armamenti nucleari. Morì assassinato.

983 Bruno Kreisky (1911-1990), arrestato dai nazisti nel 1938, riuscì a rifugiarsi in Svezia, dove rimase fino al 1945. Nel 1967 divenne leader del Partito Socialdemocratico Austriaco e, dal 1970 al 1983, Cancelliere dell'Austria, conseguendo ottimi risultati nel campo dell'occupazione, dell'assistenza pubblica, della scuola e dei diritti civili.

984 Sarà proprio Gonzàlez a tenere nel gennaio 1980, ai funerali di Nenni, uno dei discorsi più toccanti. Felipe Gonzàles Marquez (n.1942), avvocato del lavoro, entrò nel PSOE nel 1963 col nome di copertura *Isidoro*). Alle prime elezioni democratiche del 1977 fu eletto deputato. Fu segretario del PSOE dal 1974 al 1997. Vinse le elezioni, diventando così Presidente del Governo spagnolo, nel 1982 (202 deputati su 350), nel 1986, nel 1989 e nel 1993. Sotto la sua guida la Spagna entrò nella CEE e si celebrarono le olimpiadi di Barcellona. Nel 1996 il PSOE fu sconfitto per poco e nel 1997 Gonzàles si dimise da segretario del partito, carica in cui fu sostituito da Joaquìn Almunia.

Il PSOE, fondato da Pablo Iglesias[985] nel 1879, è uno dei più prestigiosi partiti dell'Internazionale Socialista e il secondo per anzianità, dopo il Partito Socialdemocratico Tedesco. Nel corso della sua storia ha espresso, oltre Gonzàlez, leader di grande levatura come Alfonso Guerra[986], Francisco Largo Caballero[987], Indalecio Prieto[988],

---

985 Pablo Iglesias (1850-1925), tipografo, membro della Prima Internazionale, fu il fondatore (2-5-1879) del PSOE. Più volte incarcerato per la sua attività politica, nel 1886 pubblicò il giornale *El Socialista*, tuttora l'organo di stampa ufficiale del PSOE. Nel 1888 fondò il sindacato UGT (Unione Generale dei Lavoratori), di cui fu presidente dal 1889 fino alla morte. Nello stesso anno 1889 partecipò al congresso di fondazione della Seconda Internazionale, come rappresentante del PSOE. Nel 1905 fu eletto consigliere comunale di Madrid e nel 1910 divenne il primo deputato socialista spagnolo. Al suo funerale parteciparono oltre 150.000 persone. La Fondazione *Pablo Iglesias*, creata nel 1926, soppressa durante il franchismo, nel 1977 ha ripreso la sua attività di raccolta e di diffusione della storia e del pensiero socialista.

986 Alfonso Guerra (n. 1940), dopo essersi laureato in Lettere e Filosofia, divenne ingegnere tecnico industriale. Iscrittosi da giovane al PSOE allora clandestino, nel 1970 entrò nella sua Commissione Esecutiva. Dopo essere stato il responsabile dell'organizzazione del partito, ne divenne vicesegretario generale (segretario F. Gonzàles). Eletto deputato nel 1977 fu vicepresidente del governo Gonzàlez dal dicembre1982 al gennaio 1991. Attualmente presiede la Fondazione *Pablo Iglesias*. Fondamentale è stato il suo contributo alla redazione della Costituzione democratica spagnola del 1978.

987 Largo Caballero (1869-1946) aderì al PSOE nel 1894 e, alla morte di Pablo Iglesias, gli successe come leader del PSOE e dell'UGT. Partì da posizioni moderate all'interno del partito, per diventare, dopo la vittoria delle destre nel 1933, il leader della corrente marxista e rivoluzionaria, fautore della dittatura del proletariato, tanto da essere soprannominato *il Lenin spagnolo*. Fu apprezzato dai lavoratori per avere sempre mantenuto uno stile di vita sobrio, anche quando ricoprì

Juan Negrì n[989], José Luis Zapatero[990].

Fu probabilmente per l'ammirazione che suscitava in lei una così gloriosa storia, oltre che per la sua naturale vocazione per la libertà e la giustizia, che Elena Valenciano, appena diciassettenne, aderì alla gioventù socialista spagnola.

---

importati incarichi ministeriali nei governi dei repubblicani Alcalà-Zamora e Azana. Dopo lo scoppio della guerra civile (17-7-1936), Caballero fu nominato (4-9-1936) Capo del Governo repubblicano, carica che mantenne fino al 17-5-1937. Dopo la sconfitta della Repubblica (1939) si rifugiò in Francia, dove però venne arrestato dagli occupanti nazisti, che lo rinchiusero in un campo di concentramento, dove rimase fino alla Liberazione. Dopo la fine del franchismo, nel 1978, a Madrid, fu celebrato un grande funerale alla sua memoria, al quale parteciparono 500.000 persone.

988 Indalecio Prieto (1883-1962), giornalista, nel 1899 aderì al PSOE, di cui presto divenne il leader dell'ala moderata, spesso in contrasto con L. Caballero. Fu ministro della *Marina* e dell'*Aviazione* nel governo Caballero e ministro della *Difesa* nel governo Negrin. Dopo la caduta della Repubblica, andò in esilio in Messico.

989 Juan Negrin (1892-1956), professore universitario di fisiologia, fu ministro delle *Finanze* nel governo di Largo Caballero, che sostituì nella carica dal 17-5-1937 al 1°-5-1939. Fece parte dell'ala moderata del PSOE, ma collaborò strettamente coi comunisti spagnoli, poiché l'URSS era l'unica potenza a sostenere la Repubblica durante la guerra civile. Dopo la sconfitta si rifugiò prima a Londra e poi a Parigi.

990 José Luis Rodriguez Zapatero (n. 1960), assistente di Diritto Costituzionale all'università di Leon, aderì al PSOE nel 1979 e ne divenne segretario generale il 22-7-2000. Nel 1986 venne eletto deputato e riconfermato in tutte le elezioni successive. Sotto la sua guida il PSOE tornò a vincere nel 2004 e Zapatero divenne Capo del Governo, rimanendovi fino al 2011, quando Alfredo Perez Rubacalpa, candidato alla Presidenza del Governo e futuro segretario (2012) del PSOE fu sconfitto dal centro-destra.

Maria Elena Valenciano Martìnez-Orozco nacque a Madrid il 18 settembre 1960 in una famiglia conservatrice e benestante della borghesia madrilena, politicamente orientata a destra. Il nonno paterno, assai legato alla sua gente murciana, era l'insigne psichiatra Luis Valenciano Gayà[991] (1905-1985), che Elena ammirava ed amava moltissimo e che influì molto sulla sua formazione morale. Anche lei oggi, come già il nonno, sente una grande attrazione per la terra murciana, in cui affondano le sue radici.

Elena nacque a Madrid perché suo padre, l'illustre virologo Luis Valenciano Clavel[992], per completare i suoi studi, si trasferì nella capitale, dove conobbe e sposò, il 26 dicembre 1959, Maria Elena Martinez-Orozco y Dupuy. Ma i ricordi della sua infanzia e della sua adolescenza nella casa dei nonni, il clima natalizio nella Murcia, e le estati passate in quei luoghi sono ancora freschi nella sua memoria. Come lo sono i suoi parenti, mai dimenticati, specialmente gli zii Maria Luisa Valenciano, da lei chiamata la *zia-madre*, e Manuel Valenciano.

---

991 A lui è intitolata la casa di cura per malati di mente di El Palmar.

992 Luis Valenciano Clavel (n.1936), medico e ricercatore scientifico, fu uno dei pionieri nella lotta per la vaccinazione di massa contro la polio e nella sperimentazione del vaccino contro l'AIDS.

Giovanissima[993] sentì attrazione per la politica, forse anche per la decisione del padre, dopo le soddisfazioni professionali, di darsi anche alla vita pubblica. Egli occupò , infatti, come indipendente, la carica di sottosegretario del Ministero della Sanità durante il governo dell'UDC[994], nel periodo in cui esplose il dramma della grande intossicazione a causa dell'olio di colza edulcorato[995]. Il suo ruo-

---

993 Quando, ancora adolescente, disse di avere aderito alla Gioventù Socialista, la signora Martinez-Orozco quasi svenne: le pareva orribile avere una figlia marxista; ma, dopo poco tempo, tutto si normalizzò e la famiglia ridivenne unita; anche le sue zie, che sono più di destra che di centro, le dicono qualche volta:- Cara bambina, ti abbiamo ascoltato alla televisione e non siamo d'accordo con quello che dici, ma ti auguriamo ogni bene. Dalla madre apprese la dialettica e la sensibilità verso la gente che soffre. Ed anche a sapersi ben destreggiare in cucina.

994 Dopo la morte di Franco (20-11-1975) si aprì in Spagna il periodo detto di *transizione* alla democrazia. Dopo i governi (31-12-1973/1-7-1976) di Carlos Arias Navarro (1908-1989), inizialmente nominato da Franco e poi confermato dal re Juan Carlos, la guida della transizione fu affidata ad Adolfo Suarez (1932-1981). In prossimità delle prime elezioni democratiche (15-6-1977), Suarez costituì una coalizione politica di centro-destra, denominata UDC (Unione del Centro Democratico) composta da democristiani, liberali, socialdemocratici, monarchici costituzionali, elementi ex franchisti, che vinse le elezioni, ottenendo 166 seggi su 350 (il PSOE 118). Il Parlamento così eletto approvò una nuova Costituzione democratica, poi confermata con referendum popolare e ratificata il 6-12-1977. Nelle successive elezioni del 1°-3-1979 l'UDC conservò il potere conquistando 168 seggi (PSOE 121), ma in seguito fu preda di una crisi interna irreversibile, che la portò a sciogliersi il 18-2.1983.

995 Più di 25.000 persone, di cui 400 morte e 10.000 con gravi disfunzioni organiche, rimasero intossicate per aver usato olio di colza destinato ad uso industriale e non al consumo umano, messo illegalmente in circolazione. L'inefficacia della politica governativa di controllo della qualità e sanità degli alimenti fu energicamente denunciata

lo politico, tuttavia, non ha dato a Luis la notorietà raggiunta dalla sua primogenita Elena[996], con la quale mantiene un ottimo rapporto, benché dica apertamente di non essere un elettore del PSOE. È stato comunque un padre di idee profondamente liberali, che non ha voluto per le sue tre figlie il solito destino della sistemazione tramite matrimonio, ma che anzi ripeteva loro che dovevano essere libere e autonome.

Elena ha frequentato il *Liceo Francese*[997] di Madrid, dove si è anche diplomata. Era quella una scuola molto aperta, ricca di fermenti politici, anche perché frequentata da figli di esuli: vi si tenevano assemblee, vi apparivano graffiti, vi si chiedevano amnistie per i prigionieri politici, si inneggiava alla libertà, c'era insomma molta partecipazione. Le idee progressiste che vi circolavano influenzarono certamente quell'adolescente di „buona famiglia", fino a farle maturare la sua irreversibile scelta socialista. All'ultimo anno del corso, nel 1977, entrò nella JSE (Gioventù Socialista di Spagna) e, l'anno dopo, nel PSOE. Successivamente, proprio mentre iniziava i suoi studi universitari di diritto, cominciò a lavorare come telefonista volontaria nella sede centrale del PSOE, „seppellita" per due

---

dall'opposizione socialista. Ma ciò non causò alcun disagio nel rapporto di Elena col partito, né in quello con la famiglia.

996 Elena è la maggiore di tre sorelle.

997 La sua propensione per il socialismo si arricchì negli anni del liceo, dove studiavano figli di esiliati e dove si studiava la rivoluzione francese, i movimenti operai di fine Ottocento, il Maggio del '68. In quella scuola Elena scoprì la politica, la libertà, la capacità di riflettere, la letteratura, il sesso. Nello stesso liceo, nello stesso periodo, studiava anche Antonio Vega (1957-2009), destinato a diventare un famoso cantautore spagnolo.

anni in una stanza di due metri per uno: era, infatti, una delle poche che parlavano francese e inglese[998]; ma bisogna anche dire che probabilmente Elena era stata scelta anche per la sua capacità di comunicare con persone di differenti età e convinzioni.

Era lei che rispondeva al telefono la notte del 23 febbraio 1981, quando Antonio Tejero prese d'assalto il Parlamento[999]: era stata infatti incaricata di rispondere alle numerose chiamate dall'estero, perché moltissimi, soprattutto socialisti stranieri, volevano sapere cosa stesse succedendo in Spagna.

Si immedesimò talmente nell'attività politica che non riuscì a terminare gli studi di Diritto, né quelli di Scienze Politiche, intrapresi all'*Università Complutense*[1000] di Madrid, forse anche perché si trattava di discipline lontane dalla sua reale vocazione, che probabilmente era quella di seguire le orme dei suoi ascendenti: il nonno psichiatra, il padre ricercatore...

---

998 Elena „si difende" anche in italiano e in portoghese.

999 Antonio Tejero Molina (n. 1932), tenente colonnello della *Guardia Civil*, fu uno dei capi del tentativo di colpo di Stato della sera del 23-2-1981, ispirato da alcuni settori dell'esercito e dall'estrema destra franchista, ostili all'evoluzione democratica della Spagna. Tejero, con la pistola in pugno, alla testa di circa 200 militi, irruppe nell'aula parlamentare e sequestrò tutti i deputati. La fermezza del re impedì che il tentativo avesse successo e Tejero fu costretto ad arrendersi la mattina dopo. Fu espulso dall'esercito e arrestato. È uscito di prigione il 2-12-1996.

1000 È fra le più importanti università europee. Fu fondata dal re di Castiglia Sancho II nel 1293, con sede ad Alcalà de Henares, in latino *Complutum*, da cui deriva la sua denominazione. Nel 1836 la regina Isabella II la fece trasferire a Madrid.

Da allora, e fino ad oggi, non ha mai cessato di lavorare per il partito, del quale ha risalito la gerarchia, in modo lento ma costante. L'hanno aiutata la sua grande capacità di lavoro, per il quale è molto esigente e perfezionista e il fatto, inoltre, di non essersi mai fatta invischiare nelle diatribe interne e di non essersi mai schierata per qualcuna delle sue componenti. Ciò le ha procurato il rispetto e la stima di tutta l'organizzazione.

Visse intensamente gli anni '80, tra politica e studi, ma trovando posto anche per l'amore.

Nel 1985 sposò Federico „Quico" Manero[1001], che sarebbe diventato segretario generale della gioventù socialista, matrimonio dal quale, quando aveva 28 anni, nacque la figlia Nathalie[1002].

Al suo impegno per il socialismo è sempre stata collegata l'altra sua grande battaglia, condotta da femminista convinta: quella per il riscatto delle donne e per la parità di diritti fra i generi. Nel 1984 Elena fondò l' *Associazione Donne giovani*[1003], di cui è stata presidente

---

1001 Il fidanzamento era stato lungo, ma il matrimonio durò appena tre anni e si concluse col divorzio.

1002 Nathlie, che studia Educazione Sociale, ha oggi un ottimo rapporto con la madre. Quando la ragazza aveva 16 anni espresse il desiderio di farsi fare un tatuaggio. Mamma Elena, per assicurarsi che tutto fosse igienico, la volle accompagnare. Constatato che tutto era pulito, mentre aspettava, vide nel catalogo del locale una farfalla e le piacque. E, con la freschezza e la spontaneità che la contraddistinguono, se la fece tatuare sulla spalla sinistra!

1003 L'associazione, formata da giovani femministe dai 18 ai 30 anni, si batte per conseguire la parità di opportunità e di diritti con gli uomini e per poter vivere in un mondo *più solidale, più giusto, in un mondo migliore*.

fino al 1990, quando diventò direttrice del *Centro di impiego ed orientamento professionale per donne*, incarico svolto fino al 1994.[1004]

Fra il 1992 e il 1994 fu anche Coordinatrice Nazionale della *Lobby Europea delle Donne*, che raggruppa moltissime associazioni femminili presenti in quasi tutti gli Stati dell'UE e che promuove iniziative di vario tipo per i diritti delle donne, tendenti a realizzare la parità con gli uomini.

Il 1994 fu anche l'anno in cui incontrò , nella cittadina di Altea, quello che sarebbe stato l'uomo della sua vita, l'architetto Javier de Udaeta, madrileno di origine, ma operante in Alicante. Fu un amore a prima vista: nel novembre 1994 i due si sposarono civilmente e l'anno dopo nacque il figlio Javier. Questo secondo marito si è rivelato un uomo generoso, comprensivo, amabile e intelligente, col quale Elena ha raggiunto un'intesa perfetta.

La sua carriera politica, sempre vissuta con grande dedizione e in modo appassionato e disinteressato, ebbe una svolta con la candidatura e l'elezione a deputata europea nel 1999. A farle fare questo balzo in avanti certo giocò la sua conoscenza dei *big* del partito

---

1004 Nel 1994 la Valenciano divenne direttrice della *Fondazione Donne*, creata da alcune femministe provenienti dall'*Associazione Giovani Donne*. La fondazione è un ente senza fini di lucro che elabora progetti di intervento nei diversi ambiti della partecipazione sociale, politica, economica e culturale, al fine di contribuire a realizzare una reale ed effettiva uguaglianza di opportunità. Dal 1999 al 2013 ne è stata presidente.

come Zapatero, Blanco[1005] e Rubalcaba[1006]; ma quel successo fu anche il giusto riconoscimento dei moltissimi anni di assoluta fedeltà al partito e della sua capacità di comunicare con persone di tutte le condizioni e di tutte le tendenze.

Cosa l'aveva spinto a compiere quell'ingresso nelle istituzioni? Nel 1997 aveva fatto parte del ristretto gruppo di volontari che affiancava Josep Borrell[1007] nella sua campagna per le primarie del PSOE (24-4-1998) per la candidatura a premier alle elezioni politiche del

1005 José (Pepe) Blanco Lopez (n. 1962), dopo il diploma aderì al PSP (Partito Socialista Popolare), che nel 1978 confluì nel PSOE, al quale Blanco si dedicò completamente, tralasciando gli studi di diritto. Dopo aver occupato varie cariche regionali in Galizia, nel 1996 fu eletto deputato. È stato vicesegretario del PSOE dal luglio 2008 al febbraio 2012.

1006 Alfredo Pérez Rubacalpa (n.1951), professore universitario di chimica, è stato più volte deputato e ministro del PSOE. È stato anche segretario del PSOE nel 2012-14, con Elena Valenciano vicesegretaria.

1007 Josep Borrell Fontelles (n.1947), socialista catalano, ingegnere aeronautico, dottore in Scienze Economiche, professore di Analisi Economica all'università *Complutense* , nel 1979 fu eletto deputato e nel 1984 fece parte del governo Gonzàlez. Nel periodo 2004-2010 è stato Presidente del Parlamento Europeo. Dal 2010 al 2012 è stato presidente dell'*Istituto Universitario Europeo*, istituzione di studio e di ricerca finanziata dall'UE.

2000[1008]. Ed era stato proprio Josep Borrell a convincerla a candidarsi al Parlamento Europeo nelle elezioni del 13-6-1999.

Fu eletta[1009], e questo fu il suo primo incarico politico di rappresentanza da quando, nel 1977, aveva aderito alla gioventù socialista.

E fu proprio lì, a Bruxelles, che Elena finì per capire come, a volte, conciliare politica e famiglia sia per una donna piuttosto problematico. Per lei in particolare, combattuta tra la sua passione per la politica e per il suo partito e il suo attaccamento alla famiglia, che lei non vedeva per la maggior parte della settimana, dal momento che marito e figli vivevano ad Altea e lei doveva recarsi spesso a Madrid o a Bruxelles. La sua figlia maggiore aveva allora 11 anni e attraversava un periodo difficile, e il piccolo Javier ne aveva appena tre. Tutti e due le chiedevano di non partire, volevano che restasse con loro e spesso lei perdeva gli aerei... Ogni volta era per lei uno strappo, una sofferenza, per fortuna alleviata dal fatto che suo marito, molto comprensivo, faceva ai bambini da padre e da madre.

1008 Felipe Gonzàlez, non più premier, dopo la sconfitta alle elezioni politiche del 1996, vinte dal PP (Partito Popolare), nel corso del XXXV congresso del PSOE (20-22 giugno 1997), aveva lasciato anche la segreteria del partito ed era stato sostituito da Joaquìn Almunia (n. 1948). Il quale poi partecipò alle primarie fra gli iscritti per la scelta del candidato alle elezioni politiche in concorrenza con Josep Borrell, il quale vinse col 55 % dei voti, ma finì poi per rinunciare in favore di Almunia. Quest'ultimo, alle elezioni politiche del 2000 fu anch'egli sconfitto e si dimise da segretario; al suo posto venne eletto Zapatero, che nel 2004 riportò il partito alla vittoria.

1009 Il PSOE, col 35,94 % dei voti, ottenne, nelle elezioni europee del 1999, 24 seggi sui 64 spettanti alla Spagna.

Oggi Elena dedica tutto il tempo libero che la politica le lascia alla famiglia, che da sempre è la sua priorità[1010].

Come c'era da aspettarsi da quella donna energica dal carattere appassionato e volitivo, femminista ad oltranza, il suo impegno al Parlamento Europeo fu assai intenso per tutti i nove anni[1011] di attività a Bruxelles (13-6-1999/9-3-2008). Fece parte di diverse commissioni e lavorò attivamente in inchieste ed iniziative parlamentari. In particolare divenne portavoce socialista nella commissione per i *Diritti Umani* e fu componente della commissione *Affari Esteri, Sviluppo e Cooperazione*. Intense ed appassionate furono le sue battaglie contro il tentativo della destra di riformare la legge sull'aborto in Spagna, quelle contro le mutilazioni genitali delle bambine e quelle contro la tratta di donne da destinare alla prostituzione; lottò contro ogni tipo di discriminazione per sesso, razza o religione. A suo tempo mantenne un'attiva opposizione contro la guerra in Iraq e denunciò più volte le violazioni di diritti umani nel carcere di Guantanamo.

Nello stesso periodo cominciò ad assumere un ruolo di primo piano nell'ambito del partito. Nel 2000 fece parte della *Commissione Politica*, incaricata di gestire il PSOE per alcuni mesi[1012]. Nello stesso

---

1010 Questa donna, così piena di vitalità, non limita la sua passione alla politica. Essa ama molto anche il mare e le canzoni di Alejandro Sanz e di Nina Pastori.

1011 La Valenciano fu rieletta alle elezioni del 13-6-2004. Il PSOE, col 43,46 % dei voti, ottenne 25 seggi sui 54 spettanti alla Spagna. Dal 2004 Elena fa parte anche del Movimento Europeo.

1012 Dopo le elezioni legislative del 12-3-2000, Almunia, sconfitto da Aznar (PP), si dimise da segretario del PSOE e l'incarico di gestire

anno il XXXVI congresso del partito la elesse componente del *Comitato Federale*[1013].

Nel 2007 venne nominata componente della *Commissione Esecutiva Federale*, coll'importante incarico di segretaria per le *Relazioni Internazionali* (2007-2012)[1014], succedendo nell'incarico a Trinidad Jiménez[1015].

L'anno dopo Elena Valenciano decise di candidarsi alle elezioni politiche del 9-3-2008, conseguendo l'ennesimo successo personale. Anche il partito ne uscì bene[1016] e Zapatero rimase Primo Ministro.

---

temporaneamente il partito fu affidato ad una *Commissione Politica* (una specie di Direzione collegiale provvisoria), di cui la Valenciano fece parte, presieduta da Manuel Chaves (n. 1945). La Commissione si fece dunque carico di organizzare il XXXVI congresso del partito, che il 22-7-2000 elesse segretario Zapatero. Chaves fu eletto presidente del partito (2000-2012).

1013 Il *Comitato Federale*, così chiamato per la struttura organizzativa federalista del PSOE, è il massimo organo del partito fra i congressi. Si riunisce tre volte l'anno, controlla la gestione della *Commisione Esecutiva Centrale,* approva le liste elettorali nazionali, convoca i congressi. Corrisponde più o meno a un „Comitato Centrale" o a un „Consiglio Nazionale" dei partiti italiani.

1014 Il 6-7-2008, in occasione del XXXVII congresso del PSOE, venne confermata nelle sue funzioni esecutive col titolo di „segretaria per la Politica Internazionale e la Cooperazione".

1015 Trinidad Jiménez Garcia-Herrera (n.1962), laureata in legge, aderì alla Gioventù Socialista nel 1983. Nel PSOE ha fatto parte della corrente *Nuova Via* di Zapatero. Attualmente deputata al Parlamento, è stata consigliere comunale di Madrid (2003-2006), segretaria di Stato per l'America latina (2006-2009), ministro della Sanità e della Politica Sociale (2009-2010), ministro degli Esteri e Cooperazione (2010-2011), segretaria per la Politica Sociale del PSOE (2012-2014).

1016 Il PSOE ottenne il 43,87 % dei voti e 169 deputati su 350.

Ed anche alle elezioni europee del 7-6-2009 il risultato poté considerarsi soddisfacente[1017]. Tuttavia, il 2-4-2011 Zapatero annunciò ufficialmente la volontà di non ricandidarsi alle politiche del 2012. Le quali, però , in seguito alla pesante crisi economica che aveva colpito la Spagna, furono anticipate al 20-11-2011, con candidato premier socialista Alfredo Pérez Rubalcaba.

La campagna elettorale, coordinata da Elena Valenciano[1018], si conclude con un risultato molto negativo per il PSOE, che ottenne solo il 28,6 % dei voti e 110 seggi su 350[1019].

Diventava dunque impellente per il PSOE rinnovare i suoi vertici e la sua politica per cercare di risalire la china. L'occasione fu il XXX-VIII congresso del partito, tenutosi a Siviglia nel febbraio 2012, in cui si confrontarono, per la carica di segretario del partito Carme Chacon Piqueras[1020] e Alfredo Pérez Rubalcapa. Prevalse quest'ultimo per pochi voti (487 voti contro 465)[1021].

1017 Alle elezioni europee del 7-6-2009 il PSOE ottenne il 39,33% dei voti e 21 seggi sui 50 spettanti alla Spagna.

1018 Nel 2009 era stata vicecoordinatrice per le elezioni europee del 7-6-2009 e, nel maggio 2011, per quelle locali.

1019 Il PP, guidato da Mariano Rajoy (n.1955), che divenne Primo Ministro, ottenne la maggioranza assoluta, con 188 seggi. Il pessimo risultato del PSOE era stato preannunciato da quello delle municipali tenute qualche mese prima, il 22-5-2011.

1020 Carme Chacon Piqueras (n. 1971), laureata in giurisprudenza ed ex insegnante universitaria di leggi costituzionali, fu eletta per la prima volta deputato nel 2000. Fu riconfermata nel 2004 e nel 2008. È stata ministro degli Alloggi e poi della Difesa nel governo Zapatero.

Elena Valenciano fu eletta (5-2-2012) vicesegretaria, carica mai prima ricoperta da una donna nel PSOE[1022]. Dopo qualche mese, nel congresso di Bruxelles del 23-29 settembre 2012, Elena Valenciano è stata eletta anche vicepresidente del PSE (Partito Socialista Europeo)[1023].

Alle elezioni europee del 25-5-2014 Elena Valenciano, che capeggiava le liste del PSOE, è stata eletta ed è così ritornata al Parlamento di Bruxelles[1024], ma il partito ha subito un autentico tracollo[1025], che ha indotto il segretario Rubalcaba a dimettersi.

Il 13-7-2014, per la prima volta nella storia del partito, il nuovo segretario è stato eletto col voto diretto degli iscritti, poi ratificato il

---

1021 Presidente fu eletto José Antonio Grinan (n. 1946), deputato di Siviglia. La Segreteria del PSOE nel suo insieme ebbe dal congresso 723 voti a favore, 168 schede bianche, 8 nulle, 57 astensioni.

1022 Questa funzione era stata precedentemente occupata da José Blanco.

1023 Presidente è stato eletto il bulgaro Sergej Stanišev col 91 % dei voti dei 350 delegati di 34 partiti socialisti europei. Come suoi vice, oltre alla Valenciano, sono stati eletti il francese Jean-Christophe Cambadelis, l'inglese Jan Royall, e la slovacca Katarìna Neved'alovà. Elena Valenciano, specializzata in politica europea e internazionale, è anche presidente del *Comitato del Mediterraneo* dell'Internazionale Socialista.

1024 Il 1° luglio 2014 la Valenciano ha lasciato il Parlamento nazionale. Essa è a capo della delegazione socialista spagnola nel Parlamento Europeo.

1025 Al PSOE è andato il 23,0 % dei voti e appena 14 deputati sui 54 spettanti alla Spagna.

26 luglio successivo dal congresso straordinario di Madrid. Il futuro del partito è stato affidato a Pedro Sànchez[1026].

Dal 27 luglio 2012 dunque Elena non è più vicesegretaria del PSOE (la carica è stata soppressa), ma il lavoro che questa donna *femminista, socialista, mediterranea e madre*, come si è definita, ha svolto e continuerà a svolgere, con tenacia e spontaneità, per il socialismo, per il riscatto delle donne e per l'Europa ha lasciato il segno e darà certamente nuovi frutti.

1026 Pedro Sanchez Pérez-Castejon (n.1972), professore universitario di economia, è stato eletto segretario col 48,7 % dei voti degli iscritti (quasi 130.000 votanti su 198.000 iscritti al PSOE). Suoi concorrenti erano Eduardo Madena e José Antonio Pérez-Tapias.

Clara Zetkin

L'inclusione delle grandi masse di donne proletarie nella lotta di liberazione del proletariato è una delle premesse necessarie per la vittoria delle idee socialiste, per la costruzione della società socialista.
Clara Zetkin

La fama di Clara Zetkin è, per i più, collegata alle origini della *Giornata internazionale della donna*, istituita, il 29 agosto 1910, dalla Conferenza internazionale delle donne socialiste, riunita a Copenaghen, su proposta appunto della Zetkin.

Certo basterebbe questo singolo episodio, di grande valenza civile e culturale, per garantirle un posto di tutto rispetto nel ricordo delle generazioni successive alla sua. Ma, al di là del singolo episodio, l'intera vita della Zetkin rappresenta un grande esempio di coerenza politica e morale, di costante impegno nella lotta di emancipazione dei lavoratori e delle donne in particolare, di dedizione alla causa del socialismo e del femminismo.

Clara Eisner – questo il suo nome da ragazza - nacque il 5 luglio 1857 a Wiederau, un piccolo comune della Sassonia centrale, abitato prevalentemente da tessitori a domicilio.

Suo padre Gottfried, figlio di un bracciante, avendo potuto studiare grazie all'aiuto di un pastore, esercitava la professione di maestro ed era anche organista della chiesa protestante. In seconde nozze aveva sposato Joséphine Vitale, vedova di un medico di Lipsia e figlia di Jean Dominique, ex ufficiale napoleonico, che viveva dando lezioni di italiano e di francese. Joséphine, donna colta, era stata fortemente influenzata dagli ideali rivoluzinari del padre, che aveva poi trasmesso ai figli.

Dal matrimonio di Gottfried e Joséphine nacquero tre figli: Clara, la maggiore, Arthur, che avrebbe fatto l'insegnante, come il padre, e Gertrud, che avrebbe sposato un piccolo industriale. Clara, piuttosto che dal rigido protestantesimo del padre, fu influenzata dalle aperture mentali della madre e dalle letture di vicende storiche rivoluzionarie, mentre ai suoi occhi erano sempre presenti le miserabili condizioni di vita dei tessitori.

Nel 1872 gli Eisner, affinché i figli potessero continuare gli studi, si trasferirono a Lipsia.

Clara fu iscritta alla scuola per maestre diretta da Auguste Schmidt (1833-1902), pioniera del femminismo in Germania. Nella scuola, in cui si respirava una certa aria di libertà, oltre la letteratura e la storia, si insegnavano le lingue inglese, francese ed italiana. Clara si dimostrò subito un'allieva modello: intelligente, avida di conoscere, impegnata nello studio, amata dalle compagne; soprattutto da Varvara, una russa figlia di un negoziante, di cui divenne intima amica. La morte del padre, avvenuta nel 1875, costrinse la famiglia a vivere in condizioni di ristrettezze economiche.

Intanto cresceva l'industrializzazione del Paese e, con essa, la formazione di una classe operaia sempre più ansiosa di darsi un'organizzazione efficiente ed una prospettiva di riscatto economico e sociale. Nel 1875, al congresso (22-27 maggio) di Gotha, cittadina della Turingia, le due organizzazioni in cui era diviso il movimento operaio tedesco, e cioè l'ADAV (Associazione degli Operai Tedeschi)[1027] e il SAD (Partito Socialdemocratico dei Lavoratori)[1028] si fusero, dando vita ad un organismo unitario denominato SAP (Partito Socialista dei Lavoratori)[1029], che nel 1890 assumerà la denominazione di SPD (Partito Socialdemocratico di Germania), che è rima-

---

1027 Il partito ADAV era stato fondato il 23 maggio 1863 da Ferdinand Lassalle (1825-1864), secondo cui il miglioramento delle condizioni del proletariato poteva essere raggiunto attraverso il suffragio universale maschile, col quale le classi diseredate avrebbero potuto conquistare il controllo dello Stato, senza bisogno di ricorrere alla rivoluzione.

1028 Il SAD era stato fondato a Eisenach nel 1869 da August Bebel (1840-1913) e da Wilhelm Liebknecht (1826-1900), stretto collaboratore di Marx e di Engels, che fondò e diresse per lungo tempo il prestigioso quotidiano socialdemocratico *Vorwarts!* (Avanti!). I due in precedenza (1867) avevano fondato il *Partito Popolare di Sassonia*.

1029 Marx fu contrario all'iniziativa, poiché, nonostante l'aspetto positivo della creazione di un fronte unico dei lavoratori tedeschi, vedeva nell'unificazione un cedimento dei marxisti ai lassalliani. La sua posizione è esternata nella *Critica al programma di Gotha*. In particolare Marx sosteneva che in uno Stato socialista i lavoratori dovrebbero essere retribuiti in base ai loro bisogni e non in base a ciò che essi producono.

sta immutata fino ai nostri giorni. Alla prima prova che fu chiamato ad affrontare e cioè le elezioni federali tedesche, il nuovo partito raggiunse il 9% dei voti, conquistando 12 seggi in parlamento. Alla testa del nuovo partito ben presto si imposero i marxisti Bebel e Liebknecht, entrambi deputati sassoni.

Timoroso di un'ulteriore espansione della socialdemocrazia, il cancelliere Bismark riuscì, nel 1878 a fare adottare le cosiddette „leggi antisocialiste", con cui le autorità di polizia potevano impedire qualunque manifestazione pubblica ai socialdemocratici, di fatto quindi ridotti alla clandestinità. Fu a cavallo di questo fermento che Clara Eisner, ancora studentessa, fu introdotta dall'amica Varvara in un circolo di studenti russi emigrati, in cui fiorivano le più audaci dottrine sociali del tempo. Fu allora che conobbe Ossip Zetkin[1030], profugo russo di origine ucraina, di dieci anni più anziano di lei. Ossip le forniva la stampa socialista e la invitava a partecipare alle varie conferenze che si tenevano prima dell'entrata in vigore delle *leggi eccezionali*, dove poteva capitare che intervenisse Wilhem Liebknecht, che insisteva particolarmente sulle idee internazionaliste, sulla solidarietà tra lavoratori tedeschi e francesi. Clara aderì con entusiasmo a quelle idee e se ne fece sostenitrice appassionata, alienandosi così le simpatie della direttrice della scuola, affatto propensa ad accettare le idee rivoluzionarie dell'allieva. Due anni

---

1030 Ossip Zetkin (1850-1889) proveniva da una benestante famiglia di commercianti ebrei di Odessa. Era stato inizialmente influenzato dai populisti russi. Successivamente si era trasferito a Lipsia dove aveva trovato lavoro presso il falegname Mosermann, che l'aveva conquistato al socialismo. Nel frattempo Ossip studiava all'università e frequentava il circolo di studenti russi emigrati, dove conobbe Clara.

dopo aver conseguito la maturità, Clara sostenne a Dresda l'esame che la abilitava all'insegnamento delle lingue, ma la direttrice non l'appoggiò affatto per farle ottenere un posto di insegnante. Per lo stesso motivo si guastarono i rapporti della ragazza con la madre Josephine, anch'essa ostile alle frequentazioni e alle idee politiche della figlia, per la quale auspicava invece un buon lavoro che le permettesse di aiutare la famiglia.

Ma Clara non volle rinunciare alle sue idee[1031] e si trovò un posto di precettrice privata presso un proprietario di Wermsdorf, un paesino vicino Lipsia. Dopo un anno si spostò a Zschopau, sempre in Sassonia, dove divenne educatrice dei figli di un costruttore, tale Bodemer. Successivamente, invitata dalla sua cara amica Varvara, passò alcune settimane a Pietroburgo. In quegli anni, appena poteva, Clara si recava a Lipsia, dove incontrava Ossip, con il quale distribuiva la semiclandestina stampa socialdemocratica. Infatti, il partito, non potendo stampare in patria il suo organo *Der Sozialdemokrat* („Il socialdemocratico"), lo faceva uscire a Zurigo e poi ne introduceva migliaia di copie in Germania. Pure in Svizzera, a Wyden, si tenne , nella primavera 1880, il congresso annuale del partito socialdemocratico. Ma quando Bebel venne a Lipsia per riferirne i risultati ai militanti, la polizia fece irruzione nella casa in cui si teneva la riunione e arrestò tutti i presenti. I più se la cavarono dicendo che si erano riuniti per festeggiare il compleanno di uno di loro, e furono rilasciati. Ma Ossip Zetkin, che era straniero, fu espulso, con effetto immediato. Clara lo accompagnò fino ai confi-

---

1031 Nel 1878 aderì al Partito Socialista dei Lavoratori (SAP, poi diventato SPD).

ni della città e, al momento del distacco, Ossip le lasciò una sua foto e i due si promisero di scriversi e di rivedersi: qualcosa di più che l'amicizia era nata fra loro. Dopo alcuni mesi, Clara si spostò in Austria, dove aveva trovato un nuovo lavoro come precettrice.

Nella primavera del 1882, invitata dall'amica Varvara che vi si era stabilita, si recò a Zurigo, dove conobbe Eduard Berstein (il futuro"revisionista"), corrispondente di Marx e amico di Engels. Bernstein aveva il compito, per conto della socialdemocrazia tedesca, di redigere il *Sozialdemokrat,* mentre per la spedizione e la diffusione clandestina del giornale, si avvaleva della collaborazione dell'ex sindacalista Julius Motteler. Quest'ultimo assunse Clara, che così divenne attivista a tempo pieno del partito. Fu Motteler a parlarle delle prime lotte della classe operaia tedesca e a farle conoscere il capolavoro di August Bebel *Die Frau und der Sozialismus* („La donna e il socialismo"), l'opera allora più conosciuta fra i socialdemocratici tedeschi. Il testo esercitò una notevolissima influenza sull'attività e sulle posizioni politiche di Clara Eisner. La quale, però, nell'autunno 1882 lasciò Zurigo per andare a Parigi, per ritrovare il suo Ossip. I due avevano capito di non poter vivere lontano l'uno dall'altra.

Lo raggiunse nell'ottobre 1882 e visse con lui in una camera ammobiliata presa in affitto da Ossip. Lì nacque il loro primo figlio, Maxim[1032]; dopo di che la famiglia si trasferì in un appartamento più grande dove, un anno e mezzo dopo, nacque il secondo figlio, Co-

---

1032 Maxim Zetkin (1883-1980) divenne medico. Fu uno dei fondatori del Partito Comunista Tedesco. Dopo la prima guerra mondiale visse a lungo in URSS. Tornato in Germania insegnò a Berlino.

stantino, affettuosamente chiamato Costia[1033]. I figli furono riconosciuti da Ossip e ne portarono il cognome, anche se i genitori non si vollero sposare probabilmente in ossequio al principio che una coppia esiste fin quando esiste l'amore al suo interno e non perché lo impone un credo religioso o la volontà dello Stato, ma anche perché Clara non voleva perdere la sua nazionalità. Tuttavia ella aveva dimostrato il suo amore per Ossip rinunciando, da quando era arrivata a Parigi, al suo nome, per adottare quello del suo compagno: da allora sarà per tutti Clara Zetkin. I due vivevano, assai modestamente, dando lezioni private di lingue. Clara conosceva, a parte un po' di russo e, ovviamente, il tedesco, molto bene il francese, l'inglese e l'italiano, mentre Ossip, oltre il russo, conosceva il tedesco e l'inglese.

Ma erano anni duri economicamente per la famiglia Zetkin, che una volta finì anche sfrattata per morosità. Furono anche gli anni in cui Clara imparò il mestiere di traduttrice e di giornalista, furono gli anni, infine, in cui apprese il marxismo. Le sue letture in proposito, fondamentali per la sua formazione, andavano dal *Ma-*

1033 Kostantin Zetkin (1885-1980).nacque a Parigi. Dopo il trasferimento della famiglia in Germania studiò nel ginnasio di Stoccarda. Successivamente studiò dapprima economia e poi medicina. Durante i suoi studi a Berlino, ebbe una relazione sentimentale (1907-1915) con Rosa Luxemburg. Durante la prima guerra mondiale fu decorato con la Croce di Ferro, come già il fratello. Dopo aver conseguito la laurea in medicina (1923) divenne ricercatore presso l'università di Francoforte sul Meno. Dopo l'avvento del nazismo si rifugiò, assieme alla madre, in URSS. Successivamente si spostò in Francia, dove, non essendogli stato permesso di lavorare come medico, fece il massaggiatore e l'infermiere. Nel 1945 si recò negli USA, dove lavorò in istituti psichiatrici. Nel 1950 si stabilì a Middle Point, in Canada, dove visse nella fattoria del suo figliastro.

nifesto comunista al *Capitale* di Marx, all'opera di Engels *L'origine della famiglia, della proprietà privata e dello Stato*, alla storia della rivoluzione francese e della Comune di Parigi. Ruolo fondamentale ebbero in ciò il suo compagno Ossip, leader di un gruppo politico, le amicizie che ebbe modo di contrarre e le persone incontrate durante la sua frequentazione del „Circolo internazionale di studi sociali", in cui venivano ad esporre le loro idee esponenti del Partito Operaio Francese[1034] e della socialdemocrazia tedesca. In particolare vi conobbe Laura, figlia di Karl Marx[1035], che aveva sposato un rivoluzionario francese, Paul Lafargue, Jules Guesde e la moglie e Gabriel Deville (1854-1940), traduttore del *Capitale* e divulgatore delle idee socialiste.

Quegli anni furono dunque per Clara anni di formazione teorica, durante i quali cominciò ad aver dimestichezza con eminenti esponenti del movimento operaio internazionale; ma anche anni

---

1034 Il *Partito Operaio Francese* (POF) era stato fondato nel 1882 da Jules Guesde e da Paul Lafargue, genero di Marx. Nel 1901 esso si fuse con il *Partito Socialista Rivoluzionario* blanquista e con l'*Alleanza Comunista Rivoluzionaria*, formando l' *Unità Socialista Rivoluzionaria*, che nel 1902 diventò *Partito Socialista di Francia* (PSdF). Quest'ultimo nel 1905 si fuse col *Partito Socialista Francese*, guidato da Jean Jaurés, dando vita alla *Sezione Francese dell'Internazionale Operaia* (SFIO).

1035 Karl Marx (1818-1883) e la moglie Jenny von Westphalen (1814-1881) ebbero sette figli: Caroline (1844-1883), che sposò il socialista francese Charles Longuet; Laura (1845-1911), militante socialista, che nel 1868 sposò il rivoluzionario e scrittore francese Paul Lafargue, assieme al quale morì suicida; Edgar (1847-1855); Henry Edward Guy (1849-1850); Eveline Frances (1851-1852); Julia Eleanor, che ebbe una relazione col politico inglese Edward Aveling; un figlio senza nome, morto neonato.

in cui visse sulla propria pelle i sacrifici che dovevano affrontare le donne lavoratrici, che, oltre il lavoro, dovevano adempiere ai compiti della vita quotidiana, come accudire i figli, cucinare, lavare, stirare, ecc. Per giunta, oltre il lavoro e le faccende domestiche, c'erano ancora le riunioni, a cui Clara non voleva mancare. Questa sua militanza nel movimento operaio tedesco, francese e russo sviluppò in lei il sentimento dell'internazionalismo, che non l'abbandonerà mai più.

Nella primavera del 1886 Clara cominciò a risentire della freneticità di quella vita, divisa tra attività politica, attività di giornalista[1036] e attività di casalinga, con due figli piccoli. Grazie dunque ad un aiuto finanziario di Heinrich Dietz, editore della rivista diretta da Kautsky *Die Neue Zeit* (Il tempo nuovo), a cui collaborava, e a quello del fratello Arthur, decise di tornare a Lipsia per un po', per potersi riprendere dallo stress. In realtà la prima cosa che fece a Lipsia fu di mettersi in contatto con i vecchi compagni, i quali la invitarono, presentandola come *la compagna francese Leslie*, a tenere una conferenza – sempre in semiclandestinità – sulla situazione politica in Francia. Era la prima volta che Clara Zetkin parlava in pubblico, ma il successo fu tale che *la Parigina*, venne invitata praticamente, una dopo l'altra, da tutte le sezioni socialdemocratiche di Lipsia. Dopo

---

1036 La Zetkin scriveva per *Le socialiste* (Il Socialista) organo del Partito Operaio Francese, per *Gleichheit* (Uguaglianza), organo della socialdemocrazia austriaca fondato da Victor Adler, per *Der Soziademokrat* (Il Socialdemocratico), organo della socialdemocrazia tedesca e per il giornale di Berlino *Berliner Volkstribune* (La tribuna del popolo di Berlino).

due mesi ritornò a Parigi dal suo Ossip e riprese la vecchia vita stentata. Per di più Ossip si era ammalato, peggiorando ogni giorno di più: si trattava di un'affezione al midollo spinale che la medicina si rivelò impotente a curare, sicché il giovane venne colpito da paralisi agli arti inferiori, perdendo così ogni autonomia.

Tutto allora ricadde sulle spalle di Clara, che doveva accudire il suo caro compagno, lavorare per guadagnare da vivere per tutta la famiglia, badare alla casa e ai due bambini: una vita di miseria, affrontata con grande coraggio dall'intrepida socialdemocratica. Non le restò , infine, che ricorrere all'aiuto dei compagni. A raccogliere l'appello furono Kautsky, Bernstein, Wilhelm Liebknecht e Charles Longuet, genero di Marx. Clara divenne corrispondente di tre giornali in lingua tedesca, mentre il marito venne ricoverato in un ospedale. Le condizioni generali della famiglia poterono così risollevarsi. Ma la prova più dura era dietro l'angolo: l'amato compagno, il padre dei suoi figli, il maestro che l'aveva chiamata a servire il socialismo e la rivoluzione, gli morì fra le braccia il 29 gennaio 1889.

La morte gliel'aveva strappato ancora giovane, ma la vita incombeva, il lavoro doveva continuare per la famiglia, per la memoria di Ossip, per se stessa e i suoi ideali. Le corrispondenze, numerose e puntuali, continuarono.

Qualche mese prima della morte di Ossip, a Clara era stato affidato l'incarico di rappresentare le donne socialiste di Berlino nel congresso operaio internazionale che si sarebbe tenuto a Parigi nel 1889. Il congresso, la cui iniziativa era stata presa da Guesde e Lafargue, si svolse a Parigi dal 14 al 20 luglio 1889, in concomitanza col centenario della Rivoluzione Francese[1037]. Clara era stata incaricata anche di preparare una relazione sulla questione femminile, che ella tenne il 19 luglio e che fu tradotta in inglese e francese dalla figlia di Marx, Eleanor. Si trattava del primo intervento tenuto dalla Zetkin di fronte ad un pubblico assai vasto[1038]; ella si pronunciò per la completa eguaglianza sociale e professionale delle donne e per la loro partecipazione attiva alla lotta di classe. La sua ricerca sull'argomento contribuì a spingerla verso quello che sarebbe diventato il suo campo specifico, cioè l'emancipazione della donna lavoratrice, del cui sfruttamento aveva già individuato le linee fondamentali: *Ciò che ha reso il lavoro delle donne particolarmente attraente per i capitalisti non è stato solo il prezzo più basso, ma anche la maggiore sottomissione delle donne.*

Morto Ossip, la presenza di Clara a Parigi non aveva più una solida motivazione, tanto più che, nel gennaio 1890, le leggi antisocialiste furono abrogate e Bismark congedato dalla carica di cancelliere.

1037 L'iniziativa aveva lo scopo di creare un organo di collegamento internazionale fra tutti i partiti socialisti. Argomenti all'ordine del giorno erano: legislazione internazionale del lavoro; giornata lavorativa di 8 ore; divieto di lavoro per i fanciulli e tutela di quello dei ragazzi e delle donne. Fu inoltre decisa una manifestazione internazionale per la giornata di 8 ore, da tenersi in tutti i Paesi il I maggio 1890 (la data voleva ricordare la sanguinosa repressione avvenuta a Chicago il I maggio 1886 contro una manifestazione operaia per le 8 ore). La data diverrà poi stabilmente quella della Festa del Lavoro.

1038 Erano presenti 400 delegati, di cui 81 della socialdemocrazia tedesca, fra cui August Bebel e Wilhelm Liebknecht. Le precedenti conferenze di Clara a Lipsia contavano appena una o due decine di persone. Clara, inoltre, per la sua conoscenza delle lingue, era una delle 11 segretarie-interpreti.

Nel 1890 dunque Clara è di nuovo in Germania, in tempo per assistere al rilancio della socialdemocrazia e ai suoi successi elettorali. Quella che trova è una Germania in pieno sviluppo industriale, ma anche una Germania in cui le donne lavoratrici vivono in miseria e praticamente senza diritti. L'argomento della loro emancipazione, già affrontato a Parigi, viene da Clara ulteriormente sviluppato. Il salario dell'uomo – osserva - risulta insufficiente per il mantenimento della famiglia, per cui la donna è costretta a procurarsi un lavoro, onde contribuire alle spese familiari. Essa sostiene che *i capitalisti speculano su due fattori: la lavoratrice deve essere pagata quanto meno possibile, e la concorrenza del lavoro femminile deve essere impiegata per abbassare i salari dei lavoratori di sesso maschile, per quanto possibile.*

La soluzione di questi squilibri e di queste ingiustizie è nel socialismo; la questione femminile, scriverà, non è che un aspetto della questione sociale: *la donna proletaria combatte, mano nella mano, con l'uomo della sua classe contro la società capitalista.*

Partendo da queste premesse teoriche, l'obiettivo di Clara diventa sempre più chiaro: svolgere un'opera di intensa propaganda per indurre le lavoratrici a prendere coscienza del fatto che la loro emancipazione dipende dalla loro lotta per il socialismo, il che comporta un tenace lavoro di organizzazione mirante alla politicizzazione e alla sindacalizzazione delle donne. A questo lavoro sarà principalmente dedicata la sua attività.

In questo suo progetto va dunque inquadrato il nuovo appassionante lavoro a cui la Zetkin si dedica.

Dopo essere stata ospitata, grazie a Bebel, in una casa di riposo a Nordrach (Wurttemberg), fino al gennaio 1891, Clara si trasferì a Stoccarda, dove l'editore Heinrich Dietz le affidò il giornale femminile *Die Gleichheit* (L'Uguaglianza), che Clara diresse, con crescente successo[1039], fino al 1916. Tuttavia la gestione di un quindicinale non poteva bastare a soddisfare l'attivismo di Clara, per cui cominciò ad entrare in contatto con altre donne socialiste, soprattutto con quelle di Berlino[1040], che avevano formato una commissione avente il compito di coordinare le associazioni di femministe socialiste che si andavano costituendo in varie città, e che cercavano anche brave oratrici e conferenziere . Clara, la cui capacità di comunicazione era elevatissima, cominciò così a girare tutta la Germania. Frequentava, nello stesso periodo, le riunioni delle socialiste di Stoccarda, dimostrandosi instancabile lavoratrice per la causa e suscitando perfino l'ammirazione di Engels, che conobbe nel 1893, diventandone amica.

I suoi figli, a lei legatissimi, li aveva sistemati nelle scuole di Stoccarda; dopo qualche difficoltà iniziale, dovuta alla lingua, essi le diedero molte soddisfazioni[1041].

Nel corso degli anni il successo e la fama di Clara Zetkin aumentarono sempre più. Da quasi sconosciuta che era, quando era arrivata a Stoccarda, diventerà la più famosa socialista di Germania. È

1039 Dal 1907, quando il giornale diventerà organo internazionale delle donne socialiste, vi appariranno molti articoli di socialiste straniere, come Angelica Balabanoff e Aleksandra Kollontaj.

1040 Emma Ihrer, Margarethe Wengels, Ottilia Baader, Luise Zietz..

1041 Diventeranno ambedue ottimi medici.

l'unica che, dal 1891 in poi, abbia partecipato a tutti i congressi dell'SPD, è famosa anche in Europa, per la sua presenza anche a vari congressi internazionali.

Nel 1897 conobbe un giovane pittore, Friedrich Zundel[1042], il quale, dopo aver studiato due anni alla scuola d'arte di Karlsruhe, era passato a quella di Belle Arti di Stoccarda. I suoi studi furono bruscamente interrotti nel 1898, essendo stato espulso dalla scuola per avere partecipato ad uno sciopero degli studenti, i quali avevano chiesto la solidarietà di Clara.

Zundel già da qualche tempo simpatizzava con le idee socialiste ed era impegnato nella lotta contro lo sfruttamento e l'oppressione. Fu così che il giovane entrò in contatto con Clara, la quale gli trovò una sistemazione, cioè un alloggio ed uno studio, presso un imprenditore suo amico e vicino di casa. Fu allora che il giovane Friedrich si innamorò di Clara, di 18 anni più anziana di lui, ma ancora intellettualmente e fisicamente piena di fascino. Lei, da quando era morto Ossip, si era immersa totalmente nella cura dei figli e nella lotta politica, ma il vuoto che probabilmente aveva nel cuore, la fecero cedere, e i due intrapresero una convivenza. Nel 1899, con l'approvazione dei figli che andavano molto d'accordo col giovane pit-

---

1042 Georg Friedrich Zundel (1875-1948) nacque a Iptingen da un agricoltore e mercante di vino. Perse la madre a soli 6 anni e non ebbe un buon rapporto con la seconda moglie del padre, sicché lasciò la casa paterna a 14 anni ed iniziò il suo apprendistato con un maestro pittore. Poi passò sei anni a Francoforte, lavorando come decoratore, potendo così constatare di persona le condizioni di lavoro degli operai. Decise poi di studiare arte prima a Karlsruhe e poi a Stoccarda, dove conobbe Clara.

tore, decise di sposarlo[1043]. Il giovane a poco a poco si fece strada nella pittura e raggiunse una certa notorietà, soprattutto come ritrattista. Nel 1903 la coppia acquistò un grande casolare di campagna a Sillenbuch, a otto chilometri da Stoccarda, e vi andò a vivere. La casa, per vari anni, fu meta di molti esponenti del socialismo internazionale, fra cui Lenin nel 1907, che andavano a trovare la Zetkin. Fu durante questo matrimonio che Clara Zetkin contrasse le sue più solide amicizie: quella con con Franz Mehring e soprattutto quella con Rosa Luxemburg, giunta in Germania nel 1898. Clara e Rosa si batteranno insieme contro il revisionismo di Eduard Bernstein e da allora il loro cammino politico, la loro collocazione nella sinistra interna dell'SPD, saranno fortemente intrecciati.

Intanto continua l'impegno di Clara per l'emancipazione femminile, impegno che assume contorni sempre meglio definiti nell'opuscolo *La questione delle lavoratrici e la questione femminile nella nostra epoca* e nel successivo, del 1899, *Lo studente e la donna*. Il pensiero di Clara si basa su alcune affermazioni fondamentali: l'uomo e la donna sono esseri umani alla pari; la donna è solo sessualmente diversa dall'uomo; deve esserci, per la donna moderna, uno sviluppo simultaneo e armonico della propria umanità e della propria femminilità.

Il matrimonio per lei deve consistere in un'unione in cui i partner abbiano uguali diritti e si arricchiscano reciprocamente; il divorzio non é, come allora pensavano in tanti, un segnale di declino della

---

1043 Clara però manterrà il cognome Zetkin, con cui era ormai conosciuta, forse anche per sottolineare la sua personalità, libera da ogni soggezione, anche esteriore, imposta dalla società borghese.

pubblica moralità, ma un'esigenza etica atta a porre fine a unioni sbagliate: se nella coppia mancano, o vengono meno, le necessarie affinità morali e intellettuali, allora il matrimonio si disgrega. Clara non condanna però il cosiddetto „libero amore", considerato morale finché si basa su stima e affetto reciproci. Lei stessa ha vissuto con un uomo, da cui ha anche avuto due figli, senza sposarsi, quindi al di fuori delle regole imposte dalla società dell'epoca; ha poi convissuto con un ragazzo di 18 anni meno di lei, che ha poi sposato più per non „scandalizzare" certi compagni di partito che perché lo ritenesse socialmente o moralmente necessario.

Una volta affermata l'uguaglianza dei sessi in linea di principio, occorreva applicarla alla realtà storica. Per questo, nel congresso dell'SPD del 1895 riuscì a far approvare un documento secondo il quale il partito doveva impegnarsi a svolgere le iniziative idonee ad abolire tutte le norme presenti nella legislazione allora vigente che potessero mettere le donne in condizioni di svantaggio rispetto agli uomini. L'anno successivo tornò sul tema, fermandosi in particolare sul diritto di voto, che non doveva produrre una battaglia delle donne contro la società maschilista, come sostenevano le femministe borghesi, che del resto puntavano ad un suffragio ristretto a determinate categorie sociali, ma doveva al contrario promuovere una lotta dell'intero proletariato, maschile e femminile, per il suffragio universale. Per il suo costante impegno per le problematiche femminili, nel 1907 divenne capo dell'Ufficio dell'SPD per le donne.

Come ottenere il suffragio universale femminile, oltre che maschile, sarà il tema di fondo della prima Conferenza internazionale femminile, che si tenne a Stoccarda nel 1907, poco prima del congresso della Seconda Internazionale (18-24 agosto). La Conferenza, cui partecipavano 58 delegate di 13 paesi[1044], approvò , con 47 voti contro 11, la risoluzione presentata da Clara Zetkin, secondo cui *i partiti socialisti di tutti i paesi hanno il dovere di battersi con energia per l'instaurazione del suffragio universale per le donne...*

Il diritto di voto – sostenne la Zetkin – sarebbe stato un'arma per le donne proletarie, per la loro lotta contro il dominio di classe e un decisivo contributo per la conquista del potere politico da parte dell'intero proletariato: *Quando è condotta una battaglia per il suffragio, essa deve essere condotta solo in base a principi socialisti, e quindi con la richiesta del suffragio universale per le donne e per gli uomini*. Sull'argomento scrisse *Sul problema del diritto di voto alle donne*.

A conclusione dei lavori si decise di costituire un Ufficio di informazione delle donne socialiste. Clara Zetkin, che già dirigeva l'Ufficio per le politiche femminili dell'SPD, fu eletta presidente del „Segretariato internazionale delle donne socialiste" e la rivista da lei redatta, *Die Gleichheit* (L'Uguaglianza), divenne l'organo dell'Internazionale delle donne socialiste.

Intanto la continua espansione elettorale e sindacale della socialdemocrazia tedesca aveva determinato il notevole irrobustimento della sua burocrazia interna, presto trasformatasi in casta.

E, come tutte le caste, anche quella socialdemocratica aveva acquisito la tendenza all'autoconservazione, il che comportava la vocazione ad evitare scossoni istituzionali e ancor di più tendenze rivo-

---

1044 Erano presenti, fra le altre, Rosa Luxemburg, che vi tenne un importante discorso, che suscitò l'ammirazione di Lenin e Aleksandra Kollontaj, che sarà la prima ministra donna del mondo.

luzionarie o comunque miranti a sovvertire l'organizzazione della società. La burocrazia, dunque, si era organizzata come destra interna, ideologicamente revisionista, ma di fatto tendenzialmente opportunista e aveva assunto il controllo del partito. Essa aveva trovato il suo leader in Friedrik Ebert, copresidente dell'SPD. Fu così che la direzione di destra della socialdemocrazia diventò guardinga e conflittuale con coloro che lottavano per l'instaurazione di una società socialista, anche con strumenti rivoluzionari. Le donne socialiste, dopo tante battaglie interne per essere rappresentate negli organigrammi dell'SPD, ottennero infine, nel 1908, che una di loro venisse cooptata nel Comitato Direttivo del partito. Ma quest'ultimo, anziché nominare, com'era naturale, la leader nazionale e internazionale delle donne socialiste, cioè Clara Zetkin, le preferì la più malleabile Luise Zietz[1045]. Dal 1909 in poi la Zetkin si affiancò a Rosa Luxemburg nella critica a Kautsky per il suo sostanziale piegarsi al revisionismo, che prima aveva combattuto.

Nel 1910 la direzione socialdemocratica, timorosa dei suoi imprevedibili esiti, si rifiutò di convocare la Conferenza femminile, che si riuniva ogni due anni. Clara rispose convocando, nella sua qualità di segretaria internazionale delle donne socialiste, la seconda Conferenza femminile da tenersi a Copenaghen.

La Conferenza si svolse dal 26 al 27 agosto 1910, nella „Casa del popolo", e registrò la presenza di 100 donne in rappresentanza di 17

1045 Luise Zietz (1865-1922) nel 1917 aderì all'USPD (Partito Socialdemocratico Tedesco Indipendente), del cui Comitato Centrale fece parte sino alla morte.

paesi. Furono le socialiste americane[1046] a proporre di istituire una comune giornata dedicata alla rivendicazione dei diritti delle donne.

La mozione in merito, assunta come risoluzione, proposta dalla Zetkin, così recitava:

> In accordo con le organizzazioni di classe e sindacali del Proletariato, le donne socialiste di ogni nazione organizzano nei loro paesi ogni anno una giornata delle donne che in primo luogo serva come agitazione per il diritto di voto femminile. La richiesta deve essere considerata alla luce del suo rapporto con l'intera questione femminile espressa dalla concezione socialista. La giornata della donna deve avere un carattere internazionale e deve essere preparata con ogni cura.

La risoluzione, pubblicata da *Die Gleichheit*, ebbe larga risonanza in tutto il mondo femminile socialista: la *Giornata internazionale della donna* si tenne per la prima volta in Francia il 18 marzo 1911 (quarantennale della Comune); in Germania, Austria, Svizzera e Danimarca il 19 marzo 1911; in Svezia il I maggio 1911 (in concomitanza con la *Giornata del lavoro*); in Russia il 3 marzo 1913; in Italia[1047] il 12

1046 L'8 marzo 1908 aveva avuto luogo un'imponente manifestazione delle operaie di New York, per rivendicare l'istituzione delle 8 ore lavorative e il diritto di partecipare alla vita pubblica. Sul tema dei diritti politici delle donne, inoltre, su iniziativa del Partito Socialista Americano, il 3 maggio 1908, vi era stata una manifestazione, che aveva riportato un grande successo, tanto da essere replicata in altre città.

1047 Per iniziativa del Partito Comunista d'Italia, che per l'occasione lanciò il quindicinale *Compagna*, sul quale il I marzo 1925 apparve un articolo di Lenin, morto l'anno precedente, che menzionava l'8 marzo

marzo 1922. La manifestazione non fu ripetuta tutti gli anni (fu sospesa dovunque durante la prima guerra mondiale), né celebrata in tutti i paesi. Nel tempo la data universalmente riconosciuta diventerà l'8 marzo.

La manifestazione tedesca fu certamente fra le meglio riuscite per il gran numero di donne mobilitate, di riunioni, di cortei in varie città, dimostrando così la popolarità del messaggio lanciato da Clara Zetkin a Copenaghen. Si ebbe inoltre, su quel comune terreno, la convergenza tra femministe socialiste e femministe borghesi, cosa che giocherà un ruolo determinante per la conquista del diritto di voto alle donne, ottenuto nel 1918.

Nella stessa assise di Copenaghen era stata approvata un'altra risoluzione, ancora su proposta della Zetkin: *tutte le compagne hanno il dovere di ricordare le risoluzioni contrarie alla guerra votate al Congresso internazionale di Stoccarda e di fare attenzione affinché l'educazione dei figli sia indirizzata verso la pace.*

Già in quel tempo, infatti, sull'Europa soffiavano venti di guerra suscitati dai vari nazionalismi. Clara sentiva perciò il bisogno di impegnarsi e di esortare tutte le donne ad impegnarsi per impedire la carneficina: *Quando gli uomini tacciono, è nostro dovere alzare la voce in nome dei nostri ideali.*

---

come *Giornata internazionale della donna*, in ricordo del grande contributo delle donne nel rovesciamento dello zarismo. Interrotta durante il fascismo la manifestazione riprenderà, per iniziativa dell'UDI (Unione Donne Italiane) l'8 marzo 1945 nelle zone dell'Italia libera, e in tutta l'Italia l'8 marzo 1946.

La sua voce si levò forte al congresso dell'Internazionale di Basilea (4-25 nov. 1912) contro il pericolo di una guerra che avrebbe visto i proletari scagliarsi gli uni contro gli altri, mentre invece quello sarebbe stato il momento giusto per rafforzare la solidarietà internazionale dei lavoratori e la fratellanza dei popoli.

Il congresso si concluse con l'impegno, assunto dall'Internazionale, di battersi per prevenire la guerra, con un'intensa propaganda per la pace e una ferma protesta contro gli intrighi degli opposti imperialismi.

In effetti, di fronte ad una situazione di tensione fra le potenze che andava sempre più aggravandosi, nel dicembre successivo, imponenti manifestazioni ebbero luogo in tutta Europa contro la corsa agli armamenti e la propaganda bellicistica.

Per questi obiettivi Clara Zetkin non cessò di battersi un solo istante: il I maggio 1913 scrisse un editoriale contro la guerra; la giornata internazionale della donna del marzo 1914 fu tutta dedicata alla salvaguardia della pace; nell'aprile Clara partecipò ad una manifestazione di donne contro la guerra tenuta a Berlino; il 25 luglio successivo i socialdemocratici di Stoccarda si impegnarono a lottare contro la guerra con tutte le loro forze; subito dopo la Zetkin corse a Bruxelles per sollecitare, inutilmente, l'Ufficio politico dell'Internazionale a prendere qualche iniziativa; quindi tenne un comizio ad Amburgo; tornò poi a Berlino per consultarsi con la corrente a cui da tempo aderiva, la sinistra dell'SPD.

Ma fu tutto inutile, dal I agosto 1914 la Germania fu in guerra e in preda ad una sbornia nazionalista; il 2 Clara subì una perquisizione da parte della polizia, perché sospettata di ospitare emissari russi. Ma la sorpresa più amara la ebbe il 4 agosto, quando le fu comunicato telefonicamente che il gruppo socialdemocratico al Parlamento aveva appena votato i crediti di guerra. Da quel momento la sinistra dell'SPD, contraria al conflitto in nome dell'internazionalismo proletario, prima da tutti conclamato ad ogni livello, si troverà isolata e costretta ad operare in condizioni di semiclandestinità. Ciò non le impedirà di fare il possibile per far sapere che non tutti i socialdemocratici tedeschi erano scivolati nel pantano nazionalista. Il 10-9-1914 Luxemburg, Zetkin, Mehring e Karl Liebknecht inviarono una lettera ad alcuni giornali socialisti svedesi, svizzeri e italiani per comunicare che loro si opponevano alla guerra e che non tutti i socialdemocratici tedeschi erano caduti nello sciovinismo nazionalistico. Ben presto però Clara rimarrà praticamente sola[1048] a compiere quella che riteneva ormai la sua missione principale, nella convinzione, scrisse, che *i lavoratori non hanno nulla da guadagnare da questa guerra, ma essi rischiano di perdere tutto ciò che è caro a loro*, cioè mobilitare tutte le donne socialiste per un vigoroso impegno di lotta per la pace: *Quando gli uomini uccidono, spetta a noi donne lottare per la conservazione della vita.*

Una prima importante iniziativa, presa nella sua qualità di segretaria internazionale delle donne socialiste, fu quella di organizzare un convegno internazionale femminile contro la guerra. Aiutata da amiche straniere, Clara lanciò una serie di messaggi per preparare il convegno:

1048 Mehring era troppo vecchio, Liebknecht fu chiamato al servizio militare, la Luxemburg arrestata il 16-2-1915.

[...] Fabbricanti di armi e navi da guerra hanno favorito l'odio tra i popoli a loro vantaggio.
Lottiamo per la pace. Guerra alla guerra, compagne!

Al convegno, che si tenne a Berna dal 26 al 28 marzo 1915, parteciparono 29 donne socialiste, sia dei paesi belligeranti, che di quelli neutrali: tedesche (sei, oltre la Zetkin), inglesi, francesi (tre, fra cui la Saumoneau[1049]), italiane, fra cui Angelica Balabanoff, svizzere, polacche, russe, sia mensceviche che bolsceviche, queste ultime rappresentate dalla Krupskaja[1050] e da Inessa Armand[1051]. La con-

---

1049 Louise Saumoneau (1875-1950) fu la fondatrice del primo gruppo femminile socialista francese nel 1899. Organizzò la prima *Giornata Internazionale delle Donne Lavoratrici* il 5-7-1914. Al congresso socialista francese di Tours (1920) che registro la scissione dei comunisti, preferì rimanere nel partito socialista (SFIO).

1050 Nadezhda (Nadja) Krupskaja (1869-1939), futura moglie di Lenin, dopo aver concluso gli studi ginnasiali, si dedicò all'insegnamento e si iscrisse anche ai corsi superiori di matematica. Nello stesso tempo frequentava un circolo marxista, dove, nel 1894, conobbe Lenin, che in seguito le chiese di sposarlo. Durante il comune esilio in Siberia, scrisse *La donna lavoratrice*, prima opera marxista sulla condizione delle donne russe. Durante i lunghi anni di esilio a fianco di Lenin, svolse il lavoro di segretaria del CC del POSDR. Dal 1901 al1905 fu segretaria della redazione del giornale socialdemocratico *Iskra*. Nel 1917 pubblicò *Istruzione popolare e democrazia*, un'opera pedagogica contenente molti apprezzamenti per i pedagogisti italiani Pestalozzi e Montessori. Ancora nel 1917 pubblicò *Pagine di storia del partito operaio socialdemocratico di Russia*, contenente la prima biografia di Lenin. Nel 1920 fu la volta del saggio *Il diritto matrimoniale e familiare nella Repubblica sovietica*. Dopo la morte di Lenin (21-1-1924) ebbe un difficile rapporto con Stalin.

1051 Inessa Armand (nata Elise Stéphanne) (1874-1920), francese, era figlia di un cantante lirico e di un'attrice, ma fu allevata in Russia..Sposò l'industriale Aleksandr Armand, da cui ebbe quattro figlie, e da cui in seguito si separerà, senza mai divorziare. Dopo aver

ferenza si concluse con una risoluzione che condannava la guerra, ma senza espressamente condannare i partiti socialdemocratici che l'appoggiavano, cosa che avrebbe sicuramente isolato i gruppi femminili e probabilmente impedito o resa difficilissima la loro battaglia per la pace. Fu inoltre approvato un appello di Clara Zetkin alle donne di tutti i paesi, con cui le si invitava ad intensificare la lotta per porre fine all'immane carneficina, che così terminava: *Abbasso la guerra! Avanti verso il socialismo!*

L'appello ebbe larghissima diffusione, ma suscitò larghe riserve ai vertici dell'SPD, coinvolti nella guerra. Rimase comunque il fatto che da allora l'Internazionale femminile socialista assunse le caratteristiche di un movimento autonomo, mentre le sofferenze della guerra aprivano gli occhi a molti di coloro che si erano lasciati trascinare dall'ondata sciovinista, uomini e donne.

Nello stesso periodo la sinistra dell'SPD, prima costretta all'angolo dalla maggioranza di destra, dava segnali di ripresa, anche manifestando la sua opposizione alla politica del *Burgfrieden*, la politica cioè di collaborazione adottata dalla maggioranza SPD nel periodo bellico. Il 2 dicembre 1914, un suo deputato, Karl Liebknecht, aveva rotto la disciplina di partito votando contro i crediti di guerra; il 15 febbraio 1915 Luise Zietz, unica rappresentante femminile, era stata esclusa esclusa dal Comitato Direttivo dell'SPD e l'Ufficio femminile di fatto sciolto; il 20 successivo le socialiste di Amburgo avevano approvato un documento di sostegno alla Zietz e alla Zetkin,

aderito al movimento rivoluzionario russo, nel 1910 conobbe Lenin, di cui divenne stretta collaboratrice e col quale ebbe una breve relazione nel 1913. Ebbe numerosi incarichi politici dopo la Rivoluzione di Ottobre. Morì di colera.

elogiando la linea internazionalista del giornale femminile *Gleich-heit*; il 28 maggio 1915, una grande folla, in maggioranza donne, si radunò davanti al *Reichstag* (Parlamento), per protestare contro la guerra; nel luglio successivo, la sinistra socialdemocratica riuscì a pubblicare una rivista, *Die Internationale* (L'Internazionale), alla quale collaborò anche Clara Zetkin, che però fu subito vietata dalle autorità; il 20 luglio Clara, come autrice dell'appello di Berna, fu ac-cusata di alto tradimento e arrestata. In agosto le donne socialiste di Berlino espressero vivacemente la loro disapprovazione per la politica collaborazionista portata avanti dal Comitato Direttivo dell'SPD e approvarono una risoluzione che chiedeva l'immediata liberazione di Clara Zetkin. La Direzione, in evidente disagio, asse-gnò a quest'ultima un avvocato nella persona di Hugo Haase, uno dei due presidenti del partito, lontano dalle posizioni oltranziste del suo collega Ebert. Clara venne rilasciata il 12 ottobre, per motivi di salute, dopo che l'editore Dietz ebbe versato la cauzione.

Se la guerra è dura per tutti, lo è ancora di più per le madri che si vedono strappati i loro figli per avviarli ai campi arrossati dal san-gue della migliore gioventù europea, e Clara fu fra queste, quando i suoi figli furono arruolati e avviati sui fronti di guerra, dove am-bedue si faranno onore, ottenendo la Croce di guerra. Alla sua an-sia per la sorte dei figli, alle difficoltà economiche, alle brutte con-dizioni di salute, si aggiunse anche un problema sentimentale di non poco conto: il marito si allontanò sempre più da lei[1052], fino al punto di non vivere più a Sillenbuch, per andare a stare assieme a

---

1052 I due divorziarono nel 1926. La casa fu venduta nel 1929. Friedrich sposò Paula Bosc, da cui ebbe un figlio.

Paula Bosc, di cui nel 1907 aveva dipinto il ritratto. Clara, a sessant'anni, dovette subire il duro colpo della separazione. Ma, nonostante tutto, la *Gleichheit* continuò ad uscire regolarmente.

Il suo cattivo stato di salute impedì a Clara di partecipare, il I gennaio 1916, ad un convegno nazionale della sinistra del partito, chiamata a discutere della situazione politica e della sorte della socialdemocrazia in Germania. In esso si decise di pubblicare un bollettino, che desse un indirizzo unitario ai militanti sparsi per tutta il territorio dell'Impero: le *Spartakusbriefe* (Lettere di Spartaco), da cui il nome di „Spartachisti" con cui vennero indicati i suoi aderenti.

Per Rosa Luxemburg, per Clara Zetkin, e per gli altri dirigenti, tuttavia, non si pose mai il problema di spingersi fino alla rottura col partito. Né si pose per i deputati che, in numero via via maggiore, presero a votare contro i crediti di guerra, sempre approvati dalla destra interna che governava l'SPD. Fu quest'ultima, invece, subito dopo la *Conferenza dell'Opposizione*, tenuta a Berlino il 7-1-1917, ad espellere (18-1-1917) gli oppositori interni, i quali quindi non ebbero altra scelta che quella di costituire un loro partito. A Gotha, in Turingia, dal 6 all'8 aprile 1917, ebbe infatti luogo il congresso che diede vita all'USPD (Partito Socialdemocratico Tedesco Indipendente), guidato da Hugo Haase[1053], nel quale confluirono elementi centristi e pacifisti, come Bernstein e Kautsky, ed elementi rivoluzionari.

Agli Spartachisti, se non volevano rimanere isolati dalle masse, pur conservando le loro posizioni, non restò che aderire al nuovo parti-

---

1053 Luise Zietz fu chiamata a far parte della segreteria.

to, come appunto fece anche Clara Zetkin[1054], subito seguita da tutte le altre delegate tedesche al Convegno internazionale di Berna.

La Direzione dell'SPD, contenta di essersi liberata degli oppositori che continuamente la contestavano, dopo poco più di un mese, fece licenziare Clara[1055] dalla redazione di *Die Gleichheit*, che nel primo numero successivo non poté però fare a meno di sottolineare i grandi meriti della Zetkin nel movimento femminista e socialista tedesco.

Comunque, a compensazione della famosa tribuna giornalistica perduta dalla Zetkin, l'USPD le offrì di redigere il supplemento femminile del periodico *Leipziger Volkszeitung* (Giornale del Popolo di Lipsia), su cui, il 29-6-1917, apparve il primo articolo di Clara.

Nello stesso anno 1917 avvenimenti eccezionali si verificarono in Russia, in cui crollò il regime zarista. La *Rivoluzione di Febbraio* fu accolta con entusiasmo dalla Zetkin, che esaltò l'azione dei socialdemocratici russi che avevano innalzato la bandiera dell'internazionalismo socialista.

Il suo entusiasmo fu ancora più alto, senza cioè avere le riserve della sua intima amica Rosa, allora in carcere, alla notizia della presa del potere dei bolscevichi in Russia. Ed in seguito Clara inneggiò ancora alla *Rivoluzione d'Ottobre* in occasione della pace di Brest-Li-

---

1054 Clara non poté partecipare al convegno di Gotha, ma inviò un messaggio di adesione.

1055 Le subentrò la riformista e femminista Marie Juchacz (1879-1956), che poi Friedrich Ebert, rimasto unico presidente dell'SPD, dopo la defezione di Haase, fece entrare nel Comitato Direttivo del partito, al posto di Luise Zietz.

tovsk, a differenza della Luxemburg, che, invece, vide in essa il pericolo di un rafforzamento dell'imperialismo tedesco. Clara si schierò subito e senza riserve con la rivoluzione bolscevica, anche entrando in contrasto con altri elementi dell'USPD, piuttosto critici con essa, come Kautsky, ai quali non contestava però il diritto di criticare il bolscevismo, che per lei rimaneva in ogni caso la forza che con più coerenza nella lotta per il socialismo. Nello stesso periodo entrò in contatto epistolare con Lenin, che aveva conosciuto agli inizi del secolo.

Dopo la rivoluzione bolscevica in Russia, gli avvenimenti politici in Germania si susseguirono con ritmo incalzante.

Il 3-10-1918 l'imperatore nomina Cancelliere il principe Max von Baden, nel cui governo entrano per la prima volta due membri dell'SPD, fra cui Scheidemann, segnando con ciò il passaggio da una monarchia costituzionale ad una parlamentare, cambiamento approvato dal Parlamento il 28-10-1918; nel novembre 1918 la rivoluzione dilaga in tutta la Germania. In Baviera, il 7/11 Kurt Eisner[1056] proclama lo *Stato libero di Baviera*, tentando di instaurarvi un regime socialista; in tutta la Germania in quel periodo sorgono consigli dei soldati e dei lavoratori, dominati dall'SPD e dall'USPD; l'8 novembre il cancelliere annuncia l'abdicazione del Kaiser e cede la

---

1056 Kurt Eisner (1867-1919) fin dal 1914 si schierò contro la guerra e la politica imperialista. Socialista di sinistra già iscritto all'SPD, nel 1917 aderì alla scissione dell'USPD e il 7-11-1918 guidò la rivoluzione repubblicana in Baviera, di cui divenne il primo presidente. Ma le elezioni del gennaio 1919 misero in minoranza il suo governo. Stava quindi per dimettersi, quando, il 21-2-1919 venne assassinato da un nazionalista.

sua carica al presidente dell'SPD Friedrich Ebert; il 9 Scheidemann proclama la *repubblica democratica tedesca*, seguito poco dopo da Karl Liebknecht, rilasciato[1057] il 23-10-1918, e assurto alla direzione della Lega Spartachista, che proclama la *libera repubblica socialista tedesca*; l'11 novembre si costituisce la Lega Spartachista, dandosi una Direzione Centrale; negli stessi giorni Rosa Luxemburg, anch'essa rilasciata, assume la direzione del giornale della Lega *Die Rote Fahne* (Bandiera Rossa); dal 29 al 31 dicembre, nel congresso di Berlino gli spartachisti e gli appartenenti dell'IKD (Comunisti Internazionalisti Tedeschi) si fondono, dando vita al KPD (Partito Comunista di Germania); il congresso, con 62 voti contro 23, contrariamente all'opinione di Rosa Luxemburg e della dirigenza, decide di non partecipare alle prossime elezioni dell'Assemblea Nazionale; il 9/11 si ha l'elezione del consigli dei soldati e dei lavoratori: la maggioranza va all'SPD; il 10 è eletto il Consiglio dei Commissari del Popolo, di sei componenti, di cui 3 dell'SPD e 3 dell'USPD, con presidenti Ebert e Haase; l'11 viene siglato l'armistizio della Germania con le potenze dell'Intesa; il 12 viene introdotto il suffragio universale anche per le donne: è il coronamento di una grande battaglia condotta soprattutto da Clara Zetkin negli anni precedenti; il 19 dicembre l'USPD lascia il governo; il 5-1-1919 elementi vicini all'USPD incitano la popolazione di Berlino ad una sollevazione armata e il KPD aderisce alla rivolta, nel tentativo di abbattere il governo di Friedrich Ebert; il tentativo fallisce, soffocato dall'intervento di reparti dell'esercito e dei Corpi Franchi; il 15 gennaio Rosa Luxemburg e

---

1057 Era stato arrestato il I maggio 1916 e poi condannato a 4 anni e 1 mese, per aver gridato, con addosso la divisa militare: *Abbasso la guerra! Abbasso il governo!*

Karl Liebknecht sono arrestati e trucidati: da quel momento finisce la storia dello spartachismo e comincia quella del KPD; il 19/1 viene eletta l'Assemblea Nazionale, che l'11/2 elegge Presidente della Germania Friedrich Ebert, mentre Scheidemann diventa Primo Ministro.

Questi importanti avvenimenti la Zetkin li visse da lontano, costretta dalla malattia a starsene a Sillenbuch, non mancando però di esprimere la sua solidarietà al gruppo dirigente della sinistra socialista, con alla testa Rosa Luxemburg.

Ma fu soprattutto l'assassinio di Rosa e Karl a procurarle un acuto dolore, mentre manifestazioni di protesta avevano luogo in tutta la Germania. Ma Clara non si abbatté: continuerà la sua lotta finché avrà vita.

Clara aderì al neonato KPD, nonostante il suo spirito unitario e nonostante la sua diffidenza per gli estremisti che ne assunsero la guida, mentre la maggior parte delle sue compagne di lotta rimase nell'USPD. A spingerla verso quella scelta furono certamente le morbidezze dell'ala destra dell'USPD, le polemiche con Kautsky, la volontà di proseguire l'opera dei suoi due grandi amici assassinati[1058].

1058 Il 4 marzo, intervenendo al congresso straordinario di Berlino dell'USPD (2 marzo 1919), Clara dichiarò di trovarsi di fronte ad una scelta difficilissima, ma di non riuscire più a collaborare con la destra dell'USPD. Nei giorni successivi avvenne l'adesione formale di Clara al KPD.

Per cui la sua collocazione politica appare in certo qual modo curiosa: considerata di estrema sinistra nell'SPD e poi nell'USPD, nel KPD verrà accusata di essere di destra, per la sua contrarietà ad ogni avventurismo, ad ogni velleitarismo. In realtà Clara Zetkin, al di là delle tessere di appartenenza, è sempre rimasta quella che era sempre stata: una socialista di sinistra, che con chiarezza e coerenza ha sempre lottato per realizzare una società socialista, ma anche una militante avente rispetto per le posizioni altrui, in nome dei principi di libertà e di democrazia sempre da lei sostenuti in tutte le istanze: nelle conferenze, nei comizi, negli innumerevoli dibattiti a cui ha partecipato

Entrata nella Direzione nazionale del KPD, a Clara venne affidato un nuovo giornale, *Die Kommunistin* (La Comunista), che si occupava non solo dei problemi delle donne, ma della politica a tutto campo e che aveva un respiro internazionale, tanto che su di esso apparvero firme come quelle di Inessa Armand, Aleksandra Kollontaj e Nadezda Krupskaja.

La militanza di Clara nel partito comunista tedesco fu contrassegnata da una sua continua lotta contro le tendenze estremistiche che sempre travagliarono quel partito, spingendolo ad avventurosi tentativi insurrezionali, facilmente repressi dalle forze fedeli al governo. L'azione di Clara fu invece sempre incline al buon senso, all'unità della classe lavoratrice e a spirito di tolleranza verso le posizioni altrui e quindi contraria alla politica di espulsione degli avversari interni.

Il 6 giugno 1920 ebbero luogo le elezioni per il nuovo Parlamento. I risultati non furono brillanti per il KPD: appena il 2,1 % e 4 seggi[1059]. Ma Clara Zetkin venne eletta, e da allora rimarrà in Parlamento fino al 1933, anno della sua morte.

Nel congresso di Halle (12-17 ottobre 1920) dell'USPD si fronteggiarono due componenti: quella favorevole (236 delegati) all'adesione alla Terza Internazionale e quindi alla fusione col KPD e quella contraria (156 delegati). A conclusione del congresso, caratterizzato anche dal duello oratorio tra Grigorij Zinoviev, presidente dell'IC, e il socialista Rudolf Hilferding[1060], la "sinistra" prevalse col 58 % e si costituì in USPD-Linke (USPD di sinistra)[1061], eleggendo come co-presidenti Ernst Dauming (1866-1922) e Adolph Hoffmann (1858-1930), che guidarono il partito fino alla fusione col KPD.

Nel dicembre 1920 avvenne la fusione tra l'USPD-L (430.000 iscritti) e il KPD (80.000 iscritti). Il nuovo partito prese il nome di VKPD (Partito Comunista Unificato di Germania)[1062], sezione dell'IC[1063].

1059 L'SPD, pur in forte calo, si confermò primo partito col 21,7 % e 102 seggi; l'USPD ottenne il 17,9 % e 84 deputati.

1060 Rudolf Hilferding (1877-1941) fu un economista, politico e medico marxista tedesco di origine austriaca. Fu il maggiore economista dell'SPD, accanto a Rosa Luxemburg. Con l'avvento del nazismo si rifugiò in Francia. Ma quando la Francia fu invasa dai nazisti fu arrestato e morì in carcere. Famosa la sua opera *Il capitale finanziario*.

1061 La minoranza conservò il nome USPD ed elesse come copresidenti Artur Crispien, che aveva sostituito Haase, assassinato da un pazzo, e Georg Ledebour, uno dei fondatori dell'USPD.

1062 Questa denominazione durò solo due anni. Poi fu ripresa quella di KPD.

1063 Copresidenti furono eletti Paul Levi ed Ernst Dauming.

Da allora il partito comunista, che aveva praticamente assorbito la sinistra socialista, divenne un partito di massa. A questa fusione aveva contribuito molto Clara Zetkin, che ne fu entusiasta, partecipò alla stesura del programma e fu eletta nella Segreteria e nella Direzione[1064]. Nello stesso ottobre 1920 Clara compì il suo primo viaggio in Russia, su invito del governo sovietico. Ebbe così modo di vedere la miseria da cui era gravata la popolazione, a causa della guerra civile, e di esprimere tutta la sua ammirazione per un popolo che aveva saputo, primo nella storia, liberarsi dell'oppressione capitalista, per essere protagonista del proprio destino, anche a prezzo di enormi sacrifici. Ammirò anche il contributo dato alla rivoluzione da parte delle donne, alle quali era stata riconosciuta la completa parità con l'altro sesso. Ma ciò che, sopra ogni altra cosa, rimarrà scolpito nella memoria di Clara sono i tre incontri avuti con Lenin, ormai divenuto il leader riconosciuto del proletariato rivoluzionario mondiale[1065].

L'amicizia e la familiarità che allora sorsero e si svilupparono tra Clara e i coniugi Lenin e Krupskaja, che la stimavano molto per la sua fermezza e la sua sincerità, contribuì ad accrescere il suo prestigio internazionale, tanto che, anche quando nel suo partito si trovò in posizioni minoritarie e perfino esclusa dalla sua Direzio-

---

1064 Vi rimarrà fino al 1924. Fu poi membro del Comitato Centrale dal 1927 al 1929.

1065 Dalle conversazioni con Lenin e dalla familiarità col leader comunista venne fuori (1925) la sua opera più famosa che ha avuto molte edizioni in molte lingue: *Ricordi di Lenin*. Altro scritto molto conosciuto della Zetkin è *Storia del movimento femminile proletario in Germania*.

ne, partecipò lo stesso a tutti i congressi dell'IC, del cui Esecutivo fece parte sino alla morte.

Per intanto le venne affidato il compito di inviata della Terza Internazionale al congresso di Tours (25-30 dicembre 1920) della SFIO, il partito socialista francese, la cui ala sinistra si costituì in SFIC (Sezione Francese dell'Internazionale Comunista), poi divenuta PCF (Partito Comunista Francese). Clara vi tenne un'appassionata allocuzione, che suscitò un 'ovazione da parte dei congressisti in piedi, al canto dell'*Internazionale*[1066].

Nell'ottobre 1921 l'Internazionale Comunista la incaricò di una missione in Italia, dove era già avvenuta, nel congresso socialista di Livorno del gennaio precedente, una scissione della sua ala sinistra, che aveva costituito un partito comunista[1067]. Ma la maggior parte dei rivoluzionari del PSI, cioè dei massimalisti, guidati da Giacinto Menotti Serrati, largamente maggioritari nel partito e nel Paese, non aveva accettato l'intimazione dell'IC di espellere i riformisti di Filippo Turati. L'IC aveva, invece, riconfermato la sua richiesta di espulsione, estendendola anche ai centristi. Intorno a queste problematiche era stato convocato un congresso straordinario, chia-

---

1066 *L'Internazionale* è il canto universalmente riconosciuto come l'inno dei lavoratori di tutto il mondo ed è cantato sia dai socialisti che dai comunisti. Fu scritto per celebrare la *Comune di Parigi.* Parole di Eugéne Pottier (1816-1887), musica di Pierre Degeyter (1848-1932).

1067 Il PCdI (Partito Comunista d'Italia) era sorto dalla confluenza di tre gruppi del PSI: gli ex astensionisti, facenti capo ad Amadeo Bordiga; gli ordinovisti guidati da Antonio Gramsci, Palmiro Togliatti, Umberto Terracini e Angelo Tasca; i massimalisti di sinistra, come Egidio Gennari e Nicola Bombacci. Segretario era stato eletto Bordiga (1889-1970).

mato appunto a scioglierne i nodi. Al congresso del Partito Socialista Italiano (Milano, 10-15 ottobre 1921) si fronteggiavano tre schieramenti: un'ala sinistra, i cosiddetti *terzini*[1068], il centro massimalista di Serrati e un'ala destra riformista con leader sempre Turati.
Clara vi intervenne, sostenendo la necessità dell'espulsione, che
avrebbe aperto la strada all'ammissione del PSI nell'IC, ma non ottenne nessun risultato[1069]. Non era facile in quel momento predicare scissioni in un Paese investito in pieno dall'ondata antiproleta-
ria, rappresentata dal dilagante squadrismo fascista.

Subito dopo questi congressi ebbe inizio il disagio di Clara Zetkin
dentro il movimento comunista. La sua formazione libertaria coz-
zava con la rigidità chiesastica che si veniva affermando nell'IC e in
vari partiti comunisti, specie in quello tedesco, finito in mano ad
estremisti che lo esponevano a continui insuccessi.

La Zetkin era del tutto contraria alla meccanica trasposizione nelle
società occidentali della tattica risultata vittoriosa in Russia: secondo lei bisognava tenere conto della situazione politica, sociale ed
economica dei singoli paesi. Si batteva, inoltre, per la libera circolazione delle idee all'interno dell'IC, era per la politica della tolleranza e contraria a quella delle espulsioni. Si batteva per ogni forma

---

1068 Così erano chiamati i sostenitori dell'adesione alla III Internazionale,
le cui richieste essi erano favorevoli ad accogliere. Ne erano leader
Costantino Lazzari, Ezio Riboldi e Fabrizio Maffi, soprannominati
i pellegrini di Mosca, perché avevano rappresentato il PSI al III
congresso dell'IC (26-6-1921), riportandone in Italia le inflessibili
deliberazioni.

1069 Il congresso fu vinto, ancora una volta, dai massimalisti. Segretario
del PSI fu eletto Domenico Fioritto e direttore dell'*Avanti!* fu confermato
Serrati.

possibile di unità del movimento operaio, mentre l'estremismo e l'avventurismo portavano il KPD e l'intera sinistra allo sfacelo di fronte al nazismo che avanzava.

Il destino politico di Clara Zetkin di allora appare ancora una volta piuttosto curioso: mentre in patria è spesso criticata o messa da parte, esclusa dalle cariche direttive, in Russia la sua persona è esaltata e ammirata come la più prestigiosa rivoluzionaria dell'Europa occidentale, come un'amica sincera della Russia sovietica. Le vengono affidati infatti incarichi prestigiosi, primo fra tutti il seggio nel Comitato Esecutivo dell'IC per meriti personali, senza cioé rappresentare alcun partito membro, men che meno il suo; è responsabile del *Segretariato Femminile Internazionale*, con sede a Berlino[1070] ed anche della relativa rivista, *L'Internazionale femminile Comunista*; presenta relazioni sul fascismo (1923) e sul movimento sindacale (1924); fa parte della delegazione del Comintern che deve esaminare il problema dell'eventuale fusione delle tre Internazionali[1071] e del *Comitato dei 9*, incaricato di coordinarne l'azione.

1070 Nel 1925 la sede verrà trasferita a Mosca e la rivista cesserà le pubblicazioni, essendo troppo costosa.

1071 A) La *Seconda Internazionale*, ricostituitasi nel congresso di Ginevra del luglio 1920, dopo le conferenze preparatorie di Berna (febbraio 1919), Amsterdam e Lucerna (agosto 1919), sotto la direzione del Partito Laburista britannico. B) L' *Unione Internazionale Socialista*, o Internazionale di Vienna (detta spregiativamente dai comunisti „Internazionale due e mezzo"), costituita a Vienna dai partiti socialisti di sinistra, nel febbraio 1921, con sede appunto a Vienna. Fu questa organizzazione a promuovere l'incontro fra le tre internazionali, per tentare la riunificazione dell'intero movimento operaio mondiale; il tentativo, però, fallì completamente.

Nel 1921 è anche nominata presidente del *Soccorso Operaio Internazionale*, un'organizzazione avente lo scopo di appoggiare materialmente gli operai in lotta, in particolare aiutando le loro famiglie e, in quel periodo, anche per sostenere la popolazione russa, tormentata da una forte carestia. Successivamente (1925-1933) è preposta, dopo la morte del primo presidente Iulian Marchlewski[1072], anche alla direzione dello SRI (*Soccorso Rosso Internazionale*), un'associazione fiancheggiatrice della Terza Internazionale, creata per aiutare i rivoluzionari perseguitati per le loro idee o per le loro azioni. In questo quadro partecipa alla campagna per salvare Sacco e Vanzetti[1073].

C) L'*Internazionale Comunista*, o Terza Internazionale o Comintern, fu fondata a Mosca il 4-3-1919. Fu sciolta il 15-5-1943, in piena seconda guerra mondiale. La Seconda Internazionale e l'Internazionale di Vienna, in seguito si unificarono al congresso di Amburgo (10-5-1923), dando vita all'IOS (*Internazionale Operaia Socialista*), con sede prima a Zurigo e poi a Bruxelles e copresidenti l'inglese Tom Shaw e l'austriaco Friedrich Adler. Nel 1940 sarà travolta dalla seconda guerra mondiale, in particolare con l'invasione del Belgio da parte della Germania nazista. La minoranza di sinistra dell'Internazionale di Vienna non aderì alla fusione con la Seconda Internazionale e, nel dicembre 1924, costituì un *Ufficio dei partiti socialisti rivoluzionari*, con sede prima a Vienna e poi a Parigi (1926), dove ebbe come segretaria Angelica Balabanoff.

1072 Julian Marchlewski (1866-1925), socialista polacco, fu tra i fondatori dell'*Unione dei lavoratori polacchi* e, nel 1893, assieme a Rosa Luxemburg, del *Partito Socialdemocratico del Regno di Polonia*. Prese parte alla rivoluzione russa del 1905. Emigrato in Germania, aderì alla locale socialdemocrazia e fu tra i fondatori della *Lega di Spartaco*. Fu anche presidente del *Comitato rivoluzionario provvisorio polacco* che voleva proclamare la Repubblica socialista sovietica di Polonia.

1073 Nicola Sacco (1899-1927), operaio in una fabbrica di scarpe, e Bartolomeo Vanzetti (1888-1927) erano due anarchici italiani

Nel periodo 1919-1933, Clara è tutta un fervore di attività: partecipa a riunioni e congressi a tutti i livelli, tiene conferenze, comizi, scrive articoli, opuscoli, lettere a vari esponenti politici. Crede in quello che dice o scrive. È ammirata per la sua sincerità e per la sua integrità morale. È più volte in polemica col partito comunista tedesco e con quello russo, specie dopo la morte di Lenin (21-1-1924). Passa più tempo in Russia che in Germania, per cui assiste da vicino alle lotte interne fra bolscevichi, che fatalmente sono destinate a riflettersi su tutti gli altri partiti comunisti: Stalin contro Zinov'ev, Stalin contro Bucharin, succeduto a Zinov'ev alla presidenza dell'IC. Le conseguenze sono una guerra di tendenze e una burocratizzazione della vita di partito. Si apre l'epoca dello stalinismo, Clara è sempre più isolata, ma si fa una nuova amica: la giornalista Maria Reese (1889-1958), deputata tedesca ex socialdemocratica che aveva aderito al KPD nel 1929, la quale pubblica un giornale intitolato *Rote Einheitsfront* (Fronte unico rosso), al quale collaborerà anche Clara.

La sua posizione di tolleranza nella lotta politica doveva finire con urtarsi con i progetti di Stalin, la cui potenza andava via via crescendo. Il dissenso divenne palpabile quando Stalin, nel 1931, pubblicò un articolo in cui considerava le teorie di Rosa Luxemburg inquinate da menscevismo. Ciò significò, sul piano pratico, il blocco della pubblicazione delle opere della sua cara amica Rosa, di cui Clara aveva la supervisione, e il discredito, nel mondo comunista per le teorie della Luxemburg. Ciò fu causa di grande dolore per la

---

processati e (ingiustamente) condannati alla sedia elettrica, con un'accusa di duplice omicidio.

Zetkin, che divenne ancora più ostile a Stalin. La donna che, per tutta la vita si era battuta per un socialismo „dal volto umano" che fosse per l'umanità fonte di libertà, di giustizia sociale e di uguaglianza, doveva assistere allo scempio di quella ideologia fatto dai gruppi dirigenti comunisti tedeschi e russi!

Tuttavia non trovò mai la forza di criticare pubblicamente questo andazzo, per la fiducia cieca che aveva nella rivoluzione.

Anche sul fascismo dilagante in Europa le posizioni differivano. Per Clara, del tutto avversa al settarismo imperante nel comunismo europeo, era necessaria una larga unità della classe operaia, al di là del partito e del sindacato di appartenenza; e la classe operaia doveva allearsi con altri ceti produttivi, come gli artigiani e gli intellettuali, nella battaglia per impedire ogni ulteriore espansione del fascismo. Nelle elezioni del 31 luglio 1932 i nazisti ottennero in Germania un grande successo, ma Clara Zetkin fu rieletta. Come deputata più anziana (75 anni) le spettava presiedere la prima seduta del nuovo parlamento. Quando il CC del KPD le chiese di usufruire di quella prerogativa, seppure in pessime condizioni di salute, intraprese il lungo viaggio da Mosca, dove era giunta nel dicembre 1931, a Berlino.

Il 30 agosto 1932, aiutata da due deputati comunisti, riuscì a portarsi alla tribuna. Non esitò a scagliarsi contro il fascismo tedesco, contro il terrore nero, ma anche contro la viltà di fronte ad esso delle forze che si definivano liberali, e contro quei settori dei lavoratori che assistevano passivamente alla montante marea nera. Il passaggio più toccante del suo discorso fu quando fece un appassionato appello all'unità di tutti i lavoratori, senza tener conto delle differenze politiche, sindacali, religiose che li dividevano. In questo auspicato schieramento antifascista non potevano mancare le donne, i giovani e gli intellettuali. Finito il discorso il figlio Maxim la riaccompagnò a casa e dopo un po' di tempo Clara ritornò a Mosca.

Da tempo essa faceva un po' la pendolare tra la Russia e la Germania, dove doveva tornare a causa della sua attività parlamentare e in occasione delle riunioni degli organi centrali del KPD. Tutte attività che doveva svolgere a Berlino, tanto che alla fine si decise a vendere – se ne occupò il figlio Costia – la casa di Sillenbuch, per acquistarne un'altra a Birkenwerder, non molto lontano da Berlino.

In Russia, invece, alloggiava per lunghi periodi nella casa di riposo di Archangelskoje, presso Mosca, mentre la sua salute lasciava molto a desiderare: disturbi alla vista, di cui fu operata tre volte, diventando alla fine quasi cieca; e poi esaurimento nervoso, cuore e reni in cattivo stato, problemi di circolazione. Nonostante ciò fu attiva fino all'ultimo: si informava sulla vita del partito, teneva una vasta corrispondenza coi figli, Costia in Germania e Maxim in Russia; scriveva anche ad Hanna, la prima moglie di Maxim, e al nipotino Wolfi, che viveva con la madre. Era diventata un monumento vivente della Rivoluzione proletaria, che tutti volevano conoscere, a Mosca o a Berlino. Nel 1927 fu stata insignita dell' *Ordine della bandiera rossa* e, nel 1932, dell'*Ordine di Lenin*.

L'ultima sua foto la ritrae mentre detta alla sua segretaria, con accanto la sua cara amica Krupskaja, la vedova di Lenin. L'8 marzo
1933, in occasione della festa della donna, prese per l'ultima volta la
parola in pubblico.

Morì il 20 giugno 1933. Oltre 400.000 russi sfilarono davanti alla
sua salma. L'orazione funebre fu tenuta da Fritz Heckert[1074], seguito da Molotov[1075] e dalla Krupskaja. La bara fu portata a spalla da
Stalin e Molotov. Fu sepolta ai piedi del Cremlino.

Con lei scomparve una grande rivoluzionaria, fedele al socialismo e
al marxismo, e tuttavia ostile al dogmatismo; una grande dirigente
del movimento operaio internazionale che credeva in ciò che diceva ed era pronta a battersi per le sue idee, sempre sostenute con
grande passione, ma anche con spirito di tolleranza e nell'ambito
del libero confronto; ma anche una donna onesta, sincera e coerente, con un' immensa forza di volontà messa al servizio dei più alti

---

1074 Fritz Heckert (1884-1936), politico tedesco, aderì giovanissimo
all'SPD, schierandosi con la sinistra di Rosa Luxemburg. Fu uno dei
fondatori del gruppo spartachista e poi del KPD, di cui divenne un alto
esponente. Si batté contro la guerra e fu per questo arrestato. Con
l'avvento del nazismo, si rifugiò in Russia.

1075 Vjačeslav Michajlovich Skrjadin, politico russo noto come Molotov
(1890-1986), nel 1906 aderì al POSDR schierandosi con l'ala
bolscevica facente capo a Lenin. Per la sua attività politica fu arrestato
nel 1909 e nel 1913. Fu uno stretto e fedele collaboratore di Stalin, che
nel 1926 lo fece entrare nel Politburo (Ufficio Politico) del PCUS. Fra le
due guerre ricoprì molte cariche, fra cui principalmente quella di
ministro degli Esteri. Divenne famoso per il patto di non aggressione
con la Germania nazista, detto „Patto Molotov-Von Ribbentrop" (23-8-
1939).

ideali, quali il riscatto del proletariato mondiale e delle donne in particolare.

Bibliografia

L'origine della famiglia, della proprietà privata e dello Stato / Friedrich Engels. - Editori Riuniti, 1963

Il socialismo e la donna / August Bebel. - La nuova sinistra-Edizioni Savelli, 1973

Storia della Russia / Nicholas V. Riasanovaky. - Bompiani, 2013

Rosa Luxemburg / Paul Frolich. - La Nuova Italia, 1995

La rivoluzione russa- La tragedia russa /Rosa Luxemburg. - Massari, 2004

Kollontaj. Libertà sessuale e libertà comunista / Gabriele Raether. - Massari, 1996

Largo all'eros alato! / Alexandra Kollontaj. - Il Nuovo Melangolo, 2008

Clara Zetkìn. Femminista senza frontiere / Gilbert Badia. - Massari 1995

La signora del socialismo italiano. Vita di Anna Kuliscioff / Maria Casalini.   Ed. Riuniti, 1987

Il monopolio dell'uomo / Anna Kuliscioff. - Ortica Editrice, 2011

La mia vita di rivoluzionaria /Angelica Balabanoff. - Feltrinelli, 1979

Mai sono stata tranquilla : La vita di Angelica Balabanoff, la donna che ruppe con Mussolini e Lenin / Amedeo La Mattina. - Einaudi, 2011

Storia d'Italia dal Risorgimento ai nostri giorni / Sergio Romano. - TEA, 2001

Segretari e leader del socialismo Italiano / Ferdinando Leonzio. - Divis-Slovakia, 2012

Fuori da un secolare servaggio : Vita di Argentina Altobelli / Nadia Ciani. - Ediesse, 2011

Una maestra tra i socialisti/L'itinerario politico di Maria Giudice / V. Poma (a cura di). - Cariplo-Laterza, 1991

Una donna intransigente : Vita di Maria Giudice / Jole Calapso. - Sellerio, 1996

Vera Lombardi in I socialisti del mio secolo / Gaetano Arfé. - Piero Lacaita Editore, 2002

Lettere dalle case chiuse / Lina Merlin e Carla Barberis. - Edizioni del Gallo, 1955

La mia vita / Lina Merlin. - Giunti Editore, 1989

Storia di Francia. Dalla Comune a Sarkozy / Sergio Romano. - TEA, 2011

Ségolene Royal. Una donna per l'Eliseo. Chi è, come vuole governare / R. Cavagnaro. - Editori Riuniti, 2007

Lula. Storia dell'uomo che vuole cambiare il Brasile (e il mondo) / O.Dottorini, L. Telese. - Cooper, 2003

Il Cile. Dalla repubblica liberale al dopo Pinochet / Rosaria Stabili. - Giunti Editore, 1991

Michelle Bachelet. La primavera del Cile / Leonardo Martinelli. - Sperling & Kupfer, 2077

Nota di edizione

Il saggio *Donne del socialismo*, è stato edito per la prima volta in formato cartaceo dall'editore Divis – SLOVAKIA-spol.sr.o. Nel 2015 (ISBN 978-80-89454-12-9).

Questo libro

La battaglia per l'emancipazione della donna è stata lunga e difficile. Essa non si può ancora considerare conclusa, in quanto, in molte parti del mondo, le donne sono costrette a lottare, ancor oggi, contro varie forme di discriminazione, di oppressione e di violenza. A questa sacrosanta battaglia di civiltà hanno partecipato e partecipano, sempre in testa al movimento di liberazione, molte *donne del socialismo*, formatesi in tempi, luoghi e culture diverse, ma unite dalla stessa profonda passione, dalla stessa sete di giustizia e dallo stesso amore per i meno fortunati, siano essi donne o uomini. Le biografie di 21 di esse, qui raccontate con ammirazione e nello stesso tempo con rigore scientifico, vogliono essere un omaggio al loro coraggio, alla loro tenacia, alla loro abnegazione.

L'autore

Ferdinando Leonzio (nato nel 1939), appassionato cultore di storia e di ricerca storica, autore anche di articoli, recensioni e prefazioni, già corrispondente dell'*Avanti!* e dell'*Ora*, ha pubblicato i seguenti libri:

Ed. in proprio: *Una storia socialista* ; per le ed. Ddisa: *Lentini 1892-1956*, *Alchimie*, *Il culto e la memoria*, *Socialismo-l´orgia delle scissioni*; ed. a cura del Kiwanis Club di Lentini: *Filadelfo Castro*; per le ed. Aped: *Intervista a Enzo Nicotra*, *Lentini vota*, *13 storie leontine*; per le ed. Divis – SLOVAKIA-spol.sr.o.: *Segretari e leader del socialismo italiano*, *Breve storia della socialdemocrazia slovacca*, *La scommessa*, *Donne del socialismo*, *La diaspora del socialismo italiano*, *Cento gocce di vita*.

Per ZeroBook pubblica dal 2017. È in corso la pubblicazione presso ZeroBook non solo dei nuovi libri, ma anche dei libri precedenti.

Le edizioni ZeroBook

Le edizioni ZeroBook nascono nel 2003 a fianco delle attività di www.girodivite.it. Il claim è: "un'altra editoria è possibile". ZeroBook è una piccola casa editrice attiva soprattutto (ma non solo) nel campo dell'editoriale digitale e nella libera circolazione dei saperi e delle conoscenze.

Quanti sono interessati, possono contattarci via email: zerobook@girodivite.it

O visitare le pagine su: https://www.girodivite.it/-ZeroBook-.html

Ultimi volumi:

La socialdemocrazia italiana fra scissioni e confluenze (1947-1998) / Ferdinando Leonzio.

Cortale, borgo di Calabria / di Pasquale Riga

Delitto a Nova Milanese : venticinque righe nelle "brevi" / Adriano Todaro

Abbiamo una Costituzione : Ideologie, partiti e coscienza democratica costituzionale / Gaetano Sgalambro

Lentini nell'Italia repubblicana / di Ferdinando Leonzio

Emma Swan e l'eredità di Adele Filò / di Simona Urso

Otello Marilli / di Ferdinando Leonzio

Autobianchi : vita e morte di una fabbrica / di Adriano Todaro prefazione di Diego Novelli

Sei parole sui fumetti / di Ferdinando Leonzio

Sotto perlaceo cielo : mito e memoria nell'opera di Francesco Pennisi / di Luca Boggio

Accanto ad un bicchiere di vino : antologia della poesia da Li Po a Rino Gaetano / a cura di Piero Buscemi

Il cronoWeb / a cura di Sergio Failla

L'isola dei cani / di Piero Buscemi

Saggistica:

I Sessantotto di Sicilia / Pina La Villa, Sergio Failla (ISBN 978-88-6711-067-4)

Il Sessantotto dei giovani leoni / Sergio Failla (ISBN 978-88-6711-069-8)

Antenati: per una storia delle letterature europee: volume primo: dalle origini al Trecento / di Sandro Letta (ISBN 978-88-6711-101-5)

Antenati: per una storia delle letterature europee: volume secondo: dal Quattrocento all'Ottocento / di Sandro Letta (ISBN 978-88-6711-103-9)

Antenati: per una storia delle letterature europee: volume terzo: dal Novecento al Ventunesimo secolo / di Sandro Letta (ISBN 978-88-6711-105-3)

Il cronoWeb / a cura di Sergio Failla (ISBN 978-88-6711-097-1)

Il prima e il Mentre del Web / di Victor Kusak (ISBN 978-88-6711-098-8)

Col volto reclinato sulla sinistra / di Orazio Leotta (ISBN 978-88-6711-023-0)

Il torto del recensore / di Victor Kusak (ISBN 978-6711-051-3)

Elle come leggere / di Pina La Villa (ISBN 978-88-6711-029-2

Segnali di fumo / di Pina La Villa (ISBN 978-88-6711-035-3)

Musica rebelde / di Victor Kusak (ISBN 978-88-6711-025-4)

Il design negli anni Sessanta / di Barbara Failla

Maledetti toscani / di Sandro Letta (ISBN 978-88-6711-053-7)

Socrate al caffé / di Pina La Villa (ISBN 978-88-6711-027-8)

Le tre persone di Pier Vittorio Tondelli / di Alessandra L. Ximenes (ISBN 978-88-6711-047-6)

Del mondo come presenza / di Maria Carla Cunsolo (ISBN 978-88-6711-017-9)

Stanislavskij: il sistema della verità e della menzogna / di Barbara Failla (ISBN 978-88-6711-021-6)

Quando informazione è partecipazione? / di Lorenzo Misuraca (ISBN 978-88-6711-041-4)

L'isola che naviga: per una storia del web in Sicilia / di Sergio Failla

Lo snodo della rete / di Tano Rizza (ISBN 978-88-6711-033-9)

Comunicazioni sonore / di Tano Rizza (ISBN 978-88-6711-013-1)

Radio Alice, Bologna 1977 / di Lorenzo Misuraca (ISBN 978-88-6711-043-8)

L'intelligenza collettiva di Pierre Lévy / di Tano Rizza (ISBN 978-88-6711-031-5)

I ragazzi sono in giro / a cura di Sergio Failla (ISBN 978-88-6711-011-7)

Proverbi siciliani / a cura di Fabio Pulvirenti (ISBN 978-88-6711-015-5)

Parole rubate / redazione Girodivite-ZeroBook (ISBN 978-88-6711-109-1)

Accanto ad un bicchiere di vino : antologia della poesia da Li Po a Rino Gaetano / a cura di Piero Buscemi (ISBN 978-88-6711-107-7, 978-88-6711-108-4)

Neuroni in fuga / Adriano Todaro (ISBN 978-88-6711-111-4)

Celluloide : storie personaggi recensioni e curiosità cinematografiche / a cura di Piero Buscemi (ISBN 978-88-6711-123-7)

Sotto perlaceo cielo : mito e memoria nell'opera di Francesco Pennisi / di Luca Boggio (ISBN 978-88-6711-129-9)

Per una bibliografia sul Settantasette / Marta F. Di Stefano (ISBN 978-88-6711-131-2)

Iolanda Crimi : un libro, una storia, la Storia / di Pina La Villa (ISBN 978-88-6711-135-0)

Autobianchi : vita e morte di una fabbrica / di Adriano Todaro prefazione di Diego Novelli (ISBN 978-88-6711-141-1)

Dizionario politico-sociale di Nova Milanese : Passato e presente / Adriano Todaro (ISBN 978-88-6711-151-0)

Abbiamo una Costituzione : Ideologie, partiti e coscienza democratica costituzionale / Gaetano Sgalambro (ebook ISBN 978-88-6711-163-3, book ISBN 978-88-6711-164-0)

La peste di Palermo del 1575 / di Giovanni Filippo Ingrassia (ebook ISBN 978-88-6711-173-2)

Narrativa:
L'isola dei cani / di Piero Buscemi (ISBN 978-88-6711-037-7)

L'anno delle tredici lune / di Sandro Letta (ISBN 978-88-6711-019-3)

Emma Swan e l'eredità di Adele Filò / di Simona Urso (ISBN 978-88-6711-153-4)

Delitto a Nova Milanese : venticinque righe nelle "brevi" / Adriano Todaro (ebook ISBN 978-88-6711-171-8, book ISBN 978-88-6711-172-5)

Poesia:

Iridea / poesie di Alice Molino, foto di Piero Buscemi (ISBN 978-88-6711-159-6)

Il libro dei piccoli rifiuti molesti / di Victor Kusak (ISBN 978-88-6711-063-6)

L'isola ed altre catastrofi (2000-2010) di Sandro Letta (ISBN 978-88-6711-059-9)

La mancanza dei frigoriferi (1996-1997) / di Sergio Failla (ISBN 978-88-6711-057-5)

Stanze d'uomini e sole (1986-1996) / di Sergio Failla (ISBN 978-88-6711-039-1)

Fragma (1978-1983) / di Sergio Failla (ISBN 978-88-6711-093-3)

Raccolta differenziata n°5 : poesie 2016-2018 / di Victor Kusak (ISBN 978-88-6711-149-7)

Libri fotografici:

I ragni di Praha / di Sergio Failla (ISBN 978-88-6711-049-0)

Transiti / di Victor Kusak (ISBN 978-88-6711-055-1)

Ventimetri / di Victor Kusak (ISBN 978-88-6711-095-7)

Visioni d'Europa / di Benjamin Mino, 3 volumi (ISBN 978-88-6711-143_8)

Cortale, borgo di Calabria / Pasquale Riga (ISBN 978-88-6711-175-6)

Opere di Ferdinando Leonzio:

Una storia socialista : Lentini 1956-2000 / di Ferdinando Leonzio (ISBN 978-88-6711-125-1)

Lentini 1892-1956 : Vicende politiche / di Ferdinando Leonzio (ISBN 978-88-6711-138-1)

Segretari e leader del socialismo italiano / di Ferdinando Leonzio (ISBN 978-88-6711-113-8)

Breve storia della socialdemocrazia slovacca / di Ferdinando Leonzio (ISBN 978-88-6711-115-2)

Donne del socialismo / di Ferdinando Leonzio (ISBN 978-88-6711-117-6)

La diaspora del socialismo italiano / di Ferdinando Leonzio (ISBN 978-88-6711-119-0)

Cento gocce di vita / di Ferdinando Leonzio (ISBN 978-88-6711-121-3)

La diaspora del comunismo italiano / di Ferdinando Leonzio (ISBN 978-88-6711-127-5)

Sei parole sui fumetti / di Ferdinando Leonzio (ISBN 978-88-6711-139-8)

Otello Marilli / di Ferdinando Leonzio (ISBN 978-88-6711-155-8)

La diaspora democristiana / di Ferdinando Leonzio (ISBN 978-88-6711-157-2)

Lentini nell'Italia repubblicana / di Ferdinando Leonzio (ebook ISBN 978-88-6711-161-9, book ISBN 978-88-6711-162-6)

Delfo Castro, il socialdemocratico / Ferdinando Leonzio (ebook ISBN 978-88-6711-169-5, book ISBN 978-88-6711-170-1)

La socialdemocrazia italiana fra scissioni e confluenze (1947-1998) / Ferdinando Leonzio (ebook ISBN 978-88-6711-177-0, book ISBN 978-88-6711-178-7)

Parole rubate:

Scritti per Gianni Giuffrida: La nuova gestione unitaria dell'attività ispettiva: L'Ispettorato Nazionale del Lavoro / di Cristina Giuffrida (ISBN 978-88-6711-133-6)

Cataloghi:

ZeroBook: catalogo dei libri e delle idee 2012-...
Catalogo ZeroBook 2007
Catalogo ZeroBook 2006

Riviste:

Post/teca, antologia del meglio e del peggio del web italiano
ISSN 2282-2437
https://www.girodivite.it/-Post-teca-.html

Girodivite, segnali dalle città invisibili
ISSN 1970-7061
https://www.girodivite.it
https://www.girodivite.it

ZeroBook catalogo delle idee e dei libri
trimestrale
https://www.girodivite.it/-ZeroBook-free-catalogo-puoi-.html

www.ingramcontent.com/pod-product-compliance
Lightning Source LLC
Chambersburg PA
CBHW060547280326
41932CB00011B/1417